WIRTSCHAFTSPOLITISCHE STUDIEN

aus dem Institut für Europäische Wirtschaftspolitik
der Universität Hamburg

Heft 28

SCHRIFTLEITUNG: HARTMUT BERG

WIRTSCHAFTSPOLITISCHE STUDIEN 28

Aus dem Institut für Europäische Wirtschaftspolitik der Universität Hamburg · Herausgegeben von Harald Jürgensen

JENS LÜBBERT
o. Professor an der Universität Hamburg

Die vier norddeutschen Länder

— Bevölkerung, Wirtschaft, Finanzen und Infrastruktur —

VANDENHOECK & RUPRECHT IN GÖTTINGEN

© Vandenhoeck & Ruprecht in Göttingen 1973 — Printed in Germany
Ohne ausdrückliche Genehmigung des Verlages ist es nicht gestattet,
das Buch oder Teile daraus auf foto- oder akustomechanischem Wege
zu vervielfältigen.

ISBN 3-525-12226-8

Vorwort

Grundlage der vorgelegten Arbeit ist die im Rahmen meiner politischen Tätigkeit durchgeführte systematische Sammlung von Unterlagen für regionalpolitische Analysen. Ich hatte ursprünglich weder die Absicht, diese Unterlagen weiter zu bearbeiten und aufzubereiten, noch gar die Absicht, die erzielten Ergebnisse zu veröffentlichen. Natürlich würde ich es jetzt bedauern, wenn die Leser nach der Lektüre zu der Aussage kommen sollten, dass diese ursprüngliche Auffassung richtig war und ich gut daran getan hätte, an ihr festzuhalten. Solchen Lesern schulde ich mit der Bitte um Nachsicht den Versuch einer Rechtfertigung für die Änderung meiner Auffassungen.

Die Durchsicht wenigstens eines Teiles der vorliegenden Literatur hat mich zu der Ansicht geführt, dass es zwar eine grosse Zahl von teilweise hervorragenden Untersuchungen bestimmter Probleme in einzelnen norddeutschen Ländern gibt, dass jedoch in manchen Bereichen beträchtliche Lücken bestehen. Diese Lücken bestehen einmal im Hinblick auf die Gegenüberstellung der in den einzelnen Ländern und zum anderen im Hinblick auf die Zusammenfassung der in verschiedenen Teilbereichen bestehenden Probleme. Diese Arbeit soll nicht mehr als ein bescheidener Versuch sein, einige wenige dieser Lücken zu schliessen.

Dabei bin ich mir schmerzhaft des Umstandes bewusst, dass für eine solche Arbeit keineswegs der vermessene Anspruch auf den Rang eines Beitrages zur regionalwissenschaftlichen Diskussion erhoben werden kann. Das war zu keinem Zeitpunkt meine Absicht. Wenn durch die Arbeit ein Beitrag zur Erstellung von Grundlagen für eine solche, auf wissenschaftlich oder politisch sehr viel höherer Ebene stattfindende Diskussion geleistet werden kann, dann sind die von mir angestrebten Ziele voll erreicht.

Mir hat die Anfertigung der Arbeit allerdings zu zahlreichen und für mich interessanten Einblicken in die Probleme und Schwierigkeiten eines Wirtschaftsraumes verholfen, dem ich nicht allein aus fachlichen, sondern auch und vor allen Dingen aus gefühlsmässigen Gründen eng verbunden bin. Ich wäre glücklich, wenn es dem einen oder anderen Leser bei der Lektüre ähnlich ergehen würde.

Die Anfertigung der Arbeit wäre ohne die zahllosen Anregungen und Hinweise unmöglich gewesen, welche ich in einer kaum noch übersehbaren Zahl von Gesprächen und Diskussionen mit Angehörigen und Vertretern von Landesregierungen, politischen Parteien und Gruppen und mit meinen Mitarbeitern am Sozialökonomischen Seminar der Universität Hamburg empfangen habe. Ihnen allen gilt mein Dank für Unterstützung und Ermutigung.

Mein ganz besonderer Dank gilt Frau H o r s t, meiner Mitarbeiterin am Sozialökonomischen Seminar, die mich in einem weit über das Mass ihrer vertraglich festgelegten Verpflichtungen hinausgehenden Umfang unterstützt und meine häufige Ungeduld nachsichtig ertragen hat. Das gilt auch für Fräulein L a n g e und Herrn Dipl.-Volkswirt K ö r n e r. Es erübrigt sich, die Mitarbeiterinnen und Mitarbeiter von jeder Mitschuld gegenüber dem Leser freizusprechen. Was lesenswert ist, hätte ohne sie nicht entstehen können. Für den umfangreichen Rest trage ich Schuld und Alleinverantwortung.

Mit Bedauern denke ich daran, dass die weiblichen Mitglieder meiner kleinen Familie für viele Monate unter dem Eindruck leiden mussten, sich das Interesse und die Zeit des einzigen männlichen Mitglieds (früher gelegentlich auch Familienoberhaupt genannt) mit statistischen Jahrbüchern, einem kleinen Tischrechner und dem Fachbereich Wirtschaftswissenschaften teilen zu müssen. Ihnen sei noch einmal versichert, dass dieser Zustand nur äusserlich und oberflächlich war.

Mein Dank für liebevolle Unterstützung, für Nachsicht und für Geduld gilt meinen

    J u t t a , K i r s t e n u n d K a r i n

Mögen sie einmal den Norden der Bundesrepublik für so interessant und faszinierend halten wie Ehemann und Vater.

Hamburg, im Februar 1973

         Jens Lübbert

Inhaltsverzeichnis

Seite

I. Abgrenzung des Gegenstandes der Untersuchung und Erläuterungen   1

II. Die Entwicklung der Wohnbevölkerung und der Erwerbsbevölkerung in den norddeutschen Ländern und in der Bundesrepublik Deutschland

   A. Allgemeine Vorbemerkungen   7

   B. Die Entwicklung der Höhe und der Struktur der Wohnbevölkerung   7

     1. Die natürliche Bevölkerungsbewegung in den norddeutschen Ländern   10

     2. Die Wanderungsbilanz der norddeutschen Länder   20

     3. Wanderungsbilanz für Erwerbspersonen in den Jahren 1968 und 1969   29

     4. Die Gesamtwirkung von natürlicher Bevölkerungsbewegung und Wanderungsbilanz   34

     5. Natürliche Bevölkerungsbewegung und Wanderungsbilanz in den norddeutschen Stadtstaaten und ausgesuchten Großstädten der Bundesrepublik in den Jahren 1968 und 1969   38

     6. Nachträge   42

       a. Wanderungsbilanz 1971   42

       b. Struktur der Wanderung 1970   44

III. Höhe und Entwicklung des Bruttoinlandsprodukts in den norddeutschen Ländern

   A. Allgemeine Vorbemerkungen   48

   B. Das Bruttoinlandsprodukt absolut, pro Einwohner und pro Erwerbstätigen in den norddeutschen Ländern von 1950 bis 1970   50

IV. Die Struktur der Erwerbstätigen und der Produktion in den norddeutschen Ländern

   A. Allgemeine Vorbemerkungen   68

   B. Zahl der Beschäftigten und der Erwerbstätigen in verschiedenen Wirtschaftsbereichen und ihre Beiträge zum Bruttoinlandsprodukt in den norddeutschen Ländern   69

	Seite
1. In der Darstellung verwandte Begriffe	69
2. Die Struktur der Beschäftigung bzw. der Erwerbstätigkeit	72
3. Die räumliche Struktur der Beschäftigung bzw. der Erwerbstätigkeit in Hamburg und Schleswig-Holstein	82
4. Struktur und Entwicklung der Beschäftigung in der Industrie	91
5. Die Bedeutung von Struktur- und Standorteffekten für die Entwicklung der industriellen Beschäftigung in den norddeutschen Ländern	101
a. Allgemeine Vorbemerkungen	101
b. Der von Struktur- und Standorteffekten ausgehende Einfluss	106

C. Höhe und Entwicklung der Beiträge verschiedener Wirtschaftsbereiche zum Bruttoinlandsprodukt bzw. des Umsatzes verschiedener Wirtschaftsbereiche als Ausdruck der Struktur der Produktion und ihrer Änderungen   114

    1. Höhe und Entwicklung der Beiträge der Wirtschaftsbereiche zum Bruttoinlandsprodukt   114

    2. Höhe und Entwicklung der Lohn- und Gehaltssumme in der Industrie in den norddeutschen Ländern   125

    3. Die Entwicklung der Bruttosumme der Löhne und Gehälter in der Hamburger Industrie   129

V. Die Einnahmen der öffentlichen Haushalte und ihre Bestimmungsgründe

    A. Allgemeine Vorbemerkungen   133

    B. Die Bestimmungsgründe der Einnahmen der öffentlichen Haushalte in den norddeutschen Ländern   134

        1. Die Höhe des örtlichen Aufkommens bzw. der kassenmässigen Steuereinnahmen in den norddeutschen Ländern   134

        2. Die Höhe der Steuereinnahmen der Länder und Gemeinden in den norddeutschen Ländern   138

        3. Die Bedeutung des Gesetzes über den Finanzausgleich zwischen Bund und Ländern für die Steuereinnahmen der norddeutschen Länder und Gemeinden   142

		Seite
4.	Die Bedeutung der Bestimmungen über die Zerlegung des Aufkommens aus verschiedenen Steuern für die Steuereinnahmen der norddeutschen Länder und Gemeinden	150
5.	Die Bedeutung der Bestimmungen über den Finanzausgleich zwischen den Ländern für die Einnahmesituation der norddeutschen Länder	152
6.	Die Bedeutung der Bestimmungen über die Ergänzungszuweisungen des Bundes für die Einnahmesituation der norddeutschen Länder	167
7.	Zusammenfassung	168
8.	Wanderungen und Einnahmesituation der öffentlichen Haushalte	171

C. Der Finanzausgleich in den beiden norddeutschen Flächenländern und seine Bedeutung für die Einnahmesituation der Großstädte der Region Nord ... 176

   1. Allgemeine Vorbemerkungen ... 176
   2. Die Stellung der Großstädte im Rahmen des Finanzausgleichs im Land Schleswig-Holstein ... 177
   3. Die Stellung der Großstädte im Rahmen des Finanzausgleichs im Land Niedersachsen ... 183

D. Einige Bestimmungsgründe der Steuereinnahmen in verschiedenen Großstädten der Bundesrepublik ... 193

   1. Allgemeine Vorbemerkungen ... 193
   2. Realsteuerkraft und Einnahmen aus den Realsteuern in verschiedenen Großstädten der Bundesrepublik im Jahr 1969 ... 194

VI. Die Ausgaben der öffentlichen Haushalte und ihre Bestimmungsgründe

A. Allgemeine Vorbemerkungen ... 199

B. Höhe und Entwicklung der Gesamtausgaben und bestimmter Arten von Ausgaben der norddeutschen Länder und Gemeinden ... 200

   1. Die Höhe der Gesamtausgaben der Länder und Gemeinden ... 200
   2. Die Investitionen der öffentlichen Haushalte und die Ausgaben für Investitionszwecke ... 210

	Seite
3. Höhe und Entwicklung der Personalausgaben der Länder und Gemeinden im norddeutschen Raum	217

C. Höhe und Entwicklung der Ausgaben für ausgewählte Aufgabenbereiche in den norddeutschen Ländern und Gemeinden insgesamt und je Einwohner ... 223

    1. Höhe und Entwicklung der Ausgaben für den Aufgabenbereich "Öffentliche Sicherheit und Ordnung" ... 224

    2. Höhe und Entwicklung der Ausgaben für den Aufgabenbereich "Unterricht" ... 226

    3. Höhe und Entwicklung der Ausgaben für den Aufgabenbereich "Wissenschaft" ... 237

    4. Höhe und Entwicklung der Ausgaben für den Aufgabenbereich "Soziale Sicherheit" ... 241

    5. Höhe und Entwicklung der Ausgaben für den Aufgabenbereich "Gesundheit, Sport und Leibesübungen" ... 243

    6. Höhe und Entwicklung der Ausgaben für den Aufgabenbereich "Verkehr" ... 246

    7. Höhe und Entwicklung der Ausgaben für verschiedene Aufgabenbereiche nach 1968 ... 248

    8. Anteil der Ausgaben für Investitionen an den Ausgaben für verschiedene Aufgabenbereiche ... 249

D. Der Zusammenhang zwischen der Höhe der öffentlichen Ausgaben und der Höhe der Einwohnerzahl ... 253

    1. Allgemeine Vorbemerkungen ... 253

    2. Der Zusammenhang zwischen der Höhe der Ausgaben für verschiedene Aufgabenbereiche und der Höhe der Einwohnerzahl ... 254

    3. Zusammenfassung ... 260

VII. Über einige ausgewählte Probleme der Infrastuktur in den norddeutschen Ländern

  A. Allgemeine Vorbemerkungen ... 264

  B. Einige Probleme aus dem Bereich des Gesundheitswesens ... 265

		Seite
	1. Die Versorgung mit ärztlichen Leistungen in den norddeutschen Ländern	265
	2. Die Versorgung mit Krankenhausleistungen in den norddeutschen Ländern	267
	3. Über einige spezielle Probleme der Versorgung mit Krankenhausleistungen in den norddeutschen Ländern	276
C.	Einige Probleme des Aufgabenbereichs Unterricht in den norddeutschen Ländern	281
D.	Einige Probleme des Aufgabenbereichs Wissenschaft in den norddeutschen Ländern	290
E.	Einige Probleme im Bereich des Wohnungsangebots in den norddeutschen Ländern	301
	1. Höhe und Struktur des Wohnungsangebots in den norddeutschen Ländern	301
	2. Qualitative und quantitative Merkmale des Wohnungsangebots in den norddeutschen Stadtstaaten im Vergleich zu anderen Großstädten der Bundesrepublik	313

Seite

Anlage 1 zu II.: Umfang der Wanderungen zwischen den norddeutschen Ländern untereinander und zwischen den norddeutschen Ländern und den anderen Ländern der Bundesrepublik, der DDR und dem Ausland seit 1950. 318

Anlage 2 zu II.: Art und Struktur der Abwanderung aus den norddeutschen Ländern und die Zuwanderung in die norddeutschen Länder in den Jahren 1968 und 1969. 325

Anlage a zu IV.: Zahl der Beschäftigten (Arbeiter, Angestellte und Beamte) in verschiedenen Wirtschaftsbereichen der norddeutschen Länder und in der Bundesrepublik in verschiedenen Jahren in Tsd. 328

Anlage b zu IV.: Anteil der Beschäftigten (Arbeiter, Angestellte und Beamte) in verschiedenen Wirtschaftsbereichen in den norddeutschen Ländern und in der Bundesrepublik in verschiedenen Jahren in v.H. 329

Anlage c zu IV.: Entwicklung der Beschäftigung in der gesamten Industrie und in verschiedenen Industriegruppen in den norddeutschen Ländern, der Region Nord und der Bundesrepublik 330

Anlage a zu V. : Verteilung der Umsatzsteuer unter den Ländern 335

Anlage b zu V. : Bestimmung der Höhe der Steuereinnahmen der Länder nach § 7 des Gesetzes über den Finanzausgleich im Jahr 1970 341

Anlage c zu V. : Bestimmung der Höhe der Steuereinnahmen der Gemeinden nach § 8 des Gesetzes über den Finanzausgleich im Jahr 1970 345

Anlage d zu V. : Bestimmung der Ausgleichsmeßzahlen der Länder und Gemeinden gemäß § 9 352

I. Abgrenzung des Gegenstandes der Untersuchung und Erläuterungen

Ziel der nachfolgenden Untersuchung ist es, zu quantitativen Aussagen über die in verschiedenen Bereichen bestehende Situation in den norddeutschen Ländern und ihrer Bestimmungsgründe zu kommen. Diese Begrenzung des Untersuchungsgegenstandes bedarf einiger erklärender Bemerkungen.

a. Die Untersuchung beschränkt sich auf solche Gegebenheiten und Zusammenhänge, welche sich durch Verwendung der von der amtlichen Statistik in der Bundesrepublik Deutschland bzw. in den einzelnen Ländern der Bundesrepublik bereitgestellten Angaben darstellen lassen. Daraus folgt, dass alle Aussagen den Charakter quantitativer Aussagen haben.

Das macht die folgenden Hinweise erforderlich:

i . Unter "Verwendung der von der amtlichen Statistik bereitgestellten Zahlen" darf nicht die blosse Wiedergabe dieser Zahlen verstanden werden. Vielmehr werden diese Zahlen auch zur Grundlage eigener Rechnungen gemacht. Dabei handelt es sich um einfache Rechnungen, bei denen die durch die Entwicklung auf den Gebieten der Statistik und der Ökonometrie eröffneten Möglichkeiten nicht berücksichtigt werden.

Der Verfasser ist der Ansicht, dass die Verwendung formal schwieriger Methoden im Rahmen der Untersuchung das durch sie letztlich angestrebte Ziel gefährden würde. Sie würde es dem Nicht-Fachmann unmöglich machen, die Überlegungen nachzuvollziehen und die für die abschliessenden Aussagen massgeblichen Gründe zu erkennen.

ii . Es werden keine Angaben verwandt, welche nicht jedem an den behandelten Fragen Interessierten zugänglich sind. Durch Hinweise auf die verwandten Quellen wird jedem Leser die Möglichkeit der Überprüfung der der Untersuchung zugrundeliegenden Angaben eröffnet.

Die Verwendung ausschliesslich solchen Zahlenmaterials und der bewusste Verzicht auf die Verwendung vertraulicher oder auf eigenen Erhebungen beruhenden Informationen hat ohne Zweifel Vor- und Nachteile. Der entscheidende Vorteil

besteht nach Auffassung des Verfassers in der dadurch geschaffenen vollständigen Transparenz und grundsätzlichen Nachvollziehbarkeit der gesamten Untersuchung. Geht man von der nach Ansicht des Verfassers begründeten Auffassung aus, dass die durch die amtliche Statistik bereitgestellten Angaben nicht durch sachfremde Erwägungen beeinflusst sind, so kann der Verdacht der "Manipulierung" des Zahlenmaterials zurückgewiesen werden. Das ist bei Verwendung vertraulichen oder auf eigenen Erhebungen beruhenden Zahlenmaterials nicht immer möglich. Dabei kann es dahingestellt sein bleiben, ob es Gründe für einen solchen Verdacht gibt oder nicht.
Dem steht der Nachteil gegenüber, dass nicht für alle im Rahmen einer solchen Untersuchung interessierenden Fragen Angaben der amtlichen Statistik zur Verfügung stehen - entweder weil solche Angaben wegen der der amtlichen Statistik auferlegten Beschränkungen nicht existieren oder weil solche Angaben nicht in der für unsere Fragestellung erforderlichen differenzierten Form vorliegen - . Wegen der selbst auferlegten Beschränkung verbietet sich eine Untersuchung der Frage im ersten dieser beiden Fälle. Im zweiten der beiden Fälle kann unter gewissen Einschränkungen eine Transformierung der durch die amtliche Statistik bereitgestellten Angaben in eine für unsere Untersuchung geeignete Form durchgeführt werden. Wenn das geschieht, werden die dabei gemachten Annahmen dargestellt und begründet.

iii. Es werden keine Aussagen qualitativer Art gemacht. Das bedeutet vor allen Dingen, dass kein Versuch einer Aussage über die letzten Bestimmungsgründe beobachteter Entwicklungen und Zusammenhänge unternommen wird. Das gilt insbesondere für die Darstellung der demographischen Entwicklung in den norddeutschen Ländern und für die Darstellung der Entwicklung der Erwerbstätigkeit und des Einkommens. Der Versuch weitergehender Aussagen über die Ursachen der beobachtbaren Entwicklung würde die Berücksichtigung weitergehender und im Rahmen dieser Untersuchung nicht verwandter Informationen voraussetzen.

b. Diese Entscheidung über den Inhalt der Untersuchung und über die Art der angestrebten Aussagen macht die Verwendung quantitativer Darstellungsformen unvermeidlich. Daraus ergibt sich die Notwendigkeit, die Aussagen durch umfangreiche Tabellendarstellungen im Text zu begründen.
Der Verfasser ist sich des Umstandes bewusst, dass die Wahl einer solchen Form der Darstellung den einen oder anderen Leser "verschrecken" wird. Dem stehen andere Überlegungen gegenüber:
   i . Das ist einmal die Überlegung, dass die überwiegende Mehrzahl auch der im Einzelfall nicht fachkundigen Leser heute mit dieser, in steigendem Masse auch in Presse und Fernsehen verwandten Darstellungsform vertraut sind.
   ii . Das ist zum anderen die Überlegung, dass die Zusammenfassung der vorliegenden quantitativen Informationen in tabellarischen Darstellungen das für das Verständnis der Aussagen erforderliche Zahlenmaterial in einer für den geschulten Leser übersichtlichen Form bereitstellt.
   iii. Das ist schliesslich die Überlegung, dass die "Verbannung" sämtlicher Zahlenangaben und Tabellen in einen Anhang den an den Gründen für die einzelnen zusammenfassenden Aussagen interessierten Leser zu ständigen und der Lektüre abträglichen Rückgriffen auf den Anhang zwingen würde. Aus diesem Grunde ist nur an solchen Stellen von der Möglichkeit des Hinweises auf einen Anhang Gebrauch gemacht worden, in denen ein nicht unmittelbar für das Verständnis erforderliches "Rohmaterial" verwandt worden ist, das Ausgangspunkt und Grundlage bestimmter im Text enthaltener Darstellungen und Aussagen ist.

c. Die Untersuchung beschränkt sich auf die Untersuchung der bestehenden Situation, der in der Vergangenheit beobachteten Entwicklung und ihrer unmittelbaren Bestimmungsgründe. Das bedeutet, dass es dem Leser überlassen bleibt, aus dem Material Schlussfolgerungen über die in der Zukunft zu erwartende Entwicklung zu ziehen. Nur unter bestimmten Voraussetzungen wird das in der Form einer einfachen Extrapolation der in der Vergangenheit beobachteten Entwicklungstrends möglich sein.

In anderen Fällen wird ein Schluss auf die zu erwartenden Entwicklungen nur dann möglich sein, wenn bestimmte Annahmen über die Fortdauer der in der Vergangenheit wirksamen und teils auf der geographischen Lage, teils auf Entscheidungen des Gesetzgebers beruhenden Bestimmungsfaktoren möglich ist. Die Entscheidungen des Gesetzgebers haben gerade in den Bereichen der Finanzpolitik und insbesondere des Finanzausgleichs und der Ansiedlungs- und regionalen Förderungspolitik erhebliche Bedeutung.

Allerdings wird die in der Vergangenheit beobachtbare und in der Untersuchung darzustellende Entwicklung gegebenenfalls Aussagen darüber zulassen, in welchen Bereichen Massnahmen und Änderungen angebracht sind, deren Ziel in einer Änderung der bestehenden Situation und in einer Änderung der vergangenen Entwicklung liegen.

d. Gegenstand der Untersuchung ist ausschliesslich die in den vier norddeutschen Ländern, d.h. in Schleswig-Holstein, Hamburg, Niedersachsen und Bremen bestehende Situation und die zu dieser Situation führende Entwicklung. Die in der gesamten Bundesrepublik, in anderen Ländern oder schliesslich in den Großstädten anderer Länder bestehende Situation und beobachtbare Entwicklung sind nicht von unmittelbarem Interesse. Sie werden nur berücksichtigt, soweit das aus einem der folgenden Gründe angebracht oder erforderlich ist:

i. Es wird in der Regel zweckmässig sein, die in den norddeutschen Ländern beobachtbare Entwicklung und Situation mit der Situation und der Entwicklung in anderen Ländern der Bundesrepublik in der gesamten Bundesrepublik oder in einzelnen Großstädten zu vergleichen. Nur dadurch und nicht durch die Gegenüberstellung mit rein hypothetischen Entwicklungen und Situationen können die Besonderheiten der Entwicklung und der Situation in den einzelnen norddeutschen Ländern oder im gesamten norddeutschen Raum deutlich gemacht werden.

Für die Untersuchung der verschiedenen Probleme wird die Verwendung unterschiedlicher Vergleichsgrössen oder -räume angebracht sein. Darauf wird, gegebenenfalls unter Angabe der dafür als massgeblich erachteten Gründe, im Einzelfall hinzuweisen sein.

ii . In bestimmten Fällen wie etwa bei den Aussagen über Umfang und Richtung des Finanzausgleichs sind Aussagen über die Situation in den norddeutschen Ländern nur bei Berücksichtigung der in den anderen Ländern der Bundesrepublik bestehenden Situation möglich. In diesen Fällen ist die Berücksichtigung der in den anderen Ländern bestehenden Situation für die Erklärung der in den norddeutschen Ländern bestehenden Situation zwingend geboten.

e. Selbstverständlich ist eine erschöpfende Darstellung der in sämtlichen bedeutsamen oder von den Einwohnern der norddeutschen Länder für bedeutsam gehaltenen Bereichen bestehenden Situation nicht möglich. Es ist unumgänglich, eine Auswahl einiger weniger aus einer sehr viel grösseren Zahl wichtiger Teilbereiche vorzunehmen. Massgeblich für die Auswahl der ausführlicher behandelten Teilbereiche waren die folgenden Kriterien:
   i . Die zugegebenermassen subjektive Beurteilung der relativen Bedeutung des Geschehens und der Entwicklung in einzelnen Teilbereichen für die Wirtschaftskraft der und die Lebensqualität in den norddeutschen Ländern.
   ii . Die Grenzen des durch die amtliche Statistik zur Verfügung gestellten Materials. Ohne Zweifel gibt es wichtige Bereiche, über welche durch die amtliche Statistik keine oder nicht in ausreichendem Mass und nicht in hinreichend differenzierter Form Angaben zur Verfügung gestellt werden.

f. Aus der Grundlage der Arbeit folgt, dass die Aktualität der verwandten Informationen nur begrenzt sein kann. Sie wird bestimmt durch die im Herbst 1972 in der amtlichen Statistik der Bundesrepublik Deutschland vorliegenden Angaben. Daraus folgt, dass die meisten Einzeldarstellungen nur die Entwicklung bis zum Jahr 1970 und dass die Darstellung einiger Probleme nur die Entwicklung bis zum Jahr 1969 berücksichtigt.
In verschiedenen Fällen werden durch die Statistischen Landesämter einzelner Länder neuere Informationen bereitgestellt. Ausser in einigen Ausnahmefällen ist auf die Berücksichtigung der für

spätere Jahre vorliegenden Informationen verzichtet worden. Massgeblich dafür war der Umstand, dass in den meisten Fällen das Verhältnis zwischen den vom Statistischen Bundesamt einheitlich für alle Länder der Bundesrepublik bereitgestellten Angaben und den von den Statistischen Landesämtern für die einzelnen Länder bereitgestellten Informationen nicht eindeutig erkennbar ist.

In fast allen Fällen erscheint der Schluss erlaubt, dass es auch in den auf 1970 bzw. auf 1969 folgenden Jahren nicht zu einer grundlegenden Änderung der Richtung der Entwicklung und der besonderen Merkmale der bestehenden Situation gekommen ist. Detaillierte Aussagen darüber werden allerdings erst in der Zukunft möglich sein.

II. Die Entwicklung der Wohnbevölkerung und der Erwerbsbevölkerung in den norddeutschen Ländern und in der Bundesrepublik Deutschland

A. Allgemeine Vorbemerkungen

Die Höhe und die Entwicklung der Wohn- und der Erwerbsbevölkerung ist für Aussagen über die wirtschaftliche Entwicklung eines Landes oder einer Region von unmittelbarem Interesse, vermittelt ihre Kenntnis doch eine Vorstellung davon, wie groß die Zahl der von einer darzustellenden wirtschaftlichen Entwicklung betroffenen Menschen und wie groß die Zahl der diese Entwicklung tragenden Menschen ist. Die Kenntnis der Höhe und der Entwicklung der Wohn- und der Erwerbsbevölkerung ist darüber hinaus von mittelbarem Interesse, gestattet sie doch die Ersetzung der Angaben über die absoluten Werte bestimmter wirtschaftlicher Größen durch die Durchschnittswerte, d.h. auf den einzelnen Einwohner oder auf den einzelnen Erwerbstätigen eines Landes bezogenen Werte. Für einen Vergleich des wirtschaftlichen Geschehens in verschiedenen Ländern oder Regionen ist die Kenntnis dieser Durchschnittswerte von grösserer Bedeutung als die Kenntnis der absoluten Zahlen, wenn ihre Verwendung auch weniger befriedigend sein mag als die Verwendung von Einzelwerten oder die Verwendung von Durchschnittswerten für kleinere Gruppen als für die Gesamtzahl der Einwohner eines Landes oder für die Gesamtzahl der Erwerbstätigen in einem Land.

Aus diesem Grund, d.h. weil dadurch eine Grundlage für die gesamte weitere Darstellung der wirtschaftlichen Entwicklung in den norddeutschen Ländern geschaffen wird, soll die Untersuchung der Frage nach der Entwicklung der Wohnbevölkerung und der Erwerbsbevölkerung an den Anfang der Untersuchung gestellt werden.

B. Die Entwicklung der Höhe und der Struktur der Wohnbevölkerung

Im Verlauf der zwei Jahrzehnte von 1950 bis 1970 ist es zu beträchtlichen Änderungen der Zahl und der Struktur der Einwohner in den norddeutschen Ländern gekommen. Es wird später zu zeigen sein, dass diese Entwicklung von erheblicher Bedeutung auch für die allgemeine wirtschaftliche und finanzpolitische Entwicklung dieser Länder war. Wir erhalten die folgenden Angaben für die Höhe, die absolute und die relative Entwicklung der Wohnbevölkerung in den norddeutschen Ländern :

II. 1. Die Wohnbevölkerung in den norddeutschen Ländern und ihr Anteil an der Wohnbevölkerung der Bundesrepublik in Tsd. bzw. in v.H.

	1950	1955	1957	1960	1965	1967	1969	1970
Wohnbevölkerung in Tsd.								
Schleswig-Holstein	2.598	2.271	2.257	2.295	2.423	2.488	2.545	2.567
Hamburg	1.553	1.715	1.771	1.823	1.857	1.840	1.820	1.812
Niedersachsen	6.744	6.493	6.493	6.588	6.892	6.981	7.069	7.125
Bremen	542	614	655	695	738	751	756	757
Region Nord	11.437	11.092	11.176	11.401	11.910	12.059	12.189	12.260
Bundesgebiet								
Flächenländer	45.755	47.858	49.007	50.715	54.216	55.108	56.136	56.810
Insgesamt	49.989	52.382	53.656	55.433	59.012	59.873	60.848	61.508
Wohnbevölkerung in v.H. der Wohnbevölkerung des Bundesgebietes								
Schleswig-Holstein	5,2	4,3	4,2	4,1	4,1	4,1	4,2	4,2
Hamburg	3,1	3,3	3,3	3,3	3,1	3,1	3,0	2,9
Niedersachsen	13,5	12,4	12,1	11,9	11,7	11,7	11,6	11,6
Bremen	1,1	1,2	1,2	1,3	1,3	1,3	1,2	1,2
Region Nord	22,9	21,2	20,8	20,6	20,2	20,2	20,0	19,9
Wohnbevölkerung der norddeutschen Flächenländer in v.H. der Wohnbevölkerung der Flächenländer der Bundesrepublik								
Schleswig-Holstein	5,7	4,7	4,6	4,5	4,5	4,5	4,5	4,5
Niedersachsen	14,7	13,6	13,2	13,0	12,7	12,7	12,6	12,5

Quellen: Bevölkerungsstruktur und ... 1971 a.a.O. S. 34 f.
Eigene Rechnungen

Diese Darstellung lässt einige Schlussfolgerungen zu :

i . Die Entwicklung der Wohnbevölkerung in den 50er Jahren ist durch die starke Zunahme der absoluten Höhe der Einwohnerzahl in den Stadtstaaten der Region Nord und durch die Konstanz bzw. sogar den Anstieg des Anteils der Wohnbevölkerung der beiden Stadtstaaten an der Wohnbevölkerung des gesamten Bundesgebietes in seinen heutigen Grenzen gekennzeichnet. Die Gründe dieser Entwicklung werden noch genauer zu untersuchen sein. Hier möge der Hinweis genügen, dass es sich dabei ohne Zweifel um Kriegsfolgen, d.h. um eine Folge der besonders starken Abnahme der Wohnbevölkerung in den Stadtstaaten im Verlauf des Kriegs handelt.

ii. Auf der anderen Seite ist die Entwicklung der Wohnbevölkerung in den 50er Jahren durch eine starke Verminderung der Höhe der Einwohnerzahl in den beiden Flächenländern der Region Nord und durch ein starkes Sinken des Anteils der Wohnbevölkerung in den beiden Flächenländern an der Wohnbevölkerung der gesamten Bundesrepublik gekennzeichnet. Auch bei diesem Vorgang handelt es sich ohne Zweifel um eine indirekte Kriegsfolge, d.h. um eine Revision der durch die ausschliesslich durch den Kriegsablauf und nicht durch ökonomische Faktoren bedingten Flüchtlingsströme herbeigeführten Bevölkerungsverteilung durch geplante und ungeplante Umsiedlungsaktionen.

iii. In den 60er Jahren kehrt sich die Entwicklung in der Weise um, daß die Wohnbevölkerung der beiden Stadtstaaten entweder sinkt (Hamburg) oder stagniert (Bremen) und der Anteil der Wohnbevölkerung der beiden Stadtstaaten an der Wohnbevölkerung der gesamten Bundesrepublik zurückgeht. Dagegen steigt die Wohnbevölkerung der beiden Flächenländer im Verlauf dieses Jahrzehnts an. Der Anteil der Wohnbevölkerung Schleswig-Holsteins an der Wohnbevölkerung der Bundesrepublik steigt und der Anteil an der Wohnbevölkerung der Flächenländer steigt in einer aus der Darstellung nicht ersichtlichen und sehr geringfügigen Weise an. Dagegen sinkt der Anteil der Wohnbevölkerung Niedersachsens an der Wohnbevölkerung der Bundesrepublik und an der Wohnbevölkerung der Flächenländer der Bundesrepublik sehr geringfügig. Diese Änderungen dürften nicht mehr durch Kriegsfolgen beeinflusst sein, sondern dürften in erster Linie anhaltende Wanderungen aus den Großstädten heraus reflektieren. Das wird zu untersuchen sein.

Die Untersuchung der Frage nach den Bestimmungsfaktoren der Entwicklung der Wohnbevölkerung muss von der folgenden, definitorisch richtigen Beziehungsgleichung ausgehen :

Änderung der Höhe der Wohnbevölkerung = Überschuß der Geborenen über die Gestorbenen + Überschuß der Zuzüge über die Fortzüge

Die positive bzw. die negative Differenz zwischen der Zahl der Geborenen und der Zahl der Gestorbenen bezeichnet den Saldo der "natürlichen Bevölkerungsbewegung". Die positive bzw. die negative Differenz zwischen der Zahl der Zuzüge und der Zahl der Fortzüge bezeichnet das positive bzw. das negative Saldo der Wanderungsbilanz. Die unterschiedliche Entwicklung der Wohnbevölkerung in den Ländern der Region Nord wird sowohl durch die natürliche Bevölkerungsbewegung als auch durch die Wanderungsbilanz bestimmt. Das ist etwas ausführlicher darzustellen.

1. Die natürliche Bevölkerungsbewegung in den norddeutschen Ländern

Die Untersuchung der Frage nach den Bestimmungsgründen der natürlichen Bevölkerungsbewegung setzt die getrennte Untersuchung der Fragen nach der Höhe der Geburtenzahl und nach der Höhe der Zahl der Gestorbenen voraus. Diese Fragen werden in diesem Abschnitt zu untersuchen sein.

II. 2. Zahl der Geborenen und Zahl der Gestorbenen auf Tsd.
Einwohner in den norddeutschen Ländern und in der
Bundesrepublik

	1950	1955	1957	1960	1965	1967	1969	1970
	Zahl der Geborenen auf Tsd.Einwohner							
Schlesw.-Holstein	15,9	14,0	15,0	16,5	18,4	18,3	15,9	13,7
Hamburg	11,2	10,8	12,0	13,3	14,4	14,2	11,5	10,2
Niedersachsen	17,3	15,8	16,7	17,7	18,7	18,2	16,1	14,4
Bremen	13,8	13,2	14,5	15,8	17,1	16,4	13,8	11,8
Region Nord	16,0	14,5	15,5	16,6	17,9	17,5	15,2	13,5
Bundesgebiet								
Flächenländer	16,7	16,2	17,2	18,0	18,1	17,3	15,2	13,4
Insgesamt	16,3	15,7	16,7	17,5	17,7	17,0	14,8	13,2
	Zahl der Gestorbenen auf Tsd.Einwohner							
Schlesw.-Holstein	9,5	10,8	11,7	12,1	12,3	11,9	12,8	12,9
Hamburg	10,8	11,9	12,5	12,8	13,6	13,9	14,9	14,7
Niedersachsen	9,7	10,6	11,1	11,5	11,5	11,5	12,4	12,6
Bremen	10,1	10,9	11,2	11,5	11,7	11,7	12,8	12,7
Region Nord	9,8	10,8	11,4	11,8	12,0	11,9	12,9	13,0
Bundesgebiet								
Flächenländer	10,5	11,0	11,3	11,3	11,1	11,1	11,8	11,6
Insgesamt	10,6	11,1	11,5	11,6	11,5	11,5	12,2	11,9
	Saldo der natürlichen Bevölkerungsbewegung			auf Tsd.Einwohner				
Schlesw.-Holstein	+6,4	+3,2	+3,3	+4,4	+6,1	+6,4	+3,1	+0,8
Hamburg	+0,4	-1,1	-0,5	+0,5	+0,8	+0,3	-3,4	-4,5
Niedersachsen	+7,6	+5,2	+5,6	+6,2	+7,2	+6,7	+3,7	+1,8
Bremen	+3,7	+2,3	+3,3	+4,3	+5,4	+4,7	+1,0	-0,9
Region Nord	+6,2	+3,7	+4,1	+4,8	+5,9	+5,6	+2,3	+0,5
Bundesgebiet								
Flächenländer	+6,2	+5,2	+5,9	+6,7	+7,0	+6,2	+3,4	+1,8
Insgesamt	+5,7	+4,6	+5,2	+5,9	+6,2	+5,5	+2,6	+1,3

Quellen: Bevölkerungsstruktur und ... 1971 a.a.O. S.34 f. u. S.46 f.
Eigene Rechnungen

Diese Darstellung lässt mehrere Aussagen über die natürliche
Bevölkerungsbewegung in den Ländern der Region Nord zu :

iv . Der Saldo der natürlichen Bevölkerungsbewegung auf Tsd.
Einwohner ist in den beiden Flächenländern in sämtlichen
Jahren positiv und grösser als in den beiden Stadtstaaten.
Er entspricht etwa dem Saldo der natürlichen Bevölkerungs-
bewegung im Durchschnitt der Flächenländer der Bundes-
republik.

v . Der Saldo der natürlichen Bevölkerungsbewegung auf Tsd.
Einwohner liegt in den beiden norddeutschen Stadtstaaten
erheblich unter dem Bundesdurchschnitt und unter den
Salden der beiden Flächenländer. Er ist in Hamburg niedriger als in Bremen. In mehreren Jahren im Verlauf der
Beobachtungsperiode und in den letzten Jahren der Beobachtungsperiode, d.h. in den Jahren 1968, 1969 und 1970
ist der Saldo der natürlichen Bevölkerungsbewegung für
Hamburg negativ, es kommt also schon aufgrund des Verhältnisses von Zahl der Geburten und Zahl der Sterbefälle
zu einem Rückgang der Wohnbevölkerung in Hamburg. Der
Saldo der natürlichen Bevölkerungsbewegung wird dagegen
für Bremen erst im letzten Jahr der gesamten Beobachtungsperiode negativ.

vi . In sämtlichen norddeutschen Ländern, im Durchschnitt der
Flächenländer der Bundesrepublik und im Bundesdurchschnitt
nimmt der Saldo der natürlichen Bevölkerungsbewegung im
Verlauf der 60er Jahre bzw. in der zweiten Hälfte der 60er
Jahre fast kontinuierlich ab. Auch in den beiden norddeutschen Flächenländern bleibt der Saldo zwar positiv,
wird aber sehr gering.

vii . Die vergleichsweise geringen Werte der Salden der natürlichen Bevölkerungsbewegung auf Tsd.Einwohner in den
beiden Stadtstaaten sind im Fall Hamburgs durch eine
unterdurchschnittlich hohe Geburtenziffer und eine
überdurchschnittlich hohe Sterbeziffer auf Tsd.Einwohner

und im Fall Bremen fast ausschliesslich durch eine unterdurchschnittliche hohe Geburtenziffer auf Tsd.Einwohner bedingt. Die negative Abweichung zwischen dem Wert des Saldos der natürlichen Bevölkerungsbewegung in Schleswig-Holstein und dem Wert dieses Ausdrucks im Durchschnitt der Flächenländer der Bundesrepublik in fast allen Jahren ergibt sich in den 50er Jahren in erster Linie aus dem unterdurchschnittlichen Wert der Geburtenziffer und in den 60er Jahren aus dem überdurchschnittlichen Wert der Sterbeziffer. Der Wert dieses Ausdrucks für Niedersachsen entspricht fast dem Durchschnitt der Flächenländer der Bundesrepublik. Allerdings ist in Niedersachsen sowohl die Geburtenziffer als auch die Sterbeziffer überdurchschnittlich.

Es erscheint angebracht, zu untersuchen, ob die Abweichungen der Ziffern in den einzelnen norddeutschen Ländern von den jeweils massgeblichen Bundesdurchschnitten durch die Unterschiede der Altersstruktur erklärt werden können.

Um eine Antwort auf die Frage nach dem Einfluss der Altersstruktur der Wohnbevölkerung auf die Höhe der Sterbeziffer in den einzelnen Ländern zu erhalten, muss einmal die Höhe des Anteils der Angehörigen verschiedener Altersgruppen an der gesamten Wohnbevölkerung und muss zum anderen die Höhe der Sterbeziffer für verschiedene Altersgruppen bekannt sein. Im nachfolgenden sind die Werte dieser Größen für das Jahr 1969 zu bestimmen.

II. 3. Die Höhe des Anteils der Angehörigen verschiedener Altersgruppen an der gesamten, an der weiblichen und an der männlichen Wohnbevölkerung der norddeutschen Länder und der Bundesrepublik im Jahr 1969 in v.H.

Altersgruppe	Schleswig-Holstein	Hamburg	Niedersachsen	Bremen	Bundesrepublik
Gesamte Wohnbevölkerung					
unter 1	1,6	1,1	1,6	1,3	1,4
1 - 21	29,6	23,4	31,2	26,8	29,6
21 - 30	13,2	13,5	11,6	13,5	12,4
30 - 40	13,8	14,3	13,6	14,5	14,4
40 - 50	11,5	12,8	12,3	12,7	12,8
50 - 60	10,1	11,3	10,2	11,0	10,3
60 - 65	6,0	7,1	6,0	6,5	6,1
über 65	14,3	16,5	13,6	13,7	13,0
Männliche Wohnbevölkerung					
unter 1	1,7	1,2	1,7	1,5	1,6
1 - 21	31,7	25,6	33,5	28,9	31,8
21 - 30	15,1	15,1	12,9	14,9	13,6
30 - 40	14,9	15,9	14,6	15,9	15,8
40 - 50	10,7	12,2	11,6	11,9	12,3
50 - 60	8,8	10,2	9,0	10,0	9,0
60 - 65	5,4	6,5	5,5	5,9	5,4
über 65	11,7	13,3	11,2	11,0	10,5
Weibliche Wohnbevölkerung					
unter 1	1,5	1,0	1,5	1,3	1,3
1 - 21	27,6	21,5	28,9	25,0	27,7
21 - 30	11,5	12,1	10,4	12,2	11,3
30 - 40	12,7	13,0	12,6	13,1	13,1
40 - 50	12,3	13,3	13,0	13,3	13,2
50 - 60	11,4	12,3	11,4	11,9	11,4
60 - 65	6,6	7,6	6,5	7,0	6,6
über 65	16,6	19,3	15,7	16,2	15,3

Quellen: Bevölkerungsstruktur und Wirtschaftskraft der Bundesländer 1971 Wiesbaden 1971 S. 40 ff.

Diese im Jahr 1969 gegebene Altersstruktur der Wohnbevölkerung
stellt das Ergebnis der natürlichen Bevölkerungsbewegung und der
Wanderungen in den vorausgehenden Jahren dar. Die Zahlen können also
keine Auskunft über die natürliche Bevölkerungsbewegung allein geben.
Um eine Aussage über die Bedeutung der Altersstruktur und die Bedeutung der Geschlechtsstruktur der Wohnbevölkerung auf die Höhe der
Sterbeziffer, d.h. die Zahl der Gestorbenen pro 1.000 Angehörige
einer bestimmten Altersgruppe (altersspezifische Sterbeziffer) oder
je 1.000 Angehörige der Wohnbevölkerung (allgemeine Sterbeziffer)
machen zu können, müssen jetzt noch das Verhältnis zwischen der Zahl
der Gestorbenen einer Altersgruppe und der Zahl der Angehörigen der
Altersgruppe in der Bundesrepublik bestimmt werden.

II. 4. Gestorbene Angehörige einer Altersgruppe je 1.000 Angehörige
dieser Altersgruppe und Gestorbene insgesamt je 1.000 Angehörige der Wohnbevölkerung insgesamt und nach männlich und
weiblich differenziert in der Bundesrepublik im Jahr 1969

Altersgruppe	Insgesamt	Männlich	Weiblich
unter 1	23,8	27,0	20,6
1 - 21	0,8	0,9	0,5
21 - 30	1,1	1,6	0,7
30 - 40	1,6	2,0	1,2
40 - 50	3,7	4,6	3,0
50 - 60	9,8	13,6	7,1
60 - 65	19,5	28,0	13,3
über 65	66,0	80,0	57,2
Insgesamt	12,2	12,9	11,5

Quellen: Statistisches Jahrbuch für die Bundesrepublik Deutschland
1971   Wiesbaden 1971   S. 52
Bevölkerungsstruktur und ... 1971 a.a.O. S. 40 ff.
Eigene Rechnungen

Mit Hilfe der Angaben in II. 3. und II. 4. können jetzt die von der
Altersstruktur und die von der Geschlechtsstruktur der Wohnbevölkerung in den norddeutschen Ländern ausgehenden Einflüsse auf den Wert
der Sterbeziffer bzw. auf die Abweichungen zwischen dem Wert der

Sterbeziffer für das einzelne Land und dem Wert der Sterbeziffer
für die Bundesrepublik bestimmt werden. Als erstes ist der von der
Altersstruktur der gesamten Wohnbevölkerung bzw. der männlichen und
weiblichen Wohnbevölkerung der einzelnen norddeutschen Länder ausgehende Einfluss zu untersuchen. Um diesen Einfluss isoliert darstellen zu könn-en, soll angenommen werden, dass die Werte der
altersspezifischen Sterbeziffern in den einzelnen Ländern denen
für die gesamte Bundesrepublik gleich sind. Auf der Grundlage dieser Annahme kann dann eine "hypothetische Sterbeziffer" für die einzelnen Bundesländer bestimmt werden, welche gleich der Summe der
mit den Anteilen der einzelnen Altersgruppen an der jeweiligen Gesamtbevölkerung gewichteten altersspezifischen Sterbeziffern in
der Bundesrepublik ist. Wenn die Abweichung des Wertes dieser hypothetischen Sterbeziffer für ein Land von der Sterbeziffer für die
Bundesrepublik absolut kleiner ist als die Abweichung der tatsächlichen Sterbeziffer des Landes von der Sterbeziffer der Bundesrepublik, so ist die Aussage berechtigt, dass die Differenzen zwischen den beiden tatsächlichen Werten wenigstens teilweise durch
Unterschiede in der Altersstruktur bedingt sind.

II. 5. Hypothetische und tatsächliche Sterbeziffern in den norddeutschen Ländern insgesamt und nach Geschlechtern differenziert und tatsächliche Sterbeziffern für die Bundesrepublik im Jahr 1969 in v. Tsd.

	Tatsächliche Sterbeziffer			Hypothetische Sterbezif.		
	Insges.	Männl.	Weibl.	Insges.	Männl.	Weibl.
Schleswig-Holst.	12,8	13,4	12,1	13,0	13,8	12,2
Hamburg	15,0	16,0	14,1	14,7	15,5	13,9
Niedersachsen	12,4	13,2	11,5	12,6	13,5	11,7
Bremen	12,8	13,7	12,0	12,8	13,6	12,1
Bundesgebiet	12,2	12,9	11,5			

Quellen: Statistisches Jahrbuch ... 1971 a.a.O. S. 36 und S. 44
Eigene Rechnungen

Das lässt einige für die Erklärung der Bestimmungsgründe der natürlichen Bevölkerungsbewegung wichtige Schlussfolgerungen zu:

viii. Die tatsächliche globale Sterbeziffer war im Jahr 1969 in aller
norddeutschen Ländern höher als in der Bundesrepublik. Sämt-

liche norddeutschen Länder haben sowohl in ihrer männlichen als auch in ihrer weiblichen Bevölkerung eine ungünstige Altersstruktur. Das äussert sich darin, dass die globale Sterbeziffer sowohl für die männliche als auch für die weibliche Bevölkerung auch dann höher als die globale Sterbeziffer im Bundesdurchschnitt sein würde, wenn die Werte der altersspezifischen Sterbeziffern gleich sein würden. Der Anteil der Angehörigen von Altersgruppen mit überdurchschnittlich hoher altersspezifischer Sterbeziffer ist m.a.W. in den norddeutschen Ländern vergleichsweise höher als im gesamten Bundesgebiet.

ix. Zwischen den einzelnen norddeutschen Ländern besteht jedoch ein sehr bedeutsamer Unterschied. In den beiden Flächenländern sind die tatsächlichen geschlechtsspezifischen Sterbeziffern niedriger und in Hamburg sind sie höher als die hypothetischen Sterbeziffern. Das bedeutet, dass in Schleswig-Holstein und Niedersachsen die durchschnittliche Höhe der altersspezifischen Sterbeziffern niedriger und in Hamburg höher ist als im Bundesdurchschnitt [1].

---

[1] Die beobachtbaren Abweichungen sind m.E. zu gross, als dass sie als durch die Gruppenbildung bedingt erklärt werden können. Das wäre dann der Fall, wenn Grund zu der Annahme bestünde, dass die Abweichungen bei einer Verkleinerung der Jahrgangsgruppen geringer werden.

Nur in Bremen entsprechen die tatsächlichen Sterbeziffern etwa den hypothetischen Sterbeziffern. Lediglich in Hamburg ist also im Durchschnitt in den verschiedenen Altersgruppen die Mortalität höher als im Bundesdurchschnitt. Eine Untersuchung der dafür massgeblichen Gründe ist auf der Grundlage des vorhandenen Materials nicht möglich.

Unterschiede in der Höhe der globalen Sterbeziffer in den einzelnen Ländern können auch auf einer unterschiedlichen Zusammensetzung der Gesamtbevölkerung aus männlicher und weiblicher Bevölkerung beruhen, wenn die geschlechtsspezifischen Sterbeziffern unterschiedlich sind. Aus den Darstellungen ist zu ersehen, dass das der Fall ist, Um den aus der Geschlechtsstruktur der Bevölkerung erwachsenden Einfluss zu bestimmen, kann man die hypothetischen Sterbeziffern der weiblichen und der männlichen Wohnbevölkerung in den einzelnen Ländern mit den Anteilen wichten, welche diese beiden Gruppen an der Wohnbevölkerung der Bundesrepublik haben und eine von den Einflüssen der Geschlechtsstruktur bereinigte hypothetische globale Sterbeziffer ermitteln. Diese kann dann mit den Werten der bisher ermittelten unterschiedlichen Sterbeziffern vergl-ichen werden.

II. 6. Die Werte der globalen hypothetischen Sterbeziffern in den norddeutschen Ländern nach Bereinigung durch die unterschiedliche Geschlechtsstruktur der Wohnbevölkerung im Jahr 1969

	Anteil der männlichen Bevölkerung an der gesamten Wohnbevölkerung	Durch Gewichtung der geschlechtsspezifischen Sterbeziffern mit den Anteilen an der Bevölkerung der Bundesrepublik ermittelte bereinigte globale hypothetische Sterbeziffer
Schleswig-Holstein	48,1	13,0
Hamburg	46,4	14,7
Niedersachsen	47,7	12,6
Bremen	47,7	12,8
Bundesgebiet	47,7	12,2

Quellen: wie unter II. 5.
    Eigene Rechnungen

Daraus können wir entnehmen :

x . Es gibt Abweichungen zwischen der Geschlechtsstruktur der Bevölkerung in den norddeutschen Ländern. Die Bedeutung dieser Abweichungen für die Höhe der Sterbeziffern ist jedoch so gering, dass sie vernachlässigt werden können und müssen. Wenn die Sterbeziffern auf eine Dezimale genau bestimmt werden, so sind die Wirkungen der "Bereinigung" der Zahlen nicht einmal zu erkennen.

Die unterschiedliche Höhe des Wertes der zweiten Komponente der natürlichen Bevölkerungsbewegung, d.h. der Geburtenziffer kann als Ergebnis zweier Bestimmungsgründe angesehen werden, nämlich einmal des Anteils der weiblichen Bevölkerung im gebärfähigen Alter an der Gesamtbevölkerung und zum anderen die Zahl der Geburten pro 1.000 Frauen im gebärfähigen Alter. Es ist zu fragen, welche Bedeutung die unterschiedlichen Anteile der Frauen im gebärfähigen **Alter** an der Gesamtbevölkerung für die Unterschiede in der Höhe der Geburten-ziffer haben. Da sich aus der Statistik ergibt, dass mehr als 96 v.H. der Lebendgeborenen von Müttern der Altersgruppe von 18 bis

bis 40 geboren werden, soll der Anteil der weiblichen Bevölkerung im
gebärfähigen Alter durch den Anteil der weiblichen Angehörigen dieser Altersgruppe an der Gesamtbevölkerung gegeben werden.

II. 6. Anteil der weiblichen Angehörigen der Altersgruppe 18 bis 40
an der Gesamtbevölkerung in v.H. und Zahl der Lebendgeborenen
pro 1.000 Angehörige dieser Gruppe in den norddeutschen
Ländern in ausgewählten Jahren

	Anteil der weiblichen Angehörigen der Altersgruppe von 18 bis 40 an der Gesamtbevölkerung			Zahl der Geburten je 1.000 weibliche Angehörige der Altersgruppe von 18 bis 40		
	1950	1961	1969	1950	1961	1969
Schlesw.-Holst.	15,8	15,3	14,4	100,8	113,7	110,2
Hamburg	15,4	15,7	15,1	72,7	88,6	76,4
Niedersachsen	16,5	15,3	14,1	104,6	120,7	114,0
Bremen	16,2	15,8	15,1	85,4	105,7	91,2
Bundesgebiet	16,6	16,1	14,8	97,9	112,0	100,1

Quellen: Bevölkerungsstruktur und ... 1971 a.a.O. S. 34 f., S. 42
und S. 46 f.

Dieser Darstellung können wir einige Erklärungen über die Gründe der
Unterschiede in der Höhe der globalen Geburtenziffer, d.h. der Zahl
der Geburten pro 1.000 Einwohner entnehmen:

x . Der Anteil der Frauen im gebärfähigen Alter lag 1969 in den
beiden Stadtstaaten über dem Bundesdurchschnitt und über den
Anteilen in den Flächenländern. In sämtlichen Beobachtungsjahren lagen die Anteile in den Flächenländern unter dem Bundesdurchschnitt.

xi . Dafür liegen die Zahlen der Geburten pro 1.000 weibliche Angehörige dieser Altersgruppe in den Stadtstaaten beträchtlich
unter dem Bundesdurchschnitt und in den Flächenländern in allen
Beobachtungsjahren über dem Bundesdurchschnitt.

xii . Die Unterschiede in der Höhe der spezifischen Geburtenziffern,
d.h. der Zahl der Geburten pro 1.000 weibliche Angehörige der
Altersgruppe 18 bis 40 zwischen Flächenländern und Stadtstaaten sind so gross, dass sie die höheren Anteile der weiblichen
Angehörigen dieser Altersgruppe und die tendenziell von ihnen
ausgehenden Wirkungen auf die Höhe der globalen Geburtenziffer

überkompensieren, so dass es zu dem in II. 2. dargestellten Ergebnis kommt.

Die natürliche Bevölkerungsbewegung führt also tendenziell zu einer Schwächung der relativen Bedeutung der Region Nord in der Bundesrepublik und der beiden Stadtstaaten innerhalb der Region Nord. Es bleibt zu untersuchen, ob diese Tendenzen durch Wanderungsbewegungen verstärkt oder abgeschwächt werden.

2. Die Wanderungsbilanz der norddeutschen Länder

Die Berücksichtigung allein der natürlichen Bevölkerungsbewegung ist nicht hinreichend, um die im Verlauf der vergangenen zwei Jahrzehnte beobachtbaren Änderungen der Bevölkerungszahlen zu begründen. Vielmehr muss die Untersuchung der Frage nach der natürlichen Bevölkerungsbewegung, d.h. nach den Änderungen der Einwohnerzahlen durch Geburten und Sterbefälle erweitert werden durch die Untersuchung der Wanderungsbewegungen, d.h. der Änderungen der Einwohnerzahlen durch Zu- und Fortzüge.

Der von den Wanderungsbewegungen ausgehende Einfluss auf die Höhe der gesamten Wohnbevölkerung in den norddeutschen Ländern wird in der folgenden Darstellung angegeben :

II. 7. Überschuss der Zu- bzw. der Fortzüge (-) aus der Wanderung über die Landesgrenzen der Länder, aus der Wanderung über die Grenzen der Bundesrepublik und aus der Binnenwanderung innerhalb der Bundesrepublik in verschiedenen Perioden für die norddeutschen Länder in Tsd.

	1950/52	1953/55	1956/58	1959/61	1962/64	1965/66	1967/68	1969	1970
	Saldo der Wanderungen insgesamt (+ Zuwanderungs-, - Abwanderungsüberschuss								
Schlesw.-Holstein	- 264,8	- 172,3	- 4,5	+ 25,8	+ 31,4	+ 36,1	+ 28,7	+20,6	+24,0
Hamburg	+ 133,5	+ 100,2	+ 78,6	+ 36,5	+ 8,5	- 12,8	- 22,6	+ 0,4	+ 2,4
Niedersachsen	- 277,7	- 207,9	- 79,0	- 14,1	+ 27,9	+ 15,3	- 10,8	+35,1	+51,1
Bremen	+ 44,7	+ 41,7	+ 47,5	+ 27,2	+ 8,9	+ 8,9	- 1,3	+ 1,1	+ 1,1
	Saldo der Wanderungen über die Grenzen der Bundesrepublik								
Schlesw.-Holstein	+ 14,0	+ 13,9	+ 28,3	+ 18,3	+ 14,3	+ 8,4	+ 1,6	+ 7,6	+11,3
Hamburg	+ 33,9	+ 57,3	+ 50,3	+ 34,7	+ 25,7	+ 13,3	- 0,2	+13,0	+15,9
Niedersachsen	+ 93,9	+ 79,4	+108,8	+ 75,7	+ 76,4	+ 33,2	+ 3,7	+36,2	+44,9
Bremen	+ 5,0	+ 11,0	+ 18,0	+ 8,0	+ 5,9	+ 4,8	+ 0,3	+ 4,3	+ 4,7
	Saldo der Wanderungen innerhalb der Grenzen der Bundesrepublik								
Schlesw.-Holstein	- 292,3	- 186,0	- 22,8	+ 7,3	+ 17,2	+ 27,6	+ 27,1	+13,0	+12,7
Hamburg	+ 85,1	+ 42,9	+ 28,2	+ 1,7	- 17,3	- 26,2	- 22,5	-12,6	-13,5
Niedersachsen	- 411,3	- 287,2	-187,8	- 89,9	- 48,4	- 18,0	- 14,4	- 1,1	+ 6,3
Bremen	+ 36,3	+ 30,8	+ 29,4	+ 19,2	+ 3,0	+ 4,3	- 1,6	- 3,2	- 3,6

Quelle: Bevölkerungsstruktur und ... 1971 a.a.O. S. 50 f.

Schon dieser erste grobe Überblick, bei dem lediglich die Gesamtsalden der einzelnen Länder berücksichtigt werden und bei dem auf die Berücksichtigung spezieller bilateraler Salden zwischen den einzelnen Ländern verzichtet wird, lässt eine Reihe interessanter Rückschlüsse auf den Einfluss der Wanderungen zu.

xiii. Die Wanderungen in den 50er und in den 60er Jahren wurden durch ausserordentlich unterschiedliche Faktoren bestimmt. Bis in die Mitte der 50er Jahre wurden die Wanderungen ganz offensichtlich in erster Linie durch die Überwindung der Kriegsfolgen bestimmt. Das kommt einmal in dem anhaltenden Abwanderungsüberschuss in den beiden Flächenländern vor allen Dingen im Rahmen organisierter Umsiedlungsaktionen zum Ausdruck. Diese Massnahmen dienten dem Zweck eines regionalen Ausgleichs des infolge der Kriegsereignisse relativ unterschiedlich starken Bevölkerungszuwachses in den verschiedenen Flächenländern der Bundesrepublik. Das kommt zum anderen in dem beträchtlichen Zuwanderungsüberschuss in den beiden Stadtstaaten zum Ausdr-uck, der bis in die zweite Hälfte der 50er Jahre anhält. Damit kam es zur Umkehr des infolge der überproportional starken Zerstörungen in den Stadtstaaten besonders starken Rückganges der Wohnbevölkerung gegenüber der Vorkriegszeit.

Es erscheint zulässig, auf die detaillierte Untersuchung dieser durch einmalige Ereignisse induzierten Wanderungsbewegungen zu verzichten, da die für sie massgeblichen Sonderfaktoren inzwischen an Bedeutung verloren haben.

xiv. In den 60er Jahren ergibt sich ein vollständig anderes Bild. In den Flächenländern tritt an die Stelle des für die 50er Jahre charakteristischen grossen Abwanderungsüberschusses gegenüber den anderen Ländern der Bundesrepublik entweder - wie im Fall Schleswig-Holsteins - ein erheblicher und steigender Zuwanderungsüberschuss oder - wie im Fall Niedersachsens - ein seiner absoluten Höhe nach sehr viel niedrigerer Abwanderungsüberschuss. Aus dem für die 50er Jahre charakteristischen Zuwanderungsüberschuss gegenüber den anderen Bundesländern tritt in den beiden Stadtstaaten ein erheblicher Abwanderungsüberschuss gegenüber den anderen Bundesländern.

xv. In den beiden Stadtstaaten werden allerdings die Wirkungen des Abwanderungsüberschusses auf die Höhe der Wohnbevölkerung durch den Zuwanderungsüberschuss bei den Wanderungen über die Grenzen der Bundesrepublik teilweise ausgeglichen (Hamburg von 1965 bis 1968) oder überkompensiert (Niedersachsen von 1962 bis 1969 mit Ausnahme der Jahre 1967/68). Nur Schleswig-

Holstein hat während der gesamten 60er Jahre einen Zuwanderungsüberschuss sowohl bei den grenzüberschreitenden Wanderungen als auch bei den Binnenwanderungen. In den anderen Ländern kommt es im Verlauf der 60er Jahre zu einer durch eine sinkende Zahl inländischer Einwohner und eine steigende Zahl von Einwohnern ausländischer Herkunft gekennzeichneten Umschichtung der Bevölkerung.

Nun darf nicht übersehen werden, dass in diesen Änderungen eine erhebliche Binnenwanderung innerhalb der Region Nord, d.h. zwischen den norddeutschen Ländern zum Ausdruck kommt.

II. 8. Salden der Wanderungsbilanzen der norddeutschen Länder untereinander, mit der restlichen Bundesrepublik, mit der DDR, mit dem Ausland und insgesamt (Zuwanderungsüberschuß in die Länder der linken Spalte aus den Ländern in der Kopfzeile: +; Abwanderungsüberschuß aus den Ländern der linken Spalte in die Länder der Kopfzeile: −)

	Hamburg	Niedersachsen	Bremen	Region Nord	Rest d. Bundesrepubl.	DDR	Ausland	Insgesamt
In den Jahren 1959, 1960 und 1961								
Schlesw.-Holst.	+ 4.867	+ 4.507	− 711	+ 8.663	+ 6.347	+ 8.611	+ 3.262	+ 26.883
Hamburg		+ 6.589	+ 284	+ 2.106	+ 9.119	+ 10.445	+ 14.109	+ 35.679
Niedersachsen			− 18.348	− 29.144	− 39.933	+ 35.544	+ 19.213	− 14.720
Bremen				+ 18.775	+ 3.077	+ 5.030	+ 567	+ 27.449
In den Jahren 1962, 1963 und 1964								
Schlesw.-Holst.	+ 13.532	+ 2.445	+ 246	+ 16.223	+ 3.381	+ 3.084	+ 8.587	+ 31.275
Hamburg		− 79	+ 19	− 13.592	− 3.987	+ 3.154	+ 20.188	+ 5.763
Niedersachsen			− 5.673	− 8.039	− 32.645	+ 10.682	+ 57.345	+ 27.343
Bremen				+ 5.408	− 1.684	+ 1.315	+ 3.878	+ 8.917
In den Jahren 1965 und 1966								
Schlesw.-Holst.	+ 19.590	+ 1.926	+ 268	+ 21.784	+ 5.859	+ 1.527	+ 6.918	+ 36.088
Hamburg		− 3.634	− 171	− 23.395	− 2.783	+ 1.450	+ 10.659	− 14.069
Niedersachsen			− 3.804	− 2.096	− 15.884	+ 5.430	+ 27.574	+ 15.024
Bremen				+ 3.707	+ 503	+ 662	+ 4.109	+ 8.941

Weiter zu II. 8. Salden der Wanderungsbilanzen der norddeutschen Länder untereinander, mit der restlichen Bundesrepublik, mit der DDR, mit dem Ausland und insgesamt (Zuwanderungsüberschuß in die Länder der linken Spalte aus den Ländern in der Kopfzeile: + ; Abwanderungsüberschuß aus den Ländern der linken Spalte in die Länder der Kopfzeile: -)

	Hamburg	Niedersachsen	Bremen	Region Nord	Rest d. Bundesrepubl.	DDR	Ausland	Insgesamt
			In den Jahren 1967 und 1968					
Schlesw.-Holst.	+ 18.125	+ 2.362	+ 801	+ 21.288	+ 5.407	+ 1.163	+ 463	+ 28.321
Hamburg		- 2.986	+ 285	- 20.826	- 1.665	+ 1.096	- 2.201	- 23.596
Niedersachsen			- 134	+ 490	- 14.913	+ 4.070	- 891	- 11.244
Bremen				- 952	- 601	+ 496	- 265	- 1.322
			Im Jahr 1969					
Schlesw.-Holst.	+ 10.385	+ 460	+ 529	+ 11.374	+ 1.744	+ 597	+ 6.981	+ 20.696
Hamburg		- 1.522	+ 74	- 11.833	- 724	+ 722	+ 11.462	- 373
Niedersachsen			+ 1.908	+ 2.970	- 4.058	+ 2.251	+ 33.966	+ 35.129
Bremen				- 2.511	- 738	+ 369	+ 3.930	+ 1.050

Anmerkungen zu II. 8.: Ein vollständiger Überblick über die Entwicklung von 1950 bis 1969 findet sich in der Anlage II. 1.
Quellen: Statistisches Jahrbuch ... 1962, 1963 ... 1971 a.a.O.
Diese Darstellung bestätigt weitgehend die auf der Grundlage von II. 7. bereits gemachten Aussagen und erweitert sie durch Einbeziehung der Binnenwanderung innerhalb der Region Nord.

xvi. Mit Ausnahme der Jahre 1967 und 1968 haben alle Länder der Region Nord in sämtlichen berücksichtigten Jahren einen Zuwanderungsüberschuss aus dem Ausland. Der vorübergehende Einbruch in dieser Reihe in den Jahren 1967 und 1968 kann nicht als ein Ausdruck für den Umbruch des Entwicklungstrends angesehen werden, sondern als das Ergebnis kurzfristig wirksamer konjunktureller Sonderfaktoren.

xvii. In sämtlichen Jahren haben alle Länder einen Zuwanderungsüberschuss aus der DDR. Allerdings ist deutlich zu erkennen, dass es in den auf 1962 folgenden Jahren zu einer erheblichen Verminderung dieses Zuwanderungsüberschusses kommt. Die Gründe dafür, nämlich vor allen Dingen der Bau der Mauer in Berlin und die Verschärfung der Grenzkontrollen, sind bekannt.

xviii. In den meisten Teilperioden wird für die Länder, welche einen Zuwanderungsüberschuss gegenüber den restlichen Ländern der Region Nord haben, auch ein Zuwanderungsüberschuss gegenüber der restlichen Bundesrepublik ausgewiesen. Umgekehrt wird für die Länder, welche einen Abwanderungsüberschuss gegenüber den anderen Ländern der Region Nord haben, auch ein Abwanderungsüberschuss gegenüber den restlichen Ländern der Bundesrepublik ausgewiesen. Eine Ausnahme davon bildet lediglich Niedersachsen in den Jahren 1967 bis 1969 und Bremen in den Jahren 1962 bis 1964.

xix. Das ist quantitativ am bedeutsamsten für die Länder Schleswig-Holstein und Hamburg. Schleswig-Holstein hat in sämtlichen Perioden einen Überschuss in seiner Wanderungsbilanz mit Hamburg aber auch einen Ü-berschuss in seiner Wanderungsbilanz mit den beiden anderen norddeutschen Ländern und in seiner Wanderungsbilanz mit den restlichen Ländern der Bundesrepublik. Hamburg hat nur in der Periode von 1959 bis 1961 einen Überschuss in seiner Wanderungsbilanz mit den Ländern der Region Nord insgesamt, bei einem Defizit gegenüber Schleswig-Holstein, und in seiner Wanderungsbilanz gegenüber der Bundesrepublik. In sämtlichen anderen Perioden hat es ein Defizit in der Wanderungsbilanz mit Schleswig-Holstein, in der Wanderungsbilanz mit der Gesamtheit der norddeutschen Länder und in der Wanderungsbilanz mit der Bundesrepublik. Von der Periode 1959 bis 1961 abgesehen, hat auch die Wanderungsbilanz Hamburgs mit Niedersachsen ein Defizit.

xx . Es ist nicht gerechtfertigt, den Stand der Wanderungsbilanz zwischen Hamburg und Schleswig-Holstein und den Stand der Wanderungsbilanz jedes der beiden Länder gegenüber der restlichen Bundesrepublik als voneinander unabhängig anzusehen. Eine etwas genauere Analyse macht deutlich, dass offensichtlich die gleichen Bestimmungsgründe, welche für den Abwanderungsüberschuss Hamburgs gegenüber Schleswig-Holstein massgeblich sind, auch von Bedeutung für den Abwanderungsüberschuss Hamburgs gegenüber der restlichen Bundesrepublik sind. Entsprechendes gilt für Schleswig-Holstein.

II. 9. Bevölkerungsentwicklung in Hamburg, in Schleswig-Holstein und im Planungsraum I des Landes Schleswig-Holstein und im Raum Hamburg einschl. des niedersächsischen Nachbarraums

	Bevölkerung in Tsd.		Bevölkerungsveränderung 1961 - 1970	
	1961	1970	in Tsd.	in %
Schleswig-Holstein				
insgesamt	2.317,6	2.494,1	+ 176,5	+ 7,6
ohne Planungsraum I	1.737,4	1.792,9	+ 55,5	+ 3,2
Planungsraum I	580,2	701,2	+ 121,0	+ 20,8
Hamburg	1.832,0	1.794,0	- 38,0	- 2,1
Hamburg und Planungsraum I	2.412,2	2.495,2	+ 83,0	+ 3,4
Raum Hamburg, d.h. Hamburg, Planungsraum I und Niedersächsischer Nachbarraum von Hamburg	2.773,4	2.902,4	+ 129,0	+ 4,7

Quelle: Landesplanung in Schleswig-Holstein Heft 8
Raumordnungsbericht 1971 Kiel 1972 S. 15

Die Änderung der Bevölkerung ist zwar das Ergebnis sowohl der natürlichen Bevölkerungsbewegung als auch der Wanderungen. Beachtet man die sich daraus in diesem Zusammenhang ergebenden Einschränkungen, so wird man doch sagen dürfen, dass die Salden der Wanderungsbilanz zwischen Hamburg und Schleswig-Holstein und beider Länder gegenüber der restlichen Bundesrepublik zwar zu einer Verschiebung der Bevölkerung zwischen den politischen Räumen, nicht aber zu einer der sinkenden Bevölkerungszahl des Landes Hamburg entsprechenden Verminderung der Bevölkerung im Wirtschaftsraum Hamburg geführt hat. Daraus wird man folgern können, dass der Zuwanderungsüberschuss des Landes Schleswig-Holstein gegenüber der restlichen Bundesrepublik weitgehend ein Zuwanderungsüberschuss des Planungsraumes I des Landes Schleswig-Holstein gegenüber der restlichen Bundesrepublik ist, und dass der Abwanderungsüberschuss Hamburgs gegenüber der restlichen Bundesrepublik Ausdruck der gleichen Faktoren ist, welche für den Zuwanderungsüberschuss im Planungsraum I bestimmend sind. Berücksichtigen wir die Schwierigkeiten der Wohnraumbeschaffung in Hamburg als einen wichtigen Bestimmungsfaktor des Abwanderungsüberschusses gegenüber Schleswig-Holstein und Niedersachsen, so wird man unterstellen können, dass wenigstens ein Teil der für Hamburg bestimmten Zuwanderungen, d.h. der Zuwanderung von Erwerbspersonen in die Hamburger Wirtschaft, zu einem Anstieg der Wohnbevölkerung in den an Hamburg angrenzenden Bezirken der Länder Schleswig-Holstein und Niedersachsen führt und damit einen Beitrag zum Zuwanderungsüberschuss dieser Länder leistet.

xxi . Die Darstellung bestätigt die bereits gemachten Aussagen über die besondere Rolle des Zuwanderungsüberschusses der norddeutschen Länder gegenüber der DDR und gegenüber dem Ausland. Nur in Schleswig-Holstein wirken die Salden der Bilanz der die Grenzen der Bundesrepublik überschreitenden Wanderungen in sämtlichen Teilperioden in die gleiche Richtung wie die Salden der Bilanz der Binnenwanderung in der Bundesrepublik und in der Region Nord. In den anderen Ländern neutralisieren die Salden der Bilanz der grenzüberschreitenden Wanderungen ganz oder teilweise die negativen Wirkungen, welche von der Bilanz der Binnenwanderungen innerhalb der Bundesrepublik und/oder innerhalb der Region Nord ausgehen. Das bedeutet, dass - sehen wir von den Zuwanderungsüberschüssen gegenüber der DDR einmal ab - es zu der bereits angesprochenen Umschichtung der Wohnbevölkerung kommt.

3. Wanderungsbilanz für Erwerbspersonen in den Jahren 1968 und 1969

Von entscheidender Bedeutung für Aussagen über den Einfluss der Wanderungsbewegung auf die Wirtschaftskraft der beteiligten Länder ist die Kenntnis des Anteils der Erwerbspersonen an diesen Wanderungsbewegungen. Es wird darzustellen sein, dass zwischen dem Anteil der Erwerbspersonen an unterschiedlichen, d.h. im Hinblick auf die Zielregion und im Hinblick auf die Herkunftsregion unterschiedlichen Wanderungsbewegungen erhebliche und systematische Differenzen bestehen können. Diese können dazu führen, dass die Wanderungen entgegengerichtete Einflüsse auf die Wohn- und auf die Erwerbsbevölkerung ausüben.

Um eine zu umfassende und umfangreiche statistische Darstellung zu vermeiden, sollen die Probleme mit Hilfe der vorliegenden Angaben über die beiden letzten Jahre des Beobachtungszeitraumes dargestellt werden. Auf der Grundlage der vorliegenden Informationen über den Umfang der Zuwanderungen aus der restlichen Bundesrepublik, aus der DDR und aus dem Ausland in die norddeutschen Länder und der Informationen über die Abwanderung aus den norddeutschen Ländern in die restliche Bundesrepublik, in die DDR und in das Ausland können die Salden der zweiseitigen Wanderungen ermittelt werden. Dabei ist zwischen den Salden der Bilanz der allgemeinen Wanderungen, d.h. der Änderungen der Wohnbevölkerung durch Zu- und Abwanderung und den Salden der Bilanz der Wanderungen von Erwerbspersonen zu unterscheiden, d.h. den Änderungen der Erwerbsbevölkerung durch Zu- und Abwanderungen [3].

---

[3] Die dieser Darstellung der bilateralen Salden der Wanderungsbilanz zugrundeliegenden Angaben über das Ausmass der Zu- und Abwanderungen finden sich in der Anlage II. 2.

Entscheidend ist, dass die Struktur der Salden der allgemeinen Wanderungsbilanz und die Struktur der Salden der Bilanz der Wanderungen der Erwerbspersonen einander nicht entsprechen müssen. Das ist für die beiden Jahre und für die Region Nord zu untersuchen.

II. 10. Die Salden der Bilanz der Wanderungen allgemein und der Wanderungen der Erwerbspersonen für die norddeutschen Länder in den Jahren 1968 und 1969

(+ bezeichnet Zuwanderungs- und - einen Abwanderungsüberschuss des oben, d.h. in der Kopfzeile angeführten Landes)

Herkunftsland:	Schleswig-Holstein	Hamburg	Niedersachsen	Bremen
Zielland:	Bilanz der allgemeinen Wanderungen 1968			
Schleswig-Holst.		- 9.455	- 1.395	- 402
Hamburg	+ 9.455		+ 988	- 184
Niedersachsen	+ 1.395	- 988		- 470
Bremen	+ 402	+ 184	+ 470	
Region Nord	+ 11.252	-10.259	+ 63	- 1.056
Rest der Bundesrepublik	+ 2.599	- 1.153	- 7.291	- 496
DDR	+ 563	+ 542	+ 2.457	+ 306
Ausland	+ 2.863	+ 3.028	+ 15.080	+ 1.356
Insgesamt	+ 17.277	- 7.842	+ 10.309	+ 110
	Bilanz der Wanderungen von Erwerbspersonen 1968			
Schleswig-Holst.		- 5.103	- 779	- 295
Hamburg	+ 5.103		+ 147	+ 30
Niedersachsen	+ 779	- 147		+ 1.071
Bremen	+ 295	- 30	- 1.071	
Region Nord	+ 6.177	- 5.220	- 1.703	+ 806
Rest der Bundesrepublik	+ 908	- 745	- 7.074	+ 9
DDR[1]	+ 77	+ 78	+ 362	+ 47
Ausland [1]	+ 2.254	+ 2.474	+ 11.441	+ 1.058
Insgesamt	+ 9.416	- 3.413	+ 3.026	+ 1.920
	Bilanz der allgemeinen Wanderungen 1969			
Schleswig-Holst.		-10.385	- 460	- 529
Hamburg	+ 10.385		+ 1.522	- 74
Niedersachsen	+ 460	- 1.522		- 1.908
Bremen	+ 529	+ 74	+ 1.908	
Region	+ 11.374	-11.833	+ 2.970	- 2.511
Rest der Bundesrepublik	+ 1.744	- 724	- 4.058	- 738
DDR	+ 597	+ 722	+ 2.251	+ 369
Ausland	+ 6.981	+11.462	+ 33.966	+ 3.930
Insgesamt	+ 20.696	- 373	+ 35.129	+ 1.050

Fortsetzung Tab. II. 10

Herkunftsland:	Schleswig-Holstein	Hamburg	Niedersachsen	Bremen
	Bilanz der Wanderungen von Erwerbspersonen 1969			
Zielland:				
Schleswig-Holst.	+ 5.	− 5.376	− 332	− 345
Hamburg	+ 5.376		+ 363	+ 75
Niedersachsen	+ 332	− 363		+ 282
Bremen	+ 345	− 75	− 282	
Region Nord	+ 6.053	− 5.814	− 251	+ 12
Rest der Bundesrepublik	+ 479	− 387	− 5.297	− 460
DDR[1]	+ 86	+ 115	+ 353	+ 58
Ausland [1]	+ 5.782	+ 9.354	+27.295	+ 3.159
Insgesamt	+ 12.400	+ 3.268	+22.100	+ 2.769

[1] Über das Ausmass der Zuwanderungen von Erwerbspersonen aus der DDR und aus dem Ausland und der Abwanderungen von Erwerbspersonen in die DDR und in das Ausland liegen keine nach Bundesländern differenzierte Angaben vor. Es ist daher angenommen, dass der Anteil der Erwerbspersonen an der Zuwanderung aus diesen Gebieten bzw. an der Abwanderung in diese Gebiete für die Länder der Region Nord in einem Jahr den Anteilen an der gesamten Zuwanderung in die bzw. der gesamten Abwanderung aus der Bundesrepublik dieser Personenkreise im gleichen Jahr entspricht.

Quellen: Statistisches Jahrbuch ... 1970 a.a.O. S. 54 f.
Statistisches Jahrbuch ... 1971 a.a.O. S. 54 f.
Darstellung im Anhang
Eigene Rechnungen

Es ist zu erkennen, dass zwischen den wanderungsbedingten Änderungen der Wohn- und der Erwerbsbevölkerung in den betrachteten Jahren nicht in allen Fällen ein Zusammenhang bestanden hat. Von entscheidender Bedeutung für das Verhältnis zwischen dem Saldo der Wanderungsbilanz der gesamten Wohnbevölkerung und dem Saldo der Wanderungsbilanz der gesamten Erwerbsbevölkerung ist die relative Bedeutung der Zuwanderungen aus dem und der Abwanderungen in das Ausland. Die Gründe dafür werden in der folgenden Tabelle deutlich:

II. 11. Anteil der Erwerbspersonen an der gesamten Zuwanderung in die norddeutschen Länder aus anderen Ländern und Gebieten und an der gesamten Abwanderung aus den norddeutschen Ländern in andere Länder und Gebiete in den Jahren 1968/69

	Schlesw.-Holstein	Hamburg	Niedersachsen	Bremen	Reg. Nord	Restl. Bundesg.	DDR	Ausland	Insges.
			Anteil der Erwerbspersonen im Jahr 1968 in v.H.						
Schleswig-Holstein		60,1	64,7	74,3	62,3	62,6	16,2	72,4	63,3
Hamburg	63,0		61,1	59,1	62,1	66,3	16,2	72,4	65,2
Niedersachsen	65,6	57,9		54,1	59,0	57,4	16,2	72,4	60,5
Bremen	74,4	69,4	63,3		65,1	65,8	16,2	72,4	65,9
Region Nord	64,7	59,7	63,1	57,2		60,2	16,2	72,4	62,5
Restl. BRD	65,0	66,2	60,4	62,2	62,1				
DDR	33,1	33,1	33,1	33,1	33,1				
Ausland	70,2	70,2	70,2	70,2	70,2				
Insgesamt	65,4	63,1	62,4	60,0	73,0				
			Anteil der Erwerbspersonen im Jahr 1969 in v.H.						
Schleswig-Holstein		58,5	63,3	74,1	60,8	61,9	16,6	76,4	63,4
Hamburg	61,9		60,7	57,4	61,3	66,5	16,6	76,4	66,6
Niedersachsen	63,0	57,0		53,8	57,7	57,5	16,6	76,4	62,7
Bremen	76,3	66,1	62,8		64,7	63,9	16,6	76,4	66,3
Region Nord	63,2	58,2	62,3	56,7		60,0	16,6	76,4	63,9
Restl. BRD	63,8	66,1	60,5	63,8	62,1				
DDR	31,2	31,2	31,2	31,2	31,2				
Ausland	71,3	71,3	71,3	71,3	71,3				
Insgesamt	64,3	62,2	62,6	60,1	62,7				

Quellen: wie unter II. 10.
Eigene Rechnungen

Diese Darstellung lässt eine Reihe ausserordentlich interessanter Aussagen über den Zusammenhang zu, welcher zwischen der allgemeinen Wanderung und der Wanderung von Erwerbspersonen in den beiden Untersuchungsjahren bestand:

xxii. Es zeigt sich, dass der Anteil der Erwerbspersonen sowohl bei den Abwanderungen in das Ausland als auch bei den Zuwanderungen aus dem Ausland am höchsten war [4]. Das bedeutet, dass

---

[4] Es kann u.E. angenommen werden, dass der Anteil der Erwerbspersonen an der gesamten Abwanderung aus den norddeutschen Ländern in das Ausland und bei der gesamten Zuwanderung aus dem Ausland in die norddeutschen Länder nicht nennenswert von den entsprechenden Bundesdurchschnitten abweicht. Geringfügige, allerdings aus der amtlichen Statistik nicht ersichtliche Abweichungen beeinflussen die Richtigkeit der Aussage nicht.

---

ein Anstieg der relativen Bedeutung des Zuwanderungsüberschusses gegenüber dem Ausland an dem gesamten Zuwanderungsüberschuss eo ipso zu einem Anstieg des Anteils der Erwerbspersonen am gesamten Zuwanderungsüberschuss führen muss.

xxiii. Zwischen den Flächenländern und den Stadtstaaten der Region Nord bestehen deutlich erkennbare Unterschiede im Hinblick auf die Höhe der Anteile der Erwerbspersonen an der Zuwanderung aus bzw. der Abwanderung in die anderen norddeutschen Länder und die restlichen Länder der Bundesrepublik.

Es zeigt sich, dass in beiden Jahren der Anteil der Erwerbstätigen an der gesamten Zuwanderung aus den anderen Ländern der Region Nord und aus den anderen Ländern der Bundesrepublik in den Stadtstaaten höher als in den Flächenländern ist.

Es zeigt sich ausserdem, dass in beiden Jahren der Anteil der Erwerbstätigen an der gesamten Abwanderung in die anderen Länder der Region Nord und in die anderen Länder der Bundesrepublik aus den Stadtstaaten niedriger als in den Flächenländern ist.

Das bedeutet, dass auch die Kenntnis der Struktur der Salden der gesamten Wanderung für die einzelnen Länder noch keinen Rückschluss auf die Salden der Bilanz der Wanderungen von Erwerbspersonen zulässt. Ein solcher Schluss ist allein bei Kenntnis des Umfanges der gesamten Zuwanderung in die bzw. der gesamten Abwanderung aus den einzelnen Ländern möglich.

Es liegt auf der Hand, dass in diesen Unterschieden die spezielle Situation der Großstädte in den beiden Stadtstaaten zum Ausdruck kommt, d.h. der Umstand, dass wegen der Situation auf dem Wohnungsmarkt Familien mit grösserer Kinderzahl und damit unterdurchschnittlich hohem Anteil von Erwerbspersonen in das Umland abwandern bzw. von vornherein in das Umland ziehen.

xxiv . Das drückt sich auch in der Tatsache aus, dass der Anteil der Erwerbspersonen an der Zuwanderung aus den anderen norddeutschen Ländern, aus den übrigen Ländern der Bundesrepublik und aus der gesamten Bundesrepublik in den Stadtstaaten grösser und in den Flächenländern kleiner als der Anteil der Erwerbspersonen an der Abwanderung in diese Länder war. Unter sonst gleichen Umständen bedeutet m.a.W. ein Zuwanderungsüberschuß von gegebener und gleicher Höhe, dass in die Stadtstaaten mehr Erwerbspersonen zugewandert sind als in die Flächenländer.

Zusammenfassend lässt sich sagen, dass die Kenntnis der Salden der gesamten Wanderungsbewegung für die einzelnen Länder keine hinreichende Grundlage für Aussagen über die Entwicklung der Zahl der Erwerbspersonen in den einzelnen Ländern und damit für Aussagen über die Änderung der Wirtschaftskraft der einzelnen Länder ist.

Wegen der unterschiedlichen Anteile der Erwerbspersonen an den verschiedenen Wanderungsströmen ist es vielmehr notwendig, die Zusammensetzung der gesamten Zuwanderung und der gesamten Abwanderung zu berücksichtigen. Ausschliesslich wegen der Existenz solcher "Struktureffekte" kann es - wie etwa im Fall Hamburgs für das Jahr 1969 - dazu kommen, dass einem Abwanderungsüberschuss für die Wohnbevölkerung ein Zuwanderungsüberschuss für die Erwerbsbevölkerung gegenübersteht.

4. Die Gesamtwirkung von natürlicher Bevölkerungsbewegung und Wanderungsbilanz

Die natürliche Bevölkerungsbewegung und die Wanderungen bestimmen gemeinsam die Entwicklung der Wohnbevölkerung eines Landes. Die von diesen beiden Faktoren ausgehenden Einflüsse können sich gegenseitig verstärken oder vollständig oder teilweise neutralisieren.

II. 12. Die durchschnittliche jährliche Änderung der Wohnbevölkerung in den norddeutschen Ländern und in der Bundesrepublik aufgrund der natürlichen Bevölkerungsbewegung und aufgrund von Wanderungen in verschiedenen Perioden absolut in Tsd und relativ zur Wohnbevölkerung in Tsd.

	1950/52	1953/55	1956/58	1959/61	1962/64	1965/66	1967/68	1969/70
			Zahl der Lebendgeborenen - Zahl der Gestorbenen in Tsd.					
Schlesw.-Holstein	+ 13,6	+ 8,2	+ 7,6	+ 11,2	+ 15,0	+ 15,5	+ 13,7	+ 5,13
Hamburg	- 0,4	- 1,9	- 0,8	+ 1,6	+ 2,8	+ 1,4	- 0,9	- 7,2
Niedersachsen	+ 46,2	+ 35,2	+ 36,4	+ 44,4	+ 50,6	+ 48,8	+ 41,4	+ 19,6
Bremen	+ 1,7	+ 1,3	+ 2,2	+ 3,3	+ 3,9	+ 4,0	+ 2,9	+ 0,0
Region Nord	+ 61,1	+ 42,8	+ 45,4	+ 60,5	+ 72,3	+ 69,7	+ 57,1	+ 17,5
Bundesgebiet	+ 263,0	+ 238,9	+ 280,3	+ 352,4	+ 392,0	+ 365,4	+ 284,0	+117,6
	Zahl der Zugezogenen - Zahl der Fortgezogenen in Tsd.							
Schlesw.-Holstein	- 88,3	- 57,4	- 1,5	+ 8,6	+ 10,5	+ 18,0	+ 14,4	+ 22,3
Hamburg	+ 44,5	+ 33,4	+ 26,2	+ 12,2	+ 2,8	- 6,4	- 11,3	+ 1,4
Niedersachsen	- 92,6	- 69,3	- 26,0	- 4,7	+ 9,3	+ 7,7	- 5,4	+ 43,1
Bremen	+ 14,9	+ 13,9	+ 15,8	+ 9,1	+ 3,0	+ 4,5	- 0,6	+ 1,1
Region Nord	- 121,5	- 79,4	+ 14,5	+ 25,2	+ 25,6	+ 23,8	- 2,9	+ 65,7
Bundesgebiet			+ 393,7	+ 338,6	+ 269,4	+ 237,7	+ 50,7	+499,1
	Saldo der Bilanz der natürlichen Bevölkerungsbewegung + Saldo der Wanderungsbilanz							
Schlesw.-Holstein	- 74,7	- 49,2	+ 6,1	+ 19,8	+ 25,5	+ 33,5	+ 28,1	+ 27,4
Hamburg	+ 44,1	+ 31,5	+ 25,4	+ 13,8	+ 5,6	- 5,0	- 12,2	- 5,8
Niedersachsen	- 46,4	- 34,1	+ 10,4	+ 39,7	+ 59,9	+ 56,5	+ 36,0	+ 62,7
Bremen	+ 16,6	+ 15,2	+ 18,0	+ 12,4	+ 6,9	+ 8,5	+ 2,3	+ 1,1
Region Nord	- 60,4	- 36,6	+ 59,9	+ 85,7	+ 97,9	+ 93,5	+ 54,2	+ 83,2
Bundesgebiet			+ 674,0	+ 691,0	+ 661,4	+ 603,1	+ 334,7	+616,7

Forts. II. 12.

	1950/52	1953/55	1956/58	1959/61	1962/64	1965/66	1967/68	1969/70
	Summe der Salden der Bilanz der natürlichen Bevölkerungsbewegung und der Wanderungsbilanz in v. Tsd. der Wohnbevölkerung							
Schlesw.-Holstein	− 29,7	− 21,3	+ 2,7	+ 8,6	+ 10,8	+ 13,7	+ 11,2	+ 10,7
Hamburg	+ 27,7	+ 18,7	+ 14,4	+ 7,6	+ 3,0	− 2,7	− 6,7	− 3,2
Niedersachsen	− 6,9	− 5,2	+ 1,6	+ 6,0	+ 8,9	+ 8,2	+ 5,1	+ 8,8
Bremen	+ 29,7	+ 25,4	+ 27,6	+ 17,8	+ 9,6	+ 11,5	+ 3,1	+ 1,5
Region Nord	− 5,3	− 3,3	+ 5,4	+ 7,5	+ 8,4	+ 7,8	+ 4,5	+ 6,8
Bundesgebiet		+ 12,5	+ 12,5	+ 11,5	+ 10,2		+ 5,6	+ 10,1

Quellen: Bevölkerungsstruktur und ... 1971 a.a.O. S. 46 f. u. S. 50 f.
Statistisc-hes Jahrbuch ... 1971 a.a.O. S. 25
Eigene Rechnungen

Die Darstellung macht deutlich, welcher Einfluss von der natürlichen Bevölkerungsbewegung und den Wanderungen auf die Höhe der Wohnbevölkerung in den einzelnen Ländern ausgeht. Es zeigt sich:

xxv . Beschränken wir uns wegen der besonderen Bedingungen in den 50er Jahren (planmässige Umsiedlungsaktionen usw.) auf den Zeitraum nach 1957, so ist die relative Bedeutung des Zuwanderungsüberschusses im Verhältnis zu der durch Geburtenüberschuss und Wanderung bewirkten Änderung der Höhe der Wohnbevölkerung im Bundesdurchschnitt grösser als für die Region Nord. Es ist offensichtlich, dass bei einem Vergleich einmal nur der Saldo der die Grenzen der Bundesrepublik überschreitenden Wanderungen und zum anderen nur der Saldo der die Grenzen der Region Nord überschreitenden Wanderungen berücksichtigt werden dürfen.
Wir erhalten dann das folgende Bild :

II. 13. Anteil des Zuwanderungsüberschusses bzw. -defizits an der Summe der Salden der natürlichen Bevölkerungsbewegung und der Wanderungen in verschiedenen Perioden seit 1957 in v.H.

	Region Nord	Bundesgebiet
1957 - 1958	24,2	58,4
1959 - 1961	29,4	49,0
1962 - 1964	26,1	40,7
1965 - 1966	25,5	39,4
1967 - 1968	- 5,3	15,1
1969 - 1970	79,0	80,9

Quellen: wie unter II. 12.
Eigene Rechnungen

Das besagt, dass der Zuwanderungsüberschuss gegenüber dem Ausland für die Entwicklung der Bevölkerung in den anderen Bundesländern, d.h. in den nicht zur Region Nord gehörenden Ländern eine relativ sehr viel grössere Bedeutung für die Entwicklung der Wohnbevölkerung gehabt hat als in der Region Nord.

xxv . Nur in Hamburg ist der von natürlicher Bevölkerungsbewegung und Wanderung ausgehende Einfluss gegen Ende des Beobachtungszeitraumes negativ geworden. Der Zuwanderungsüberschuss war nicht ausreichend, um das Defizit der natürlichen Bevölkerungsbewegung zu neutralisieren. Nur in den beiden Flächenländern ist der Geburtenüberschuss, d.h. der Überschuss der natürlichen Bevölkerungsbewegung gegen Ende des Beobachtungszeitraumes nennenswert.

xxvi . Insgesamt wirken Geburtenüberschuss und Zuwanderungsüberschuss darauf hin, dass die Entwicklung der Wohnbevölkerung in der Region Nord relativ hinter der Entwicklung der Wohnbevölkerung in der Bundesrepublik zurückbleibt.

5. Natürliche Bevölkerungsbewegung und Wanderungsbilanz in den norddeutschen Stadtstaaten und ausgesuchten Großstädten der Bundesrepublik in den Jahren 1968 und 1969

Es ist zu fragen, ob sich in der vor allen Dingen für Hamburg beobachteten Entwicklung der Bevölkerung eine auch für andere Großstädte der Bundesrepublik charakteristische Entwicklung, ob m.a.W. die Entwicklung in Hamburg als eine nicht auf den besonderen Standortfaktoren Hamburgs, sondern als eine auf der veränderten Rolle der Großstädte in der Bundesrepublik beruhende Entwicklung interpretiert werden kann. Leider liegen für die Großstädte keine hinreichend detaillierten Angaben vor, welche eine ausführliche Analyse der Bestimmungsfaktoren der beobachtbaren Entwicklung gestatten.

II. 13. Die Wohnbevölkerung deutscher Großstädte und ihre Veränderungen in den Jahren 1968 und 1969 auf 1.000 Einwohner

	Zunahme (+) Abnahme (-) 1968	Zunahme (+) Abnahme (-) 1969	Geburten-(+) bzw. Sterbe- überschuss(-) 1969	Wanderungs- gewinn (+) bzw. -ver- lust (-) 1969	Anteil der Aus- länder an der Wohnbevölke- rung 1969
Hamburg	- 5,3	- 3,2	- 3,4	+ 0,2	4,0 v.H.
Bremen	+ 2,3	+ 3,6	+ 0,8	+ 2,8	2,4 v.H.
München	+ 28,3	+ 36,7	+ 0,5	+ 35,5	10,4 v.H.
Köln	+ 1,4	+ 10,4	+ 1,0	+ 9,3	7,2 v.H.
Essen	- 6,3	- 3,3	- 0,7	- 2,6	2,9 v.H.
Düsseldorf	- 8,7	- 5,0	- 1,0	- 4,0	10,6 v.H.
Frankfurt	- 2,9	+ 1,1	- 1,6	+ 2,6	7,3 v.H.
Dortmund	- 4,7	+ 4,9	+ 0,4	+ 4,4	2,8 v.H.
Stuttgart	+ 5,1	+ 16,0	+ 1,2	+ 14,6	10,9 v.H.
Hannover	- 9,4	- 5,9	- 3,2	- 2,7	4,7 v.H.
Nürnberg	+ 10,7	+ 13,4	- 1,2	+ 14,6	6,6 v.H.
Karlsruhe	+ 4,1	+ 6,3	+ 0,1	+ 6,3	7,0 v.H.
Kiel	- 1,3	- 5,7	+ 0,7	- 6,4	1,9 v.H.
Lübeck	+ 1,6	- 2,5	- 0,0	- 2,5	2,5 v.H.
Braunschweig	- 9,2	- 5,8	- 2,2	- 3,6	2,8 v.H.

Quelle: Statistisches Jahrbuch Deutscher Gemeinden
58 Jg. 1971 S. 4 ff. und S. 47 ff.

Diese Darstellung lässt einige Aussagen über die Stellung der norddeutschen Stadtstaaten unter den Großstädten zu:

xxvii. Die beiden norddeutschen Stadtstaaten unterschieden sich im Hinblick auf die Entwicklung der Wohnbevölkerung in den Jahren 1968 und 1969 nicht erkennbar von den anderen Großstädten der Bundesrepublik. Die Entwicklung der Wohnbevölkerung in den beiden Stadtstaaten ist zwar erkennbar schwächer als die Entwicklung der Wohnbevölkerung in den Flächenländern der Region Nord, sie ist jedoch stärker als die Entwicklung der Wohnbevölkerung in zahlreichen anderen Großstädten der Bundesrepublik. Sie ist vor allen Dingen stärker als die Entwicklung der Wohnbevölkerung in der Mehrzahl der anderen norddeutschen Großstädte.

xxviii. Allerdings wurde im Jahr 1969 der relative Sterbeüberschuss, d.h. der auf tausend Einwohner bezogene Überschuss der Zahl der Gestorbenen über die Zahl der Lebendgeborenen in Hamburg unter allen Städten der Bundesrepublik mit mehr als 100.000 Einwohnern nur von Berlin mit - 9,8 v.Tsd. übertroffen. Von allen Städten mit mehr als 50.000 Einwohnern in der Bundesrepublik wiesen nur die Städte Berlin (- 9,8 v.Tsd), Bamberg (- 4,5 v.Tsd.) und Bayreuth (- 4,5 v.Tsd.) einen noch höheren relativen Negativsaldo in der Bilanz der natürlichen Bevölkerungsbewegung aus als Hamburg. Obwohl keine Angaben über die Altersgliederung der Bevölkerung in den Großstädten vorliegen, berechtigen diese Angaben mit einiger Vorsicht zu dem Schluss, dass Hamburg nach Berlin die am stärksten "überalterte" Großstadt der Bundesrepublik ist. Selbst die ihrer Grösse nach an dritter und vierter Stelle unter den Städten der Bundesrepublik liegenden Städte München und Köln wiesen im Jahr 1969 einen relativen Positivsaldo der Bilanz der natürlichen Bevölkerungsbewegung aus.

xxix. Schliesslich kann anhand der vorliegenden statistischen Daten noch die Frage untersucht werden, welche relative Bedeutung der Saldo der Wanderungsbilanz von In- und Ausländern für die Änderung der Wohnbevölkerung in den Großstädten der Bundesrepublik und für die beiden norddeutschen Stadtstaaten hat.

II. 14. Umfang und Struktur der Zuwanderung in und der Abwanderung aus den Großstädten der Bundesrepublik im Jahr 1969

	Zuwanderung pro 1.000 Einwohner	Dar.: Ausländer in v.H.	Abwanderung pro 1.000 Einwohner	Dar.: Ausländer in v.H.	Saldo der Wanderungsbilanz Inländer pro 1.000 Einwohner	Ausländer pro 1.000 Einwohner
Hamburg	45	31,1	45	15,0	- 7,2	+ 7,2
Bremen	45	.	42	.	.	.
München	93	48,6	57	28,3	+ 6,9	+ 29,1
Köln	72	43,8	63	28,6	- 4,5	+ 13,5
Essen	35	31,8	38	17,9	- 7,3	+ 4,3
Düsseldorf	61	37,7	65	21,6	- 13,0	+ 9,0
Frankfurt	104	51,7	101	30,7	- 19,8	+ 22,8
Dortmund	37	.	32	.	.	.
Stuttgart	121	52,7	106	39,9	- 6,5	+ 21,5
Hannover	69	29,3	71	14,8	- 11,7	+ 9,7
Nürnberg	83	44,3	68	27,0	- 3,4	+ 18,4
Karlsruhe	83	37,3	76	26,8	- 3,6	+ 10,6
Kiel	63	.	70	.	.	.
Lübeck	52	.	54	.	.	.
Braunschweig	57	23,7	61	13,1	- 9,5	+ 5,5

Quellen: Statistisches Jahrbuch Deutscher Gemeinden a.a.O. S. 62 ff.
Eigene Rechnungen

Dieser Darstellung können wir entnehmen, dass die bereits für Hamburg geschilderte "Umschichtung der Wohnbevölkerung", d.h. ein steigender Anteil von Ausländern an der gesamten Wohnbevölkerung charakteristisch für alle erfassten Großstädte ist. Auch in München ist der Saldo der Wanderungsbilanz für Ausländer grösser als der Saldo der Wanderungsbilanz für Inländer. Ausser in München wird dieser Prozess der Umschichtung in allen berücksichtigten Großstädten von einem Negativsaldo der Wanderungsbilanz für Inländer begleitet, d.h. die Zahl der Fortzüge von Inländern aus den Städten ist grösser als die Zahl der Zuzüge von Inländern in die Städte. Die relative Stärke dieses Umschichtungseffektes ist wegen der vergleichsweise stärkeren Zuwanderung von Ausländern in zahlreichen Großstädten der Bundesrepublik beträchtlich grösser als in Hamburg. Das gilt vor allen Dingen für die südwestdeutschen Großstädte.

Zusammenfassend lässt sich also sagen, dass von den norddeutschen Stadtstaaten nur Hamburg eine besondere Stellung im Hinblick auf einen der für die Entwicklung der Wohnbevölkerung wichtigen Bestimmungsfaktoren unter den Großstädten der Bundesrepublik einnimmt. Nur im Hinblick auf die natürliche Bevölkerungsbewegung und ihren wichtigsten Bestimmungsfaktor, d.h. den Sterbeüberschuss pro 1.000 Einwohner unterscheidet sich Hamburg von sämtlichen Großstädten der Bundesrepublik mit Ausnahme Berlins. Dagegen entsprechen die Werte sämtlicher anderen, für die Entwicklung der Wohnbevölkerung massgeblichen Bestimmungsgrössen in etwa den auch für die anderen Großstädte der Bundesrepublik geltenden Werten dieser Bestimmungsgrößen.

Der entscheidende Unterschied zwischen den norddeutschen Stadtstaaten auf der einen und den Großstädten in der Bundesrepublik auf der anderen Seite liegt m.a.W. nicht in den unterschiedlichen Werten der massgeblichen Bestimmungsgrößen begründet, sondern darin, dass es nicht zu einem Ausgleich der unterschiedlichen Entwicklung in den großstädtischen und den Entwicklung in anderen Teilbereichen innerhalb der Grenzen des Landes kommt.

6. Nachträge

   a. Wanderungsbilanz 1971

In der Zwischenzeit sind die statistischen Angaben über die Wanderungen im Jahr 1971 veröffentlicht worden. Sie sind kurz darzulegen, um die Möglichkeit einer Überprüfung der Frage zu geben, ob sie das aus der Darstellung der bisherigen Bewegungen gewonnene Bild bestätigen oder widerlegen.

II. 15. Salden der Wanderungsbilanz der norddeutschen Länder untereinander im Jahr 1971 (Zuwanderungsüberschuss in die Länder der linken Spalte aus den Ländern in der Kopfzeile : + ; Abwanderungsüberschuss aus den Ländern der linken Spalte in die Länder der Kopfzeile : -)

	Hamburg	Niedersachsen	Bremen	Region Nord
Schleswig-Holstein	+ 12.272	+ 748	+ 326	+ 13.346
Hamburg		- 5.317	- 152	- 17.741
Niedersachsen			+ 2.073	+ 6.642
Bremen				- 2.247

II. 16. Salden der Wanderungsbilanz der norddeutschen Länder mit dem Rest der Bundesrepublik, mit der DDR, mit dem Ausland und insgesamt

	Rest der Bundesrepublik	DDR	Ausland	Insgesamt einschliesslich Region Nord
Schleswig-Holstein	+ 5.903	+ 665	+ 10.667	+ 30.581
Hamburg	+ 4	+ 649	+ 12.461	- 4.627
Niedersachsen	+ 8.185	+2.252	+ 31.030	+ 48.109
Bremen	+ 1.382	+ 408	+ 5.054	+ 4.597

Quellen: Statistisches Bundesamt (Hrsg.) Wirtschaft und Statistik 9/1972 S. 502*
Eigene Rechnungen

Wir sehen daraus, dass - von dem Saldo der Wanderungen zwischen Hamburg und Bremen abgesehen - die Vorzeichen der Salden der Wanderungen innerhalb der Region Nord unverändert geblieben sind. Relativ am stärksten gestiegen ist der gesamte Zuwanderungsüberschuss des Landes Niedersachsen gegenüber der Region Nord, der ausschliesslich das Ergebnis des starken Anstiegs des Zuwanderungsüberschusses gegenüber Hamburg ist.

Der gegenüber 1969 gestiegene Zuwanderungsüberschuss der Länder Schleswig-Holstein und Bremen ist vor allen Dingen auf die verstärkte Zuwanderung aus dem Ausland und der gestiegene Zuwanderungsüberschuss des Landes Niedersachsen ist in erster Linie auf den verstärkten Zuwanderungsüberschuss gegenüber Hamburg zurückzuführen.

Der Anstieg des absoluten Wertes des Abwanderungsüberschusses für Hamburg ist auf die Verlangsamung des Anstiegs der Zuwanderung aus dem Ausland gegenüber den vorausgehenden Jahren und den starken Anstieg des Abwanderungsüberschusses gegenüber Niedersachsen zurückzuführen.

Der Abwanderungsüberschuss Hamburgs dürfte auch weiterhin vor allen Dingen das Ergebnis von Umzügen innerhalb des Wirtschaftsraumes Hamburg, d.h. Fortzügen aus der Stadt Hamburg in das Hamburger Umland sein.

Die Bedeutung dieses Umstandes ist für verschiedene Sachverhalte unterschiedlich. Sie ist am geringsten für die mit der Verteilung der Einnahmen auf die verschiedenen öffentlichen Haushalte in Verbindung stehenden Probleme. Sehen wir von den Realsteuern ab, so trifft ein Fortzug in das ausserhalb der Landesgrenzen liegende Hamburger Umland den Hamburger Haushalt in gleicher Weise wie ein Fortzug in andere Bundesländer. Sie ist vermutlich am grössten für die Ausgaben des Haushaltes Hamburgs, da ein Umzug in das Umland u.U. zusätzliche Ausgaben für den Verkehr induziert und nicht zu einer Verminderung der Ausgaben für Zwecke führt, die auch von den Umlandbewohnern genutzt werden. Wie gross die Bedeutung für den Arbeitsmarkt Hamburgs ist, lässt sich nur dann sagen, wenn genaue Informationen über den Zusammenhang zwischen Wanderungs- und Pendlerströmen vorliegen.

Die Angaben für das Jahr 1971 bestätigen also weitgehend die Vermutung, dass die Wanderungsstruktur, welche sich in der zweiten Hälfte der 60er Jahre herausgebildet hat, stabil ist. Daraus kann jedoch nicht geschlossen werden, dass sie nicht durch staatliche Massnahmen beeinflusst werden kann.

b. Struktur der Wanderung 1970

Aus den in der Zwischenzeit vorgelegten statistischen Angaben über die Wanderung 1970 lassen sich einige für unsere Fragestellung wichtige Informationen für eines der norddeutschen Länder, nämlich für Hamburg gewinnen. Wegen der grossen Bedeutung, welche diese Angaben nicht nur für Hamburg, sondern wegen des hohen Anteils der Zuzüge nach und der Fortzüge von Hamburg an der Wanderung innerhalb der Region Nord und an den Wanderungen zwischen der Region Nord und an den Wanderungen zwischen der Region Nord und anderen Gebieten haben, erscheint eine gesonderte Darstellung dieser Angaben gerechtfertigt.

Grundlage dieser Darstellung sind

> Boustedt, Olaf Der Altersaufbau der Wanderer und ihr Einfluss auf die Struktur der Hamburger Bevölkerung.
> In: Hamburg in Zahlen. Monatsschrift des Statistischen Landesamts der Freien und Hansestadt Hamburg November 1972, S. 389 ff.

und bisher unveröffentlichte Angaben des Statistischen Landesamtes über die Struktur der Wohnbevölkerung in Hamburg am 31.XII.1971 nach Alter, Geschlecht und Herkunft. Die Gegenüberstellung der Zahlen über die Struktur der Wanderung im Jahr 1970 und die Struktur der Wohnbevölkerung im Jahr 1971 erscheint deswegen vertretbar, weil die in der Zwischenzeit eingetretenen Änderungen in der Altersstruktur bei Verwendung von Prozentzahlen nur zu Änderungen um ohnehin nicht berücksichtigte Bruchteile von Prozenten führen können.

II. 17. Altersstruktur der Wohnbevölkerung 1971 und des Wanderungssaldos 1970 nach Geschlecht in v.H.

a. Gesamte Wohnbevölkerung und Wanderungssaldo insgesamt

Alter von ... bis unter ... Jahren	Anteil an der Wohnbevölkerung			Anteil am Wanderungssaldo		
	männl.	weibl.	Insgesamt	männl.	weibl.	Insgesamt
unter 1 bis 10	13,8	11,3	12,4	- 25,8	- 90,1	- 72,5
10 bis 15	6,4	5,3	5,8	- 6,9	- 21,7	- 18,4
15 bis 20	5,6	4,7	5,1	+ 31,3	+ 163,6	+ 109,8
20 bis 25	6,8	5,8	6,2	+ 86,1	+ 166,1	+ 187,7
25 bis 45	31,6	26,1	28,6	+ 80,4	- 106,9	+ 69,7
45 bis 65	22,0	26,6	24,5	- 41,6	- 140,1	- 114,8
über 65	13,9	20,3	17,4	- 23,5	- 70,8	- 61,5
Insgesamt in absoluten Zahlen	824,1	957,5	in Tausend 1.781,6	+ 3.416	- 981	+ 2.435

b. Deutsche Wohnbevölkerung und Wanderungssaldo Deutsche

Alter von ... bis unter ... Jahren	Anteil an der Wohnbevölkerung (deutsch)			Anteil am Wanderungssaldo (deutsch)		
	männl.	weibl.	Insgesamt	männl.	weibl.	Insgesamt
unter 1 bis 10	13,9	11,0	12,3	- 21,4	- 24,3	- 22,7
10 bis 15	6,6	5,3	5,9	- 7,2	- 7,2	- 7,2
15 bis 20	5,6	4,6	5,1	+ 3,7	+ 14,4	+ 8,6
20 bis 25	6,4	5,4	5,8	+ 3,9	+ 5,2	+ 4,5
25 bis 45	30,0	25,6	27,6	- 42,6	- 48,1	- 45,1
45 bis 65	22,8	27,2	25,2	- 24,4	- 27,4	- 25,8
über 65	14,7	20,9	18,1	- 12,0	- 12,6	- 12,3
			In Tausend			
Insgesamt in absoluten Zahlen	773,7	925,7	1.699,3	-6.583	-5.633	- 12.216

c. Nicht-deutsche Wohnbevölkerung und Wanderungssaldo Nicht-Deutsche

Alter von ... bis unter ... Jahren	Anteil an der Wohnbevölkerung (nicht-deutsch)			Anteil am Wanderungssaldo (nicht-deutsch)		
	männl.	weibl.	Insgesamt	männl.	weibl.	Insgesamt
unter 1 bis 10	12,3	18,6	14,7	+ 5,3	+ 10,4	+ 6,9
10 bis 15	3,4	5,2	4,1	+ 2,4	+ 4,2	+ 3,0
15 bis 20	4,6	7,4	5,7	+ 8,2	+ 17,1	+ 11,0
20 bis 25	12,7	17,7	14,6	+ 26,8	+ 28,8	+ 27,4
25 bis 45	55,5	38,3	48,9	+ 55,5	+ 35,7	+ 49,2
45 bis 65	9,7	9,3	9,6	+ 1,8	+ 3,7	+ 2,4
über 65	1,8	3,5	2,4	0,0	+ 0,1	+ 0,1
			In Tausend			
Insgesamt in absoluten Zahlen	50,4	31,9	82,3	+ 10.000	+ 4.652	+ 14.652

Quellen: Boustedt, O. Der Altersaufbau der Wanderer ... a.a.O., S. 392ff.
Wohnbevölkerung am 31.12.1971 ... unveröff. Aufzeichnungen des
Statistischen Landesamtes
Eigene Rechnungen

Die Darstellung lässt erkennen, dass die Altersstruktur des Wanderungssaldos insgesamt als auch für Deutsche und Nicht-Deutsche getrennt erheblich von der Altersstruktur der Wohnbevölkerung abweicht. Von der Wanderung gehen also erhebliche Einflüsse auf die Struktur der Wohnbevölkerung aus. Unmittelbar erkennbar ist, dass die Wanderung insgesamt, die Wanderung von Deutschen und auch die Wanderung von Nicht-Deutschen sowohl bei der weiblichen als auch der männlichen Wanderung zu einer Zunahme der Zahl der Angehörigen der Altersgruppe von 15 bis 25 führt. Die Wanderung von Nicht-Deutschen weist einen Wanderungsüberschuss in allen Altersgruppen auf. Dagegen führt die Wanderung insgesamt und die Wanderung von Deutschen zu einer Abnahme der Zahl der Angehörigen der Altersgruppen von unter 1 bis 15 und von über 45. Dabei ist keine Aussage darüber möglich, welche Rolle bei dem Zuwanderungsüberschuss in der Altersgruppe von 15 bis 25 die in Hamburg bestehenden Ausbildungsstätten spielen.

Das Problem wird noch deutlicher, wenn wir die Höhe des Wanderungssaldos in Beziehung zur Zahl der Angehörigen der einzelnen Altersgruppen setzen. Wir erhalten dann die folgende Darstellung:

II. 18. Wanderungssaldo 1970 in v. Tsd. der Zahl der Angehörigen der verschiedenen Altersgruppen am 31. XII. 1971

Alter von ... bis unter ... Jahren	(Wanderungssaldo / Wohnbevölkerung) · 1.000								
	Insgesamt			Deutsche			Nicht-Deutsche		
	männl.	weibl.	Insg.	männl.	weibl.	Insg.	männl.	weibl.	Insges.
unter 10	- 7,8	- 8,2	- 7,9	- 13,1	- 13,4	- 13,2	+ 85,1	+ 81,3	+ 83,3
10 bis 15	- 4,5	- 4,2	- 4,3	- 9,3	- 8,3	- 8,8	+139,1	+117,5	+128,5
15 bis 20	+23,2	+35,7	+29,4	+ 5,6	+19,0	+12,3	+356,3	+336,4	+346,3
20 bis 25	+52,8	+29,4	+41,1	+ 5,3	+ 5,8	+ 5,6	+419,5	+237,8	+334,5
25 bis 45	+10,6	- 4,2	+ 3,3	-12,1	-11,4	-11,7	+198,1	+136,0	+179,2
45 bis 65	- 7,8	- 5,4	- 6,4	- 9,1	- 6,1	- 7,4	+ 37,1	+ 57,9	+ 44,9
über 65	- 7,0	- 3,6	- 4,8	- 7,0	- 3,7	- 4,9	0,0	+ 10,7	+ 5,9

Quellen: wie zu II. 16

Diese Darstellung bestätigt voll die Aussagen, welche sich aus der Untersuchung der Altersstruktur der Wohnbevölkerung und des Wanderungssaldos ergeben haben.

Nur in den Altersgruppen, deren Angehörige entweder noch in der schulischen Ausbildung oder beim Eintritt in die Erwerbstätigkeit stehen besteht insgesamt und sowohl bei Inländern als auch bei Ausländern ein positiver Wanderungssaldo. Die relative Höhe dieses positiven Wanderungssaldos ist unter den Inländern bei den weiblichen

Inländern grösser als bei den männlichen Inländern und bei den Ausländern bei den männlichen Ausländern höher als bei den weiblichen Ausländern. Das spricht u.E. dafür, dass dieser Wanderungssaldo vor allen Dingen durch Wanderungen von Erwerbspersonen bedingt ist.
Die Analyse der vorliegenden Aussagen über die der Bestimmung der Höhe des Wanderungssaldos zugrundeliegenden Angaben über die Zahl der Zuzüge nach Hamburg und die Zahl der Fortzüge aus Hamburg zeigt, dass beide Zahlen absolut und ihr Anteil an der Zahl der Angehörigen der Altersgruppe in der Altersgruppe von 19 bis unter 25 besonders hoch liegen. Es erscheint denkbar, dass wegen der Konzentration von Ausbildungsmöglichkeiten in Hamburg der Anteil der Erwerbstätigen an den Zuzügen von Deutschen sehr viel niedriger ist als an den Fortzügen von Deutschen aus Hamburg. Wenn das zutrifft, so ist eine Aussage über die Wirkungen der Wanderung auch in diesen Altersgruppen auf die Zahl der deutschen Erwerbstätigen in Hamburg nicht möglich.
Es ist anzunehmen, dass die hohen Zuwanderungsüberschüsse bei den Ausländern stark durch kurzfristig wirksame Faktoren bestimmt werden. Auf jeden Fall erscheint es wenig realistisch anzunehmen, dass es über einen längeren Zeitraum hinweg in jeweils weniger als 3 Jahren zu einer Verdoppelung der Zahl der Angehörigen bestimmter Altersgruppen, d.h. der Altersgruppe von 15 bis 25, kommen wird.
Das würde aber bedeuten, dass der von der Entwicklung der Zahl der Ausländer ausgehende positive Einfluss auf die Höhe und Entwicklung der Bevölkerungszahl in der Zukunft vermutlich schwächer sein wird und sich die von der negativen Entwicklung der deutschen Bevölkerung ausgehenden Einflüsse auf die Bevölkerungszahl durchsetzen werden.

III. Höhe und Entwicklung des Bruttoinlandsprodukts in den norddeutschen Ländern

A. Allgemeine Vorbemerkungen

Es erscheint zweckmässig, Höhe und Entwicklung des Bruttoinlandsprodukts in den norddeutschen Ländern als Ausdruck für das Ausmass und für die Entwicklung der von den Wirtschaftseinheiten in diesen Ländern erbrachten Leistungen und als Grundlage für einen Vergleich der wirtschaftlichen Entwicklung in diesen Ländern mit der wirtschaftlichen Entwicklung in anderen Bundesländern oder in der Bundesrepublik insgesamt zu verwenden. Für das Bruttoinlandsprodukt gilt die folgende Beziehung:

Bruttoinlandsprodukt = Summe der im Zusammenhang mit der Durchführung des Produktionsprozesses im "Inland", d.h. innerhalb des Staates oder Landes entstandenen und von Personen und Institutionen innerhalb oder ausserhalb des Landes empfangenen Einkommen

+ Höhe des gesamten produktionsbedingten Kapitalverzehrs in den Produktionseinheiten des Landes

+ Höhe der von den Unternehmen des Landes zu zahlenden indirekten Steuern

− Höhe der von den Unternehmen des Landes empfangenen Subventionen

Es ist leicht einzusehen, dass ein Vergleich der Höhe oder der Entwicklung des Bruttoinlandsprodukts in verschiedenen Ländern dann eine Aussage über das relative Ausmass der wirtschaftlichen Leistungsfähigkeit in den verschiedenen Ländern zulässt, wenn keine schwerwiegenden Unterschiede in der Höhe der Abschreibungsquoten oder der relativen Belastung mit indirekten Steuern bestehen [1].

---

[1] Eine besonders hohe "indirekte Steuerquote" in einem Land oder in einer Region im Vergleich zu anderen Ländern oder Regionen macht den Versuch unmöglich, aus einem Vergleich der Höhe des Bruttoinlandsprodukts Schlüsse auf das Verhältnis der durch die Höhe des Einkommens ausgedrückten wirtschaftlichen Leistungskraft zu ziehen. Entsprechendes gilt für unterschiedlich hohe Abschreibungsquoten in verschiedenen Ländern.
Bei einem Vergleich zwischen den norddeutschen Ländern kann das zu einer "Überschätzung" der wirtschaftlichen Leistungskraft der beiden Stadtstaaten bei Verwendung der Angaben über das Bruttoinlandsprodukt führen. In Hamburg spielen nämlich Tabak- und Mineralölsteuer und in Bremen die Tabak- und Kaffeesteuer eine erhebliche Rolle. Zu besonders starken Verzerrungen der Aussagen über die wirtschaftliche Leistungskraft führt jedoch

die Verwendung der Angaben über die Höhe des Bruttoinlandsprodukts
gelegentlich bei Aussagen über die wirtschaftliche Leistungskraft
von einzelnen Gemeinden oder Kreisen.
Ein besonders eklatantes Beispiel für eine solche Verzerrung bilden die Angaben über die Höhe des Bruttoinlandsprodukts je Einwohner im Kreis Stormarn.

Ein Vergleich der relativen Höhe der Leistungskraft in verschiedenen Ländern und ihrer Entwicklung wird nicht von der absoluten Höhe des Bruttoinlandsprodukts in diesen Ländern ausgehen können, sondern von der Höhe des Bruttoinlandsprodukts je Einwohner oder je Erwerbstätigen. Unter bestimmten Voraussetzungen lassen solche Angaben einen Vergleich der Höhe des Durchschnittseinkommens der Einkommensempfänger verschiedener Länder oder einen Vergleich der Höhe der wertmässigen Arbeitsproduktivität der Erwerbstätigen in verschiedenen Ländern zu. Voraussetzung für die Verwendung der Angaben über die Höhe des Bruttoinlandsprodukts je Einwohner für einen Vergleich der Durchschnittseinkommen der Einkommensempfänger in verschiedenen Ländern ist, dass die Einkommensempfänger ihren Wohnsitz in dem Land haben, in welchem ihr Einkommen entsteht. Je grösser die relative Bedeutung etwa des Pendlersaldos für den Arbeitsmarkt eines Landes ist, desto grösser werden die relativen Abweichungen zwischen der Höhe der in das Bruttoinlandsprodukt und der Höhe der in das Bruttosozialprodukt eingehenden Arbeitseinkommen sein [2].

---

[2] Daraus folgt, dass die relative Bedeutung des Einpendlerüberschusses in den beiden Stadtstaaten dazu führt, dass die Angaben über die Höhe des Bruttoinlandsprodukts je Einwohner zu einer Überschätzung der Höhe des Durchschnittseinkommens je Einkommensempfänger in den beiden Stadtstaaten führt. Auf der anderen Seite führt die relative Bedeutung des Auspendlerüberschusses insbesondere in Schleswig-Holstein dazu, dass die Verwendung dieser Angaben eine Unterschätzung des Durchschnittseinkommens und seiner Entwicklung in diesem Land mit sich bringt. Die Verwendung der Angaben über die Höhe des Bruttosozialprodukts je Einwohner wäre besser für einen Vergleich der Höhe des Durchschnittseinkommens geeignet.

Da die Erwerbstätigen statistisch am Wohnort und nicht am Arbeitsort erfasst werden, führen Aussagen über die Höhe des Bruttoinlandsprodukts je Erwerbstätigen ebenfalls in Ländern mit bedeutendem Einpendlerüberschuss (Stadtstaaten) zu einer systematischen Überschätzung und in Ländern mit einem bedeutenden Auspendlerüberschuss (Flächenländer, vor allen Dingen Schleswig-Holstein) zu einer Unterschätzung der Höhe der Wertproduktivität der Erwerbstätigen.

Der Umstand, dass diese Voraussetzungen nicht gegeben sind, mag zwar zu einer Einschränkung des Aussagewertes der Zahlenangaben führen, er stellt jedoch die zu machenden Aussagen nicht grundsätzlich in Zweifel.

B. Das Bruttoinlandsprodukt absolut, pro Einwohner und pro Erwerbstätigen in den norddeutschen Ländern von 1950 bis 1970

Im Vordergrund der nachfolgenden Darstellung soll ein Vergleich der Entwicklung des Bruttoinlandsprodukts zwischen den verschiedenen norddeutschen Ländern und zwischen der Gesamtheit der norddeutschen Länder und dem Bundesgebiet stehen. Das macht eine Unterscheidung zwischen der Entwicklung des realen, d.h. zu konstanten Preisen bewerteten Bruttoinlandsprodukts und dem nominalen, d.h. zu jeweiligen Preisen bewerteten Bruttoinlandsprodukt überflüssig.

III. 1. Die Höhe des Bruttoinlandsprodukts und ihre Entwicklung in den norddeutschen Ländern und im Bundesgebiet in in Mill.DM [1]

	Höhe des Bruttoinlandsprodukts in Mill. DM pro Jahr					
	1950	1955	1957	1960	1965	1970
Schleswig-Holst.	3.884	6.263	7.705	9.906	15.572	23.450
Hamburg	5.893	10.320	12.934	16.971	24.205	36.130
Niedersachsen	11.284	20.016	23.176	30.482	46.179	68.504
Bremen	1.760	3.296	4.101	5.073	7.194	10.692
Region Nord	22.821	39.895	47.916	62.432	93.150	138.776
Bundesgebiet ohne Saarland und Berlin	97.820	180.830	216.390	279.420	428.904	650.842
insgesamt	-	-	-	296.640	453.830	687.420

[1] Um die Entwicklung des Anteils des Bruttoinlandsprodukts in den norddeutschen Ländern am Bruttoinlandsprodukt der Bundesrepublik darstellen zu können, ist die Zeile "Bundesgebiet ohne Saarland und Berlin" erforderlich. Für die Jahre 1950 bis 1959 liegen keine amtlichen Angaben über die Höhe des Bruttoinlandsprodukts in Berlin und im Saarland vor.

Quellen: Bevölkerungsstruktur und ... 1969 a.a.O. S. 216 f.
Bevölkerungsstruktur und ... 1971 a.a.O. S. 224 f.

Von Interesse ist die Änderung der relativen wirtschaftlichen Stellung der norddeutschen Länder in der Bundesrepublik im Verlauf dieses Zeitraumes.

III. 2. Anteil des Bruttoinlandsprodukts in den norddeutschen Ländern am Bruttoinlandsprodukt der Bundesrepublik ohne und mit Saarland und Berlin in verschiedenen Jahren in v.H.

	Anteil am Bruttoinlandsprodukt							
	1950	1955	1957	1960	1965	1967	1969	1970
	Bundesrepublik ohne Saarland und Berlin							
Schlesw.-Holst.	3,97	3,46	3,56	3,55	3,63	3,77	3,66	3,60
Hamburg	6,02	5,71	5,98	6,07	5,64	5,79	5,58	5,55
Niedersachsen	11,54	11,07	10,71	10,91	10,77	10,58	10,64	10,53
Bremen	1,80	1,82	1,90	1,82	1,68	1,69	1,64	1,64
Region Nord	23,33	22,06	22,14	22,34	21,72	21,82	21,53	21,32
	Bundesrepublik							
Schlesw.-Holst.				3,34	3,43	3,56	3,47	3,41
Hamburg				5,72	5,33	5,48	5,29	5,26
Niedersachsen				10,28	10,18	10,01	10,07	9,97
Bremen				1,71	1,59	1,60	1,56	1,56
Region Nord				21,05	20,53	20,64	20,39	20,19

Quellen: s. III. 1.
Eigene Rechnungen

Diese Darstellung lässt erkennen, dass es im Verlauf der zwei Jahrzehnte zu einem zwar nicht kontinuierlich verlaufenden, aber wahrnehmbaren Rückgang des Anteils des Bruttoinlandsprodukts der Region Nord am Bruttoinlandsprodukt der Bundesrepublik gekommen ist. Diese Änderung würde noch deutlicher werden, wenn man statt der Darstellung der Entwicklung des Anteils der Region Nord am Bruttoinlandsprodukt der Bundesrepublik die Darstellung der Proportion zwischen der Höhe des Bruttoinlandsprodukts in der Region Nord und der Höhe des Bruttoinlandsprodukts in der restlichen Bundesrepublik verwandt hätte.
Das kann auch durch die Darstellung der unterschiedlichen Höhe der relativen Raten des jährlichen Wachstums des Bruttoinlandsprodukts in der Region Nord und in der restlichen Bundesrepublik deutlich gemacht werden.

III. 3. Rate der relativen jährlichen Änderung der Höhe des Bruttoinlandsprodukts in der Region Nord und in der restlichen Bundesrepublik in v.H.

	Durchschnittliche relative Wachstumsrate			
	1950-1960	1960-1965	1965-1970	1960-1970
Region Nord	+ 10,6	+ 8,3	+ 7,8	+ 8,1
Bundesrepublik ohne Region Nord und ohne Berlin und Saarland	+ 11,2	+ 9,1	+ 8,8	+ 9,0
Bundesrepublik ohne Region Nord		+ 9,0	+ 8,7	+ 8,9

Diese Darstellung lässt die besonderen Probleme der Region Nord noch deutlicher erkennen. Nicht nur ist die durchschnittliche Rate der relativen jährlichen Änderung der Höhe des Bruttoinlandsprodukts in der restlichen Bundesrepublik in allen Teilperioden höher als in der Region Nord, sondern darüber hinaus wächst der relative Abstand zwischen den durchschnittlichen Wachstumsraten im Zeitablauf. Ist die durchschnittliche Wachstumsrate in der restlichen Bundesrepublik ohne Saarland und Berlin in der Periode von 1950 bis 1960 um 5,6 % höher als die durchschnittliche Wachstumsrate in der Region Nord, so übersteigt sie die Letztere in der Periode von 1960 bis 1965 um 9,6 % und in der Periode von 1965 bis 1970 sogar um 12,8 %.

Wenn mit einem Anhalten dieser Entwicklung gerechnet werden muss, so wird der Anteil des Bruttoinlandsprodukts der Region Nord am Bruttoinlandsprodukt der Bundesrepublik mit wachsendem Tempo zurückgehen. Auch zwischen den Ländern der Region Nord bestehen erhebliche Unterschiede im Hinblick auf die Wachstumsrate des Bruttoinlandsprodukts.

III. 4. Rate der durchschnittlichen relativen jährlichen Änderung der Höhe des Bruttoinlandsprodukts in den Ländern der Region Nord und in verschiedenen Teilperioden in v.H.

	Durchschnittliche jährliche Wachstumsrate in v.H.			
	1950-1960	1960-1965	1965-1970	1960-1970
Schlesw.-Holstein	+ 9,8	+ 9,5	+ 8,5	+ 9,0
Hamburg	+ 11,1	+ 7,4	+ 8,3	+ 7,9
Niedersachsen	+ 10,4	+ 8,7	+ 8,2	+ 8,4
Bremen	+ 11,2	+ 7,2	+ 8,3	+ 7,7
Region Nord	+ 10,6	+ 8,3	+ 7,8	+ 8,1

Aus der Darstellung geht hervor, dass sich die Struktur der Wachstumsraten vom ersten zum zweiten Jahrzehnt des Beobachtungszeitraumes geändert hat. Waren im ersten Jahrzehnt die relativen Wachstumsraten in den Stadtstaaten überdurchschnittlich hoch, so waren im zweiten Jahrzehnt die relativen Wachstumsraten in den beiden Flächenländern überdurchschnittlich hoch. Allerdings überstiegen auch die jeweils höchsten Wachstumsraten nicht die Wachstumsraten in der restlichen Bundesrepublik.

Der Versuch einer Erklärung der in diesen Änderungen zum Ausdruck kommenden Faktoren wird erst nach einer Zerlegung der Entwicklung in ihre einzelnen Komponenten möglich sein.

Die Angaben über die Entwicklung des Bruttoinlandsprodukts können als Indikatoren für die "... Entwicklung der Wirtschaftskraft eines geographischen Gebiets...", d.h. im vorliegenden Fall der norddeutschen Länder und der Bundesrepublik angesehen werden [3]. Sie sagen

---

[3] Bevölkerungsstruktur und Wirtschaftskraft 1971 a.a.O. S. 19

---

jedoch nichts über die sehr viel interessantere Frage nach der wirtschaftlichen Situation der an der Einkommensbildung in diesen Gebieten Beteiligten bzw. der in diesen Gebieten Wohnenden aus. Gerade wenn es aufgrund der natürlichen Bevölkerungsbewegung oder aufgrund von Wanderungen zu Änderungen der Bevölkerungszahl kommt, lässt auch die Kenntnis der Entwicklung der Höhe des zu jeweiligen Preisen bewerteten Bruttoinlandsprodukts keine Aussage über die Entwicklung des Durchschnittseinkommens zu.

Bei Anerkennung der auch diesen Angaben anhaftenden Problematik, ist die Darstellung der Entwicklung der Höhe des Bruttoinlandsprodukts je Einwohner besser als Grundlage für solche Aussagen geeignet [4].

---

[4] In der nachfolgenden Darstellung wird das Bruttoinlandsprodukt je Einwohner als der Wert des Quotienten aus der Höhe des Bruttoinlandsprodukts zu jeweiligen Preisen in einem Jahr und der durchschnittlichen Wohnbevölkerung dieses Jahres verstanden.
Das würde u.E. keiner besonderen Erwähnung bedürfen, wenn nicht die Angaben in den Veröffentlichungen "Bevölkerungsstruktur und Wirtschaftskraft ..." für die Jahre 1968, 1969 und 1970 offensichtlich auf einer anderen Definition beruhen würden.
Das mag auf den auf S. 18 der Veröffentlichung dieser Serie für 1971 erwähnten, aber nicht näher erläuterten methodischen Umstellungen beruhen. Wir wollen auch für die Jahre 1969 und 1970 an der ursprünglichen Definition festhalten.

III. 5. Höhe und Entwicklung des Bruttoinlandsprodukts je Einwohner
in den norddeutschen Ländern und in der Bundesrepublik in DM

	Bruttoinlandsprodukt je Einwohner in DM im Jahr							
	1950	1955	1957	1960	1965	1967	1969	1970
Schlesw.-Holst	1.495	2.759	3.413	4.317	6.427	7.108	8.298	9.136
Hamburg		3.794	6.017	7.302	9.309	13.034	14.759	17.693	19.944
Niedersachsen	1.673	3.083	3.569	4.627	6.700	7.111	8.679	9.615
Bremen		3.247	5.369	6.265	7.295	9.747	10.558	12.541	14.128
Region Nord	1.995	3.597	4.287	5.476	7.821	8.492	10.185	11.319
Bundesgebiet ohne Saarld. und Berlin	2.085	3.675	4.291	5.355	7.702	8.296	10.013	11.173
Insgesamt				5.351	7.691	8.285	10.009	11.176

Quellen: Bevölkerungsstruktur und ... 1969   S. 216 f.
Bevölkerungsstruktur und ... 1970   S. 218 f.
Bevölkerungsstruktur und ... 1971   S. 34 f. und S. 224 f.

Die in dieser Darstellung enthaltenen Angaben sind von der amtlichen Statistik für die Jahre 1969 und 1970 revidiert worden [5].

[5] Gegenüber den in der Tabelle enthaltenen Zahlenangaben für das Land ... sind die neuen Zahlen für das Jahr ...

	1969	1970
Schleswig-Holstein	um rd. 1 % gesenkt	um rd. 5 % erhöht
Hamburg	um rd. 1 % gesenkt	um rd. 13 % gesenkt
Niedersachsen	um rd. 1 % gesenkt	um rd. 2 % erhöht
Bremen	um rd. 1 % gesenkt	um rd. 18 % gesenkt
Bundesgebiet	um rd. 1 % gesenkt	um rd. 1 % gesenkt

Es ist nicht ersichtlich, ob es auch zu einer Revision der Angaben für die Jahre vor 1968 kommen wird. Entscheidend ist, dass für 1970 die Zahlenangaben für beide Stadtstaaten nach unten und für die beiden Flächenländer nach oben revidiert worden sind.
Das bedeutet, dass es im Licht der neuen Einsichten zu einer Überschätzung des Anstiegs des Durchschnittseinkommens in den beiden Stadtstaaten und zu einer Unterschätzung des Anstiegs in den beiden Flächenländern gekommen ist. Eine Aussage über das Ausmass der Überschätzung wird aber erst möglich sein, wenn bekannt ist, ob und gegebenenfalls in welchem Umfang die Angaben für die Jahre vor 1968 revidiert werden müssen.

Aus dieser Darstellung geht hervor, dass das Bruttoinlandsprodukt je Einwohner in den beiden Flächenländern der Region Nord in sämtlichen Jahren unter und in den beiden Stadtstaaten beträchtlich über dem Bundesdurchschnitt lag. Das Bruttoinlandsprodukt je Einwohner lag in den beiden Flächenländern ebenfalls in sämtlichen Jahren unter dem Durchschnitt für die Flächenländer der Bundesrepublik [6].

---

[6] Für das Verhältnis der beiden Flächenländer der Region Nord zu den anderen Flächenländern der Bundesrepublik im Hinblick auf die Höhe des Bruttoinlandsprodukts je Einwohner gelten die folgenden Aussagen:

Schleswig-Holstein lag in den Jahren von 1950 bis 1956 an letzter Stelle hinter dem Land Rheinland-Pfalz (ohne Berücksichtigung des Saarlands).
Es lag in den Jahren 1957 bis 1959 vor dem Land Rheinland-pfalz an vorletzter Stelle (ohne Berücksichtigung des Saarlands)
Es liegt seit 1968 vor dem Saarland, aber hinter dem Land Rheinland-Pfalz an vorletzter Stelle unter den Bundesländern.

Niedersachsen lag in den Jahren 1950 bis 1953 vor Schleswig-Holstein an vorletzter Stelle (ohne Berücksichtigung des Saarlands). Es lag in den Jahren 1954 bis 1959 vor dem Land Rheinland-Pfalz und vor Schleswig-Holstein an drittletzter Stelle (ohne Berücksichtigung des Saarlands).
Es liegt seit 1963 vor Schleswig-Holstein, Rheinland-Pfalz und dem Saarland, aber hinter Bayern an viertletzter Stelle.

Von Bedeutung ist es zu untersuchen, wie sich die Höhe des Bruttoinlandsprodukts je Einwohner in den norddeutschen Ländern im Vergleich zur Bundesrepublik geändert hat. Erst durch solche Gegenüberstellung werden die Grundlagen für einen Vergleich der Entwicklung in der Region Nord mit der Entwicklung in der gesamten Bundesrepublik geschaffen.

III. 6. Das Verhältnis zwischen der Höhe des Bruttoinlandsprodukts je Einwohner in den norddeutschen Ländern bzw. den norddeutschen Flächenländern und in der Bundesrepublik bzw. in den Flächenländern der Bundesrepublik in v.H.

	Bruttoinlandsprodukt je (Einwohner in den norddeutschen Ländern			:	Bruttoinlandsprodukt je Einwohner in der) Bundesrepublik			• 100
	1950	1955	1957	1960	1965	1967	1969	1970
	Bruttoinlandsprodukt je Einwohner in den norddeutschen Ländern			:	Bruttoinlandsprodukt je Einwohner in der Bundesrepublik ohne Saarland und Berlin			
Schlesw.Holst.	71,7	76,1	79,5	80,6	83,4	85,7	82,9	81,8
Hamburg	182,0	163,7	170,2	173,8	169,2	177,9	176,7	178,5
Niedersachsen	80,2	83,9	83,2	86,4	87,0	85,7	86,7	86,1
Bremen	155,7	146,1	146,0	136,2	126,6	127,3	125,2	126,4
Region Nord	95,7	97,9	99,9	102,3	101,5	102,4	101,7	101,3
	Bruttoinlandsprodukt je Einwohner in den norddeutschen Ländern			:	Bruttoinlandsprodukt je Einwohner in der Bundesrepublik			
Schlesw.-Holst.				80,7	83,6	85,8	82,9	81,7
Hamburg				174,0	169,5	178,1	176,8	178,5
Niedersachsen				86,5	87,1	85,8	86,7	86,0
Bremen				136,3	126,7	127,4	125,3	126,4
Region Nord				102,3	101,7	102,5	101,8	101,3
	Bruttoinlandsprodukt je Einwohner in den norddeutschen Flächenländern			:	Bruttoinlandsprodukt je Einwohner in den Flächenländern der Bundesrepublik 1)			
Schlesw.Holst.	74,3	79,5	82,1	83,4	86,1	88,7	85,6	84,4
Niedersachsen	83,2	88,8	85,9	89,4	89,7	88,7	89,5	88,8

1) Bis einschl. 1959 ohne Saarland

Quellen: Wie unter III. 5.
Eigene Rechnungen

Diese Angaben tragen der von der amtlichen Statistik bisher nur für die Jahre 1968, 1969 und 1970 vorgenommenen Revision der Zahlenangaben keine Rechnung [7].

---

[7] Die Verwendung der revidierten Zahlen führt zu den folgenden Ergebnissen :

Eine zusätzliche Korrektur dieser Zahlenangaben ist dann erforderlich, wenn Aussagen über die durchschnittliche Höhe der in den Ländern im Zusammenhang mit der Erstellung des Bruttoinlandsprodukts erfolgten Einkommensbildung gemacht werden sollen [8].

Weiter mit Fußnote [7].

	Verhältnis zu BRD ohne Saarland und Berlin 1969	1970	BRD insgesamt 1969	1970	Verhältnis nordd. Flächenländer zu Flächenländer der BRD 1969	1970
Schlesw.-Holst.	81,1	86,4	82,9	87,2	84,8	89,2
Hamburg	175,0	156,2	176,7	157,8	-	-
Niedersachsen	85,9	87,4	86,7	88,3	88,7	90,3
Bremen	124,0	108,9	125,3	110,0	-	-
Region Nord	101,7	101,3	102,7	102,3	-	-

Das macht deutlich, dass die Verwendung der revidierten Zahlen zu sehr viel ungünstigeren Aussagen über die relative Situation der beiden Stadtstaaten und zu sehr viel günstigeren Aussagen über die Situation der beiden norddeutschen Flächenländer sowohl im Vergleich zum Bundesdurchschnitt als auch im Vergleich zu den anderen Flächenländern der Bundesrepublik führt. Dadurch werden auch die nachfolgenden Aussagen nachhaltig beeinflusst.

[8] Aus der Darstellung auf S. 9 ergibt sich, dass der folgende Zusammenhang gilt:

Summe der im Zusammenhang mit der Erstellung des Bruttoinlandsprodukts zu jeweiligen Preisen in einem Land entstandenen Einkommen

= Summe der aus dem Land stammenden und von Bewohnern des gleichen oder anderer Länder empfangenen Einkommen aus unselbständiger Arbeit

+ Summe der aus dem Land stammenden und von Bewohnern des gleichen oder anderer Länder empfangenen Einkommens aus Unternehmertätigkeit und Vermögen

= Bruttoinlandsprodukt zu jeweiligen Preisen
 - Produktionsbedingter Kapitalverzehr (Abschreibungen)
 - Von den Produzenten des Landes gezahlte indirekte Steuern
 + Von den Produzenten des Landes empfangene Subventionen

Um Aussagen über Höhe und Entwicklung der Einkommensbildung in den einzelnen Ländern machen zu können, müssen die Angaben über die Höhe des Bruttoinlandsprodukts zu jeweiligen Preisen also um die Höhe der Abschreibungen und die Höhe der indirekten Steuern abzüglich der Subventionen vermindert werden.

Zwei Korrekturansätze erscheinen denkbar. Einmal kann eine - allerdings unvollständige - Korrektur dadurch erreicht werden, dass die Angaben über die Höhe des Bruttoinlandsprodukts zu jeweiligen Preisen um die Belastung der Unternehmen in den einzelnen Ländern mit indirekten Steuern oder mit den wichtigsten indirekten Steuern vermindert werden. Zum anderen kann eine Korrektur durch Verwendung der für einige Jahre von der amtlichen Statistik bereitgestellten Angaben über die Höhe des Nettoinlandsprodukts zu Faktorkosten erreicht werden.

a. Korrektur durch Berücksichtigung der indirekten Steuern

Die Berücksichtigung der Belastung der Produktion in den einzelnen Ländern durch indirekte Steuern wird bei Vorliegen bestimmter Voraussetzungen eine Aussage über die Höhe des Bruttoinlandsprodukts zu Faktorkosten und damit über die Höhe der im Inland entstandenen Einkommen zuzüglich der Abschreibungen gestatten. Das ist jedoch nur in höchst unvollständigem Mass möglich [9].

---

[9] Insbesondere die kassenmässigen Steuereinnahmen der einzelnen Länder aus der allgemeinen Umsatzsteuer können wegen der Bestimmungen über die Umverteilung des Aufkommens aus der Umsatzsteuer (s.S.139) nicht mit der Belastung der Produktion in diesen Ländern gleichgesetzt werden. Deswegen wird im folgenden auf die Berücksichtigung der allgemeinen Umsatzsteuer verzichtet.

III. 7. Höhe des Aufkommens aus einigen wichtigen indirekten Steuern in den norddeutschen Ländern und sein Anteil am Bruttoinlandsprodukt dieser Länder in Mill DM bzw. in v.H.

	Tabaksteuer	Kaffeesteuer	Mineralölsteuer	Branntweinmon.	Insgesamt	Insgesamt in v.H. BIP
			1960			
Schleswig-Holst.	412	41	53	54	560	5,7
Hamburg	738	204	833	67	1.842	10,9
Niedersachsen	293	29	253	135	710	2,3
Bremen	104	179	93	28	404	8,0
Bundesrepublik	3.537	689	2.664	1.023	7.913	2,7
			1965			
Schleswig-Holst.	411	39	98	121	669	4,3
Hamburg	786	306	3.136	78	4.306	17,8
Niedersachsen	329	28	760	190	1.307	2,8
Bremen	255	311	60	50	676	9,4
Bundesrepublik	4.697	954	7.428	1.508	14.587	3,2
			1970			
Schleswig-Holst	520	37	32	255	844	3,6
Hamburg	765	292	5.286	71	6.414	17,8
Niedersachsen	279	18	734	264	1.295	1,9
Bremen	721	404	217	83	1.425	13,3
Bundesrepublik	6.536	1.057	11.512	2.228	21.333	3,1

Quellen:
Statistisches Jahrbuch für die Bundesrepublik ...1971 a.a.O S. 404
Statistisches Jahrbuch für die Bundesrepublik ...1962 a.a.O.S. 446
Statistisches Jahrbuch für die Bundesrepublik ...1967 a.a.O.S. 422
Bevölkerungsstruktur und... 1971 a.a.O. S. 224 f.
Eigene Rechnungen

Gegenüber diesen Zahlenangaben sind insbesondere im Hinblick auf die beiden Stadtstaaten deswegen einige Bedenken angebracht, weil die Steuereinnahmen dem Land zugerechnet werden, in welchem das Leistungsverpflichtete Unternehmen seinen Sitz hat, und nicht dem Land, in welchem die zum Entstehen der Steuerschuld führende Produktion stattfindet. In diesem Zusammenhang ist die Tatsache von Bedeutung, dass Hamburg Sitz bedeutender Unternehmen der Mineralölindustrie ist, welche im gesamten Bundesgebiet produzieren. Stellen wir die sich aus diesem Umstand ergebenden Bedenken wegen der Unmöglichkeit einer befriedigenden Lösung zurück, so würde die Berücksichtigung der Belastung der Produktion durch die vier bedeutendsten indirekten Steuern zu den folgenden korrigierten Ergebnissen führen:

III. 8. Das Verhältnis zwischen der Höhe des Bruttoinlandsprodukts zu jeweiligen Preisen je Einwohner abzüglich der Belastung durch die vier wichtigsten indirekten Steuern in den norddeutschen Ländern und in der Bundesrepublik in v.H.

	1960	1965	1970
Schleswig-Holstein	78,2	82,7	81,3
Hamburg	159,3	143,9	151,4
Niedersachsen	86,9	87,5	87,1
Bremen	128,9	118,6	113,1

Aus einem Vergleich dieser Darstellung mit III.6. ist zu ersehen, dass die Berücksichtigung der Belastung durch die vier wichtigsten indirekten Steuern zu der Aussage führt, dass die Höhe des Bruttoinlandsprodukts abzüglich der indirekten Steuern je Einwohner in drei der vier norddeutschen Länder im Vergleich zum Bundesdurchschnitt niedriger ist als die Höhe des Bruttoinlandsprodukts je Einwohner. In Schleswig-Holstein steigt allerdings die Höhe des Bruttoinlandsprodukts abzüglich der Belastung durch die vier indirekten Steuern im Verhältnis zum Bundesdurchschnitt relativ schneller als die Höhe des Bruttoinlandsprodukts je Einwohner. In Hamburg und Bremen sinkt dagegen die Höhe des Bruttoinlandsprodukts je Einwohner abzüglich der indirekten Steuern im Vergleich zum Bundesdurchschnitt schneller als die Höhe des Bruttoinlandsprodukts je Einwohner. Dagegen steigt in Niedersachsen die Höhe des Bruttoinlandsprodukts je Einwohner abzüglich der indirekten Steuern im Verhältnis zum Bundesdurchschnitt geringfügig an, während die Höhe des Bruttoinlandsprodukts relativ geringfügig sinkt.

Insgesamt führt also die Ausschaltung der indirekten Steuern zu günstigeren Aussagen über die relative Entwicklung in den beiden Flächenländern und zu relativ weniger günstigen Aussagen über die relative Entwicklung in den beiden Stadtstaaten.

b. Korrektur durch Berücksichtigung der Nettoquoten

In der amtlichen Statistik werden bis 1967 Angaben über die Höhe und die Entwicklung des Nettoinlandsprodukts zu Faktorkosten gemacht. Es ist leicht einzusehen, dass diese durch die Bereinigung der Angaben über das Bruttoinlandsprodukt zu jeweiligen Preisen gewonnenen Angaben die Höhe der im Zusammenhang mit der Erstellung des Bruttoinlandsprodukts entstandenen Einkommen angibt.

III. 9. Das Verhältnis zwischen der Höhe des Nettoinlandsprodukts zu Faktorkosten und der Höhe des Bruttoinlandsprodukts zu jeweiligen Preisen in verschiedenen Jahren in den norddeutschen Ländern, der Region Nord und der Bundesrepublik in v.H.

	1950	1955	1957	1960	1965	1967
Schleswig-Holstein	75,8	78,1	78,7	78,6	77,3	75,7
Hamburg	74,2	72,0	71,9	72,4	71,9	70,9
Niedersachsen	77,0	78,0	78,5	78,7	77,7	76,1
Bremen	70,1	76,4	76,3	77,6	76,1	74,6
Region Nord	75,5	76,4	76,6	76,9	76,0	74,6
Bundesgebiet ohne Saarland und Berlin	76,8	77,4	77,8	77,5	76,4	75,2
Insgesamt	-	-	-	-	76,4	75,0

Quellen: Bevölkerungsstruktur und ... 1969 a.a.O. S. 216 f. u. S. 232 f.
Eigene Rechnungen

Die Berücksichtigung dieser Verhältniszahlen ermöglicht eine Korrektur der Angaben über die Höhe des Bruttoinlandsprodukts je Einwohner bzw. erlaubt eine Aussage über das Verhältnis zwischen der Höhe des im Zusammenhang mit der Erstellung des Bruttoinlandsprodukts entstandenen Einkommens je Einwohner in den norddeutschen Ländern und im Bundesgebiet.

III. 10. Das Verhältnis zwischen der Höhe des Nettoinlandsprodukts
zu Faktorkosten je Einwohner in den norddeutschen Ländern
und im Bundesdurchschnitt [1] in verschiedenen Jahren in v.H.

	1950	1955	1957	1960	1965	1967
Schleswig-Holstein	70,8	76,8	80,4	81,7	84,4	86,6
Hamburg	175,8	152,3	157,3	162,4	159,2	168,4
Niedersachsen	80,4	84,6	83,9	87,7	88,5	87,1
Bremen	142,1	144,2	143,2	136,4	126,1	126,7
Region Nord	94,1	96,6	98,4	101,5	101,0	101,9

Quellen: Wie zu III. 6. und III. 9.
Eigene Rechnungen

Diese Korrektur führt zu günstigeren Aussagen über die Entwicklung in den beiden Flächenländern als III.6., insbesondere für Schleswig-Holstein. Sie führt zu weniger günstigen Aussagen insbesondere über die Entwicklung in Hamburg, weil in Hamburg der Anteil des Nettoinlandsprodukts zu Faktorkosten am Bruttoinlandsprodukt zu jeweiligen Preisen niedriger als in den anderen Ländern und im Bundesdurchschnitt ist und überdies relativ schneller sinkt.

Sämtliche Darstellungen, d.h. die Darstellung der Entwicklung des relativen Bruttoinlandsprodukts je Einwohner, die Darstellung der relativen Entwicklung des um die indirekten Steuern "bereinigten" Bruttoinlandsprodukts je Einwohner und schliesslich die Darstellung der relativen Entwicklung des Nettoinlandsprodukts zu Faktorkosten lassen einige gemeinsame Tendenzen erkennen:

1 . Alle Darstellungen weisen eine beträchtliche Verbesserung der relativen Stellung der beiden norddeutschen Flächenländer im Zeitablauf sowohl gegenüber dem Bundesdurchschnitt als auch gegenüber den beiden norddeutschen Stadtstaaten aus. Diese Verbesserung verläuft fast kontinuierlich. In keinem der beiden Flächenländer wird jedoch der Bundesdurchschnitt erreicht, d.h. Bruttoinlandsprodukt zu jeweiligen Preisen und Nettoinlandsprodukt zu Faktorkosten liegen bisher unter dem Bundesdurchschnitt, wenn sich der Abstand im Zeitablauf auch verringert hat.
Die Verbesserung der wirtschaftlichen Situation in Schleswig-Holstein ist besonders ausgeprägt, wenn auch Schleswig-Holstein bis 1970 stetig hinter Niedersachsen liegt.

ii . Alle Darstellungen weisen eine beträchtliche Verschlechterung der relativen Situation des Landes Bremen im Zeitablauf aus. Diese Verschlechterung ist ebenfalls fast kontinuierlich verlaufen und nicht durch einmalige Ereignisse erklärbar.

iii. Sieht man von der besonderen Situation des Jahres 1950 ab, so lassen sich keine eindeutigen Aussagen über die relative Entwicklung in Hamburg machen. Gegenüber der im Jahr 1955 bestehenden Situation ist es zu einer fast kontinuierlich verlaufenen Verbesserung gekommen. Allerdings führt die Verwendung unterschiedlicher Kriterien zu unterschiedlichen Aussagen.

iv . Die von der amtlichen Statistik durchgeführten Revisionen der Zahlenangaben für die Jahre 1968, 1969 und 1970 führt zu einer erheblichen Verschlechterung der ausgewiesenen Situation für beide Stadtstaaten. Allerdings lässt sich in Ermangelung revidierter Zahlenangaben für die vorausgehenden Jahre keine Aussage darüber machen, ob diese Verschlechterung der Situation das Ergebnis eines anhaltenden Prozesses ist.

v . Die Entwicklung des Inländerprodukts, d.h. der Summe der von den Einwohnern eines Landes als Entgelt für die Teilnahme am Produktionsprozess empfangenen Einkommen ist definitionsgemäß in Ländern mit steigender Bedeutung des Einpendlerüberschusses ungünstiger als die Entwicklung des Inlandsprodukts. Umgekehrt ist die Entwicklung des Inländer- oder Sozialprodukts in Ländern mit steigender Bedeutung des Auspendlerüberschusses günstiger als die Entwicklung des Inlandsproduktes. Das ist insbesondere für die Länder Hamburg (Einpendlerüberschuss) und Schleswig-Holstein (Auspendlerüberschuss) von Bedeutung.

Es bleibt schliesslich die Frage nach der Entwicklung des Bruttoinlandsprodukts je Erwerbstätigen in den norddeutschen Ländern, d.h. die Frage nach der regionalen Struktur der Produktivitätsentwicklung zu untersuchen.

III. 11. Höhe und Entwicklung des Bruttoinlandsprodukts je Erwerbstätigen in den norddeutschen Ländern und in der Bundesrepublik von 1957 bis 1970 in DM

	Bruttoinlandsprodukt je Erwerbstätigen im Jahr					
	1957	1960	1965	1967	1969	1970
Schleswig-Holstein	7.467	8.491	10.526	18.209	21.309	23.403
Hamburg	13.851	16.346	19.544	31.878	39.080	44.882
Niedersachsen	7.501	9.001	11.323	16.805	20.883	23.190
Bremen	12.800	13.636	15.978	24.846	30.175	34.379
Region Nord	8.884	10.471	12.871	20.096	24.501	27.361
Bundesgebiet ohne Saarland und Berlin	8.295	9.711	12.265	19.123	23.234	26.069
Insgesamt	-	9.734	12.273	19.149	23.272	26.095

Quellen: Bevölkerungsstruktur und ... 1969 a.a.O. S. 220 f.
Bevölkerungsstruktur und ... 1970 a.a.O. S. 218 f.
Bevölkerungsstruktur und ... 1971 a.a.O. S. 18 f u. S. 224 f.

Diese Zahlen geben die Entwicklung der wertmässigen Arbeitsproduktivität und ihre regionale Struktur an. Von besonderem Interesse ist die Frage, ob es im Zuge der Entwicklung zu einer Änderung der Produktivitätsstruktur gekommen ist.

III. 12. Das Verhältnis zwischen der Höhe des Bruttoinlandsprodukts je Erwerbstätigen in den norddeutschen Ländern bzw. den norddeutschen Flächenländern und in der Bundesrepublik bzw. den Flächenländern der Bundesrepublik in verschiedenen Jahren in v.H.

	1957	1960	1965	1967	1969	1970
	Bruttoinlandsprodukt je Erwerbstätigen in den norddeutschen Ländern : Bruttoinlandsprodukt je Erwerbstätigen in der Bundesrepublik ohne Saarland u. Berlin					
Schleswig-Holst.	90,0	87,4	85,8	95,2	91,7	89,8
Hamburg	167,0	168,3	159,3	166,7	168,2	172,2
Niedersachsen	90,4	92,7	92,3	87,9	89,9	89,0
Bremen	154,3	140,4	130,3	129,9	129,9	131,9
Region Nord	107,1	107,8	104,9	105,1	105,5	105,0

	1957	1960	1965	1967	1969	1970
	Bruttoinlandsprodukt je Erwerbstätigen in den norddeutschen Ländern			: Bruttoinlandsprodukt je Erwerbstätigen in der Bundesrepublik		
Schleswig-Holst.	-	87,2	85,8	95,1	91,6	89,7
Hamburg	-	167,9	159,2	166,5	167,9	172,0
Niedersachsen	-	92,5	92,3	87,8	89,7	88,9
Bremen	-	136,4	130,2	129,8	129,7	131,7
Region Nord	-	107,6	104,9	104,9	105,3	104,9
	Bruttoinlandsprodukt je Erwerbstätigen in den norddeutschen Flächenländern			: Bruttoinlandsprodukt je Erwerbstätigen in den Flächenländern der Bundesrepublik [1]		
Schleswig-Holst.	93,0	90,2	88,1	97,9	94,3	92,3
Niedersachsen	93,4	95,6	94,8	90,4	92,4	91,5

[1] Angaben für 1957 für Bundesrepublik ohne Saarland

Quellen: wie unter III. 8.
        Zusätzliche eigene Rechnungen

Es ist leicht zu erkennen, dass die in dieser Darstellung wiedergegebene Entwicklung der relativen Höhe des Bruttoinlandsprodukts je Erwerbstätigen in den norddeutschen Ländern sehr grundlegend von der in III. 6. wiedergegebenen Entwicklung des Bruttoinlandsprodukts pro Einwohner abweicht. Diese Abweichungen können nur durch die unterschiedliche Höhe und Entwicklung der Erwerbsquote in den norddeutschen Ländern bzw. den norddeutschen Flächenländern und in der Bundesrepublik bzw. in den Flächenländern der Bundesrepublik erklärt werden [10].

[10] Es ist leicht einzusehen, dass stets die folgende definitorische Beziehung gelten muss:

$$\frac{\text{Bruttoinlandsprodukt je Erwerbstätigen in Land i}}{\text{Bruttoinlandsprodukt je Erwerbstätigen in der BRD}} = \frac{\text{Bruttoinlandsprodukt je Einwohner im Land i}}{\text{Bruttoinlandsprodukt je Einwohner in der BRD}} \cdot \frac{\frac{1}{\text{Erwerbsqu. i}}}{\frac{1}{\text{Erw.quote BRD}}}$$

$$= \frac{\text{Bruttoinlandsprodukt je Einwohner im Land i}}{\text{Bruttoinlandsprodukt je Einwohner in der BRD}} \cdot \frac{\text{Erwerbsquote in der BRD}}{\text{Erwerbsquote im Land i}}$$

Unten ist die Höhe und die Entwicklung der Erwerbsquote dargestellt worden [11].

Da die Verwendung der revidierten Werte nicht zu einer nennenswerten Änderung der relativen Stellung der verschiedenen Länder führt, kann an dieser Stelle davon abgesehen werden.

Die in den Darstellungen enthaltenen Angaben lassen einige allgemeine Aussagen zu:

vi. In Hamburg und in Schleswig-Holstein ist es im Verlauf der 60er Jahre zu einem Anstieg der relativen wertmässigen Produktivität gegenüber dem Bundesdurchschnitt gekommen. Dagegen ist es im Verlauf des gleichen Zeitraums zu einem Sinken der relativen wertmässigen Produktivität in Niedersachsen und Bremen gekommen.

Fortsetzung der Fußnote 10) von der Vorseite

Dabei gilt die Definition:

$$\text{Erwerbsquote} = \frac{\text{Zahl der Erwerbstätigen}}{\text{Zahl der Bewohner}}$$

Das kann auch geschrieben werden:

$$\frac{\text{Erwerbsquote im Land i}}{\text{Erwerbsquote in der BRD}} = \frac{\text{Bruttoinlandsprodukt je Einwohner im Land i}}{\text{Bruttoinlandsprodukt je Erwerbstätigen im Land i}} : \frac{\text{Bruttoinlandsprodukt je Einwohner in der BRD}}{\text{Bruttoinlandsprodukt je Erwerbstätigen in der BRD}}$$

Das macht die zentrale Bedeutung des Verhältnisses der Erwerbsquoten für die Erklärung der Abweichungen zwischen der relativen Höhe und der Entwicklung des Bruttoinlandsprodukts je Einwohner auf der einen und des Bruttoinlandsprodukts je Erwerbstätigen in den norddeutschen Ländern auf der anderen Seite deutlich.

[11] Wir haben gesehen, dass gilt:

Höhe der Erwerbsquote in den norddeutschen Ländern, der Region Nord und der Bundesrepublik in verschiedenen Jahren

	1957	1960	1965	1967	1969	1970
Schleswig-Holstein	42,5	43,2	42,1	39,0	38,9	39,0
Hamburg	48,4	49,4	48,1	46,3	45,3	44,4
Niedersachsen	45,1	44,9	42,7	42,3	41,6	41,5
Bremen	45,1	46,2	43,0	42,5	41,6	41,1
Region Nord	45,1	45,4	43,5	42,3	41,6	41,4
Bundesgebiet	47,6	47,3	45,1	43,3	43,0	42,8

Quellen: Wie unter III. 8.

vii. Auch im Vergleich zu dem Durchschnitt der Flächenländer ist es in Schleswig-Holstein im Verlauf der 60er Jahre zu einem Anstieg und in Niedersachsen zu seinem Sinken der relativen wertmässigen Produktivität gekommen.

viii. In den letzten 60er Jahren ist die wertmässige Produktivität in Schleswig-Holstein über die in Niedersachsen gestiegen. Die ungünstige Stellung Schleswig-Holsteins im Hinblick auf die Höhe des Bruttoinlandsprodukts je Einwohner (s.S. 56) ist mithin nicht Ausdruck einer niedrigen wertmässigen Produktivität in Schleswig-Holstein, sondern Ausdruck einer ungünstigen Altersstruktur der Bevölkerung dieses Landes und folglich einer beträchtlich unterdurchschnittlichen Erwerbsquote.

ix. Weder in Schleswig-Holstein noch in Niedersachsen erreicht die Höhe der durchschnittlichen wertmässigen Produktivität den Bundesdurchschnitt oder auch nur den Durchschnitt der Flächenländer. 1970 lag Schleswig-Holstein im Hinblick auf die Höhe der wertmässigen Produktivität unter den Bundesländern an drittletzter Stelle vor Niedersachsen und Bayern und hinter dem Saarland.

x. Vorzugsweise als Ergebnis der Entwicklung in Niedersachsen und des grossen Gewichts dieses Landes im Rahmen der Region Nord ist die Höhe der relativen wertmässigen Produktivität in der Region Nord gegenüber dem Bundesgebiet gesunken.

Aufgabe des nächsten Abschnitts wird es sein, die Komponenten der in diesem Abschnitt dargestellten globalen Entwicklung zu untersuchen.

IV. Die Struktur der Erwerbstätigkeit und der Produktion in den norddeutschen Ländern

A. Allgemeine Vorbemerkungen

Das im Mittelpunkt der Betrachtung des letzten Abschnittes stehende Bruttoinlandsprodukt ist ein durch Zusammenfassung der Werte außerordentlich unterschiedlicher wirtschaftlicher Vorgänge entstandener und mithin recht abstrakter Begriff. Die Kenntnis der Höhe und der Entwicklung des Bruttoinlandsprodukts insgesamt oder pro Kopf der Erwerbs- und Wohnbevölkerung eines Staates, eines Landes oder eines bestimmten Gebiets mag geeignet sein, eine erste und notwendigerweise nur sehr grobe Vorstellung von dem Stand und der Entwicklung der Wirtschaft dieses Gebiets zu geben. Es hiesse jedoch, den Aussagewert dieses Begriffes überschätzen, erwartet man von der Kenntnis seiner Höhe mehr als eine erste grobe Information, oder glaubt man gar, auf der Grundlage der in der Vergangenheit beobachteten Entwicklung seiner Höhe eine Aussage über die in der Zukunft zu erwartende Entwicklung machen zu können. Sehen wir von den die Wirtschaft eines Staates oder Kontinents mehr oder weniger gleichmässig in allen Teilbereichen erfassenden konjunkturellen Schwankungen ab, so sind Änderungen der Höhe und der Entwicklung des Bruttoinlandsprodukts immer nur ein zusammenfassender Ausdruck für die hinter ihnen stehenden strukturellen Änderungen - den Aufstieg oder den Niedergang einzelner Wirtschaftszweige, einzelner Produktionsformen oder gar einzelner Unternehmen [1].

---

[1] Auch die konjunkturellen Schwankungen der wirtschaftlichen Aktivität in einzelnen Volkswirtschaften oder in der Weltwirtschaft finden nicht nur ihren Ausdruck in strukturellen Änderungen, sondern werden von zahlreichen Sachkennern auch als das Ergebnis vorausgehender struktureller Änderungen angesehen. Dieser Frage brauchen wir in unserem Zusammenhang nicht ausführlicher nachzugehen.

Die Einschränkung der Untersuchung auf die Frage nach Höhe und Entwicklung des Bruttoinlandsprodukts macht den Betrachter blind gegenüber den gerade in einer stark wachsenden Wirtschaft mit dem Wachstum verbundenen sozialen und wirtschaftlichen Spannungen und den sozial- und wirtschaftspolitischen Problemen. Sie trübt auch den Blick für zukünftige Probleme. Die Kenntnis von diesen Fragen -in einer noch nicht lange hinter uns liegenden Vergangenheit häufig vernach-

lässigt oder bagatellisiert- ist inzwischen geistiges Allgemeingut
geworden - nicht nur die pessimistische Auffassung jener, welche
mit gängig gewordenen Schlagworten wie "Gefahr des Wachstums",
"Ende des Wachstums" usw. die Vorzüge des wirtschaftlichen Wachstums grundsätzlich in Frage zu stellen versuchen.

B. Zahl der Beschäftigten und der Erwerbstätigen in verschiedenen Wirtschaftsbereichen und ihre Beiträge zum Bruttoinlandsprodukt in den norddeutschen Ländern

1. In der Darstellung verwandte Begriffe

In diesem Abschnitt soll der Versuch unternommen werden, mit
Hilfe verschiedener Indikatoren ein Bild von den im Verlauf des
wirtschaftlichen Wachstums in den vergangenen Jahrzehnten eingetretenen strukturellen Änderungen zu vermitteln. Es wird deutlich werden, dass es in sämtlichen norddeutschen Ländern im Verlauf dieser
Periode zu einer grundlegenden Änderung der Wirtschafts- und der
Beschäftigungsstruktur gekommen ist. Leider wird es nur in einigen
Fällen möglich sein, die Entwicklung im Verlauf des gesamten Betrachtungszeitraumes mit Hilfe einheitlich definierter Indikatoren
zu beschreiben. In anderen Fällen werden wir uns bei der Darstellung der Entwicklung in verschiedenen Teilzeiträumen des gesamten
Betrachtungszeitraumes schon deswegen unterschiedlicher Indikatoren bedienen müssen, weil die amtliche Statistik im Verlauf der
Zeit unterschiedliche Begriffe verwandt hat. Im Rahmen einer ersten
groben Gliederung werden drei bzw. vier W i r t s c h a f t s -
b e r e i c h e sowie die Zahl der B e s c h ä f t i g t e n
oder der E r w e r b s t ä t i g e n in diesen Wirtschaftsbereichen und der B e i t r a g dieser Wirtschaftsbereiche z u m
B r u t t o i n l a n d s p r o d u k t zu berücksichtigen sein.
Der W i r t s c h a f t s b e r e i c h ist in der amtlichen Statistik definiert als [2]:

Summe der Unternehmen, die ihrem Schwerpunkt nach dem gleichen
Bereich angehören.

---

[2] Bevölkerungsstruktur und Wirtschaftskraft ... 1970 a.a.O. S. 17

Dabei ist zu berücksichtigen, dass dem öffentlichen Dienst auch Arbeitsstätten zugerechnet werden, die nicht als Unternehmen angesehen
werden können.

Dabei werden die folgenden Wirtschaftsbereiche voneinander unterschieden :

Die **Land - und Forstwirtschaft, Tierhaltung, Fischerei**

Das **Produzierende Gewerbe** mit den Wirtschaftsabteilungen : "Energiewirtschaft, Wasserversorgung, Bergbau" und "Verarbeitendes Gewerbe (ohne Baugewerbe) " und "Baugewerbe"

Der **Handel und Verkehr**, dem auch die Nachrichtenübermittlung hinzugerechnet wird

Die **Sonstigen Wirtschaftsbereiche (Dienstleistungen)** mit den Wirtschaftsabteilungen "Kreditinstitute, Versicherungsgewerbe", "Dienstleistungen", "Organisationen ohne Erwerbscharakter, Private Haushalte" und "Gebietskörperschaften, Sozialversicherung".

Diese grobe Untergliederung in vier oder in nur drei durch Zusammenfassung der Bereiche "Handel und Verkehr" und "Sonstige Wirtschaftsbereiche" entstandene Wirtschaftsbereiche führt selbstverständlich zu einer Zusammenfassung von jeweils ausserordentlich heterogenen Teilbereichen. Nur im Ausnahmefall wird es möglich sein, eine Aussage über die zu erwartende zukünftige Entwicklung eines Teilbereichs zu machen. Trotzdem eignet sich auch diese erste grobe Untergliederung durchaus für gewisse Aussagen über die eingetretenen strukturellen Änderungen.

Unter den **Beschäftigten** eines Wirtschaftsbereiches soll die Gesamtheit der in den Unternehmen bzw. den Arbeitsstätten dieses Wirtschaftsbereiches abhängig und gegen Entgelt Beschäftigten verstanden werden, d.h. der Arbeiter, der Angestellten, der Beamten und der in einem Ausbildungsverhältnis Stehenden.

Die **Erwerbstätigen** unterscheiden sich in der Definition dadurch von den Beschäftigten, dass zu ihnen auch die Gruppe der Selbständigen und die Gruppe der mithelfenden Familienangehörigen gehört.

> Leider finden sich in der amtlichen Statistik der Bundesrepublik für die Jahre vor 1957 keine Angaben über die Zahl der Erwerbstätigen in verschiedenen Ländern und Wirtschaftsbereichen. Angaben über Höhe und Entwicklung der Zahl der Erwerbstätigen finden sich m.a.W. nur für den Teilzeitraum von 1957 bis 1970.

Schliesslich wird von den **Beiträgen der Wirtschaftsbereiche zum Bruttoinlandsprodukt** gesprochen. Der Beitrag eines Wirtschaftsbereiches zum Bruttoinlandsprodukt ist eine zusammenfassende Darstellung der wirtschaftlichen Leistungen, welche in den diesem Wirtschaftsbereich zugehörenden Wirtschaftseinheiten (Unternehmen, Dienststellen usw.)

erbracht worden sind. Das wird deutlich, wenn wir uns zwei der verschiedenen möglichen Definitionen dieses Begriffes vor Augen führen:

Beitrag eines Wirtschaftsbereichs zum Bruttoinlandsprodukt

= Summe der Produktionswerte der Unternehmen des Wirtschaftsbereichs

- Wert der von den Unternehmen des Wirtschaftsbereichs von anderen Wirtschaftseinheiten bezogenen und im Zuge der Produktion verbrauchten Güter (Vorleistungen)

= Summe der produktionsbedingten Abschreibungen in den Unternehmen des Wirtschaftsbereichs

+ Von den Unternehmen des Wirtschaftsbereichs insgesamt geleistete indirekte Steuern

- Von den Unternehmen des Wirtschaftsbereichs insgesamt empfangene Subventionen

+ Von den Unternehmen des Wirtschaftsbereichs insgesamt geleistete Einkommen aus selbständiger Arbeit (Löhne und Gehälter)

+ Von den Unternehmen des Wirtschaftsbereichs insgesamt geleistete Einkommen aus Unternehmertätigkeit und Vermögen (Mieten, Zinsen, Pachten und verteilte Gewinne)

+ Unverteilte Gewinne der Unternehmen mit eigener Rechtspersönlichkeit

- Von den Unternehmen des Wirtschaftsbereichs empfangene Einkommen aus Unternehmertätigkeit und Vermögen.

Kürzer ausgedrückt können wir auch sagen, dass der Beitrag eines Unternehmens bzw. einer Gruppe von Unternehmen zum Bruttoinlandsprodukt gleich der Summe der im Zusammenhang mit der Produktion entstandenen Einkommen, der Summe der zum Ausgleich des produktionsbedingten Kapitalverkehrs bestimmten Einnahmen und der Summe der von den Unternehmen geleisteten indirekten Steuern abzüglich der von ihnen empfangenen Subventionen ist. Diese Größe ist gleich der Summe des im Zusammenhang mit der Produktion in den Unternehmen entstandenen Wertzuwachses.

2. Die Struktur der Beschäftigung bzw. der Erwerbstätigkeit

Die Angaben in der folgenden Tabelle machen die in den zwei Jahrzehnten von 1950 bis 1970 eingetretenen grundlegenden Änderungen in der Struktur der Beschäftigung bzw. in der Struktur der Erwerbstätigkeit in den vier norddeutschen Ländern und in der Bundesrepublik Deutschland deutlich. Sie veranschaulichen den im Zuge des Prozesses des wirtschaftlichen Wachstums eingetretenen Prozess der strukturellen Umstellung und der damit verbundenen Überführung von Erwerbspersonen aus ihrem bisherigen Beschäftigungsbereich in einen neuen Beschäftigungsbereich.

IV. 1. Die Zahl der Beschäftigten, ihre Verteilung auf verschiedene Wirtschaftsbereiche und ihre relative Änderung in den norddeutschen Ländern in der Periode 1950 bis 1970 in Tsd. bzw. in v.H.[3]

	1950	1957	1960	1970	1950/1957	1957/1970	1950/1970
	Gesamtzahl der Beschäftigten				Relative Änderung der Gesamtzahl		
Schleswig-Holst.	650	757	791	827	+ 16,5	+ 9,2	+ 27,2
Hamburg	593	758	820	708	+ 27,8	- 6,6	+ 19,4
Niedersachsen	1.852	2.333	2.371	2.300	+ 26,0	- 1,4	+ 24,2
Bremen	193	267	297	293	+ 38,3	+ 9,7	+ 51,8
Region Nord	3.288	4.115	4.279	4.128	+ 25,2	+ 0,3	+ 25,5
Bundesgebiet	14.575[1]	20.173	21.267	21.723	+ 38,4[2]	+ 7,7	+ 49,0
	Anteil der Beschäftigten in der Land- und Forstwirtschaft an der Gesamtzahl der Beschäftigen				Relative Änderung der Zahl der in der Land- u. Forstw. Beschäftigten		
Schleswig-Holst.	16,0	10,3	6,8	3,7	- 25,5	- 60,2	- 70,3
Hamburg	1,8	1,3	1,1	-	- 7,4	- 100,0	- 100,0
Niedersachsen	16,2	10,3	6,7	2,3	- 20,1	- 80,3	- 84,3
Bremen	3,2	2,0	1,9	-	- 14,5	- 100,0	- 100,0
Region Nord	12,8	8,1	5,3	1,9	- 21,1	- 76,5	- 81,5
Bundesgebiet	7,8[1]	4,4	3,0	1,4	- 21,9[2]	- 65,1	- 72,8
	Anteil der Beschäftigten im produzierenden Gewerbe an der Gesamtzahl der Beschäftigten				Relative Änderung der Zahl der im produzierenden Gewerbe Beschäftigten		
Schleswig-Holst	39,9	46,2	47,8	43,5	+ 34,9	+ 2,7	+ 38,6
Hamburg	42,9	44,3	43,7	38,8	+ 31,3	- 17,9	+ 7,9
Niedersachsen	45,2	50,9	53,5	51,1	+ 42,0	- 1,1	+ 40,4
Bremen	45,7	44,3	43,4	41,2	+ 34,1	- 1,2	+ 32,5
Region Nord	43,9	48,5	49,8	46,8	+ 38,3	- 3,3	+ 33,8
Bundesgebiet	55,9[1]	58,5	58,9	56,0	+ 45,2[2]	+ 3,0	+ 49,5
	Anteil der Beschäftigten im Handel und Verkehr u. in den sonstigen Wirtschaftsbereichen a.d. Gesamtz. d.Beschäft.				Relative Änderung der Zahl der in Handel und Verkehr und in den sonstigen Wirtschaftsbereichen Beschäftigten		
Schleswig-Holst.	44,0	43,4	45,4	52,6	+ 14,8	+ 32,4	+ 52,0
Hamburg	55,2	54,4	55,1	60,7	+ 26,2	+ 4,1	+ 31,4
Niedersachsen	38,6	38,7	39,8	46,7	+ 26,5	+ 19,1	+ 50,7
Bremen	51,1	53,7	54,7	58,5	+ 45,0	+ 22,7	+ 78,0
Region Nord	43,4	43,5	44,8	51,3	+ 25,4	+ 18,4	+ 48,4
Bundesgebiet	36,4[1]	37,0	38,0	42,5	+ 37,8[2]	+ 23,8	+ 74,3

Erläuterungen zu Tab. IV. 1.:

1) Angaben für 1950 beziehen sich auf das Gebiet der Bundesrepublik ohne Berlin. Die Angaben für die anderen Jahre beziehen sich auf die Bundesrepublik einschliesslich Berlin (West).

2) Die wegen des Fehlens entsprechender statistischer Angaben erforderliche Nichtberücksichtigung Berlins im Jahr 1950 führt zu einer Überschätzung der in dem Zeitraum 1950/57 und für den Zeitraum 1950/70 eingetretenen Änderungen. Das Ausmass der Überschätzung wird durch einen Vergleich der Angaben der folgenden Tabelle mit den in IV.1. gemachten Angaben deutlich:

	Relative Änderung der Zahl der Beschäftigten in der Bundesrepublik ohne Berlin in der Periode	
	1950 bis 1957	1950 bis 1970
Land- und Forstwirtschaft	- 22,5 (- 21,9)	- 74,3 (- 72,8)
Produzierendes Gewerbe	+ 39,8 (+ 45,2)	+ 44,7 (+ 49,5)
Handel und Verkehr und sonstige Wirtschaftsbereiche	+ 32,8 (+ 37,8)	+ 65,4 (+ 74,3)
Insgesamt	+ 32,4 (+ 38,4)	+ 45,0 (+ 49,0)

In Klammern die unkorrigierten Zahlenangaben aus IV.1.

3) Es muss beachtet werden, dass die Angaben für das Jahr 1970 auf einer andersartigen Erhebungsgrundlage beruhen als die Angaben für die vorausgehenden Jahr Die Angaben für 1970 beruhen auf dem hochgerechneten Ergebnis des Mikrozensus. Die Angaben für die restlichen Jahre beruhen auf der Auszählung der Arbeitnehmerkartei der Arbeitsämter. Daraus ergeben sich gewisse Unterschiede. Das wird aus der folgenden Darstellung deutlich:

Zahl der Arbeiter, Angestellten und Beamten auf der Grundlage der		1957	1958	1959	1960	1961
Auszählung der Arbeitnehmerkartei	Schleswig-Holst.	756,6	772,2	770,5	790,6	813
	Hamburg	757,7	779,1	801,2	819,9	843
	Niedersachsen	2.332,8	2.375,5	2397,6	2370,8	2400
	Bremen	267,1	277,7	285,2	297,5	298
	Bundesgebiet	20.172	20580	21.018	21.267	21.825
Ergebnis des Mikrozensus	Schleswig-Holst.	723	726	745	776	776
	Hamburg	744	757	778	790	776
	Niedersachsen	2160	2133	2170	2209	2224
	Bremen	257	270	271	283	275
	Bundesgebiet	19378	19566	19825	20287	20566

Es zeigt sich, dass die auf der Auszählung der Arbeitnehmerkartei beruhenden Zahlenangaben für sämtliche Jahre grösser sind als die auf dem Ergebnis des Mikrozensus beruhenden Zahlen. Die Abweichungen liegen zwischen 2 und 9 v.H. Das bedeutet, dass der relative Anstieg der Zahl der Beschäftigten für den Zeitraum 1957 bis 1970 unterschätzt bzw. dass die absolute Höhe des relativen Rückganges für diese Periode überschätzt wird. .as ist besonders im Hinblick auf die Aussagen über die relative Änderung der Gesamtzahl der Beschäftigten in Hamburg und Niedersachsen bedeutsam.

Quellen : s. Anhang IV a u. IV b

Eine eingehende Interpretation der in dieser Darstellung enthaltenen Angaben erscheint erst im Zusammenhang mit der Darstellung der Zahl der Erwerbstätigen in den verschiedenen Wirtschaftsbereichen und ihrer Entwicklung in den norddeutschen Ländern angebracht. An dieser Stelle mag der Hinweis genügen, dass das beherrschende Kennzeichen der Entwicklung der Beschäftigungsstruktur in den betrachteten zwei Jahrzehnten in dem starken Rückgang der Beschäftigung im Bereich der Land- und Forstwirtschaft in allen Ländern, in der gesamten Region Nord und in der Bundesrepublik liegt. Obwohl die relative Änderung der Zahl der Beschäftigten in der Land- und Forstwirtschaft in den beiden Stadtstaaten des norddeutschen Raumes absolut grösser ist als in den Flächenländern, ist doch der Anteil der durch diese Änderung betroffenen Beschäftigten an der Gesamtzahl der Beschäftigten in den beiden Flächenländern sehr viel grösser [3].

---

[3] Das ergibt sich aus dem Umstand, dass der Anteil der in der Land- und Forstwirtschaft Beschäftigten in den beiden Flächenländern in sämtlichen Jahren des Betrachtungszeitraumes erheblich höher war als in den beiden Stadtstaaten. Da der Anteil der durch den Rückgang der Beschäftigtenzahl in der Landwirtschaft betroffenen Arbeitnehmer an der Gesamtzahl der Arbeitnehmer ausser durch das Ausmass des Beschäftigungsrückganges auch durch den Anteil der Arbeitnehmer in diesem Wirtschaftszweig an der Gesamtzahl der Arbeitnehmer bestimmt wird, kommt es zu der gemachten Aussage.

IV.2. Anteil d-er durch den Rückgang der Beschäftigung in
der Land- und Forstwirtschaft betroffenen Arbeitnehmer an der Gesamtzahl der Arbeitnehmer in den
norddeutschen Ländern in v.H.

	(Relative Änderung der Zahl der Beschäftigten in der Land- und Forstwirtschaft) · (Anteil der Beschäftigten in der Land- und Forstwirtschaft an der Gesamtzahl im Ausgangsjahr)		
	1950/1957	1957/1970	1950/1970
Schleswig-Holstein	4,1	6,2	11,2
Hamburg	0,1	1,3	1,8
Niedersachsen	3,3	8,3	13,7
Bremen	0,5	2,0	3,2
Region Nord	2,7	6,2	10,4
Bundesgebiet	1,8	2,9	5,7

Da wegen des natürlichen altersbedingten Abganges die Zahl der tatsächlichen Umsetzungen von Arbeitskräften niedriger ist, kann man korrekterweise diese Zahlenangaben nur in der Weise interpretieren, dass man sagt:

4,1 v.H. der im Land Schleswig-Holstein im Jahr 1950 vorhandenen Arbeitsplätze sind im Zusammenhang mit dem Rückgang der Beschäftigung in der Landwirtschaft bis zum Jahr 1957 untergegangen. Die im Jahr 1950 an diesen Arbeitsplätzen Beschäftigten sind, soweit sie nicht aus dem Erwerbsleben ausgeschieden sind, auf Arbeitsplätze in den beiden anderen Wirtschaftsbereichen übergeführt worden.

Entsprechende Aussagen können für die anderen Länder und die anderen Perioden gemacht werden. Auf die Frage nach den damit verbundenen Problemen wird noch einzugehen sein. Aufgrund der Zahlen lässt sich sagen, dass für die beiden norddeutschen Flächenländer durch die Entwicklung der Beschäftigung in der Landwirtschaft relativ sehr viel gewichtigere Probleme entstanden sind als für die beiden Stadtstaaten und für die Bundesrepublik insgesamt [4].

---

[4] Ohne Zweifel hängt die Art dieser Probleme vor allen Dingen von der allgemeinen Arbeitsmarktsituation ab. In den ersten Jahren des Betrachtungszeitraumes, d.h. in der Periode einer verbreiteten Arbeitslosigkeit in der B-undesrepublik und vornehmlich auch

Ein zweites Merkmal der Entwicklung im norddeutschen Raum bestand in der Verminderung der Zahl der Beschäftigten im produzierenden Gewerbe in Hamburg im Verlauf der zweiten Teilperiode, d.h. der Periode von 1957 bis 1970 [5]. Die Gründe für diese Entwicklung werden später, d.h. nach der Darstellung der Höhe und der Entwicklung der Zahl der Erwerbstätigen in den verschiedenen Wirtschaftsbereichen zu untersuchen sein.

Fortsetzung der Fußnote 4) von der Vorseite

in den beiden norddeutschen Flächenländern, war das Problem in erster Linie beschäftigungspolitischer Art. Die Schwierigkeit lag m.a.W. in der Schaffung zusätzlicher Arbeitsplätze in den anderen Bereichen zur Aufnahme der in der Land- und Forstwirtschaft freigesetzten Arbeitskräfte. In der zweiten Hälfte des Betrachtungszeitraumes, d.h. nach dem Übergang zur Voll- und Überbeschäftigung bildeten dagegen die in der Landwirtschaft freigesetzten Arbeitskräfte eine Grundlage für das Wachstum in den anderen Wirtschaftsbereichen. Das Problem lag m.a.W. nicht in der Schaffung zusätzlicher Arbeitsplätze zur Aufnahme freigesetzter Arbeitskräfte, sondern in der Bereitstellung zusätzlicher Arbeitskräfte für die Besetzung neugeschaffener Arbeitsplätze. Das erklärt auch die in den 60er Jahren beobachtbare Beschleunigung des Rückgangs der Zahl der Beschäftigten in der Land- und Forstwirtschaft und damit der Abwanderung aus der Landwirtschaft.

[5] Die Darstellung weist einen Rückgang der Zahl der Beschäftigten in der gewerblichen Produktion in allen Ländern mit Ausnahme Schleswig-Holsteins aus. Der relative Rückgang ist in den Ländern Niedersachsen und Bremen so gering, dass er als allein durch die bereits erwähnte Änderung der Erhebungsmethode und die aus ihr resultierenden Folgen erklärt werden kann. Nur für Hamburg geht der Rückgang erheblich über das auf diesem Wege erklärbare Mass hinaus.

IV. 3. Die Zahl der Erwerbstätigen, ihre Verteilung auf verschiedene Wirtschaftsbereiche und ihre relative Änderung in den norddeutschen Ländern in der Periode 1957 bis 1970 in Tsd. bzw. in v.H.

	1957	1960	1965	1970	1957/1965	1965/1970	1957/70
	Gesamtzahl der Erwerbstätigen				Relative Änderung der Gesamtzahl		
Schleswig-Holst.	959	991	1.021	1.002	+ 6,5	- 1,9	+ 4,5
Hamburg	857	901	894	805	+ 4,3	- 10,0	- 6,1
Niedersachsen	2.931	2.958	2.944	2.954	+ 0,4	+ 0,3	+ 0,8
Bremen	295	321	317	311	+ 7,5	- 1,9	+ 5,4
Region Nord	5.042	5.171	5.176	5.072	+ 2,7	- 2,0	+ 0,6
Bundesgebiet	25.523	26.194	26.629	26.343	+ 4,3	- 1,1	+ 3,2
	Anteil der Erwerbstätigen in d. Land- und Forstwirtschaft an der Gesamtzahl d. Erwerbstätg.				Relative Änderung der Zahl d. Erwerbstätigen in der Land- und Forstwirtschaft		
Schleswig-Holst.	20,5	15,8	12,2	11,5	- 36,5	- 8,0	- 41,6
Hamburg	1,9	1,6	1,7	1,6	- 6,2	- 13,3	- 18,7
Niedersachsen	22,3	19,2	16,7	14,0	- 24,9	- 15,9	- 36,9
Bremen	2,7						
Region Nord	17,4	14,3	12,2	10,7	- 27,9	- 14,3	- 38,2
Bundesgebiet	16,1	13,5	11,1	9,1	- 27,9	- 19,0	- 41,6
	Anteil der Erwerbstätigen im produzierenden Gewerbe an der Gesamtzahl der Erwerbstätigen				Relative Änderung der Zahl d. Erwerbstätigen im produzierenden Gewerbe		
Schleswig Holst.	37,6	38,2	39,0	38,5	+ 10,2	- 3,0	+ 6,9
Hamburg	39,1	39,2	38,7	36,8	+ 3,3	- 14,5	- 11,6
Niedersachsen	40,7	43,0	43,2	42,6	+ 6,5	- 1,0	+ 5,4
Bremen	41,0	39,6	38,2	39,5	± 0,0	+ 1,7	+ 1,7
Region Nord	39,9	41,2	41,3	40,7	+ 6,3	- 3,4	+ 2,6
Bundesgebiet	47,6	48,9	48,9	49,4	+ 7,1	- 0,1	+ 7,0
	Anteil der Erwerbstätigen im Handel und Verkehr an der Gesamtzahl der Erwerbstätigen				Relative Änderung der Zahl der Erwerbstätigen im Handel und Verkehr		
Schleswig-Holst.	23,0	24,4	22,0	21,5	+ 1,8	- 4,4	- 2,7
Hamburg	38,6	37,7	32,1	30,7	- 13,3	- 13,9	- 25,4
Niedersachsen	20,4	20,1	18,4	19,8	- 9,5	+ 7,9	- 2,3
Bremen	36,6	36,8	35,0	31,2	+ 2,8	- 12,6	- 10,1
Region Nord	25,0	25,0	22,5	22,5	- 7,5	- 1,8	- 9,1
Bundesgebiet	19,8	20,2	17,9	17,6	- 5,9	- 2,5	- 8,2

Fortsetzung der Darstellung IV. 3.

	1957	1960	1965	1970	1957/1965	1965/1970	1957/1970
	Anteil der Erwerbstätigen in den sonstigen Wirtschaftsbereichen (Dienstleistungen) an der Gesamtzahl der Erwerbstätigen				Relative Änderung der Zahl der Erwerbstätigen in den sonstigen Wirtschaftsbereichen an der Gesamtzahl der Erwerbstätigen		
Schleswig-Holst.	18,8	21,5	26,7	28,5	+ 51,7	+ 4,8	+ 58,9
Hamburg	20,5	21,6	27,6	30,9	+ 40,3	+ 0,8	+ 41,5
Niedersachsen	16,5	17,7	21,8	23,6	+ 32,4	+ 8,9	+ 44,2
Bremen	19,7	22,4	25,6	28,3	+ 39,7	+ 8,6	+ 51,7
Region Nord	17,8	19,4	24,0	26,0	+ 38,3	+ 6,4	+ 47,1
Bundesgebiet	16,5	17,4	22,1	23,9	+ 40,1	+ 7,0	+ 49,9

Quellen : s. Anhang IV a

Die Darstellungen in IV. 2. und IV. 3. lassen die Änderungen der Struktur der Beschäftigung der Erwerbstätigkeit sowohl in bezug auf die Gliederung nach grossen Wirtschaftsbereichen als auch in bezug auf die Gliederung nach Ländern deutlich erkennen.

Diese Entwicklung wird in sämtlichen Ländern der Region Nord, in der Region Nord insgesamt und in der Bundesrepublik vor allen Dingen durch zwei Änderungen bestimmt :

1. Das ist einmal der starke relative Rückgang sowohl der Zahl der Beschäftigten als auch der Zahl der Erwerbstätigen in der Land- und Forstwirtschaft in den Ländern der Region Nord. Es wird deutlich, dass der Rückgang der Zahl der Beschäftigten, d.h. der in der Land- und Forstwirtschaft beschäftigten abhängigen Arbeitnehmer relativ sehr viel stärker ist als der Rückgang der Zahl der Er-werbstätigen. Damit stellt sich die Frage, ob der Rückgang der Zahl der Erwerbstätigen in der Land- und Forstwirtschaft als ausschliesslich durch den Rückgang der Zahl der Beschäftigten verursacht angesehen werden kann. Das kann deswegen nicht der Fall sein, weil die relative Änderung der Zahl der Erwerbstätigen in der Land- und Forstwirtschaft im Verlauf der Periode von 1957 bis 1970 absolut grösser war als der Anteil der Beschäftigten an der Gesamtzahl der Erwerbstätigen in der Land- und Forstwirtschaft im Jahr 1957. Es muss mithin im Verlauf des Betrachtungszeitraumes sowohl zu einer starken relativen Abnahme der Beschäftigten in der Landwirtschaft als auch zu einer Abnahme der Zahl der Selbständigen und der mithelfenden

Familienangehörigen gekommen sein.

Selbst wenn wir die Möglichkeit berücksichtigen, dass ein Teil der Erwerbstätigen in der Land- und Forstwirtschaft im Verlauf des Betrachtungszeitraumes aus dem Erwerbsleben ausgeschieden sind, muss es zu einer Umsetzung von Erwerbstätigen in beträchtlichem Ausmass gekommen sein, d.h. zu einem Wechsel aus einer Erwerbstätigkeit im Bereich der Land- und Forstwirtschaft zu einem Wechsel in eine Erwerbstätigkeit in einem anderen Wirtschaftsbereich. Damit hat die Land- und Forstwirtschaft vornehmlich in den 60er Jahren auch in den norddeutschen Ländern in erheblichem Mass die für das wirtschaftliche Wachstum erforderlichen Arbeitskräfte bereitgestellt.

IV. 4. Ausmass der Freisetzung bzw. der Abwanderung von Erwerbstätigen aus der Land- und Forstwirtschaft in der Periode 1957 bis 1970 in Tsd.

	Relative Änderung d. Besch. i.d.Land- u. Forstw. 1957 - 70	Anteil der Erwerbstätigen in der Land- u. Forstw. an der Gesamtzahl d. Erwerbstätigen 57	Gesamtzahl der Erwerbstätigen 57		
Schleswig-Holstein	− 41,6 ·	20,5 ·	959	=	− 81,8
Hamburg	− 0,187 ·	0,018 ·	857	=	− 3,0
Niedersachsen	− 0,369 ·	0,223 ·	2.931	=	− 241,2
Bremen	− 0,027 ·	1,00 ·	295	=	− 8,0
Region Nord	− 0,372 ·	0,174 ·	5.042	=	− 335,1
Bundesgebiet	− 0,416 ·	0,161 ·	25.523	=	− 1.709,4

Die Tabelle enthält die Zahlen der in den einzelnen Bundesländern netto aus der Land- und Forstwirtschaft ausgeschiedenen und entweder in andere Wirtschaftsbereiche eingetretenen oder aus dem Erwerbsleben ausgetretenen Erwerbstätigen.

ii. Das ist zum anderen der in allen norddeutschen Ländern, in der Region Nord insgesamt und in der Bundesrepublik beobachtbare starke relative Anstieg der Zahl der Erwerbstätigen in den sonstigen Wirtschaftsbereichen, d.h. vornehmlich im Bereich der Erstellung von Dienstleistungen. Leider lässt sich diese Entwicklung nicht an der Zahl der Beschäftigten darstellen, da die Zahlen für die Bereiche Handel und Verkehr und sonstige Wirtschafts-

bereiche (Dienstleistungen) nicht getrennt ausgewiesen werden.
Ein besonders starker relativer Anstieg ist im Land Schleswig-
Holstein im Verlauf der Gesamtperiode 1957 bis 1970 erfolgt.
Der Gedanke liegt nahe, dass diese Entwicklung nicht vom Land
Schleswig-Holstein getragen wird, sondern von aussen hineinge-
tragen ist. Die Bundeswehr und die Vielzahl von militärischen
Einrichtungen aller Art dürften zusammen mit der starken Expan-
sion im Bereich des Fremdenverkehrs eine wichtige Rolle in die-
sem Zusammenhang spielen.
Daneben sind noch einige andere Besonderheiten in der Entwicklung
der Zahl der Beschäftigten bzw. der Zahl der Erwerbstätigen zu
beobachten.

iii. Bemerkenswert ist der allgemeine, aber in den beiden Stadtstaaten besonders starke relative Rückgang der Zahl der Erwerbstätigen im Wirtschaftsbereich Handel und Verkehr. Hier dürfte die in
den Großstädten und damit in den beiden Stadtstaaten konstatier-
bare Konzentration im Bereich des Einzelhandels eine beachtliche
Rolle spielen. Ausserdem dürfte ein beträchtlicher Einfluss von
arbeitsparenden Rationalisierungsmassnahmen im Bereich des Ver-
kehrswesens und im Bereich des Handels ausgegangen sein.

iv. Ein für das Verhältnis zwischen den Stadtstaaten und den Flächenländern und damit für die Struktur der gesamten Region Nord entscheidender Faktor kommt in der starken Abnahme sowohl der Zahl
der Beschäftigten als auch der Zahl der Erwerbstätigen in Hamburg
und der nur als komplementäre Erscheinung verständlichen Zunahme
dieser beiden Grössen vor allen Dingen in Schleswig-Holstein
zum Ausdruck. Dem besonders starken - aus den bereits dargestellten Gründen jedoch vermutlich in nicht genau bekanntem Masse
überschätzten - Rückgang der Beschäftigung vor allen Dingen im
produzierenden Gewerbe in Hamburg im Verlauf der Periode von
1957 bis 1970 entspricht der Umstand, dass es allein in Schleswig-Holstein im Verlauf der gleichen Periode zu einer relativen
Zunahme der Beschäftigung in diesem Bereich kommt. Ähnliche Zusammenhänge lassen sich bei der Entwicklung der Gesamtzahl der
Beschäftigten beobachten. Auch die Zahl der Erwerbstätigen im
produzierenden Gewerbe sinkt in Hamburg im Verlauf dieser Periode ausserordentlich stark. Umgekehrt ist der Anstieg der Zahl der

Erwerbstätigen im produzierenden Gewerbe in Schleswig-Holstein überdurchschnittlich stark. Das gilt auch für die Gesamtzahl der Erwerbstätigen, die nach Bremen in Schleswig-Holstein am stärksten steigt.
Wegen der grundsätzlichen Bedeutung der durch diese Vorgänge aufgeworfenen Probleme erscheint es zweckmässig, sie etwas ausführlicher zu untersuchen.

3. Die räumliche Struktur der Beschäftigung bzw. der Erwerbstätigkeit in Hamburg und Schleswig-Holstein

Im vorausgehenden Abschnitt ist die Vermutung aufgestellt worden, dass es sich bei der Entwicklung der Zahl der Beschäftigten insgesamt und der Zahl der Besc-häftigten im produzierenden Gewerbe bzw. bei der Entwicklung der Zahl der Erwerbstätigen insgesamt und der Zahl der Erwerbstätigen im produzierenden Gewerbe in Hamburg auf der einen und Schleswig-Holstein auf der anderen um zwei, ineinem Verhältnis der Komplementarität zueinander stehende Vorgänge handelt. Die Entwicklung in den beiden Ländern kann, so wurde vermutet, nicht als voneinander unabhängig angesehen werden. Vielmehr bedingen sich die Entwicklung in den beiden Ländern gegenseitig. Aufgrund der für den Zeitraum von 1961 bis 1970 vorliegenden statistischen Daten kann diese Vermutung für diesen Zeitraum überprüft werden.
Insgesamt ergibt sich für die beiden Länder das folgende Bild:

IV. 5. Die Zahl der Erwerbstätigen bzw. der Beschäftigen insgesamt und im produzierenden Gewerbe in Hamburg und in Schleswig-Holstein und ihre Entwicklung von 1961 - 1970 in Tsd. bzw. %

	1961	1970	Änderung von 1961 bis 1970 absolut	relativ
Gesamtzahl der Beschäftigten				
Schleswig-Holstein	776	827	+ 51	+ 6,6
Hamburg	776	708	- 68	- 8,8
Gesamtzahl der Erwerbstätigen				
Schleswig-Holstein	1.003	1.002	- 1	- 0,1
Hamburg	886	805	- 81	- 9,1
Schleswig-Holstein und Hamburg	1.889	1.807	- 82	- 4,3
Bundesgebiet	26.532	26.343	- 189	- 0,7
Zahl der Erwerbstätigen im produzierenden Gewerbe				
Schleswig-Holstein	385	386	+ 1	+ 0,3
Hamburg	343	296	- 47	- 13,7
Schleswig-Holstein und Hamburg	728	682	- 46	- 6,3
Bundesgebiet	12.941	13.005	+ 64	+ 0,5

Quellen: Der Ministerpräsident des Landes Schleswig-Holstein
Landesplanung in Schleswig-Holstein Heft 8
Bevölkerungsstruktur und ... 1970 S. 82
Statistisches Jahrbuch ... 1971 a.a.O. S. 126
Eigene Rechnungen

Die Angaben zeigen, dass die Zuwächse in Schleswig-Holstein nicht ausreichten, um die rückläufige Entwicklung in Hamburg auszugleichen bzw. die Entwicklung der Zahl der Beschäftigten bzw. der Erwerbstätigen relativ auf das Niveau der Bundesrepublik zu bringen.
Von beträchtlichem Interesse ist jetzt die Dars-tellung der Entwicklung in den verschiedenen Teilregionen des Landes Schleswig-Holstein, nämlich der Entwicklung in den unmittelbar an Hamburg angrenzenden Landkreisen des Landes Schleswig-Holstein und dem Rest des Landes.

Dieser Gliederung entspricht die Unterscheidung in den Planungsraum I des Landes Schleswig-Holstein und den Rest des Landes, d.h. die Planungsräume II bis VI [6].

IV. 6. Zahl der Erwerbstätigen und Zahl der Beschäftigten im produzierenden Gewerbe und in der Industrie in Hamburg, in Schleswig-Holstein und im Planungsraum I und ihre Entwicklung von 1961 - 1970

	1961	1970	Änderung von 1961 bis 1970	
	in Tsd.		absolut	relativ
	Zahl der Erwerbstätigen			
Hamburg	886	805	- 81	- 9,1
Planungsraum I [1]	264	302	+ 36	+ 14,4
Rest des Landes Schleswig-Holstein [1]	754	731	- 23	- 3,1
Hamburg und Schleswig-Holstein [1]	1.904	1.839	- 66	- 3,5
Bundesgebiet	26.532	26.343	- 189	- 0,7
	Zahl der Beschäftigten im produzierenden Gewerbe			
Hamburg [2]	326	275	- 51	- 16,6
Planungsraum I	83	106	+ 23	+ 27,7
Rest des Landes Schleswig-Holstein	260	255	- 5	- 1,9
Hamburg und Schleswig-Holstein	669	636	- 33	- 4,9
Bundesgebiet [3]	11.970	12.172	+ 202	+ 1,7

---

[6] Die Gliederung des Landes Schleswig-Holstein in sechs Planungsräume ist für Zwecke der Landesplanung und für die Arbeit der Landesplanungsbehörde des Landes Schleswig-Holstein vorgenommen. Eine ausführliche Darstellung dieser Zusammenhänge findet sich in

Ministerpräsident des Landes Schleswig-Holstein (Hrsg.) — Landesplanung in Schleswig-Holstein Heft 5 Erster Raumordnungsbericht der Landesregierung Schleswig-Holstein Kiel 1965 S. 53 ff.

dgl. — Landesplanung in Schleswig-Holstein Heft 8 Raumordnungsbericht 1971 der Landesregierung Schleswig-Holstein Kiel 1972 S. 7 f. u. S. 59 ff.

weiter mit IV. 6.

	1961	1970	Änderung von 1961 bis 1970	
	in Tsd.		absolut	relativ
	Zahl der Beschäftigten in der Industrie			
Hamburg	234	211	- 23	- 9,8
Planungsraum I	44	64	+ 20	+ 45,5
Rest des Landes Schleswig-Holstein	137	134	- 3	- 2,2
Hamburg und Schleswig-Holstein	415	409	- 6	- 1,4
Bundesgebiet	8.316	8.603	+ 287	+ 3,5

[1]) Die Angaben sind nicht voll mit den Angaben in IV.5. vergleichbar, da diese Angaben auf der Volkszählung und die in IV.5. auf den Ergebnissen des hochgerechneten Mikrozensus beruhen.

[2]) Da Angaben über die Zahl der Beschäftigten nur für einige Stichjahre zur Verfügung stehen (darunter auch 1970) ist das annähernd stabile Verhältnis zwischen der Zahl der Beschäftigten und der Zahl der Erwerbstätigen zugrundegelegt, d.h.
Zahl der Beschäftigten = 0,95 · (Zahl der Erwerbstätigen)

[3]) Das gleiche wie zu 2). Verhältnis zwischen der Zahl der Besc-häftigten und der Zahl der Erwerbstätigen ist fast konstant.
Zahl der Besc-häftigten = 0,925 · (Zahl der Erwerbstätigen)

Auch für die sonstigen Wirtschaftsbereiche (Dienstleistungen) lassen sich ähnliche Entwicklungen bzw. Entwicklungstendenzen beobachten.

IV. 7. Zahl der Beschäftigten im Handel und Verkehr und in den sonstigen Wirtschaftsbereichen (Dienstleistungen) in Hamburg, Schleswig-Holstein und im Planungsraum I und ihre Entwicklung von 1961 bis 1970 in Tsd. bzw. %

	1961	1970	Änderung von 1961 bis 1970	
			absolut	relativ
	Zahl der Beschäftigten im Dienstleistungsbereich und Handel und Verkehr			
Hamburg	451[1])	430	- 21	- 4,7
Planungsraum I	72	89	+ 17	+ 23,6
Rest des Landes Schleswig-Holstein	324	355	+ 31	+ 9,6
Hamburg und Schleswig-Holstein	847	874	+ 27	+ 3,2
Bundesgebiet	8.525[1])	9.243	+ 718	+ 8,4

1) Da der Anteil der Beschäftigten an der Anzahl der Erwerbstätigen ohne erkennbaren Trend in allen Stichjahren zwischen 86,6 v.H. und 84,2 v.H. lag, ist für 1966 angenommen
Zahl der Beschäftigen = 0,85 · (Zahl der Erwerbstätigen)

Quellen: Bevölkerungsstruktur und ... 1970 a.a.O. S. 84
Raumordnungsbericht 1971 ... a.a.O. S. 41
Statistisches Jahrbuch ... 1971 a.a.O. S. 126
Eigene Rechnungen

Es zeigt sich, dass sämtliche Zahlen sich im Planungsraum I und in Hamburg in entgegengesetzter Richtung entwickeln, d.h. dass die Zahl der Erwerbstätigen und die Zahlen der Beschäftigten in den drei berücksichtigten Wirtschaftsbereichen in Hamburg im Verlauf des betrachteten Jahrzehnts teilweise beträchtlich gesunken und im Planungsraum I gestiegen sind. Die Vermutung, dass es sich bei der Entwicklung im Planungsraum primär um eine teilweise Kompensation der Entwicklung in Hamburg handelt und nicht um den Ausdruck einer für das Land Schleswig-Holstein charakteristischen Entwicklung wird durch den Umstand verstärkt, dass -mit Ausnahme der Entwicklung der Zahl der Beschäftigten im Dienstleistungsbereich- die Entwicklungen im Planungsraum I und in den restlichen Planungsräumen des Landes Schleswig-Holstein in entgegengesetzter Richtung verlaufen. Allerdings ist weder der Rückgang der Zahl der Erwerbstätigen noch der Rückgang der Zahl der Beschäftigten im produzierenden Gewerbe, noch schliesslich der R-ückgang der Zahl der Beschäftigten in der Industrie in Schleswig-Holstein relativ so stark wie der Rückgang dieser Zahlen in Hamburg.

Dabei verdient eine Tatsache Beachtung, welche sich aus der Ermittlung der statistischen Zahlenangaben ergibt. Während die Änderungen der Zahl der Erwerbstätigen die Änderung der Zahl der in einem Land bzw. Planungsraum wohnenden Erwerbstätigen angibt, gibt die Änderung der Zahl der Beschäftigten die Änderung der Zahl der in den Unternehmen und anderen Arbeitsstätten eines Landes bzw. Planungsraumes Tätigen an. Zwei extreme Möglichkeiten sind denkbar. Wenn es zu einem starken Rückgang der Zahl der Erwerbstätigen in Hamburg bei Konstanz der Zahl der Beschäftigten kommen würde, so wäre das -sehen wir von anderweitigen Komplikationen ab- gleichbedeutend damit, dass sich die Zahl der Einpendler nach Hamburg entsprechend vergrössern würde. Wenn es umgekehrt zu einem starken Rückgang der Zahl der Beschäftigten bei Konstanz der Zahl der Erwerbstätigen kommen würde, so wäre das gleichbedeutend damit, dass sich die Zahl der Einpendler nach Hamburg entsprechend vermindert

und/oder die Zahl der Auspendler entsprechend vergrössert. Dabei
wird der Einfachheit halber die Möglichkeit vernachlässigt, dass es
zu Wanderungen der Selbständigen und der mithelfenden Familienangehörigen kommt. Für den vorliegenden Fall, der dadurch gekennzeichnet
ist, dass der relative Rückgang der Zahl der Beschäftigten in Hamburg
im produzierenden Gewerbe stärker ist als der Rückgang der Zahl der
Erwerbstätigen und dieser wiederum stärker ist als der relative
Rückgang der Zahl der Beschäftigten in den Dienstleistungsbereichen,
gibt es unterschiedliche Erklärungen :

i . Einmal würde es zu einer solchen Entwicklung dann kommen können,
wenn der Rückgang der Zahl der Beschäftigten im produzierenden
Gewerbe und in der Industrie in Hamburg u n d die Abwanderung
von bisher im produzierenden Gewerbe und in der Industrie
Hamburgs Beschäftigten in die Kreise des Planungsraumes I überproportional gross wäre. Umgekehrt müsste der Anstieg der Zahl
der Beschäftigten im produzierenden Gewerbe und in der Industrie
u n d die Zuwanderung von im produzierenden Gewerbe und in der
Industrie des Planungsraumes I zu Beschäftigenden in den Planungsraum I überproportional gross sein.
Voraussetzung für den Eintritt dieses Falles ist, dass die Vollbeschäftigung in Hamburg und im Planungsraum I durch die Wanderung nicht berührt wird, und dass durch die Wanderung wohl der
Ort, nicht aber die Art der Beschäftigung beeinflusst wird.

ii . Zu einer solchen Entwicklung würde es zum anderen dann kommen
können, wenn der relative Rückgang der Zahl der Erwerbstätigen
in Hamburg grösser ist als der Rückgang der Zahl der Beschäftigten u n d wenn es gleichzeitig zu einem Übergang von bisher im
produzierenden Gewerbe und in der Industrie Hamburgs Beschäftigten in eine Beschäftigung in den Bereichen Handel und Verkehr
und Dienstleistungen kommt. Auf der anderen Seite müsste im Planungsraum I der Anstieg der Zahl der Erwerbstätigen grösser als
der Anstieg der Zahl der Beschäftigten sein u n d der Anteil
der im produzierenden Gewerbe, in der Industrie und im Handel
und Verkehr und im Bereich der Dienstleistungen zu beschäftigenden an dem Zuwachs der Zahl der Erwerbstätigen überproportional
gross sein. Dabei ist zu beachten, dass ein Teil der zusätzlichen Beschäftigten in diesen Bereichen des Planungsraumes I

aus der Land- und Forstwirtschaft stammt.

IV. 8. Änderung der Struktur der Beschäftigung im Planungsraum I
von 1961 bis 1970 in Tsd. bzw. v.H.

	1961	1970	Änderung von 1961 bis 1970	
			absolut	relativ
Beschäftigte im prodzierenden Gewerbe	83	106	+ 23	+ 27,7
Beschäftigte in Hand. und Verkehr und in den Sonstigen Wirtschaftsbereichen (Dienstl.)	72	89	+ 17	+ 23,6
Erwerbstätige in der Land- und Forstwirtschaft	42	26	- 16	- 38,0
Insgesamt	197	221	+ 24	+ 12,2

Quellen: s. IV. 7.
Raumordnungsbericht 1971 ... a.a.O. S. 28

Diese Angaben lassen erkennen, warum im Planungsraum I der relative Anstieg der Beschäftigung im produzierenden Gewerbe, in der Industrie, im Handel und Verkehr und in den sonstigen Wirtschaftsbereichen stärker ist als der relative Anstieg der Zahl der Erwerbstätigen.

Ganz offensichtlich ist in Hamburg die Zahl der in Hamburg wohnenden Erwerbstätigen relativ stärker gesunken als die Zahl der in Hamburg arbeitenden Erwerbstätigen. Gehen wir davon aus, dass die Abwanderungsquote der in den Bereichen Handel und Verkehr und Sonstige Wirtschaftsbereiche Erwerbst-ätigen nicht nennenswert niedriger ist als die Abwanderungsquote der im produzierenden Gewerbe Erwerbstätigen muss es in Hamburg ausserdem zu einem Übergang von Erwerbstätigen aus dem Bereich des produzierenden Gewerbes in die Dienstleistungsbereiche gekommen sein.

Auf der anderen Seite ist offensichtlich die Zahl der im Planungsraum I wohnenden Erwerbstätigen stärker angestiegen als die Zahl der im Planungsraum I insgesamt in den Unternehmen und Arbeitsstätten dieses Raumes Tätigen. Dabei ist es ausserdem zu einem erheblichen Wechsel von Erwerbstätigen aus dem Bereich der Land- und Forstwirtschaft

in das produzierende Gewerbe und vornehmlich in die Industrie und
in die Dienstleistungsbereiche gekommen. Diese Aussagen werden teilweise durch die Entwicklung der Höhe des Pendlersaldos bestätigt.
Jede Vergrösserung der Höhe des Einpendlerüberschusses für Hamburg
ist gleichbedeutend mit der Aussage, dass es zu einer Vergrösserung
der Höhe der positiven Differenz zwischen der Zahl der in Hamburg
arbeitenden und der Zahl der in Hamburg wohnenden Erwerbstätigen
gekommen ist. Für eine Vergrösserung des Auspendlerüberschusses des
Planungsraumes I gilt das Umgekehrte.

IV. 9. Höhe des Pendlersaldos des Planungsraumes I (Auspendlerüberschuss -) und ihrer relativen Bedeutung für den Planungsraum und für Hamburg von 1961 bis 1970 in Tsd. bzw. in v.H. [1]

	Höhe des Pendlersaldos		Anteil des Pendlersaldos an der			
			Zahl der Erwerbstätigen im Planungsraum I		Zahl der Erwerbstätigen u. Pendlersaldo in Hamburg [2]	
	1961	1970	1961	1970	1961	1970
Planungsraum I	- 59,8	- 73,5	- 22,6	- 24,4	+ 6,3	+ 8,2
dav.: Pinneberg	- 18,3	- 23,8	- 19,8	- 22,5	+ 1,9	+ 2,6
Segeberg	- 11,3	- 15,6	- 20,4	- 22,5	+ 1,2	+ 1,7
Stormarn	- 18,8	- 19,3	- 31,7	- 28,7	+ 2,0	+ 2,1
Lauenburg	- 11,3	- 14,8	- 19,7	- 25,5	+ 1,2	+ 1,6

[1] Die Darstellung geht von der Annahme aus, dass die Höhe des Pendlersaldos des gesamten Planungsraumes I und der einzelnen Landkreise gleich den Pendlersalden mit Hamburg sind. Diese Annahme ist weniger unrealistisch als das auf den ersten Blick erscheinen mag. Sie schliesst nicht die Existenz von Ein- und Auspendlern zwischen dem Planungsraum I und den anderen Planungsräumen des Landes Schleswig-Holstein oder zwischen den einzelnen Kreisen des Planungsraumes I aus. Sie unterstellt lediglich, daß es dabei nicht zu nennenswerten Pendlersalden kommt.

[2] Die Angaben beziehen sich nur auf den Pendlersaldo mit dem Planungsraum I bzw. dessen Kreisen

Quellen: Raumordnungsbericht 1971 ... a.a.O. S. 28
Eigene Rechnungen

Die Darstellung zeigt, dass dem Anstieg der in den Kreisen des
Planungsraumes I wohnenden Erwerbstätigen um 38 Tausend ein Anstieg
des Auspendlerüberschusses um 13,8 Tausend, d.h. um 36,3 v.H. des
Zuganges an Erwerbstätigen gegenüberstand. Auch wenn es wegen des
Fehlens einer Wanderungsmatrix der Erwerbstätigen, d.h. einer Dar-

stellung, welche Herkunft und Bestimmung der umgezogenen Erwerbstätigen angibt, und wegen des Fehlens einer Pendlermatrix, welche Herkunft und Ziel der Pendler angibt, nicht möglich ist, eine Aussage darüber zu machen, ob die zusätzlichen Auspendler aus dem Kreis der Zugezogenen kommen, sind einige andere Aussagen möglich. Die Darstellung bestätigt die oben gemachte Aussage, dass der Rückgang der in Hamburg arbeitenden Erwerbstätigen geringer ist als der Rückgang der in Hamburg wohnenden Erwerbstätigen - jedenfalls soweit es die Wanderungen zwischen Hamburg und Schleswig-Holstein betrifft. Die Darstellung bestätigt auch die Feststellung, dass es zusammen mit der Wanderung zu einem Anstieg der Zahl der in dem Planungsraum I arbeitenden Erwerbstätigen gekommen ist.

> Es ist m.a.W. von 1961 bis 1970 nicht nur zu einer Verlagerung der Wohnbevölkerung von Hamburg in den Planungsraum I, sondern auch zu einer Verlagerung der Arbeitsbevölkerung gekommen.

Allerdings war der Anstieg der Zahl der Beschäftigten bzw. der Erwerbstätigen im Planungsraum I im Verlauf des Jahrzehnts von 1961 bis 1970 zwar relativ ausserordentlich beachtlich, in seiner absoluten Höhe jedoch nicht ausreichend, um die starke Minderung dieser Zahlen in Hamburg zu neutralisieren. Die Entwicklung in Hamburg und das relative Gewicht Hamburgs führten dazu, dass es sowohl in der aus Hamburg und dem Planungsraum I des Landes Schleswig-Holstein als auch in der aus Hamburg und Schleswig-Holstein bestehenden Region zu einem Rückgang der Zahl der Erwerbstätigen und der Beschäftigten und zu einem noch stärkeren Zurückbleiben der Entwicklung dieser Zahlen hinter ihrer Entwicklung in der gesamten Bundesrepublik gekommen ist. Diese Entwicklung hat zwar durch die überdurchschnittliche Entwicklung der Zahl der Erwerbstätigen und der Beschäftigten in den sonstigen Wirtschaftsbereichen vor allen Dingen in Schleswig-Holstein verlangsamt, aber nicht aufgehalten werden können.

4. Struktur und Entwicklung der Beschäftigung in der Industrie

Es erscheint angebracht, der Entwicklung der Industrie eine besondere Bedeutung für die wirtschaftliche Entwicklung in einer Region oder einem Land oder wenigstens eine besondere Rolle für die Entwicklung im produzierenden Gewerbe beizumessen. Massgeblich dafür ist die Überlegung, dass der Kenntnis der Entwicklung in der Industrie die relativ grösste Bedeutung für Aussagen über die Entwicklung der wirtschaftlichen Beziehungen der Region oder des Landes zu anderen Regionen oder Ländern zukommt. Sehen wir im Hinblick auf die Region Nord von der besonderen Stellung einiger Teilbereiche im Bereich von Handel und Verkehr insbesondere in den beiden Stadtstaaten der Region und von der besonderen Stellung einiger Teilbereiche in den Sonstigen Wirtschaftsbereichen einmal ab[7], so hat vor allen Dingen die Industrie einen weit über die Landesgrenzen

---

[7] Eine solche besondere Situation dürfte in den beiden Stadtstaaten insbesondere für die Teilbereiche des Gross- und Aussenhandels und der Finanzinstitute und für sämtliche Länder für den Teilbereich der Bundesverwaltung und -aufgaben bestehen.

---

hinausgehenden Absatzbereich. Das bedeutet, dass die Industrie wichtigster Träger des "Exports" einer Region oder eines Landes ist. Dabei muss unter "Export" jeder Verkauf bzw. jede Lieferung an Empfänger ausserhalb der Region bzw. des Landes verstanden werden. Im Gegensatz dazu wird im produzierenden Gewerbe der Absatzbereich des Handwerks in der Regel nicht über die Grenzen des Landes oder der Region hinausgehen. Das gilt auch für die anderen Wirtschaftsbereiche, welche in der Regel Leistungen für Empfänger innerhalb des Landes oder der Region bereitstellen.

Der Umstand, dass die Industrie die grösste Rolle für die Aussenbeziehungen wirtschaftlicher Art und damit auch für Aussagen über die Entwicklung des Wirtschaftspotentials spielt, rechtfertigt eine besondere Darstellung der Struktur und der Entwicklung der Beschäftigung in diesem Teilbereich.

Eine erste Vorstellung von der relativen Bedeutung der gesamten Industrie für die Beschäftigung in den norddeutschen Ländern gibt die nachfolgende Darstellung.

IV. 10. Höhe und Entwicklung der Beschäftigung in der Industrie der
norddeutschen Länder, ihres Anteils an der Industriebeschäftigung in der Bundesrepublik und ihres Anteils an der
Beschäftigung in den norddeutschen Ländern in Tsd. bzw.
in v.H.

	Zahl der Industriebeschäftigten in Tsd.				Relative Änderung der Industriebeschäftigung von ... bis ...		
	1950	1957	1965	1970	1950/57	1957/70	1950/70
Schlesw-ig-Holst.	109	164	178	191	+ 50,5	+ 16,5	+ 75,2
Hamburg	143	218	219	211	+ 52,4	- 3,2	+ 47,6
Niedersachsen	425	639	762	799	+ 50,4	+ 25,0	+ 88,0
Bremen	59	103	100	102	+ 74,6	- 1,0	+ 72,9
Region Nord	736	1.124	1.259	1.303	+ 52,7	+ 15,9	+ 77,0
Bundesgebiet	4.935	7.494	8.460	8.603	+ 51,9	+ 14,8	+ 74,3

	Anteil an der Zahl der Industriebeschäftigten in der Bundesrepublik in v.H.				Anteil an der Zahl der Erwerbstätigen in v.H.			
	1950	1957	1965	1970	1950	1957	1965	1970
Schleswig-Holst.	2,2	2,2	2,1	2,2		11,37	17,43	19,06
Hamburg	2,9	2,9	2,6	2,5		16,69	24,50	26,21
Niedersachsen	8,6	8,5	9,0	9,3		14,50	25,88	27,05
Bremen	1,2	1,4	1,2	1,2		20,00	31,55	32,80
Region Nord	14,9	15,0	14,9	15,1		14,60	24,32	25,69
Bundesgebiet						29,36	31,77	32,67

Quellen : Bevölkerungsstruktur und ... 1971 a.a.O. S. 80 f.
Zusätzliche Rechnungen

Wir sehen, dass im Verlauf der zwei Jahrzehnte die Zahl der Beschäftigten in der Industrie in den beiden Flächenländern und in der gesamten Region Nord relativ stärker als im Bundesdurchschnitt gestiegen ist. Der Anteil der Industriebeschäftigten lag - ausser in Bremen - jedoch für alle Länder in allen Jahren unter der Höhe dieses Anteils in der Bundesrepublik. Der Anteil der Industriebeschäftigten in den norddeutschen Ländern an der Zahl der Industriebeschäftigten in der Bundesrepublik steigt in Niedersachsen, sinkt in Hamburg und stagniert in den beiden anderen Ländern.

Der Anteil der Beschäftigten in der Industrie an der Gesamtzahl der

Erwerbstätigen steigt in allen Ländern der Region Nord und in der Bundesrepublik während des ganzen Zeitraumes kontinuierlich an.
In der nachfolgenden Darstellung wird von der Höhe und der Entwicklung der Beschäftigung in 12 Industriegruppen ausgegangen. Dabei handelt es sich um die 12 nach der Höhe ihres Anteils an der Zahl der Beschäftigten in der gesamten Industrie wichtigsten Industriegruppen. Ihr Anteil an der Gesamtbeschäftigung liegt zwischen 70 und 80 %. Wir erhalten das folgende Bild der relativen Stellung verschiedener Industriegruppen im Jahr 1970 bzw. 1969 (Bremen):

IV. 11. Nach der Höhe ihres Anteils an der Gesamtbeschäftigung in der Industrie in den Jahren 1952 und 1970 bzw. 1969 geordnete Industriegruppen in den norddeutschen Ländern und in der BRD

	Schleswig-Holstein		Hamburg		Niedersachsen		Bremen		Region Nord			
	1952	1970	1952	1970	1952	1970	1952	1969	1952	1969	1952	1970
Nahrungs- u. Genussmittelindustrie	1	2	1	1	2	3	3	1	1	1	3	5
Maschinenbau	3	1	2	2	1	4	4	4	2	2	1	1
Elektrotechn. Ind.	8	4	4	3	6	2	6	3	6	4	6	2
Schiffbau	2	3	3	4	12	12	1	2	4	5	12	12
Chemische Ind.	9	6	5	5	7	7	11	11	8	6	5	4
Druckerei- u. Vervielfältigungsind.	10	5	6	6	10	10	8	7	11	9	10	10
Strassenfahrzeug- und Luftfahrzeugbau	12	12	10	8	5	1	2	5	5	3	9	3
Textilindustrie	4	11	9	12	3	6	5	6	3	8	2	6
Bekleidungsind.	6	10	8	10	8	5	10	9	9	7	8	8
Eisen-, Blech- und Metallwarenind.	7	7	7	7	9	8	7	8	10	10	4	7
Steine und Erden	5	8	11	11	4	9	9	10	7	11	7	9
Feinmechanische sowie optische Ind.	11	9	12	9	11	11	-	-	12	12	11	10

Quellen: s. Anhang IV c

Als ungefähren Ausdruck des bestehenden Unterschiedes bzw. des Grades der Übereinstimmung der Industriestruktur in den Ländern können wir die Höhe der durchschnittlichen Abweichung der prozentualen Anteile der Zahl der Beschäftigten in den gleichen Industriegruppen verschiedener Länder bzw. Regionen an der Gesamtbeschäftigung in der Industrie des Landes bzw. der Region ansehen. Wenn diese Angaben für

verschiedene Jahre miteinander verglichen werden, so erhalten wir
eine Antwort auf die Frage, ob es im Verlauf der Beobachtungsperiode
zu einer Annäherung der industriellen Beschäftigungsstruktur in den
verschiedenen Ländern und in der Bundesrepublik oder ob es zu einer
Vergrösserung der bestehenden Unterschiede gekommen ist.

Als Indikator für die Beantwortung dieser Frage nach der Entwicklung
des Verhältnisses der industriellen Beschäftigungsstruktur in den
verschiedenen Gebieten wird also m.a.W. der Zahlenwert des folgenden
Ausdrucks und seine Entwicklung im Zeitablauf verwandt:

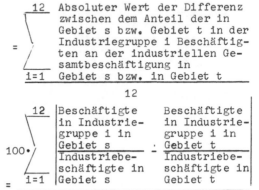

Es ist leicht einzusehen, dass die auf diese Art ermittelten Werte
der zur Kennzeichnung der Unterschiede der industriellen Beschäftigungsstruktur in verschiedenen Ländern bzw. Gebieten verwandten
Variablen von der Größe der Länder bzw. der Gebiete unabhängig ist.
Sie werden ausschliesslich durch die Struktur der industriellen Beschäftigung bestimmt. Im Fall der völligen Übereinstimmung der Struktur der industriellen Beschäftigung, d.h. wenn der Anteil der Beschäftigung in sämtlichen 12 berücksichtigten Industriegruppen an der
industriellen Gesamtbeschäftigung in den miteinander verglichenen
Gebieten gleich ist, wird der Wert dieses Ausdrucks 0 sein. In allen
anderen Fällen wird er dagegen grösser als Null sein. Nur wenn die
Struktur der industriellen Beschäftigung eines Landes mit der Struktur der industriellen Beschäftigung eines dieses Land einschliessenden
grösseren Gebiets verglichen wird, ist natürlich die Grösse dieses
Landes, d.h. sein relatives Gewicht in dem grösseren Gebiet von entscheidender Bedeutung für den Wert des Indikators. Das kommt in der

folgenden Darstellung vor allen Dingen in dem niedrigen Wert der Abweichungen zwischen der Beschäftigungsstruktur des Landes Niedersachsen und der Beschäftigungsstruktur der Region Nord zum Ausdruck

IV. 12. Unterschiede der Struktur der industriellen Beschäftigung in den einzelnen norddeutschen Ländern, der Region Nord und der gesamten Bundesrepublik in verschiedenen Jahren in v.H.

Höhe des durchschnittlichen absoluten Wertes der Abweichungen im Jahr 1952

	Schleswig-Holstein	Hamburg	Niedersachsen	Bremen	Region Nord	Bundesgebiet
Schleswig-Holstein		2,16	2,62	3,17	1,82	3,35
Hamburg			3,82	4,06	1,82	3,66
Niedersachsen				4,25	1,21	1,33
Bremen					3,39	5,08

Höhe des durchschnittlichen absoluten Wertes der Abweichungen im Jahr 1970

	Schleswig-Holstein	Hamburg	Niedersachsen	Bremen	Region Nord	Bundesgebiet
Schleswig-Holstein		1,89	3,67	3,72	2,22	3,38
Hamburg			4,31	3,77	2,78	3,26
Niedersachsen				4,32	1,56	2,17
Bremen					3,32	4,79

Höhe des durchschnittlichen absoluten Wertes der Abweichungen zwischen der Region Nord und der gesamten Bundesrepublik in den Jahren 1952 und 1969

	1952	1969
Region Nord	1,81	2,13

Quellen: s. Anlage IV c
Zusätzliche Rechnungen

Bei der Interpretation dieser Darstellung darf nicht übersehen werden, dass die Höhe und die Entwicklung der Werte dieser Masszahlen für Aussagen über den Grad der Übereinstimmung der Struktur der industriellen Beschäftigung in den einzelnen Ländern Norddeutschlands im Verhältnis zueinander und im Verhältnis zur Bundesrepublik stark durch die besondere Situation und Entwicklung in einzelnen Industriegruppen bestimmt wird.

Besondere Erwähnung verdienen in diesem Zusammenhang die folgenden Besonderheiten der Industriestruktur in den norddeutschen Ländern oder in der Mehrzahl der norddeutschen Länder im Vergleich zum Bund:

i . Während des gesamten Beobachtungszeitraumes war die relative Bedeutung der Nahrungs- und Genussmittelindustrie in sämtlichen norddeutschen Ländern sehr viel grösser als im Bundesdurchschnitt.

ii . Aus naheliegenden Gründen war die relative Bedeutung der Industriegruppe Schiffbau ausser in Niedersachsen in sämtlichen norddeutschen Ländern sehr viel höher als im Bundesdurchschnitt.

Im Zusammenhang mit der Erklärung der zwischen den norddeutschen Ländern bestehenden Unterschiede in der Industriestruktur kommt der Industriegruppe Strassenfahrzeugbau und Luftfahrzeugbau eine besondere Bedeutung zu. Im Vergleich zu den beiden anderen Ländern und im Vergleich zum Bundesdurchschnitt ist der Anteil der Beschäftigung in diesen Industriegruppen in den Ländern Niedersachsen und Bremen ausserordentlich hoch. In Schleswig-Holstein und Hamburg bleibt dieser Anteil dagegen beträchtlich selbst hinter dem Bundesdurchschnitt zurück [8].

---

[8] Hier brauchen die Gründe dafür nicht ausführlich untersucht zu werden, dass es in Bremen im Verlauf des Untersuchungszeitraumes zu einem Sinken des relativen Gewichts dieser Industriegruppen und zu einer Änderung der Struktur der Beschäftigung innerhalb dieser beiden Industriegruppen gekommen ist. Innerhalb des Zeitraumes kam es zur Einstellung der Produktion in der größten Unternehmung des Kraftfahrzeugbaus (Borgward) und zur Entwicklung im Luftfahrzeugbau in Bremen.

Die in diesen Industriegruppen, d.h. im Schiffbau, im Kraftfahrzeug- und Luftfahrzeugbau zwischen den Ländern des norddeutschen Raumes bestehenden Unterschiede erklären den größten Teil der Abweichungen in der Struktur der industriellen Beschäftigung.

IV. 13. Das relative Gewicht der Abweichungen in den Bereichen
des Schiffbaus und der Kraftfahrzeug- und Luftfahrzeugindustrie im Rahmen der durchschnittlichen Gesamtabweichung nach IV. 11. in v.H.

	1952				1970			
	Niedersachsen	Bremen	Region Nord	Bundesgebiet	Niedersachsen	Bremen	Region Nord	Bundesgebiet
Schleswig-Holstein	23,5	60,1	12,7	24,0	16,3	32,7	17,1	7,4
Hamburg	13,9	49,3	8,7	19,6	12,1	31,5	12,7	8,6
Niedersachsen		60,7	31,7	14,1		14,4	13,8	36,8
Bremen			65,0	58,1			23,7	31,7
Region Nord				31,6				30,7

Quellen: s. Anlage IV c
eigene Rechnungen

Diese Zahlen geben an, wie gross - ausgedrückt in v.H. - die Bedeutung der in den Industriebereichen Schiffbau und Kraftfahrzeug- und Luftfahrzeugbau bestehenden Abweichungen zwischen den verschiedenen Ländern und den einzelnen Ländern und der Region Nord bzw. dem Bundesgebiet für die durchschnittliche Abweichung der zwölf insgesamt berücksichtigten Industriebereiche ist.

Jetzt können auf der Grundlage der drei vorausgehenden Darstellungen eine Reihe interessanter Aussagen über die Struktur der industriellen Beschäftigung in den zwölf wichtigsten Industriebereichen in den norddeutschen Ländern gemacht werden :

a. Es bestehen, das wird aus IV. 10. deutlich, erhebliche Unterschiede zwischen den Ländern der Region Nord und dem Bundesgebiet im Hinblick auf die relative Bedeutung der Beschäftigung in einzelnen Industriebereichen für die industrielle Gesamtbeschäftigung. Besonders bemerkenswert sind in diesem Zusammenhang die unterschiedliche Stellung der Nahrungs- und Genussmittelindustrie und die unterschiedliche Stellung des Schiffbaus in drei der vier norddeutschen Länder.

Entgegengerichtete Unterschiede bestehen für sämtliche norddeutschen Länder gegenüber dem Bundesgebiet im Hinblick auf die relative Bedeutung der Chemischen Industrie und für die Mehrzahl der norddeutschen Länder im Hinblick auf die elektrotechnische Industrie. Beide Industriegruppen haben in den norddeutschen Ländern eine geringere Bedeutung als im gesamten Bundesgebiet.

b. Zwischen den norddeutschen Ländern, d.h. insbesondere zwischen dem Land Niedersachsen und den anderen norddeutschen Ländern bestehen ebenfalls nicht unerhebliche Unterschiede. Das kommt sowohl in der nach ihrer relativen Bedeutung vorgenommenen Rangfolge der verschiedenen Industriegruppen als auch in der Höhe der durchschnittlichen Abweichungen des Anteils der Beschäftigung in den einzelnen Industriegruppen an der industriellen Gesamtbeschäftigung zum Ausdruck. Aus IV. 11. geht hervor, dass die durchschnittlichen Abweichungen und damit die Unterschiede in der industriellen Beschäftigungsstruktur zwischen dem Land Niedersachsen und den drei anderen norddeutschen Ländern grösser waren als die Abweichungen zwischen diesen Ländern und dem gesamten Bundesgebiet.

Auf der anderen Seite ist auch der durch die Höhe der durchschnittlichen Abweichungen gemessene Unterschied zwischen der Beschäftigungsstruktur in der Industrie des Landes Niedersachsen und der Beschäftigungsstruktur der Industrie im gesamten Bundesgebiet sehr viel kleiner als der Unterschied zwischen Niedersachsen und den anderen Ländern der Region Nord.

c. Aus IV. 11. geht hervor, dass sich - von wenigen Ausnahmen abgesehen - die im Jahr 1952 zwischen den Ländern der Region Nord bestehenden Unterschiede in der Beschäftigungsstruktur in der Industrie bis zum Jahr 1970 bzw. 1969 noch vergrössert haben. Eine Ausnahme bildet lediglich das Verhältnis zwischen der industriellen Beschäftigungsstruktur in den Ländern Hamburg und Schleswig-Holstein [9].

---

[9] Eine genauere Untersuchung dürfte vermutlich zeigen, dass bei dieser "Annäherung" der in den beiden Ländern bestehenden Struktur der Beschäftigung in der Industrie die bereits dargestellte Entwicklung im Planungsraum I des Landes Schleswig-Holstein eine nicht unbeachtliche Rolle gespielt hat.

Nur für das Land Niedersachsen kann eine Vergrösserung des Unterschiedes in der industriellen Beschäftigungsstruktur gegenüber dem gesamten Bundesgebiet festgestellt werden. Das grosse Gewicht des Landes Niedersachsen ist auch verantwortlich für die wachsenden Unterschiede zwischen der industriellen Beschäftigungsstruktur in der zusammengefassten Region Nord und dem gesamten Bundesgebiet.

d. In diesem Zusammenhang sind die in IV. 12. enthaltenen Angaben von Bedeutung. Sie machen nämlich deutlich, dass nur ein relativ kleiner Teil der in der durchschnittlichen Abweichung zum Ausdruck kommenden Unterschiede in der Struktur der industriellen Beschäftigung zwischen den norddeutschen Ländern und gegenüber dem Bundesgebiet durch das unterschiedliche Gewicht der beiden Wirtschaftsbereiche Schiffbau und Kraftfahrzeug- und Luftfahrzeugbau erklärt werden kann. Dabei muss beachtet werden, dass die von diesen beiden Bereichen ausgehenden Wirkungen sich weitgehend gegenseitig neutralisieren. Das bedeutet, dass jeder einzelne dieser Bereiche grössere Bedeutung für die Erklärung der Unterschiede in der Struktur der industriellen Beschäftigung zwischen den berücksichtigten Ländern hat. Auf die besondere Berücksichtigung des Verhältnisses zwischen Hamburg und Schleswig-Holstein ist in diesem Zusammenhang deswegen verzichtet worden, weil zwischen diesen beiden Ländern weitgehende Übereinstimmung im Hinblick auf die relative Bedeutung dieser beiden Wirtschaftsbereiche für die industrielle Gesamtbeschäftigung besteht.

e. Von Bedeutung ist ebenfalls der Umstand, dass - von der Ausnahme des Vergleichs zwischen Niedersachsen und dem Bundesgebiet abgesehen - die Bedeutung der in diesen beiden Wirtschaftsbereichen zwischen den Ländern und gegenüber dem Bund bestehenden Unterschiede für die Erklärung der Gesamtunterschiede in der Struktur der industriellen Beschäftigung abnimmt [10].

Das bedeutet, dass der unterschiedlichen Änderung des relativen Gewichts der anderen Industriebereiche bei der industriellen Gesamtbeschäftigung steigende Bedeutung für die Erklärung der durch die Höhe der durchschnittlichen Abweichungen gemessenen strukturellen Unterschiede zukommt.

---

[10] Der Grund für die gesonderte Entwicklung in Niedersachsen ist leicht zu erkennen. Er besteht in der im Vergleich zum Bundesgebiet überproportionalen Entwicklung des Anteils der Beschäftigten im Strassenkraftfahrzeugbau an der Entwicklung der industriellen Gesamtbeschäftigung. Während dieser Anteil im Bundesdurchschnitt von 3,94 v.H. im Jahr 1952 auf 7,52 v.H. stieg, stieg er in Niedersachsen von 5,91 v.H. im Jahr 1952 auf 16,58 v.H. im Jahr 1970.

Zusammenfassend lässt sich also sagen, dass bemerkenswerte Unterschiede in der Struktur der industriellen Beschäftigung zwischen den norddeutschen Ländern und zwischen ihnen und dem Bundesgebiet bestehen. Eine Abschwächung dieser Unterschiede lässt sich nicht erkennen. Das deutet auf eine im Zeitablauf zunehmende Spezialisierung auch der industriellen Produktion hin.

Es lässt sich nicht feststellen, dass die Beschäftigungsstruktur der Industrie in den beiden Flächenstaaten einander ähnlich ist. Ein relativ hoher Grad der Übereinstimmung in der industriellen Beschäftigungsstruktur lässt sich vielmehr nur für den Stadtstaat Hamburg und das Flächenland Schleswig-Holstein feststellen. Sowohl das Land Niedersachsen als auch das Land Bremen haben davon stark abweichende Strukturen der industriellen Beschäftigung.

5. Die Bedeutung von Struktur- und Standorteffekten für die Entwicklung der industriellen Beschäftigung in den norddeutschen Ländern

a. Allgemeine Vorbemerkungen

In diesem Abschnitt soll der Versuch einer Beantwortung der Frage nach den Ursachen der Abweichungen zwischen der Entwicklung der industriellen Beschäftigung in den einzelnen Ländern der Region Nord auf der einen und der gesamten Bundesrepublik auf der anderen Seite unternommen werden. Auch in diesem Abschnitt wird von der Höhe und der Entwicklung in den 12 (in Bremen 11) wichtigsten Industriegruppen ausgegangen. Dieses Vorgehen ist auf S. 93 begründet.
Formale Grundlage dieser Untersuchung ist die für jedes einzelne Land, für die gesamte Region und für die Bundesrepublik geltende definitorische Beziehung zwischen den Grössen
- Anteil der in einer Industriegruppe Beschäftigten an der Gesamtbeschäftigung in der Industrie
- in v.H. ausgedrückte Rate der relativen Änderung der Zahl der Beschäftigten in jeder der 12 Industriegruppen
- durch die Entwicklung in den 12 Industriegruppen bewirkte Rate der relativen Änderung der Zahl der Industriebeschäftigten insgesamt

Diese Beziehung hat die folgende Gestalt:

$$\text{Durch die Entwicklung in den 12 Industriegruppen bewirkte Änderung der Zahl der Industriebeschäftigten insgesamt} = \sum_{i=1}^{12} \left(\text{Anteil der Beschäftigten in der Industriegruppe i an der Gesamtzahl der Beschäftigten in der Industrie} \cdot \text{Rate der relativen Änderung der Zahl der Beschäftigten in der Industriegruppe i} \right)$$

Diese Gleichung muss immer gelten und lässt keine Aussage über die Ursachen von Abweichungen zu.
Um eine Aussage über die strukturbedingten Abweichungen und über die standortbedingten Abweichungen zwischen der Entwicklung in den einzelnen Ländern und der Entwicklung in der gesamten Bundesrepublik machen zu können, ist ein weiterer Schritt erforderlich.

α. Die strukturbedingten Abweichungen

Unter den strukturbedingten Abweichungen zwischen der Entwicklung der Zahl der Industriebeschäftigten in den einzelnen Ländern und in der Bundesrepublik sollen die hypothetischen Abweichungen zwischen der durch die Entwicklung in den 12 Industriegruppen bewirkten Änderung der Gesamtzahl der Industriebeschäftigten verstanden werden,

welche sich dann ergeben würden, wenn die Beschäftigung in jeder einzelnen der 12 Industriegruppen in Bund und Land mit gleicher relativer Rate gewachsen bzw. gesunken wäre. Dabei soll die Rate der relativen Änderung der Zahl der Beschäftigten in den einzelnen Industriegruppen der Bundesrepublik zugrundegelegt werden.
Bezeichnen wir die unter solcher Annahme bestimmte relative Höhe der durch die Entwicklung in den 12 Industriegruppen bewirkten hypothetischen Änderung der Gesamtzahl der Industriebeschäftigten in den einzelnen Ländern als "Hypothetische Änderungsrate der Zahl der Industriebeschäftigten I" in den einzelnen Ländern, so muss also gelten:

$$\begin{pmatrix} \text{Hypothetische} \\ \text{Änderungsrate} \\ \text{der Zahl der} \\ \text{Industriebe-} \\ \text{schäftigten I} \\ \text{im Land K} \end{pmatrix} = \sum_{i=1}^{12} \left(\begin{pmatrix} \text{Anteil der Beschäf-} \\ \text{tigten in der In-} \\ \text{dustriegruppe i an} \\ \text{der Gesamtzahl der} \\ \text{Beschäftigten in} \\ \text{der Industrie in} \\ \text{Land K} \end{pmatrix} \cdot \begin{pmatrix} \text{Rate der relativen} \\ \text{Änderung der Zahl} \\ \text{der Beschäftig-} \\ \text{ten in der In-} \\ \text{dustriegruppe i} \\ \text{in der Bundes-} \\ \text{republik} \end{pmatrix} \right)$$

Es ist leicht einzusehen, dass Abweichungen zwischen der Höhe der in gleicher Weise bestimmten und durch die Entwicklung in den 12 Industriegruppen bewirkten Änderung der Zahl der Industriebeschäftigten in der Bundesrepublik und der hypothetisc-hen Änderungsrate der Zahl der Industriebeschäftigten I im Land K ausschliesslich durch Unterschiede in der Höhe des Anteils der einzelnen Industriegruppen an der Höhe der industriellen Gesamtbeschäftigung bestimmt sind.

Wenn

$$\begin{pmatrix} \text{Hypothetische Änderungs-} \\ \text{rate der Zahl der In-} \\ \text{dustriebeschäftigten I} \\ \text{im Land K} \end{pmatrix} < \begin{pmatrix} \text{Durch die Entwicklung in den 12} \\ \text{Industriegruppen bewirkte Ände-} \\ \text{rung der Zahl der Industriebe-} \\ \text{schäftigten insgesamt in der} \\ \text{Bundesrepublik} \end{pmatrix}$$

so ist das durch negativ wirkende Struktureffekte bedingt. Negativ wirk-ende Struktureffekte liegen dann vor, wenn im Land K der Anteil solcher Industriegruppen relativ gross ist, deren Beschäftigung in der Bundesrepublik nur unterdurchschnittlich steigt bzw. wenn im Land K der Anteil solcher Industriegruppen relativ klein ist, in denen die Beschäftigung überdurchschnittlich stark steigt.

Wenn alternativ

    Hypothetische Änderungsrate   Durch die Entwicklung in den 12
    der Zahl der Industriebe-   >   Industriegruppen bewirkte Ände-
    schäftigten I im Land K   rung der Zahl der Industriebe-
                                                 schäftigten insgesamt in der
                                                 Bundesrepublik

so ist das durch positiv wirkende Struktureffekte bedingt. Positiv
wirkende Struktureffekte liegen dann vor, wenn im Land K der Anteil
solcher Industriegruppen relativ gross ist, deren Beschäftigung in der
Bundesrepublik überdurchschnittlich stark steigt bzw. wenn im Land K
der Anteil solcher Industriegruppen relativ klein ist, deren Beschäftigung in der Bundesrepublik unterdurchschnittlich stark steigt.
Nur wenn die Struktur der Beschäftigung in einem Land und in der Bundesrepublik übereinstimmen, kann gelten:

                                         Durch die Entwicklung in den
    Hypothetische Änderungsrate   12 Industriegruppen bewirkte
    der Zahl der Industriebe-   =   Änderung der Zahl der Industrie-
    schäftigten I im Land K   beschäftigten insgesamt in der
                                                 Bundesrepublik

Die beobachteten Abweichungen zwischen den Wachstumsraten lassen
also einen Schluss auf die von strukturellen Unterschieden ausgehenden Wirkungen, d.h. eine Aussage über die Richtung der Struktureffekte zu.

β. Die standortbedingten Abweichungen

Unter den standortbedingten Abweichungen zwischen der Entwicklung
der Zahl der Industriebeschäftigten in den einzelnen Ländern und in
der Bundesrepublik sollen die hypothetischen Abweichungen zwischen
der durch die Entwicklung in den 12 Industriegruppen bewirkten Änderung der _Gesamtzahl der Industriebeschäftigten verstanden werden,
welche sich dann ergeben würden, wenn die Anteile der Zahl der Beschäftigten in jeder der 12 Industriegruppen an der industriellen
Gesamtbeschäftigung in Bund und Ländern die gleiche Höhe gehabt hätten. Dabei sollen die Anteile der einzelnen Industriegruppen an der
industriellen Gesamtbeschäftigung in der Bundesrepublik zugrundegelegt werden.
Bezeichnen wir die unter solcher Annahme bestimmte Höhe der durch die
Entwicklung in den 12 Industriegruppen bewirkten hypothetischen Änderung der Gesamtzahl der Industriebeschäftigten in den einzelnen

Ländern als "Hypothetische Änderungsrate der Zahl der Industriebeschäftigten II" in den einzelnen Ländern, so muss also gelten:

$$\text{Hypothetische Änderungsrate der Zahl der Industriebeschäftigten II im Land K} = \sum_{i=1}^{12} \left(\text{Anteil der Beschäftigten in der Industriegruppe i an der Gesamtzahl der Industriebeschäftigten in der Bundesrepublik} \cdot \text{Rate der relativen Änderung der Zahl der Beschäftigten in der Industriegruppe i im Land K} \right)$$

Jetzt ist ebenfalls leicht einzusehen, dass Abweichungen zwischen der Höhe der in gleicher Weise bestimmten und durch die Entwicklung in den 12 Industriegruppen bewirkten Änderung der Zahl der Industriebeschäftigten in der Bundesrepublik und der hypothetischen Änderungsrate der Zahl der Industriebeschäftigten II im Land K ausschliesslich durch Unterschiede in der Höhe der Rate der relativen Änderung der Beschäftigung gleicher Industriegruppen im Land K und in der Bundesrepublik bestimmt sind.

Wenn

$$\text{Hypothetische Änderungsrate der Zahl der Industriebeschäftigten II im Land K} < \text{Durch die Entwicklung in den 12 Industriegruppen bewirkte Änderung der Zahl der Industriebeschäftigten insgesamt in der Bundesrepublik}$$

so ist das durch negativ wirkende Standorteffekte bedingt. Negativ wirkende Standorteffekte liegen dann vor, wenn insgesamt im Land K die Zahl der Beschäftigten in den verschiedenen Industriegruppen relativ weniger stark steigt bzw. relativ stärker sinkt als in den gleichen Industriegruppen in der Bundesrepublik.

Wenn dagegen

$$\text{Hypothetische Änderungsrate der Zahl der Industriebeschäftigten II im Land K} > \text{Durch die Entwicklung in den 12 Industriegruppen bewirkte Änderung der Zahl der Industriebeschäftigten insgesamt in der Bundesrepublik}$$

so ist die Abweichung durch positiv wirkende Standorteffekte bedingt. Positiv wirkende Standorteffekte liegen dann vor, wenn insgesamt im Land K die Zahl der Beschäftigten in den verschiedenen Industriegruppen relativ stärker steigt bzw. relativ weniger stark sinkt als in den gleichen Industriegruppen in der Bundesrepublik.

Nur wenn die Beschäftigung in d-en verschiedenen Industriegruppen

in der Bundesrepublik und im Land K sich mit gleicher relativer
Rate ändert, kann gelten:

| Hypothetisc-he Änderungsrate der Zahl der Industriebeschäftigten II im Land K | = | Durch die Entwicklung in den 12 Industriegruppen bewirkte Änderung der Zahl der Industriebeschäftigten insgesamt in der Bundesrepublik |

Die beobachteten Abweichungen zwischen den verschiedenen Wachstumsraten lassen also einen Schluss auf die von den Standortfaktoren, d.h. von unterschiedlichen Wachstumsraten der Beschäftigung in gleichen Industriegruppen in Bund und Land K zu. Damit werden die Standorteffekte auf die Entwicklung der Zahl der Industriebeschäftigten deutlich gemacht.

γ. Das Verhältnis zwischen Struktur- und Standorteffekten

Die Richtung der von den Standortfaktoren und der von den Strukturfaktoren ausgehenden Einflüsse auf die Höhe der Abweichungen zwischen der Entwicklung der Gesamtzahl der Industriebeschäftigten in der Bundesrepublik und in den einzelnen Ländern kann gleich oder entgegengesetzt sein.
Wenn gilt:

| Hypothetische Änderungsrate der Zahl der Industriebeschäftigten I im Land K Hypothetische Änderungsrate der Zahl der Industriebeschäftigten II im Land K | < | Durch die Entwicklung in den 12 Industriegruppen bewirkte Änderung der Zahl der Industriebeschäftigten insgesamt in der Bundesrepublik |

bzw.

| Hypothetische Änderungsrate der Zahl der Industriebeschäftigten I im Land K Hypothetische Änderungsrate der Zahl der Industriebeschäftigten II im Land K | > | Durch die Entwicklung in den 12 Industriegruppen bewirkte Änderung der Zahl der Industriebeschäftigten insgesamt in der Bundesrepublik |

So kommt es zu einer gegenseitigen Verstärkung der negativen bzw. der positiven Struktur- und Standorteffekte.

Wenn dagegen gilt:

    Hypothetische Änderungsrate der Zahl der Industriebeschäftigten I im Land K $<$ Durch die Entwicklung in den 12 Industriegruppen bewirkte Änderung der Zahl der Industriebeschäftigten insgesamt in der Bundesrepublik

    Hypothetische Änderungsrate der Zahl der Industriebeschäftigten II im Land K $>$ Durch die Entwicklung in den 12 Industriegruppen bewirkte Änderung der Zahl der Industriebeschäftigten insgesamt in der Bundesrepublik

und wenn ausserdem entweder gilt

    Durch die Entwicklung in den 12 Industriegruppen bewirkte Änderung der Zahl der Industriebeschäftigten im Land K $<$ Durch die Entwicklung in den 12 Industriegruppen bewirkte Änderung der Zahl der Industriebeschäftigten insgesamt in der Bundesrepublik

so gehen von Struktur- und Standorteffekten unterschiedlich gerichtete Einflüsse auf die Höhe der Abweichungen aus. Die negativen Struktureffekte dominieren jedoch über die positiven Standorteffekte. Es kommt zu einer nur teilweisen Neutralisierung der negativen Struktureffekte durch die positiven Standorteffekte.

Alternativ kann jedoch auch gelten:

    Durch die Entwicklung in den 12 Industriegruppen bewirkte Änderung der Zahl der Industriebeschäftigten im Land K $>$ Durch die Entwicklung in den 12 Industriegruppen bewirkte Änderung der Zahl der Industriebeschäftigten insgesamt in der Bundesrepublik

In diesem Fall dominieren die positiven Standorteffekte über die negativen Struktureffekte. Es kommt zu einer nur teilweisen Neutralisierung der positiven Standorteffekte durch die negativen Struktureffekte. Ein entsprechender Überblick lässt sich unschwer für den Fall aufstellen, dass positive Struktureffekte mit negativen Standorteffekten verbunden sind.

b. Der von Struktur- und Standorteffekten ausgehende Einfluss

Eine Schwierigkeit insbesondere für den Vergleich der Entwicklung in den norddeutschen Ländern ergibt sich aus der Tatsache, dass die grundlegenden statistischen Daten wohl für die Bundesrepublik, nicht aber für die einzelnen Länder für sämtliche Jahre vorliegen. Das macht die Verwendung unterschiedlicher Bezugsperioden unumgänglich.

Eine der Grundlagen der weiterführenden Rechnungen zur Bestimmung des von Struktur- und Standorteffekten ausgehenden Einflusses bilden die Angaben der nachfolgenden Tabelle:

IV. 14. Durchschnittliche Rate der relativen jährlichen Änderung der Gesamtbeschäftigung in der Industrie und der Beschäftigung in den zwölf (Bremen 11) berücksichtigten Industriegruppen in verschiedenen Perioden in den norddeutschen Ländern in v.H.

	Durchschnittliche relative Änderung in v.H. von... bis...						
	1952 - 1962	1962 - 1970	1952 - 1970	1952 - 1970	1964 - 1969	1964 - 1969	1952 - 1969
	Gesamtbeschäftigung in der Industrie						
Schleswig-Holstein	+ 4,21	+ 1,03	+ 2,8				
Hamburg	+ 3,94	- 1,15	+ 1,65	+ 2,82		- 0,33	
Niedersachsen	+ 4,60	+ 1,02	+ 3,0				
Bremen	+ 3,76	+ 0,78	+ 2,43	+ 3,31		+ 0,04	+ 2,32
Bundesrepublik	+ 4,31	+ 0,40	+ 2,55	+ 3,55	+ 0,60	+ 0,01	+ 2,50
	Beschäftigung in zwölf Industriegruppen						
Schleswig-Holstein	+ 4,42	+ 0,71	+ 2,92				
Hamburg		+ 1,48		+ 4,43		- 1,03	
Niedersachsen	+ 5,83	+ 1,40	+ 3,84				
Bremen				+ 2,61		+ 0,76	+ 2,06
Bundesrepublik	+ 4,53	+ 1,50	+ 3,16	+ 4,34	+ 0,87	+ 0,49	+ 3,19

Quellen: Anlage IV c
Zusätzliche Rechnungen

Dieser Darstellung lassen sich schon einige globale Informationen entnehmen:

- Es lässt sich erkennen, dass es gegenüber den 50er Jahren in den 60er Jahren zu einer Abschwächung des Wachstums der Zahl der Beschäftigten in der gesamten Industrie und in den 12 bzw. 11 berücksichtigten Industriegruppen in der gesamten Bundesrepublik und in den vier norddeutschen Ländern gekommen ist. In Hamburg ist es im Verlauf der 60er Jahre sogar zu einem absoluten Rückgang der Zahl der Beschäftigten sowohl in der gesamten Industrie

als auch in den 12 berücksichtigten Industriegruppen gekommen.
- Von wenigen Ausnahmen abgesehen, die vor allen Dingen für die Industrie der beiden Stadtstaaten gelten, ist die relative Änderung der Zahl der in den 12 Industriegruppen Beschäftigten grösser als die der Gesamtzahl der Industriebeschäftigten. Das bedeutet, dass die Bedeutung dieser Industriegruppen für die Entwicklung der Industriebeschäftigung noch grösser ist als für die Höhe der Beschäftigung an einem Zeitpunkt. Die Bedeutung dieser 12 Industriegruppen für die Höhe der Gesamtbeschäftigung nimmt m.a.W. im Zeitablauf zu.
- Vor allen Dingen in den 60er Jahren bleibt die Entwicklung der Beschäftigung in der gesamten Industrie und in den 12 bzw. 11 berücksichtigten Industriegruppen in den Stadtstaaten in deutlich erkennbarer Weise hinter der Entwicklung in den beiden Flächenländern zurück. Diese Aussage gilt auch für den Gesamtzeitraum.

Der Einfluss der Struktureffekte auf die Entwicklung der Beschäftigung in der Industrie der einzelnen Länder und ihr Verhältnis zur Entwicklung der Beschäftigung in der Industrie der Bundesrepublik kann über die Darstellung der Höhe der durchschnittlichen hypothetischen jährlichen Änderungsrate der Beschäftigung I und ihren Vergleich mit der durch die Entwicklung in den 12 Industriegruppen bewirkten Änderung der Zahl der Industriebeschäftigten in der Bundesrepublik bestimmt werden.

IV. 15. Hypothetische Änderungsrate der Beschäftigung I in den zwölf berücksichtigten Industriegruppen in den norddeutschen Ländern

	$\sum_{i}^{12}$ Tatsächliche Rate der relativen durchschnittlichen Änderung der Beschäftigung in jeder der 12 Industriegruppen im Bundesgebiet				Anteil der Beschäftigung in den einzelnen Industriegruppen an der industriellen Gesamtbeschäftigung in den einzelnen Ländern		
	1952 - 1962	1952 - 1964	1962 - 1970	1964 - 1970	1964 - 1969	1952 - 1970	1952 - 1969
Schleswig-Holstein	+ 2,71		+ 0,83			+ 1,79	
Hamburg		+ 3,30		+ 0,65		+ 2,38	
Niedersachsen	+ 2,51		+ 1,09			+ 1,65	
Bremen		+ 3,55			+ 0,14		+ 2,65
Bundesgebiet	+ 2,82	+ 2,70	+ 0,95	+ 0,59	+ 0,33	+ 1,97	+ 1,99

Quellen: s. Anlage IV c
Zusätzliche Rechnungen

Wir wissen aus der obigen Definition (s.S.102), dass die in dieser Tabelle für die verschiedenen norddeutschen Länder und für verschiedene Teilperioden dargestellte hypothetische durchschnittliche jährliche Änderungsrate I den Einfluss der Änderungen in den berücksichtigten 12 Industriegruppen auf die industrielle Gesamtbeschäftigung unter ganz bestimmten Annahmen bezeichnet. Sie gibt an, wie sich die industrielle Gesamtbeschäftigung in den einzelnen Ländern dann geändert haben würde, wenn sich die Beschäftigung in jeder der 12 bzw. 11 Industriegruppen im einzelnen Land mit der gleichen Rate wie in der gesamten Bundesrepublik geändert hätte.

Wir können der Darstellung entnehmen, dass die Entwicklung der industriellen Beschäftigung in den beiden Flächenländern Schleswig-Holstein und Niedersachsen während des Gesamtzeitraumes und, mit Ausnahme der Teilperiode von 1962 bis 1970 für Niedersachsen, in sämtlichen Teilperioden durch negative Struktureffekte im Vergleich zur Bundesrepublik bestimmt wurde. Die hypothetische Änderungsrate der Zahl der Industriebeschäftigten I war m.a.W. in beiden Ländern kleiner als die durch die Entwicklung in den 12 Industriegruppen bewirkte Änderung der Zahl der Industriebeschäftigten insgesamt in der Bundesrepublik.

Dagegen wurde die Entwicklung der industriellen Beschäftigung in den beiden Stadtstaaten Hamburg und Bremen während des Gesamtzeitraumes und, mit Ausnahme der Teilperiode von 1964 bis 1969 für Bremen, in sämtlichen Teilperioden durch positive Struktureffekte im Vergleich zur Bundesrepublik bestimmt. Die hypothetische Änderungsrate der Zahl der Industriebeschäftigten I war m.a.W. in beiden Ländern grösser als die durch die Entwicklung in den 12 Industriegruppen bewirkte Änderung der Zahl der Industriebeschäftigten insgesamt in der Bundesrepublik.

Obwohl sich wegen der unterschiedlichen Periodenabgrenzungen für die einzelnen Länder eine zusammenfassende exakte Aussage für die gesamte Region nicht machen lässt, erscheint es im Hinblick auf das relativ grosse Gewicht der beiden Flächenländer gerechtfertigt anzunehmen, dass für die gesamte Region Nord der Einfluss negativer Struktureffekte im Vergleich zur gesamten Bundesrepublik dominiert.

Der Einfluss der Standorteffekte auf die Entwicklung der Beschäftigung in der Industrie der einzelnen Länder und ihr Verhältnis zur Entwicklung der Beschäftigung in der Industrie der Bundesrepublik kann über die Darstellung der Höhe der durchschnittlichen hypothetischen jährlichen Änderungsrate der Beschäftigung II und ihren Vergleich mit der durch die Entwicklung in den 12 Industriegruppen bewirkten Änderung der Zahl der Industriebeschäftigten in der Bundesrepublik bestimmt werden.

IV. 16. Hypothetische Änderungsrate der Beschäftigung II in den zwölf berücksichtigten Industriegruppen in den norddeutschen Ländern

	$\sum_{i=1}^{12}$ Tatsächliche Rate der durchschnittlichen relativen Änderung der Beschäftigung in der Industriegruppe i in den einzelnen Ländern				Anteil der Beschäftigung in der Industriegruppe i an der industriellen Gesamtbeschäftigung in der Bundesrepublik im jeweiligen Ausgangsjahr		
	1952 – 1962	1952 – 1964	1962 – 1970	1964 – 1970	1964 – 1969	1952 – 1970	1952 – 1969
Schleswig-Holstein	+ 2,35		+ 1,37			+ 1,60	
Hamburg		+ 0,84		– 1,52		– 0,09	
Niedersachsen	+ 3,11		+ 0,53			+ 1,82	
Bremen		+ 1,62			+ 0,38		+ 0,89
Bundesgebiet	+ 2,82	+ 2,70	+ 0,95	+ 0,59	+ 0,33	+ 1,97	+ 1,99

Quellen: s. Anlage IV. c
Zusätzliche Rechnungen

Diese hypothetische Änderungsrate der Beschäftigung II gibt an, wie sich die industrielle Gesamtbeschäftigung in den einzelnen Ländern dann geändert haben würde, wenn der Anteil jeder der 12 bzw. 11 Industriegruppen an der industriellen Gesamtbeschäftigung in jedem Land die gleiche Höhe gehabt hätte wie in der gesamten Bundesrepublik. Wir können der Darstellung entnehmen, dass die Entwicklung der industriellen Beschäftigung in allen norddeutschen Ländern im Verlauf der Gesamtperiode von 1952 bis 1970 bzw. von 1952 bis 1969 im Vergleich zur Bundesrepublik durch negative Struktureffekte bestimmt wurde . In Hamburg ist es im Verlauf der Gesamtperiode sogar zu einem

Rückgang der Zahl der Industriebeschäftigten gekommen.

Die Entwicklung der industriellen Beschäftigung wurde in den beiden Flächenländern in Schleswig-Holstein in der Teilperiode von 1952 bis 1962 und in Niedersachsen in der Teilperiode von 1962 bis 1970 durch negative und in den beiden anderen Teilperioden durch positive Standortfaktoren bestimmt. Es kann kein Zweifel daran bestehen, dass die bereits dargestellte (s.S. 84) Entwicklung im Planungsraum I des Landes Schleswig-Holstein von besonderer Bedeutung für die vergleichsweise günstige Entwicklung der Beschäftigung in den 12 Industriegruppen des Landes im Verlauf der Teilperiode von 1962 bis 1970 gewesen ist. Ohne Zweifel würde eine Analyse der Entwicklung der Industriebeschäftigung in den übrigen Planungsräumen des Landes auch für diese Teilperiode zu sehr viel ungünstigeren Aussagen führen.

Mit Ausnahme der Entwicklung in Bremen in der Teilperiode von 1964 bis 1969 wurde dagegen die Entwicklung der industriellen Beschäftigung in den beiden Stadtstaaten auch in den Teilperioden durch negative Standortfaktoren bestimmt.

Im Hinblick auf die gesamte Region Nord erscheint unter den bereits erwähnten Einschränkungen die Aussage gerechtfertigt, dass für die Region Nord sowohl für die Gesamtperiode als auch für sämtliche Teilperioden der Einfluss negativer Standorteffekte dominiert.

Werden sowohl die Struktur- als auch die Standorteffekte berücksichtigt, d.h. die in IV. 15 und in IV. 16 enthaltenen Angaben, so sind die folgenden Aussagen über die Bestimmungsgründe der Entwicklung der Industriebeschäftigung in den norddeutschen Ländern im Vergleich zur gesamten Bundesrepublik möglich:

1 . In den beiden Stadtstaaten werden die von einer im Hinblick auf die Entwicklung der Zahl der Beschäftigten günstigen Industriestruktur ausgehenden Einflüsse durch die Entwicklung der Beschäftigtenzahl in den einzelnen Industriegruppen mehr als aufgehoben. Die beiden Einflüsse wirken in entgegengesetzter Richtung und IV. 14. macht deutlich, dass der von der Entwicklung der Beschäftigung in den einzelnen Industriegruppen ausgehende Einfluss die Gesamtentwicklung der industriellen Beschäftigung dominiert. Im Fall Hamburgs kommt es trotz einer die Entwick-

lung der Zahl der Beschäftigten begünstigenden Industriestruktur infolgedessen sogar zu einem Rückgang der Höhe der industriellen Beschäftigung.

ii . In den beiden Flächenländern ändert sich dagegen das Verhältnis zwischen dem relativen Gewicht des von der Industriestruktur ausgehenden Einflusses und dem relativen Gewicht des von der Entwicklung der Beschäftigung in den einzelnen Industriegruppen ausgehenden Einflusses.

Bezogen auf den gesamten Beobachtungszeitraum verstärken sich die beiden Einflüsse, d.h. sowohl der von der Industriestruktur als auch der von der Entwicklung in den einzelnen Industriegruppen ausgehende Einfluss wirkt auf einen im Vergleich zum gesamten Bundesgebiet unterproportionalen Anstieg der Industriebeschäftigung in beiden Ländern hin.

Dagegen wirken die beiden Einflüsse in Niedersachsen in der Teilperiode von 1952 bis 1962 in entgegengesetzter Richtung. Dabei dominiert der von der Entwicklung der Beschäftigung in den einzelnen Industriegruppen ausgehende Einfluss, d.h. trotz ungünstiger Industriestruktur steigt die Beschäftigung in den zwölf Industriegruppen in Niedersachsen relativ stärker als im gesamten Bundesgebiet.

In Schleswig-Holstein wirken dagegen die beiden Einflüsse in der Teilperiode von 1962 bis 1970 in entgegengesetzter Richtung. Dagegen dominiert im Gegensatz zu Niedersachsen jedoch der von der Industriestruktur ausgehende Einfluss, d.h. trotz eines vergleichsweise starken Anstiegs der Beschäftigung in den zwölf Industriegruppen in Schleswig-Holstein steigt die Beschäftigung in den zwölf Industriegruppen insgesamt weniger stark an als im Bundesdurchschnitt.

iii. Obwohl sich wegen des Fehlens gleicher Bezugszeitpunkte für sämtliche Länder keine exakten Aussagen für die gesamte Region Nord machen lassen, gestatten die in IV. 14, IV. 15 und IV. 16. enthaltenen Informationen einige generelle Aussagen für die gesamte Region.

Wegen des Gewichts der beiden Flächenländer kann man davon ausgehen, dass in der Region im Verlauf der gesamten Beobachtungsperiode ein negativer "Struktureffekt" wirksam gewesen ist. Man kann ebenfalls davon ausgehen, dass insgesamt von der Entwicklung der Zahl der Beschäftigten in den einzelnen Industriegruppen ein negativer Effekt ausgegangen ist.

Ob sich in der Zukunft die Ansätze zu einer Verbesserung der Situation verstärken werden, wir vor allen Dingen von der heute kaum mit Sicherheit vorhersagbaren Entwicklung der Beschäftigung vor allen Dingen in der für das Land Niedersachsen ganz besonders wichtigen Industriegruppe "Kraftfahrzeugindustrie" und der für das Land Schleswig-Holstein besonders wichtigen Industriegruppe "Schiffbau" abhängen. Eine weitere Verschärfung der Situation in diesen beiden Bereichen wird nicht ohne Konsequenzen für die gesamte industrielle Beschäftigung in den beiden Ländern bleiben können. Dagegen können von der in den beiden Stadtstaaten besonders wichtigen Industriegruppe "Nahrungs- und Genussmittelindustrie" wenigstens keine schwerwiegenden und plötzlichen negativen Wirkungen auf die gesamte industrielle Beschäftigung erwartet werden..Allerdings erscheint es nicht weniger zweifelhaft, von dieser Industriegruppe starke positive Einflüsse auf die Entwicklung der Beschäftigtenzahl in der Industrie zu erwarten.

iv. Die Ergebnisse der Darstellung widersprechen der gelegentlich geäusserten Behauptung, dass die beiden Stadtstaaten mit Hilfe ihrer vermeintlich grösseren finanziellen Leistungsfähigkeit eine auf wirtschaftliche Expansion gerichtete Ansiedlungspolitik zu Lasten der benachbarten Flächenländer betreiben. Wenn das der Fall wäre, so müsste sich das vor allen Dingen in einem verstärkten Wachstum der Zahl der Arbeitsplätze und damit der Beschäftigten in der Industrie der beiden Stadtstaaten ausdrükken. Arbeitsplätze in anderen Wirtschaftsbereichen pflegen nicht in vergleichbarem Maß Gegenstand einer auf die Verstärkung der wirtschaftlichen Leistungsfähigkeit eines Landes gerichteten Ansiedlungspolitik zu sein. Trotz vergleichsweise günstiger Voraussetzungen in der Struktur der Industrie bleibt jedoch die relative Entwicklung der Zahl der Beschäftigten in der Industrie in den beiden Stadtstaaten beträchtlich hinter der Entwicklung in den beiden Flächenländern zurück.

C. Höhe und Entwicklung der Beiträge verschiedener Wirtschaftsbereiche zum Bruttoinlandsprodukt bzw. des Umsatzes verschiedener Wirtschaftsbereiche als Ausdruck der Struktur der Produktion und ihrer Änderungen

1. Höhe und Entwicklung der Beiträge der Wirtschaftsbereiche zum Bruttoinlandsprodukt

Die im vorausgehenden Abschnitt dargestellte Entwicklung der Struktur der Beschäftigung und der Erwerbstätigkeit kann die Ursache oder kann das Ergebnis der Änderungen der Struktur des Wertes der Produktion bzw. der Struktur der Einkommensbildung in den verschiedenen Wirtschaftsbereichen sein. Sie wird die Ursache dann sein, wenn der Höhe des in einem Produktionsbereich oder Wirtschaftsbereich entstehenden Einkommens nur dadurch Grenzen gezogen sind, dass die für die Durchführung der Produktion erforderlichen Arbeitskräfte nur in begrenztem Umfang zur Verfügung stehen. Sie wird dagegen dann das Ergebnis sein, wenn es durch Änderungen der Nachfrage nach und damit der Absatzmöglichkeiten für die in einem Wirtschaftsbereich erstellten Güter zu Änderungen des Umfangs der Produktion und damit in der Regel auch zu Änderungen der Höhe der Beschäftigung in diesem Wirtschaftsbereich kommt.

IV. 17. Die Höhe des Bruttoinlandsprodukts und ihre Entwicklung in den norddeutschen Ländern und im Bundesgebiet in Mill. DM bzw. in v.H.

	Bruttoinlandsprodukt							
	Höhe in Mill. DM im Jahr					Relative Änderung im Verlauf der Periode von.. bis..in v.H.		
	1950	1957	1960	1965	1970	1950/57	1957/70	1950/70
Schleswig-Holst.	3.884	7.705	9.906	15.572	23.450	+ 98,4	+ 204,3	+ 503,8
Hamburg	5.893	12.934	16.971	24.205	36.130	+ 119,5	+ 179,3	+ 513,1
Niedersachsen	11.284	23.176	30.482	46.179	68.504	+ 105,4	+ 195,6	+ 507,1
Bremen	1.760	4.101	5.073	7.194	10.692	+ 133,0	+ 160,7	+ 507,5
Region Nord	22.821	47.916	62.432	93.150	138.776	+ 110,0	+ 189,6	+ 508,1
Bundesgebiet	97,820	216390	296640	453.830	687.420	+ 121,2	+ 217,7	+ 602,7

Das entscheidende Merkmal der in dieser Darstellung wiedergegebenen Entwicklung ist - wie wir bereits gesehen haben - das deutlich erkennbare Zurückbleiben der Region Nord gegenüber der restlichen Bundesrepublik bei der Entwicklung des Bruttoinlandsprodukts im Zeitablauf. Das gilt - von einer Ausnahme abgesehen (Bremen in der Periode von 1950 bis 1957) - für sämtliche norddeutschen Länder in beiden Teilperioden und für den gesamten Beobachtungszeitraum.

Daraus folgt, dass die Konstanz des relativen Beitrags eines Wirtschaftsbereiches zum Bruttoinlandsprodukt in einem der norddeutschen Länder für die Entwicklung dieses Bereichs etwas anderes aussagt als die Konstanz des relativen Beitrags des gleichen Wirtschaftsbereichs zum Bruttoinlandsprodukt der gesamten Bundesrepublik. Auf der anderen Seite bedeuten gleiche Raten der relativen Änderung des Beitrags eines Wirtschaftsbereiches für die relative Bedeutung dieses Wirtschaftsbereiches etwas anderes, je nachdem ob es sich um den Beitrag zum Bruttoinlandsprodukt eines norddeutschen Landes oder ob es sich um den Beitrag zum Bruttoinlandsprodukt des Bundesgebiets handelt. Bei gleichen Raten der relativen Änderung des Beitrags eines Wirtschaftsbereiches zum Bruttoinlandsprodukt eines Landes und des Bundes wird der relative Beitrag zum Bruttoinlandsprodukt des Landes stärker steigen bzw. weniger stark sinken als der relative Beitrag zum Bruttoinlandsprodukt der Bundesrepublik.

IV. 18. Der Anteil des Beitrags verschiedener Wirtschaftsbereiche zum Bruttoinlandsprodukt am Bruttoinlandsprodukt der norddeutschen Länder und der Bundesrepublik in verschiedenen Jahren in v.H. und die relative Änderung der Höhe des Beitrags zwischen den Jahren

	Beitrag des Bereichs zum Bruttoinlandsprodukt							
	Anteil am gesamten Bruttoinlandsprodukt des Landes im Jahr ...					Relative Änderung der Höhe des Beitrags von ... bis ...		
	1950	1957	1960	1965	1970	1950/57	1957/70	1950/70
	Land- und Forstwirtschaft, Tierhaltung und Fischerei							
Schleswig-Holst.	19,7	15,1	15,4	15,5	7,4	+ 51,2	+ 49,7	+ 126,3
Hamburg	1,2	1,1	1,0	1,1	0,6	+100,0	+ 52,1	+ 204,3
Niedersachsen	17,5	12,9	13,0	12,0	6,8	51,0	+ 56,5	+ 136,2
Bremen	2,6	1,9	2,0	2,1	1,1	+ 73,3	+ 46,2	+ 153,3
Region Nord	12,5	9,1	9,2	8,9	4,8	+ 52,6	+ 54,3	+ 135,5
Bundesgebiet	10,4	7,2	6,9	6,2	3,1	+ 53,4	+ 34,7	+ 106,7
	Produzierendes Gewerbe							
Schleswig-Holst.	38,1	42,4	43,4	43,6	46,1	+120,8	+ 230,8	+630,6
Hamburg	41,9	41,7	41,7	37,7	35,8	+ 118,3	+ 139,9	+ 423,6
Niedersachsen	42,1	46,8	49,0	49,7	51,7	+ 128,7	+ 226,4	+ 646,5
Bremen	41,1	39,9	42,7	39,2	42,4	+ 126,3	+ 72,6	+ 290,5
Region Nord	41,3	44,1	45,6	44,7	45,9	+ 124,5	+ 201,2	+ 576,3
Bundesgebiet	49,6	52,3	53,3	52,6	54,2	+ 133,6	+ 229,3	+ 669,1
	Handel und Verkehr einschl. Nachrichtenübermittlung							
Schleswig-Holst.	18,6	19,5	19,3	19,4	17,8	+ 108,0	+ 177,6	+ 477,5
Hamburg	35,8	36,5	36,6	38,1	37,5	+ 123,9	+ 186,8	+ 642,1
Niedersachsen	18,9	18,9	18,1	17,8	15,9	+ 105,2	+ 148,3	+ 409,5
Bremen	36,2	39,8	36,8	37,8	34,2	+ 156,5	+ 124,0	+ 474,6
Region Nord	24,6	25,6	24,8	24,9	23,3	+ 118,4	+ 163,5	+ 475,5
Bundesgebiet	19,9	20,1	19,7	19,5	17,9	+ 123,8	+ 182,5	+ 532,2

Fortsetzung von IV. 18.

	1950	1957	1960	1965	1970	1950/57	1957/70	1950/70
	Dienstleistungsunternehmen, d.h. Kreditinstitute, Versicherungsunternehmen, Wohnungsvermietung und Eigennutzung von Wohnungen und von Unternehmen und Freien Berufen erbrachte Dienstleistungen							
Schleswig-Holst.	10,4	10,5	11,8	13,4	15,2	+ 101,0	+ 338,5	+ 781,4
Hamburg	12,6	13,0	13,5	15,2	17,1	+ 126,6	+ 267,9	+ 733,9
Niedersachsen	10,0	10,5	11,2	12,6	13,4	+ 115,7	+ 276,9	+ 712,9
Bremen	11,5	10,2	10,7	12,4	12,8	+ 105,4	+ 228,5	+ 574,9
Region Nord	10,9	11,2	11,9	13,4	14,6	+ 115,7	+ 279,7	+ 719,8
Bundesgebiet	10,5	11,2	12,0	13,4	14,2	+ 135,1	+ 302,5	+ 846,4
	Staat, Private Haushalte und Private Organisationen ohne Erwerbscharakter							
Schleswig-Holst.	13,2	12,5	12,4	12,9	13,5	+ 87,5	+ 229,6	+ 518,1
Hamburg	8,5	7,7	7,2	8,3	9,0	+ 98,4	+ 226,2	+ 547,2
Niedersachsen	11,5	10,9	10,3	11,2	12,2	+ 94,2	+ 231,6	+ 544,0
Bremen	8,6	8,2	8,1	9,1	9,5	+ 122,5	+ 200,9	+ 569,5
Region Nord	10,8	10,0	9,6	10,6	11,4	+ 95,4	+ 227,9	+ 540,8
Bundesgebiet	9,6	9,2	9,01	10,0	10,6	+ 110,2	+ 269,2	+ 676,1

Bei der Interpretation dieser Angaben muss beachtet werden, dass es sich um die Beiträge der einzelnen Wirtschaftsbereiche zum B r u t - t o inlandsprodukt zu M a r k t preisen handelt. Die Zahlen lassen also keinen oder nur unter bestimmten Annahmen einen bestenfalls nur approximativen Rückschluss auf die relative Höhe der Einkommensbildung in den einzelnen Wirtschaftsbereichen zu. Das wäre dann und nur dann möglich, wenn der von der Höhe der Abschreibungen, d.h. des produktionsbedingten Kapitalverzehrs im Zusammenhang mit der Durchführung der Produktion, der indirekten Steuern und der Subventionen ausgehende Einfluss eliminiert werden könnte. Allerdings dürfte sich im Verlauf des Beobachtungszeitraumes der von Abschreibungen und indirekten Steuern ausgehende Einfluss nicht so sehr in seiner Stärke und vor allen Dingen nach Wirtschaftsbereichen differenziert geändert haben, dass sich ein Rückschluss von den beobachteten Änderungen des relativen Beitrags der verschiedenen Wirtschaftsbereiche zum Bruttoinlandsprodukt auf die Änderungen ihrer relativen Bedeutung für die Einkommensbildung verbietet. Wenn also von der Änderung der relativen Bedeutung eines Wirtschaftsbereichs gesprochen wird, so wird darunter primär eine Änderung der relativen Höhe seines Anteils am Bruttoinlandsprodukt verstanden. Daraus kann jedoch auf die Änderung seiner relativen Bedeutung für die Einkommensbildung geschlossen werden.

Aus der Darstellung IV. 18. zusammen mit IV. 17. lassen sich eine Reihe von Aussagen über die Struktur der Produktion, gemessen an der Höhe des relativen Beitrags der verschiedenen Wirtschaftsbereiche zum Bruttoinlandsprodukt zu Marktpreisen in Bund und in den norddeutschen Ländern gewinnen:

i . In sämtlichen Ländern, der Region Nord und dem Bundesgebiet ist es bei steigender Höhe des in DM ausgedrückten Beitrags zu einer kontinuierlichen Minderung der Höhe des relativen Beitrags des Wirtschaftsbereiches "Land- und Forstwirtschaft" zum Bruttoinlandsprodukt gekommen. In der gesamten Bundesrepublik ist der relative Beitrag dieses Wirtschaftsbereiches in einem nicht nur durch das relativ stärkere Wachstum in den anderen Wirtschaftsbereichen erklärbaren stärkeren Mass zurückgegangen. Das äussert sich auch darin, dass die Höhe des in DM ausgedrückten Beitrags des Wirtschaftsbereichs "Land- und Forstwirtschaft" im Verlauf des gesamten Beobachtungszeitraums in sämtlichen Ländern der Region Nord beträchtlich stärker gestiegen ist als im Bundesdurchschnitt.

Diese beiden Faktoren, d.h. das vergleichsweise schwächere Wachstum in den anderen Wirtschaftsbereichen der Region Nord und der vergleichsweise stärkere Anstieg der Höhe des absoluten Beitrags der Land- und Forstwirtschaft zum Bruttoinlandsprodukt in der Region Nord haben dazu geführt, dass der Rückgang der relativen Bedeutung dieses Wirtschaftsbereichs in der Region Nord nicht so stark war wie im Bundesdurchschnitt.

ii . Mit Ausnahme Hamburgs ist es in sämtlichen norddeutschen Ländern in der Region Nord und im Bundesgebiet zu einem fast kontinuierlichen Anstieg der relativen Bedeutung des produzierenden Gewerbes gekommen. Nur in Hamburg ist es im Verlauf des Beobachtungszeitraumes zu einem beträchtlichen Rückgang der relativen Bedeutung des produzierenden Gewerbes gekommen. Obwohl die relative Änderung der Höhe des Beitrags des produzierenden Gewerbes zum Bruttoinlandsprodukt in sämtlichen norddeutschen Ländern und damit auch in der Region Nord in beiden Teilperioden und im gesamten Beobachtungszeitraum niedriger als im Bundesdurchschnitt war, ist die relative Bedeutung dieses Wirtschaftsbereiches in der Region Nord vergleichsweise stärker gewachsen als im gesamten Bundesgebiet [12]. Das gilt allerdings nicht für die beiden Stadtstaaten in der Region Nord.

iii. Eine besondere Situation besteht im Wirtschaftsbereich "Handel und Verkehr". Ausser in Hamburg hat die relative Bedeutung dieses Bereichs bis zum Jahr 1970 nach einem vorübergehenden Anstieg in allen norddeutschen Ländern und in der Region Nord abgenommen [13].

---

[12] Diese auf den ersten Blick vielleicht widersprüchlich erscheinende Aussage lässt sich leicht erklären, wenn man berücksichtigt, dass die Höhe des gesamten Bruttoinlandsprodukts in der Bundesrepublik relativ stärker angestiegen ist als in der Region Nord. Für den gesamten Beobachtungszeitraum (s. IV. 16) betrug das Verhältnis zwischen der Höhe der relativen Änderung in der Bundesrepublik und in der Region Nord 602,7 : 508,1 = 1,1862.
Die relative Bedeutung des Wirtschaftsbereichs "Produzierendes Gewerbe" hätte sich also in der Bundesrepublik und in der Region Nord nur dann in gleicher Weise geändert, wenn gegolten hätte:

Relative Änderung des Beitrags des produzierenden Gewerbes zum Bruttoinlandsprodukt der Bundesrepublik	= 1,1862 ·	Relative Änderung des Beitrags des produzierenden Gewerbes zum Bruttoinlandsprodukt der Region Nord
	= 1,1862 · 576,3	
	= 683,6	

Tatsächlich war die relative Änderung des Beitrags des produzierenden Gewerbes zum Bruttoinlandsprodukt der Bundesrepublik mit 669,1 v.H. jedoch niedriger als dieser kritische Wert.
Das bedeutet, dass die relative Bedeutung des produzierenden Gewerbes in der Region Nord trotz eines relativ niedrigeren Anstiegs des absoluten Beitrags stärker gewachsen ist als im Bundesdurchschnitt.

[13] Dass es sich bei dem Jahr 1970 nicht um ein Ausnahmejahr und bei dem zwischenzeitlichen Anstieg um den Ausdruck eines langfristigen Entwicklungstrends handelt, geht schon daraus hervor, dass die für 1970 gemachten Aussagen auch für die Jahre 1968 und 1969 gemacht werden können.

Das gilt auch für die Bundesrepublik. Allerdings ist der Rückgang der relativen Bedeutung dieses Wirtschaftsbereichs trotz des stärkeren Anstiegs des absoluten Beitrags dieses Wirtschaftsbereichs für die gesamte Bundesrepublik stärker als für sämtliche Länder der Region Nord mit Ausnahme Niedersachsens und für die Region Nord.
In der besonderen Entwicklung dieses Wirtschaftsbereichs in Hamburg kommt die grosse und steigende Bedeutung Hamburgs als Zentrum von Handel und Verkehr zum Ausdruck. Die relative Bedeutung und die Zuwachsraten dieses Wirtschaftsbereiches lagen in Hamburg in sämtlichen Jahren und Teilperioden beträchtlich über dem Durchschnitt der Region Nord und dem Bundesdurchschnitt.

iv. Mit einer anderen Entwicklung haben wir es in dem Wirtschaftsbereich "Dienstleistungsunternehmen" zu tun. Soweit das zu erkennen ist, ist der Beitrag des Unterbereichs "Wohnungsvermietung einschliesslich Nutzung von Eigentümerwohnungen" die relativ wichtigste Komponente des Beitrags dieses Wirtschaftsbereichs zum Bruttoinlandsprodukt. An die Stelle einer deutlich erkennbaren Sonderstellung der beiden norddeutschen Stadtstaaten im Hinblick auf die Höhe des relativen Beitrags dieses Wirtschaftsbereichs am Beginn des Beobachtungszeitraumes ist eine Vorrangstellung der Länder Schleswig-Holstein und Hamburg am Ende des Beobachtungszeitraumes getreten. Die relative Bedeutung dieses Wirtschaftsbereiches ist in der Region Nord und am Ende des Beobachtungszeitraumes in den Ländern Hamburg und Schleswig-Holstein geringfügig höher als im Bundesdurchschnitt. Es kann allerdings als zweifelhaft gelten, ob die Qualität des Zahlenmaterials hinreichend ist, um aus solchen kleinen Abweichungen irgendwelche Schlussfolgerungen zu ziehen.
Der unerwartet starke Anstieg der relativen Bedeutung dieses Wirtschaftsbereichs in Schleswig-Holstein kann vermutlich als Ergebnis der Wanderung in dieses Land, seiner besonderen Leistungen auf dem Gebiet des Wohnungsbaus und seiner steigenden Bedeutung als Ferienland und in Verbindung damit dem steigenden Anteil der von Eigentümern aus anderen Bundesländern genutzten Zweitwohnungen angesehen werden. Dagegen ist der starke Anstieg des Beitrags des Wirtschaftsbereichs "Dienstleistungs-

unternehmen" zum Bruttoinlandsprodukt in Hamburg keineswegs un-erwartet. In ihm drückt sich einmal die Stellung Hamburgs als eines der wichtigen Zentren des Kredit- und Versicherungswesens in der Bundesrepublik und zum anderen die für die Großstädte charakteristische Entwicklung der Preise der Wohnungsnutzung aus. Es ist zu vermuten, dass dieser zweite Umstand für den starken Anstieg der relativen Bedeutung dieses Wirtschaftsbereichs gerade in den 60er Jahren und nicht allein in Hamburg von besonderer Bedeutung ist.

v . In allen norddeutschen Ländern, in der Region Nord und in der Bundesrepublik ist es im Verlauf des Beobachtungszeitraumes nach einem temporären Sinken der relativen Bedeutung des Wirtschaftsbereichs "Staat, Private Haushalte und Private Organisationen ohne Erwerbscharakter" zum Ende des Beobachtungszeitraumes zu einem erkennbaren Anstieg gekommen.
Ein Vergleich mit den Angaben für die Jahre 1968 und 1969 macht deutlich, dass die für 1970 ausgewiesene relative Bedeutung dieses Bereichs nicht zufallsbedingt, sondern das Endergebnis einer bereits in der zweiten Hälfte der 60er Jahre erkennbare Entwicklung ist.
Die vergleichsweise grösste Bedeutung hat in diesem Wirtschaftsbereich der Teilbereich "Staat". In der Bundesrepublik steigt das Verhältnis zwischen der Höhe des Beitrags des Staates zum Bruttoinlandsprodukt und dem Beitrag des Unterbereichs "Private Haushalte und Private Organisationen ohne Erwerbscharakter" von 4,3 : 1 im Jahr 1950 kontinuierlich auf 6,1 : 1 im Jahr 1967. Dieser Anstieg der relativen Bedeutung des Staates innerhalb dieses Wirtschaftsbereichs lässt sich auch für die verschiedenen Länder und für die Region Nord beobachten. Die relative Änderung des Beitrags der privaten Haushalte und der privaten Organisationen ohne Erwerbscharakter ist dagegen sehr viel geringer als die des Bruttoinlandsprodukts in den Ländern und im Bundesgebiet.
Die steigende relative Bedeutung des Wirtschaftsbereichs "Staat, Private Haushalte und Private Organisationen ohne Erwerbscharakter" in den Ländern und im Bundesgebiet kann also

nur durch die überproportional steigende Bedeutung des Staates erklärt werden.

Sowohl der Anteil dieses Wirtschaftsbereichs am Bruttoinlandsprodukt als auch die relative Änderung dieses Anteils sind im Bundesdurchschnitt höher als in der Region Nord und in den einzelnen Ländern der Region Nord [14]. Das lässt sich auch

---

[14] Für den gesamten Beobachtungszeitraum von 1950 bis 1970 gilt:

| Relative Änderung der Höhe des Beitrags des Wirtschaftsbereichs "Staat, Private Haushalte und Private Organisationen ohne Erwerbscharakter" von 1950 bis 1970 in der Region Nord in v.H. | $\cdot$ | Relative Änderung des Bruttoinlandsprodukts in der BRD von 1950-1970 / Relative Änderung des Bruttoinlandsprodukts in der Region von 1950-1970 | | Relative Änderung der Höhe des Beitrags des Wirtschaftsbereiches in der Bundesrepublik von 1950-1970 in v.h. |

d.h.

540,8 v.H. · 1,1862 = 641,5 v.H.   676,1 v.H.

Das bedeutet, dass der Anteil des Wirtschaftsbereichs "Staat, Private Haushalte und Private Organisationen ohne Erwerbscharakter" am Bruttoinlandsprodukt in der Region Nord und in der Bundesrepublik im Verlauf des Beobachtungszeitraumes stiegen ist, und dass der Anstieg dieses Anteils in der Bundesrepublik insgesamt relativ stärker war als in der Region Nord. Im Vergleich zu den anderen Komponenten des Bruttoinlandsprodukts ist m.a.W. der Beitrag dieses Wirtschaftsbereiches in der Bundesrepublik insgesamt vergleichsweise stärker angestiegen als in der Region Nord.

---

durch die Feststellung ausdrücken, dass der Beitrag des Staates zum Wachstum des Bruttoinlandsprodukts in den einzelnen Ländern der Region Nord und in der Region Nord insgesamt vergleichsweise schwächer war als in der Bundesrepublik.

Zusammenfassend lässt sich über die wichtigsten Merkmale der wirtschaftlichen Entwicklung in den norddeutschen Ländern im Verlauf der zwei Jahrzehnte von 1950 bis 1970 also sagen:

In sämtlichen Ländern kommt es zu einem starken Rückgang der relativen Bedeutung des Wirtschaftsbereichs "Land- und Forstwirtschaft". Dieser Rückgang macht sich in den Flächenländern wegen des vergleichsweise hohen Anteils dieses Bereichs am gesamten Bruttoinlandsprodukt besonders bemerkbar.

Diesem Rückgang der relativen Bedeutung des Wirtschaftsbereichs

"Land- und Forstwirtschaft" entspricht bei Stagnation oder Rückgang seiner relativen Bedeutung in den beiden Stadtstaaten in den beiden Flächenländern ein starker Anstieg der relativen Bedeutung des Wirtschaftsbereichs "Produzierendes Gewerbe".

Nur in Hamburg ist es zu einem Anstieg der relativen Bedeutung des Wirtschaftsbereichs "Handel und Verkehr" gekommen. In allen anderen Ländern und in der Region Nord insgesamt ist es zu einem Rückgang der relativen Bedeutung dieses Bereichs gekommen.

In allen Ländern und in der Region Nord ist es zu einem Anstieg der relativen Bedeutung der Wirtschaftsbereiche "Dienstleistungsunternehmen" und "Staat" gekommen. Der Anstieg der relativen Bedeutung des Wirtschaftsbereichs "Dienstleistungsunternehmen" war in Schleswig-Holstein und Hamburg und der Anstieg der relativen Bedeutung des Wirtschaftsbereichs "Staat" war in den beiden Stadtstaaten bei vergleichsweise niedrigerem Ausgangsniveau besonders ausgeprägt.

Der Anteil des Bruttoinlandsprodukts in den norddeutschen Ländern und in der Region Nord am Bruttoinlandsprodukt der Bundesrepublik sind im Verlauf des Beobachtungszeitraums gesunken: [15]

IV. 19. Anteil des Bruttoinlandsprodukts der norddeutschen Länder und der Region Nord am Bruttoinlandsprodukt der Bundesrepublik in verschiedenen Jahren in v.H.

	Höhe des Anteils am Bruttoinlandsprodukt der Bundesrepublik in v.H.		
	1950	1957	1970
Schleswig-Holstein	3,97	3,56	3,41
Hamburg	6,02	5,98	5,26
Niedersachsen	11,34	10,71	9,97
Bremen	1,80	1,90	1,56
Region Nord	23,33	22,14	20,19

[15] Die dargestellten Ergebnisse erfahren eine geringfügige Änderung wenn berücksichtigt wird, dass seit 1960 in der amtlichen Statistik bei Aussagen über die Höhe des Bruttoinlandsprodukts im Bundesgebiet auch die Beiträge des Saarlands und Berlins (West) berücksichtigt werden. Das führt gegenüber 1950 und 1957 zu einer Unterschätzung des Anteils der norddeutschen Länder. Tragen wir dem dadurch Rechnung, dass auch für das Jahr 1970 die Anteile der norddeutschen Länder und der Region Nord am Bruttoinlandsprodukt des gleichen Gebiets wie in den Jahren 1950 und 1957, d.h. Bundesgebiet ohne Saarland und Berlin bestimmt werden.

Der Anteil des Bruttoinlandsprodukts der norddeutschen Länder und der Region Nord am Bruttoinlandsprodukt der Bundesrepublik ohne Saarland und Berlin in verschiedenen Jahren in v.H.

	Anteil am Bruttoinlandsprodukt der Bundesrepublik ohne Saarland und Berlin in v.H.		
	1950	1957	1970
Schleswig-Holstein	3,97	3,56	3,60
Hamburg	6,02	5,98	5,55
Niedersachsen	11,54	10,71	10,53
Bremen	1,80	1,90	1,64
Region Nord	23,33	22,14	21,33

Wir sehen, dass es nur für Schleswig-Holstein durch diese Korrektur zu einer Änderung der Richtung der Entwicklung von 1957 bis 1970 kommt.

Daraus folgt, dass die relative Bedeutung des produzierenden Gewerbes trotz niedriger Raten der relativen Änderung in den beiden norddeutschen Flächenländern und in der Region Nord vergleichsweise stärker gewachsen ist als in der gesamten Bundesrepublik. Das gleiche gilt für die trotz geringerer relativer Änderung seines Beitrags zum Bruttoinlandsprodukt auch für den Wirtschaftsbereich "Handel und Verkehr" in Schleswig-Holstein und Bremen und in der Region Nord, d.h. die relative Bedeutung dieses Bereichs ist in den genannten Ländern vergleichsweise nicht so stark gesunken wie im Bundesgebiet.

Die relative Bedeutung des Wirtschaftsbereichs "Staat" ist - von Bremen abgesehen - in den Ländern der Region Nord und in der gesamten Region Nord vergleichsweise nicht so stark gestiegen wie in der Bundesrepublik. Das kann als eine ungewollte Benachteiligung wirtschaftsschwacher Länder in der Region Nord bei der Ausdehnung der Einkommensbildung im staatlichen Bereich angesehen werden.

Wenn wir den Wirtschaftsbereich "Produzierendes Gewerbe" als den wichtigsten Träger der wirtschaftlichen Entwicklung und des wirtschaftlichen Wachstums sehen, so ergeben sich aus der Darstellung recht unterschiedliche Schlussfolgerungen für die zu erwartende Entwicklung. Der starken und den Bundesdurchschnitt in der zweiten Teilperiode des Betrachtungszeitraums erreichenden oder geringfügig übersteigenden relativen Änderung der Höhe des Beitrags dieses Bereichs zum Bruttoinlandsprodukt in den beiden Flächenländern steht eine weit hinter dem Bundesdurchschnitt zurückbleibende Entwicklung in den beiden Stadtstaaten gegenüber. Es stellt sich die Frage, ob die Bereiche "Handel und Verkehr", "Dienstleistungsunternehmen" und "Staat" selbständige Träger der wirtschaftlichen Entwicklung in einem Lande werden können. Von der Antwort auf diese Frage wird die Aussage über die zukünftige wirtschaftliche Entwicklung in den beiden Stadtstaaten dann bestimmt sein, wenn die in der Vergangenheit beobachtete Entwicklung im Bereich des "Produzierenden Gewerbes" anhält.

2. Höhe und Entwicklung der Lohn- und Gehaltsumme in der Industrie in den norddeutschen Ländern.

Aus den bereits im Zusammenhang mit der Darstellung der Beschäftigung in der Industrie ausführlich begründeten Überlegungen (s.S.93) erscheint es angebracht und zweckmässig, den als Industrie bezeichneten Teil des Wirtschaftsbereichs "Produzierendes Gewerbe" besonders zu untersuchen. Da keine Angaben über Höhe und Entwicklung der Beiträge der Industrie bzw. einzelner Industriegruppen zum Bruttoinlandsprodukt vorliegen, sollen im folgenden die Höhe und Entwicklung der Lohn- und Gehaltssumme und die Höhe und Entwicklung des Umsatzes als ungefähre Indikatoren für die Darstellung der relativen Bedeutung der Industrie und ihrer Entwicklung in den verschiedenen Ländern herangezogen werden. Wegen der unterschiedlichen Belastung verschiedener Industriegruppen mit indirekten Steuern [16] erscheinen die Angaben

---
[16] Dabei sollte zwischen der Umsatz- bzw. der Mehrwertsteuer und den Verbrauchsteuern unterschieden werden. In der Regel werden die Angaben über die Höhe des Umsatzes nicht um die Verbrauchsteuern, sehr oft aber um die allgemeine Umsatz- oder Mehrwertsteuer bereinigt.

über die Höhe und Entwicklung der Lohn- und Gehaltsumme besser dazu geeignet, eine Vorstellung von der relativen Bedeutung der Industrie oder einer Industriegruppe für ein Land zu vermitteln.

IV. 20. Höhe und Entwicklung der Lohn- und Gehaltssumme in der Industrie der norddeutschen Länder und ihr Anteil an der Lohn- und Gehaltssumme in der Industrie der Bundesrepublik in verschiedenen Jahren bzw. Perioden

	Höhe der Lohn- und Gehaltsumme in der Industrie in Mill. DM				Relative Änderung der Lohn- und Gehaltssumme von ... bis ... in v.H.		
	1950	1957	1965	1970	1950/57	1957/70	1950/70
Schleswig-Holst.	313	755	1.635	2.685	+ 141,2	+ 255,6	+757,8
Hamburg	483	1.159	2.324	3.486	+ 140,0	+ 200,8	+ 621,7
Niedersachsen	1.275	3.155	7.344	11.642	+ 147,5	+ 269,0	+ 813,1
Bremen	191	538	983	1.542	+ 181,7	+ 186,6	+ 707,3
Region Nord	2.262	5.607	12.286	19.555	+ 147,9	+ 245,2	+ 755,7
Bundesgebiet	15.576	37.675	81.557	125.820	+ 141,9	+ 234,0	+ 707,8

	Anteil an der Lohn- und Gehaltsumme in der Industrie der Bundesrepublik in v.H.				Anteil am Bruttoinlandsprodukt in v.H.			
	1950	1957	1965	1970	1950	1957	1965	1970
Schleswig-Holst.	2,0	2,0	2,0	2,1	8,1	9,8	10,5	11,4
Hamburg	3,1	3,1	2,8	2,8	8,2	9,0	9,6	9,6
Niedersachsen	8,2	8,4	9,0	9,3	11,3	13,6	15,9	17,0
Bremen	1,2	1,4	1,2	1,2	10,9	13,1	13,7	14,4
Region Nord	14,5	14,9	15,1	15,4	9,9	11,7	13,2	13,9
Bundesgebiet					15,9	17,4	18,0	18,3

Quellen: Bevölkerungsstruktur und ... a.a.O. 1969   S. 112 f.
Bevölkerungsstruktur und ... a.a.O. 1971   S. 226 f.
Zusätzliche Rechnungen

Diese Darstellung macht deutlich, dass die Summe der Einkommen der Beschäftigten in der Industrie in allen norddeutschen Ländern, in der Region Nord und im gesamten Bundesgebiet einen erheblichen und überdies steigenden Anteil des Bruttoinlandsprodukts ausmacht. Sie macht ferner deutlich, dass sich nur im Land Niedersachsen die Höhe der Lohn- und Gehaltssumme in der Industrie vergleichsweise stärker im Verlauf des Beobachtungszeitraumes geändert hat als im Bundesdurchschnitt. Nur in Hamburg ist es im Verlauf des gleichen Zeitraumes zu einem bemerkenswerten Zurückbleiben der Entwicklung der Lohn- und Gehaltssumme in der Industrie gegenüber dem Bundesdurchscnitt gekommen. In allen norddeutschen Ländern bleibt dagegen der durch den Anteil der Lohn- und Gehaltssumme in der Industrie gemessene "Industrieaisierungsgrad" teilweise beträchtlich hinter dem Bundesdurchschnitt zurück. Er war 1970 in Hamburg am niedrigsten.

Daraus lässt sich folgern, dass während des Beobachtungszeitraumes nur im Land Niedersachsen überproportional starke Impulse von der Entwicklung in der Industrie auf das wirtschaftliche Wachstum ausgegangen sind.

In sämtlichen Ländern, auch in Hamburg, ist jedoch die Lohn- und Gehaltssumme in der Industrie während des Gesamtzeitraumes und während der einzelnen Teilperioden relativ vergleichsweise stärker gestiegen als die Summe der übrigen Komponenten des Bruttoinlandsprodukts.

Besonders in den beiden Stadtstaaten schwächen sich die von der Entwicklung der Lohn- und Gehaltssumme ausgehenden Impulse auf die Entwicklung des Bruttoinlandsprodukts in der zweiten Teilperiode, d.h. in dem Zeitraum von 1957 bis 1970 sowohl im Vergleich zur Vorperiode als auch im Vergleich zu den Flächenländern und im Vergleich zum Bundesdurchschnitt ausserordentlich stark ab. Dabei dürfte in Hamburg die bereits ausführlich dargestellte (s.S. 23ff) Abwanderung in das schleswig-holsteinische Umland und in Bremen ein einmaliges Ereignis im Bereich der Kraftfahrzeugindustrie eine entscheidende Rolle spielen.

Für beide Länder stellt sich für die Zukunft die Frage, ob die von der Verlangsamung der Entwicklung in der Industrie ausgehende Abschwächung der Wachstumsimpulse durch eine Verstärkung der von der Entwicklung in anderen Bereichen ausgehenden Impulse neutralisiert werden kann. Gelingt das nicht, so ist auch für die Zukunft mit einem Zurückbleiben der wirtschaftlichen Entwicklung in den beiden Stadtstaaten gegenüber den Flächenländern und gegenüber der gesamten Bundesrepublik bei allerdings hohem Entwicklungsniveau in der Ausgangssituation zu rechnen.

Die für die Jahre 1962 bis 1968 vorliegenden Angaben über die Entwicklung der Investitionsquote und der Investitionsintensität in den norddeutschen Ländern und im Bundesgebiet gestatten mit aller gebotenen Vorsicht eine Aussage über die zu erwartende Entwicklung im Bereich der Industrie.

IV. 21. Höhe und Entwicklung der Investitionsintensität in den Betrieben und der Investitionsquote der Unternehmen in den norddeutschen Ländern in der gesamten Industrie und in den vier Industriebereichen von 1962 bis 1968 in DM bzw. v.H.

	Bruttozugänge der Sachanlagen der Betriebe in DM je Beschäftigten (Investitionsintensität)				Bruttozugänge der Sachanlagen in v.H. des Umsatzes (Investitionsquote)			
	1962	1964	1966	1968	1962	1964	1966	1968
Schleswig-Holst.	2.637	2.636	2.968	2.362	5,1	4,6	4,9	4,0
Hamburg	2.100	2.277	3.673	2.794	4,1	4,1	4,3	2,3
Niedersachsen	2.806	3.494	3.310	2.675	6,8	7,7	6,9	5,1
Bremen	3.344	2.492	2.881	3.199	4,1	3,6	2,1	3,6
Bundesgebiet	2.643	2.733	3.112	2.797	6,9	6,1	6,2	5,1
	Bruttozugänge der Sachanlagen der Betriebe in DM je Beschäftigten (Investitionsintensität) in							
	Bergbau, Grundstoff- und Produktionsgüterindustrie		Investitionsgüterindustrien		Verbrauchsgüterindustrien		Nahrungs- und Genussmittelindustrie	
	1966	1968	1966	1968	1966	1968	1966	1968
Schleswig-Holst.	4.817	3.302	1.994	1.488	2.913	2.367	4.287	4.231
Hamburg	8.297	5.103	1.955	1.219	2.108	3.039	3.806	4.776
Niedersachsen	5.630	3.865	2.523	2.137	1.784	1.978	4.265	3.947
Bremen	5.801	8.828	1.598	1.885	2.342	2.128	5.140	4.542
Bundesgebiet	5.252	4.360	2.223	2.112	1.932	1.843	4.758	4.821
	Bruttozugänge der Sachanlagen der Unternehmen in v.H. des Umsatzes (Investitionsquote)							
Schleswig-Holst.	3,6	3,4	5,1	3,9	4,5	4,4	4,6	4,6
Hamburg	6,1	2,2	4,2	2,6	5,1	4,4	1,9	2,1
Niedersachsen	11,1	6,6	5,2	4,3	4,7	4,8	6,0	5,1
Bremen	5,0	8,0	4,1	4,8	7,2	5,4	3,1	2,5
Bundesgebiet	8,7	6,0	5,3	4,8	5,0	4,6	4,3	4,1

Quellen: Bevölkerungsstruktur und ... 1969 a.a.O. S. 107
Bevölkerungsstruktur und ... 1971 a.a.O. S. 109

Aus diesem Überblick können nur wenige eindeutige Schlussfolgerungen gezogen werden. Deutlich erkennbar ist die auf eine besonders hohe Investitionsquote und Investitionsintensität im Bereich der Investitionsgüterindustrien zurückzuführende überdurchschnittlich hohe Investitionsquote und Investitionsintensität in Niedersachsen. Dabei dürften die Investitionen im Bereich des Strassenfahrzeugbaus eine bestimmende Rolle spielen. Nur im Bereich der Verbrauchsgüterindustrien übersteigt die Investitionsintensität, nicht aber die Investitionsquote in den norddeutschen Ländern den Bundesdurchschnitt. In den anderen Wirtschaftsbereichen ist - mit Ausnahme Hamburgs in den Grundstoff- und Produktionsgüterindustrien - die Investitionsintensität in den norddeutschen Ländern niedriger als im Bundesdurchschnitt. Die besondere Stellung Hamburgs im Bereich der Grundstoff- und Produktionsgüterindustrien dürfte in erster Linie auf die grosse Bedeutung der Mineralölverarbeitung in Hamburg zurückzuführen sein. Daraus kann gefolgert werden, dass die vorliegenden Angaben über die Investitionstätigkeit in den Industrien der norddeutschen Länder nicht zu der Aussage berechtigen, dass es in naher Zukunft zu einer Vergrösserung der relativen Bedeutung der Industrien in den norddeutschen Ländern im Rahmen der Bundesrepublik kommen wird. Die Möglichkeit eines weiteren Zurückbleibens der industriellen Entwicklung, d.h. der Entwicklung der Lohn- und Gehaltssumme in der Industrie gegenüber der gesamten Bundesrepublik kann nicht nur nicht ausgeschlossen, sie muss sogar erwartet werden.

3. Die Entwicklung der Bruttosumme der Löhne und Gehälter in der Hamburger Industrie.

Am Beispiel Hamburg soll im folgenden die im Zuge der Entwicklung von 1950 bis 1969 erfolgte Änderung der relativen Bedeutung der verschiedenen Industriezweige, gemessen durch ihren Anteil an der Summe der Bruttolöhne und -gehälter in der Industrie und durch ihren Anteil am Gesamtumsatz der Industrie dargestellt werden.

IV. 22. Anteil verschiedener Industriegruppen an der Bruttosumme
der Löhne und Gehälter in der gesamten Industrie Hamburgs
in v.H.

	1950	1958	1966	1969		1950	1958	1966	1969
Maschinenbau	11,4	11,7	12,6	13,6	Schiffbau	9,5	16,1	11,0	10,8
Elektrotechnische Industrie	8,3	10,6	13,0	11,1	Steine u. Erden	1,4	1,3	1,7	1,4
Chemische Ind.	7,4	5,3	4,1	7,8	Eisen-, Blech- u.Metallwaren- industrie	.	3,1	2,6	2,6
Nahrungs- und Genussmittelindustrie	16,8	14,7	13,9	13,6	Feinmechan. u. Optische Ind.	0,9	1,0	1,0	1,4
Druckerei- u. Vervielfältigungsindustrie	5,6	5,3	6,4	5,4	Zwischensumme	69,2	74,3	70,6	71,4
Textilindustrie	3,0	1,6	0,8	0,5	Mineralölverarbeitung	4,0	4,5	5,6	7,2
Bekleidungsind.	2,7	1,9	1,3	1,0	Eisen- Blech- u.Metallw.Ind.	-	3,1	2,6	2,6
Strassenfahrzeugbau	2,2	1,8	2,2	2,3	Summe	73,2	75,7	73,6	76,1

Quellen : Statistik des Hamburgischen Staates
Heft 94 Hamburgs Industrie 1968/69

Zusätzliche Rechnungen

Diese Darstellung macht deutlich, dass vor allen Dingen die relative
Bedeutung der Elektrotechnischen Industrie und, wenn auch in vergleichsweise schwächerem Masse, des Maschinenbaus ausserordentlich
stark zugenommen hat. Berücksichtigt man, dass die im Jahr 1969 bestehende konjunkturelle Situation die dem Investitionsgüterbereich
angehörenden Industriegruppen besonders benachteiligt hat, so werden
die für die Anteile dieser beiden Bereiche angegebenen Zahlen den
langfristigen Trend vermutlich unterschätzen [17].

---

[17] Eine, wenn auch grobe Begründung dieser Aussage kann durch den
Hinweis auf die Entwicklung des Index der industriellen Nettoproduktion in den verschiedenen Industriebereichen bzw. -gruppen
gegeben werden.
Danach betrug die relative Änderung des Index der industriellen
Nettoproduktion von 1969 und 1970 in den verschiedenen Industriebereichen bzw. -gruppen :

Dem steht die abnehmende relative Bedeutung der Industriegruppe mit dem höchsten Anteil an der Bruttosumme der Löhne und Gehälter in allen Industriebereichen Hamburgs, nämlich der Nahrungs- und Genussmittelindustrie gegenüber. Bemerkenswert, wenn auch für die Gesamtentwicklung der Hamburger Industrie weniger bedeutsam, ist die starke Abnahme der relativen Bedeutung der beiden Industriegruppen "Textilindustrie" und "Bekleidungsindustrie" und die besonders starke Zunahme der Bedeutung der Industriegruppe "Mineralölverarbeitung". Aus der Darstellung kann entnommen werden, dass die Industriegruppen "Maschinenbau","Elektrotechnik" und "Mineralölverarbeitung" in den vergangenen Jahren die wichtigsten Träger der industriellen Entwicklung in Hamburg gewesen sind. Eine Abschwächung der von diesen Industriegruppen ausgehenden Wachstumsimpulse dürfte anbetrachts der Wachstumsschwäche anderer Bereiche beträchtliche Folgen für die gesamte industrielle Entwicklung in Hamburg haben.

Fortsetzung der Fußnote von der Vorseite

	Relative Änderung des Index der industriellen Nettoproduktion 1970 gegenüber 1969 in v.H.
Industrie insgesamt	+ 6,57
Investitionsgüterindustrien	+ 9,79
Verbrauchsgüterindustrien	+ 2,99
Nahrungs- und Genussmittelindustrien	+ 3,51
Maschinenbau	+ 8,20
Elektrotechnische Ind.	+ 13,73
Schiffbau	+ 0,53
Textilindustrie	+ 0,85
Bekleidungsindustrie	- 2,07
Chemische Industrie	+ 6,12

Quellen: Statistisches Jahrbuch ... 1971 a.a.O. S. 210 ff
Zusätzliche Rechnungen

Wenn also die beiden wichtigsten "Wachstumsindustrien" in Hamburg in einer der konjunkturellen Situation Rechnung tragenden Weise berücksichtigt werden, so würde ihre relative Bedeutung noch stärker zugenommen haben.

IV. 23. Anteil der drei Industriegruppen "Maschinenbau", "Elektrotechnische Industrie" und "Mineralölverarbeitung" am gesamten Anstieg der Bruttosumme der Löhne und Gehälter in verschiedenen Perioden in v.H.

	1950/58	1958/66	1966/69	1950/69
Drei Industriegruppen	28,65	36,00	38,85	33,42
davon: Maschinenbau	11,90	13,82	20,05	13,98
Elektrotechnische Industrie	12,01	15,40	1,04	11,58
Mineralölverarbeitung	4,74	6,78	17,75	7,86

Quellen: s. Anlage IV f
Zusätzliche Rechnungen

V. Die Einnahmen der öffentlichen Haushalte und ihre Bestimmungsgründe

A. Allgemeine Vorbemerkungen

Es bedarf nicht des Hinweises, daß die Einnahmen der öffentlichen Haushalte von entscheidender Bedeutung für die Fähigkeit des Staates, d.h. insbesondere für die Fähigkeit der verschiedenen Gebietskörperschaften (Bund, Länder und Gemeinden)sind, die ihnen gestellten Aufgaben zu erfüllen. Der Kreis der den Gebietskörperschaften übertragenen Aufgaben hat sich im Verlauf der vergangenen Jahrzehnte kontinuierlich und beträchtlich erweitert.

Von entscheidender Bedeutung ist, daß den verschiedenen Gebietskörperschaften bzw. den Gebietskörperschaften auf unterschiedlicher Ebene unterschiedliche Aufgaben zur selbständigen oder zur gemeinsamen Lösung zugewiesen sind. Für die Finanzierung der bei der Lösung dieser Aufgaben entstehenden Ausgaben stehen den Gebietskörperschaften unterschiedliche Einnahmen zur Verfügung. Mit der Höhe dieser Einnahmen und ihren Bestimmungsgründen wollen wir uns in diesem Abschnitt befassen. Die für die Verteilung der Einnahmen auf die verschiedenen Gebietskörperschaften geltenden Regeln sind ein wichtiger Teil des Finanzausgleichs in einem finanzpolitisch nicht vollständig zentralisierten Staat.

Gehen wir davon aus, daß die Einnahmen der Gebietskörperschaften in ihrer Gesamtheit, d.h. nicht unbedingt der einzelnen Gebietskörperschaft, den Charakter von Steuereinnahmen haben, so stellt sich die Frage nach der Verteilung der gesamten Steuereinnahmen auf die verschiedenen Gebietskörperschaften. In diesem Zusammenhang sind verschiedene Begriffe massgeblich:

a. Der Begriff des "örtlichen Aufkommens", d.h. die Höhe des von den einzelnen Landesfinanzbehörden und den örtlichen Teilen der Bundesfinanzbehörde empfangenen Steuereinnahmen.

b. Der Begriff der "Steuerverteilung" oder der "Verteilung der Steuerquellen", d.h. der Verteilung der aus den einzelnen Steuern erwachsenden Steuererträge auf die Gebietskörperschaften der verschiedenen Ebenen.

c. Der Begriff der "Steuerzerlegung", d.h. der Verteilung des Ertrages aus den einzelnen Steuern auf verschiedene anspruchsberechtigte Gebietskörperschaften der gleichen Ebene.

d. Der Begriff des "horizontalen Finanzausgleichs" vornehmlich in der Form des "Länderfinanzausgleichs", d.h. vor allen Dingen die Verteilung des gesamten, den Ländern zustehenden Steuerertrags auf finanzstarke und finanzschwache Länder.

e. Der Begriff des "vertikalen Finanzausgleichs" in der Form der "Ergänzungszuweisungen" und der "Finanzhilfen" des Bundes an Länder und Gemeinden und der Zuweisungen der Länder an die Gemeinden.

Jeder Versuch einer Aussage über die Einnahmesituation der öffentlichen Haushalte der norddeutschen Länder und der Gemeinden in den norddeutschen Ländern setzt die Berücksichtigung der unterschiedlichen Regelungen auf den verschiedenen Teilgebieten voraus. Insbesondere im Zusammenhang mit der Darstellung der Probleme des Länderfinanzausgleichs wird deutlich werden, dass sich die Darstellung nicht auf die in den norddeutschen Ländern bestehende Situation beschränken kann. Die Höhe bedeutender Einnahmen und Ausgaben der norddeutschen Länder im Rahmen des Finanzausgleichs wird durch die in anderen Bundesländern bestehende Situation bestimmt.

B. Die Bestimmungsgründe der Einnahmen der öffentlichen Haushalte in den norddeutschen Ländern

1. Die Höhe des örtlichen Aufkommens bzw. der kassenmässigen Steuereinnahmen in den norddeutschen Ländern

Die kassenmässigen Steuereinnahmen bilden die Grundlage für die Verteilung der Einnahmen aus den verschiedenen Steuern auf Bund, Länder und Gemeinden. Die Kenntnis der Höhe der kassenmässigen Steuereinnahmen in einem Land lässt keinerlei Aussage und keinen Schluß auf die Einnahmesituation dieses Landes oder der Gemeinden dieses Landes zu. Sie lässt lediglich den Umfang der Steuerzahlungen an die Landesfinanzbehörde dieses Landes und an den in diesem Land arbeitenden Teil der Bundesfinanzbehörde [1] durch die in die administrative Zuständigkeit dieser Behörden fallenden Steuerzahler erkennen.

---

[1] Dabei muss die folgende Definition beachtet werden:
"Die ... K a s s e n z a h l e n ... umfassen ausschließlich die in dem Berichtszeitraum kassenmässig vereinnahmten und verausgabten Zahlungen, schließen also -im Gegensatz zu den Rechnungszahlen- keine nachträglich "zugerechneten" Beträge ein." (Sperrung im Original)

Statistisches Jahrbuch für die Bundesrepublik Deutschland 1971 S. 392

V. 1. Die kassenmässigen Steuereinnahmen in den norddeutschen Ländern, in der Region Nord und in der Bundesrepublik in den Jahren 1969 und 1970 insgesamt in Mill. DM und in DM pro Einwohner

	Kassenmässige Steuereinnahmen					
	in Mill.DM		in DM pro Einwohner		in DM pro Einwohner in v.H. des Bundesdurchschnitts	
	1969	1970	1969	1970	1969	1970
Schlesw.-Holst.	4.221	4.387	1.659	1.709	68,7	68,9
Hamburg	14.722	15.451	8.116	8.527	336,1	343,8
Niedersachsen	11.884	12.223	1.681	1.716	69,6	69,2
Bremen	3.550	3.809	4.702	5.032	194,7	202,9
Nord	34.377	35.870	2.824	2.926	116,9	117,0
Bundesrepublik	146.928	152.555	2.415	2.480	100,0	100,0

Quelle: Statistisches Jahrbuch ... 1971 a.a.O. S. 25 und S. 404
Eigene Rechnungen

Die in der Tabelle zum Ausdruck kommenden Unterschiede in der Steuerkraft der einzelnen Länder, insbesondere die grossen Unterschiede zwischen der Steuerkraft der beiden Stadtstaaten und der Steuerkraft der Flächenländer drücken nicht oder jedenfalls nicht ausschliesslich Unterschiede in der Wirtschaftskraft aus. In diesen Unterschieden drücken sich auch die Merkmale des bestehenden Steuersystems und die wirtschaftliche Funktion der beiden Stadtstaaten aus.

Fortsetzung der Fußnote der Vorseite

Da im nachfolgenden weitgehend die in der amtlichen Statistik der Bundesrepublik veröffentlichten Kassenzahlen zugrundegelegt werden, ergeben sich Abweichungen von den auf der Verwendung von Rechnungszahlen basierenden Aussagen. Das wird insbesondere bei der Darstellung des Länderfinanzausgleichs deutlich werden. Da diese Abweichungen sich innerhalb enger Grenzen halten, primär den Charakter zeitlicher Verschiebungen haben und andere Angaben nicht zur Verfügung standen, kann die Verwendung dieser Zahlen als vertretbar angesehen werden.

V.2. Die kassenmässigen Einnahmen aus der Umsatzsteuer und der Einfuhrumsatzsteuer in den norddeutschen Ländern, in der Region Nord und in der Bundesrepublik in den Jahren 1969 und 1970 insgesamt in Mill. DM und in DM pro Einwohner

	Kassenmässige Einnahmen aus der Umsatz- u.d. Einfuhrumsatzsteuer					
	in Mill. DM		in DM pro Einwohner		DM pro Einwohner in v.H. des Bundesdurchschnitts	
	1969	1970	1969	1970	1969	1970
Schlesw.-Holst.	804	867	316	338	52,3	54,5
Hamburg	3.252	3.441	1.787	1.899	295,9	306,3
Niedersachsen	2.631	2.575	372	361	61,6	58,2
Bremen	743	777	984	1.026	162,9	165,5
Nord	7.430	7.660	610	625	101,0	100,8
Bundesrepublik	36.753	38.125	604	620	100,0	100,0

Quelle : wie V.1.

Die relative Abweichung der Einnahmen aus der Umsatz- und der Einfuhrumsatzsteuer pro Einwohner vom Bundesdurchschnitt ist in den beiden Flächenländern größer und in den beiden Stadtstaaten geringer als die relative Abweichung der gesamten kassenmässigen Steuereinnahmen pro Einwohner vom Bundesdurchschnitt. Auch die relative Abweichung der Einnahmen aus der Einkommen- und Körperschaftssteuer pro Einwohner vom Bundesdurchschnitt kann die Stellung der beiden Stadtstaaten nicht vollständig erklären. Sie wird vor allen Dingen durch die kassenmässigen Einnahmen aus verschiedenen indirekten Steuern erklärt.

V. 3. Die kassenmässigen Einnahmen aus Zöllen, Tabaksteuer, Kaffeesteuer und Mineralölsteuern in den norddeutschen Ländern, in der Region Nord und in der Bundesrepublik in den Jahren 1969 und 1970 insgesamt in Mill. DM und in DM pro Einwohner

	Kassenmässige Einnahmen aus Zöllen und den drei indirekten Steuern					
	in Mill. DM		in DM pro Einwohner		DM pro Einwohner in v.H. des Bundesdurchschnitts	
	1969	1970	1969	1970	1969	1970
Schlesw.-Holst.	688	690	270	269	78,5	75,4
Hamburg	6.427	6.937	3.531	3.828	1.026,5	1.072,3
Niedersachsen	1.100	1.123	156	158	45,3	44,3
Bremen	1.349	1.522	1.787	2.011	519,5	563,3
Davon:						
Hamburg Mineralölst.	4.715	5.286	2.591	2.917		
Bremen Tabak- u. Kaffeest.	1.027	1.125	1.360	1.486		
Nord	9.564	10.272	785	838	228,2	234,7
Bundesrepublik	20.946	21.976	344	357	100,0	100,0

Quelle: wie V.1.

Diese Darstellung macht deutlich, dass das relativ hohe örtliche Steueraufkommen in den beiden Stadtstaaten der Region Nord vor allen Dingen das Ergebnis der hohen Einnahmen aus den angegebenen indirekten Steuern und des hohen Anteils der Einnahmen aus diesen Steuern an den gesamten kassenmässigen Steuereinnahmen ist. In Hamburg waren in den betrachteten Jahren die Einnahmen aus der Mineralölsteuer und in Bremen die Einnahmen aus der Tabak- und Kaffeesteuer höher als die gesamten Einnahmen aus der Einkommen- und Körperschaftssteuer Dagegen überstiegen in den beiden Flächenländern sowohl die Einnahmen aus der Lohnsteuer als auch die Einnahmen aus der veranlagten Einkommensteuer die Einnahmen aus jeder einzelnen anderen Steuer. Das galt auch für die gesamte Bundesrepublik.

> Die relativ geringe Bedeutung der Kenntnis der Höhe des örtlichen Steueraufkommens für Aussagen über die Einnahmesituation der verschiedenen öffentlichen Haushalte rechtfertigt eine ausführlichere Darstellung insbesondere der zeitlichen Entwicklung dieser Größe nicht.

2. Die Höhe der Steuereinnahmen der Länder und Gemeinden in den norddeutschen Ländern

Grundlage der geltenden Bestimmungen über die Verteilung des Steueraufkommens auf die verschiedenen Gebietskörperschaften, d.h. der Verteilung des Ertrages aus den verschiedenen Steuern auf Bund, Länder und Gemeinden bildet der durch das "Einundzwanzigste Gesetz zur Änderung des Grundgesetzes (Finanzreformgesetz) vom 12. Mai 1969" neu formulierte Artikel 106 des Grundgesetzes. In diesem mit dem Jahr 1970 in Kraft getretenen Gesetz wird die Verteilung des gesamten Steueraufkommens in der Weise geregelt, dass Gemeinschaftssteuern, deren Ertrag Bund und Ländern(im Fall der Lohnsteuer und der Veranlagten Einkommensteuer auch den Gemeinden) zusteht, Bundessteuern, deren Aufkommen dem Bund, Landessteuern, deren Aufkommen den Ländern und Gemeindesteuern, deren Aufkommen den Gemeinden und Gemeindeverbänden zusteht, voneinander unterschieden werden [2].

Der Artikel 106 des Grundgesetzes bestimmt, dass Bund und Länder je zur Hälfte an dem Aufkommen aus der Einkommen- und Körperschaftssteuer beteiligt sind. Dabei gilt allerdings eine die Zuweisungen an die Gemeinden betreffende Einschränkung. Die Verteilung des Aufkommens aus der Umsatzsteuer wird in dem "Gesetz über den Finanzausgleich zwischen Bund und Ländern vom 28. August 1969" geregelt.

---

[2] Die quantitativ bedeutsamsten Gemeinschaftssteuern nach Art. 106 sind die Lohnsteuer, die Veranlagte Einkommensteuer, die Körperschaftssteuer und die Umsatzsteuer.
Die quantitativ bedeutsamsten Bundessteuern sind die Zölle, die Tabaksteuer, die Kaffeesteuer, die Branntweinmonopol- und die Mineralölsteuer.
Die quantitativ bedeutsamsten Landessteuern, sind die Vermögen- und Erbschaftsteuer, die Kraftfahrzeugsteuer, die Kapitalverkehrssteuern und die Biersteuer.
Die quantitativ bedeutsamsten Gemeindesteuern sind die Grundsteuern A und B, die Gewerbesteuer vom Ertrag und Kapital, die Lohnsummensteuer und der Zuschlag zur Grunderwerbssteuer.

Entscheidend ist, dass für diese Verteilung des Aufkommens aus der
Umsatzsteuer auf die Länder zwei Kriterien massgeblich sind. 75 v.H.
des den Ländern zustehenden Anteils an der Umsatzsteuer, also im
Jahr 1970 insgesamt 30 v.H. des Gesamtaufkommens werden auf die
Länder gemäss der Zahl ihrer Einwohner verteilt [3].
Massgeblich für die Verteilung der verbleibenden 25 v.H. des den
Ländern zustehenden Anteils am Aufkommen aus der Umsatzsteuer ist
die Höhe des Aufkommens je Einwohner aus bestimmten Steuern in den
Ländern. Die Bedeutung dieser Bestimmungen für die norddeutschen
Länder wird zu untersuchen sein.
Durch das "Gesetz zur Neuordnung der Gemeindefinanzen (Gemeinde-
finanzreformgesetz) vom 8. September 1969" wurde durch Beteiligung
der Gemeinden am Aufkommen aus der Lohnsteuer und der Veranlagten
Einkommensteuer der Kreis der an dem Aufkommen aus dieser Steuer beteiligten Gebietskörperschaften erweitert. Die Beteiligung der Gemeinden an dem Aufkommen aus der Lohnsteuer und der Veranlagten Einkommensteuer führte zu einer gleichmässigen Verminderung der Anteile
des Bundes und der Länder. Dieser Beteiligung der Gemeinden an dem
Aufkommen aus der Lohnsteuer und der Veranlagten Einkommensteuer in
Höhe von 14 v.H. stand die Einführung einer Beteiligung des Bundes
und der Länder an dem Aufkommen an der Gewerbesteuer durch Einführung
einer Gewerbesteuerumlage gegenüber. Aufgrund der Bestimmungen des
Gemeindefinanzreformgesetzes ergibt sich für das Jahr 1970 für das
Bundesgebiet eine Gewerbesteuerumlage in Höhe von 40,4 v.H. des
Aufkommens aus der Gewerbesteuer vom Ertrag und Kapital. Diese Ge-
werbesteuerumlage wird zu gleichen Teilen auf den Bund und auf die
Länder aufgeteilt. Dabei ist für die Bestimmung der Höhe des Anteils
der einzelnen Länder an der Gewerbesteuerumlage massgeblich, wie
hoch die Einnahmen aus der Gewerbesteuer in dem einzelnen Land sind.
Die Verteilung des Aufkommens aus den verschiedenen Steuern auf die
Gebietskörperschaften führt zu den in der folgenden Tabelle dargestellten Ergebnissen.

---

[3] Im Jahr 1972 ist der Anteil der Länder am gesamten Aufkommen aus
der Umsatzsteuer auf 35 v.H. erhöht worden.

V. 4. Die Anteile der norddeutschen Länder und Gemeinden am Gesamtaufkommen aus verschiedenen Steuern im Jahr 1970 in v.H.

	Schleswig-Holstein	Hamburg	Niedersachsen	Bremen
Kassenmässige Steuereinnahmen insgesamt	2,88	10,13	8,01	2,50
Landessteuern	3,07	5,05	9,35	1,46
Gemeindesteuern	3,20	4,56	9,85	1,79
Steuereinnahmen der Länder	3,69	4,65	10,28	1,39
Steuereinnahmen der Gemeinden	3,23	4,57	9,67	1,74
Aufkommen der Umsatzsteuer	2,27	9,03	6,75	2,04
Länderanteil an der Umsatzst.	5,91	2,70	13,42	1,13
Aufkommen der Einkommen- und Körperschaftsteuer	2,77	5,79	8,97	1,55
Länderanteil und Gemeindeanteil an der E.- und K.-steuer	2,97	5,26	9,31	1,49

Quellen: Statistisches Jahrbuch ... 1971 a.a.O. S. 404 f.
Eigene Rechnungen

Die Darstellung macht deutlich, dass die Verteilung der Steuerquellen auf Bund, Länder und Gemeinden zu einer von der Verteilung der kassenmässigen Steuereinnahmen stark abweichenden Verteilung der Steuereinnahmen der Länder und der Gemeinden führt. Aus der nachfolgenden Darstellung wird deutlich, dass diese Abweichungen den Charakter einer Nivellierung haben.

V. 5. Die Einnahmen der norddeutschen Länder und Gemeinden aus verschiedenen Steuern oder Gruppen von Steuern pro Einwohner im Jahr 1970 in DM

	Schleswig-Holstein	Hamburg	Niedersachsen	Bremen
Kassenmässige Steuereinnahmen insgesamt	1.709	8.527	1.716	5.032
Landessteuern	114	265	125	184
Gemeindesteuern	195	395	217	371
Steuereinnahmen der Länder	727	1.296	728	930
Steuereinnahmen der Gemeinden	230	460	247	419
Aufkommen aus der Umsatzsteuer	338	1.899	361	1.026
Länderanteil an der Umsatzsteuer	263	171	215	170
Aufkommen aus der Einkommen- und Körperschaftsteuer	668	1.976	778	1.269
Länder- und Gemeindeanteil an der Einkommen- und Körperschaftsteuer	396	994	447	674

Quellen: Statistisches Jahrbuch ... 1971 a.a.O. S. 25 u. S. 404 f
Eigene Rechnungen

Die stärkste Nivellierungswirkung geht von der Aufteilung der verschiedenen Steuern in Bundes- und Landessteuern und von der Verteilung des Aufkommens aus der Umsatzsteuer auf Bund und Länder und auf die verschiedenen Länder aus [4]. Von der Verteilung des Aufkom-

---
[4] Die Verteilung des Aufkommens aus der Umsatzsteuer ist schon Teil des horizontalen Finanzausgleichs. Mit Hilfe des Gesamtaufkommens aus dieser Steuer wird eine Umverteilung zwischen finanzstarken und finanzschwachen Ländern durchgeführt. Daraus folgt, dass die Einzelbestimmungen über die Aufteilung des Aufkommens aus dieser Steuer in dem "Gesetz über den Finanzausgleich zwischen Bund und Ländern vom 28. August 1969" enthalten sind. In der Anlage werden die in diesem Zusammenhang durchzuführenden Rechnungen für das Jahr 1970 durchgeführt.
s. Anlage V a

mens aus den anderen Gemeinschaftssteuern (Einkommen- und Körperschaftssteuer) geht eine nivellierende Wirkung nur wegen der Bestimmungen über die Zerlegung des Aufkommens aus diesen Steuern aus.

3. Die Bedeutung des Gesetzes über den Finanzausgleich zwischen Bund und Ländern für die Steuereinnahmen der norddeutschen Länder und Gemeinden

Eines der erklärten Ziele des 1970 in Kraft getretenen Gesetzes über den Finanzausgleich bestand darin, durch Änderung der Verteilung des Aufkommens aus den versc-hiedenen Steuern auf Bund, Länder und Gemeinden den Umfang des erforderlichen Finanzausgleichs zwischen den Ländern zu reduzieren. Das sollte dadurch geschehen, dass es zu einer Verminderung der zwischen den verschiedenen Ländern bestehenden Unterschiede in der Höhe der Steuereinnahmen je Einwohner kam. Ein weiteres Ziel bestand in der Stärkung der Finanzkraft der Gemeinden.
Das erste dieser beiden Ziele konnte nur dadurch erreicht werden, daß es zu einer Änderung der relativen Höhe der Steuereinnahmen der verschiedenen Bundesländer kam. Das Ausmaß dieser Änderung kann am besten dadurch deutlich gemacht werden, dass die Höhe der tatsächlichen Steuereinnahmen der Länder in den Jahren 1969 und 1970 mit der Höhe der hypothetischen Steuereinnahmen der Länder in den gleichen Jahren verglichen werden. Die hypothetischen Steuereinnahmen der Länder im Jahre 1969 sind die Steuereinnahmen, welche die Länder in diesem Jahr gehabt haben würden, wenn die am 1. Januar 1970 in Kraft getretenen Bestimmungen über die Steuerverteilung bereits am 1. Januar 1969 in Kraft getreten wären. Entsprechend sind die hypothetischen Steuereinnahmen der Länder im Jahr 1970 die Steuereinnahmen, welche die Länder in diesem Jahr gehabt haben würden, wenn die im Jahr 1969 gelt-enden Bestimmungen auch im Jahr 1970 gegolten hätten.
Dabei gelten die folgenden Zusammenhänge:

Hypothetische Steuereinnahmen der Länder im Jahr 1969	=	Tatsächliche Steuereinnahmen der Länder im Jahr 1969
		− 65 v.H. der Einnahmen aus der Einkommen- und Körperschaftsteuer
		− Einnahmen aus den Kapitalverkehrsteuern, der Versicherungsteuer und der Wechselsteuer
		+ 50 v.H. der Einnahmen aus der Körperschaft- und der Kapitalertragsteuer
		+ 43 v.H. aus der Lohnsteuer und der Veranlagten Einkommensteuer
		+ Anteil des einzelnen Landes an der Umsatzsteuer
		+ 50 v.H. der Gewerbesteuerumlage

Hypothetische Steuer- = Tatsächliche Steuereinnahmen der Länder
einnahmen der Länder   im Jahr 1970
im Jahr 1970
                        + 65 v.H. der Einnahmen aus der Einkommen-
                          und Körperschaftsteuer

                        + Einnahmen aus den Kapitalverkehrsteuern,
                          der Versicherungsteuer und der Wechsel-
                          steuer

                        - 50 v.H. der Einnahmen aus der Körper-
                          schaft- und der Kapitalertragsteuer

                        - 43 v.H. aus der Lohnsteuer und der Veran-
                          lagten Einkommensteuer

                        - Anteil des einzelnen Landes an der Umsatz-
                          steuer

                        - 50 v.H. der Gewerbesteuerumlage

Die folgende Darstellung zeigt in der Form einer Gegenüberstellung der tatsächlichen und der hypothetischen Steuereinnahmen der norddeutschen Länder in den Jahren 1969 und 1970 den Einfluss der im Finanzreformgesetz enthaltenen Bestimmungen und der im Finanzausgleichgesetz enthaltenen Bestimmungen über die Verteilung des Aufkommens aus der Umsatzsteuer auf die Einnahmesituation dieser Länder auf.

V. 6. Die hypothetischen und die tatsächlichen Steuereinnahmen der norddeutschen Länder in den Jahren 1969 und 1970

	Schleswig-Holstein	Hamburg	Niedersachsen	Bremen	Region Nord	Bundesgebiet
Hypothetische Steuereinnahmen 1969	1.711	2.476	4.798	701	9.686	
Tatsächliche Steuereinnahmen 1969	1.354	2.904	4.148	754	9.160	
Differenz	357	- 428	650	- 53	526	
Differenz in v.H. der tatsächlichen Steuereinnahmen 1969	26,4 %	- 14,7 %	+ 15,7 %	- 7,0%	+ 5,4%	
Hypothetische Steuereinnahmen 1970	1.521	2.801	4.699	764	9.785	43.962
Tatsächliche Steuereinnahmen 1970	1.865	2.348	5.188	704	10.105	50.482
Differenz	- 344	453	- 489	60	- 320	-6.520
Differenz in v.H. der tatsäch. lichen Steuereinnahmen 1970	- 18,4 %	+ 19,3%	- 9,4 %	+ 8,5 %	- 3,2 %	- 12,9 %

Diese Darstellung macht deutlich, dass es durch die Massnahmen zur Änderung der Finanzverfassung in der Bundesrepublik im Jahr 1969 zu einer Verschlechterung der Einnahmesituation der Länderhaushalte in den beiden Stadtstaaten der Region Nord und zu einer Verbesserung der Einnahmesituation der Länderhaushalte in den beiden Flächenländer gekommen ist.

Wäre es statt am 1. Januar 1970 bereits am 1. Januar 1969 zum Inkrafttreten der Neuregelung gekommen, so wären die Steuereinnahmen der beiden Flächenländer im Jahr 1969 um 26,4 % (Schl.-Holst.) bzw. um 15,7 % (Niders.) höher gewesen als ihre tatsächlichen Steuereinnahmen im Jahr 1969. Auf der anderen Seite wären die Steuereinnahmen der Länder in den beiden Stadtstaaten in diesem Fall 14,7 % (Hamburg) bzw. 7,0 % (Bremen) niedriger gewesen als ihre tatsächlichen Einnahmen. Wäre es im Jahr 1970 nicht zu einer Änderung gekommen, d.h. hätten die im Jahr 1969 geltenden Bestimmungen über die Verteilung des Steueraufkommens auch im Jahr 1970 gegolten, so wären die Steuereinnahmen der beiden Flächenländer im Jahr 1970 um 18,4 % (Schlesw.-Holst.) bzw. um 9,4 % (Niedersa.) niedriger gewesen als ihre tatsächlichen Steuereinnahmen. Auf der anderen Seite wären die Steuereinnahmen der Länder in den beiden Stadtstaaten in diesem Fall 19,3 % (Hamburg) bzw. 8,5 % (Bremen) höher gewesen als ihre tatsächlichen Einnahmen [5].

---

[5] Ein Vergleich der Prozentzahlen für die beiden Jahre ist deswegen nicht möglich, weil die relativen Abweichungen in beiden Jahren durch Bezug auf die tatsächlichen Steuereinnahmen ermittelt wurden. Damit wird der Aussagewert der Angaben um den Preis eines Verzichtes auf Vergleichbarkeit deutlicher. Vergleichbar würden die Angaben dann, wenn die relativen Zahlen in einem Jahr durch bezug auf die tatsächlichen und im anderen Jahr durch bezug auf die hypo-thetischen Einnahmen ermittelt würden.
Dann erhalten wir das folgende Bild:

	Schlesw.-Holstein	Hamburg	Niedersachsen	Bremen	Region Nord
$\dfrac{\text{Hyp.St.e.}_{1969} - \text{Tats.St.e.}_{1969}}{\text{Tats.St.einn.}_{1969}} / 100$	+ 26,4	− 14,7	+ 15,7	− 7,0	+ 5,5
$\dfrac{\text{Tats.St.e.}_{1970} - \text{Hyp.St.e.}_{1970}}{\text{Hyp.St.einnahmen}_{1970}} / 100$	+ 22,6	− 16,2	+ 10,4	− 7,8	+ 3,3

Das wären die relativen Abweichungen, die dann ermittelt worden wären, wenn in beiden Jahren die im Jahre 1969 geltenden Bestimmungen gegolten hätten, und wenn die Frage untersucht worden wäre, welcher Einfluss von einer -in diesem Fall als hypothetisch angesehenen- Änderung ausgegangen wäre.

Die Darstellung macht ferner deutlich, dass es zu einer Verbesserung
der gesamten Steuereinnahmen der Länder in der Region Nord gekommen
ist, obwohl sich die Einnahmesituation der beiden Stadtstaaten nicht
unbeträchtlich verschlechtert hat. Diese durchschnittliche relative
Verbesserung der Steuereinnahmen der Länder in der Region Nord bleibt
allerdings erheblich hinter der relativen Verbesserung der Steuereinnahmen der Länder im Bundesdurchschnitt zurück. Nur das Land
Schleswig-Holstein hat infolge der Reformmassnahmen des Jahres 1969
eine den Bundesdurchschnitt übersteigende relative Erhöhung der Steuereinnahmen des Landes erfahren. Die anderen Länder, auch das Land
Niedersachsen sind dagegen hinter dem Bundesdurchschnitt zurückge-
blieben. Tatsächlich gibt diese Darstellung deswegen nur einen un-
vollständigen Überblick über den Einfluss der finanzpolitischen Reformmassnahmen des Jahres 1969 auf die Einnahmesituation der Länder,
weil sie die Änderungen der Steuereinnahmen der Gemeinden noch nicht
berücksichtigt. Zwischen der Situation der Gemeinden eines Landes
und dem Haushalt des Landes besteht wegen der Bestimmungen des Artikel 107 des Grundgesetzes, wegen der teilweise in Ausführung dieser Bestimmungen getroffenen Massnahmen der Landesgesetzgebung in
den einzelnen Ländern, wegen der Regelung des Finanzausgleichs zwischen den Ländern in der Bundesrepublik und schliesslich, insbesondere in der Region Nord, wegen der besonderen Situation in den beiden
Stadtstaaten ein enges Abhängigkeitsverhältnis [6].

---

[6] Den Besonderheiten der in zwei der drei Stadtstaaten, nämlich in
Berlin und Hamburg bestehenden Situation wird in dem "Gesetz zur
Neuordnung der Gemeindefinanzen vom 8. September 1969" Rechnung
getragen. In Bremen besteht eine andere Situation deswegen, weil
mehr als eine Gemeinde existiert und Landeshaushalt und Haushalt
der Gemeinden getrennt sind.

Durch Einführung des Gemeindeanteils an der Einkommensteuer und der
Umlage nach Massgabe des Gewerbesteueraufkommens (Gewerbesteuerumlage) ist es im Zuge der Gesetzgebung des Jahres 1969 zu einer nach-
haltigen Änderung der Höhe und der Bestimmungsgründe der Steuereinnahmen der Gemeinden gekommen.

Um eine Aussage über das Ausmass dieser Änderung zu ermöglichen, erscheint es auch jetzt zweckmässig, zwischen den tatsächlichen und den
hypothetischen Steuereinnahmen der Gemeinden in den verschiedenen Ländern in den Jahren 1969 und 1970 zu unterscheiden. Der Begriff der
tatsächlichen Steuereinnahmen bedarf keiner Erklärung. Die hypothetischen Steuereinnahmen der Gemeinden im Jahr 1969 sind die Steuerein-

nahmen, welche die Gemeinden gehabt haben würden, wenn die am
1. Januar 1970 in Kraft getretenen Änderungen bereits am 1. Januar
1969 in Kraft getreten wären. Die hypothetischen Steuereinnahmen der
Gemeinden im Jahr 1970 sind die Steuereinnahmen, welche die Gemeinden gehabt hätten, wenn die im Jahr 1969 geltenden Bestimmungen über
die Steuerverteilung auch im Jahr 1970 gegolten hätten.

Dabei gelten die folgenden Zusammenhänge:

Hypothetische Steuereinnahmen der Gemeinden im Jahr 1969 = Tatsächliche Steuereinnahmen der Gemeinden im Jahr 1969
+ 14 v.H. des Aufkommens an Lohnsteuer und veranlagte Einkommensteuer im Jahr 1969
− Höhe der hypothetisch von den Gemeinden im Jahr 1969 zu leistenden Gewerbesteuerumlagen

und

Hypothetische Steuereinnahmen der Gemeinden im Jahr 1970 = Tatsächliche Steuereinnahmen der Gemeinden im Jahr 1970
+ Höhe der von den Gemeinden im Jahr 1970 tatsächlich geleisteten Gewerbesteueruml.
− Gemeindeanteil an der Lohnsteuer und der veranlagten Einkommensteuer im Jahr 1970

Die folgende Darstellung zeigt in der Form einer Gegenüberstellung
der tatsächlichen und der hypothetischen Einnahmen der Gemeinden in
den norddeutschen Ländern aus Steuern in den Jahren 1969 und 1970 den
Einfluss der Änderungen der Finanzverfassung im Jahr 1969 auf die
Einnahmesituation der Gemeinden.

V. 7. Die hypothetischen und die tatsächlichen Steuereinnahmen
der Gemeinden in den norddeutschen Ländern in den Jahren
1969 und 1970 in Mill. DM

	Schleswig-Holstein	Hamburg	Niedersachsen	Bremen	Region Nord	Bundesgebiet
Hypothetische Steuereinnahmen im Jahr 1969	605	840	1.812	301	3.558	18.967
Tatsächliche Steuereinnahmen im Jahr 1969	559	738	1.829	276	3.402	18.829
Differenz	46	102	- 17	25	156	138
Differenz in v.H. der tatsächlichen Steuereinnahmen im Jahr 1969	+ 8,2 %	+ 13,8 %	- 0,9 %	+9,5%	+ 4,6 %	+ 0,7 %
Hypothetische Steuereinnahmen im Jahr 1970	501	715	1.544	281	3.041	15.679
Tatsächliche Steuereinnahmen im Jahr 1970	590	833	1.763	317	3.503	18.240
Differenz	- 89	-118	- 219	- 36	- 462	2.561
Differenz in v.H. der tatsächlichen Steuereinnahmen im Jahr 1970	- 15,1 %	- 14,2 %	- 12,4 %	-11,4%	-13,2 %	- 14,0 %

Die Darstellung macht deutlich, dass es -jedenfalls im Jahr 1970- zu einer Verbesserung der Einnahmesituation der Gemeinden in sämtlichen norddeutschen Ländern gekommen ist [7].

---

[7] Der besondere Fall Niedersachsens im Fall des Vergleichs auf der Grundlage des Jahres 1969 kann durch die besondere Situation dieses Jahres, d.h. vor allen Dingen durch das aus der Vorverlegung der Zahlungstermine für die Gewerbesteuer resultierende besonders hohe Aufkommen aus dieser Steuer erklärt werden.
Dazu heisst es im Finanzbericht 1971 :

Aus den Angaben für das Jahr 1970 ersieht man, dass die Steuereinnahmen der Gemeinden aufgrund der erstmalig für das Jahr 1970 angewandten Bestimmungen des Gemeindefinanzreformgesetzes in allen norddeutschen Ländern im Durchschnitt um mehr als 10 v.H. über den hypothetischen Steuereinnahmen lagen, welche die Gemeinden bei Fortdauer der im Jahr 1969 geltenden Bestimmungen gehabt hätten. In den Ländern Schleswig-Holstein und Hamburg war die relative Verbesserung der Einnahmesituation der Gemeinden stärker als im Durchschnitt der Region Nord und im Bundesdurchschnitt [8].

Wegen der engen Bindungen zwischen Landeshaushalten und Gemeindehaushalten erscheint eine zusammenfassende Darstellung der von den finanzpolitischen Reformmassnahmen des Jahres 1969 ausgegangenen Einflüsse auf die Steuereinnahmen der einzelnen Länder und der in diesen Ländern gelegenen Gemeinden zweckmässig. Die nachfolgende Tabelle enthält eine solche zusammenfassende Darstellung:

Fortsetzung der Fußnote der Vorseite

    Die Gemeinden haben in das Jahr 1969 Gewerbesteuer-Zahlungen in Höhe von rund 2,2 Milliarden DM vorverlagert, so dass dieser Betrag in die Berechnung und Abführung der Gewerbesteuerumlage nicht mehr einbezogen wurde.

    Bundesministerium Finanzbericht 1971 Bonn 1970 S. 44
    der Finanzen

Das bedeutet jedoch, dass für das Jahr 1970 ein zu niedriges Aufkommen aus der Gewerbesteuer ausgewiesen wird. Die Gewerbesteuerumlage ist damit für dieses Jahr zu niedrig und der positive Effekt der Änderung der Finanzverfassung wird zu hoch ausgewiesen. Eine einigermassen verlässliche Aussage über die Wirkungen der Änderungen der Steuerverteilung auf die Haushalte der Gemeinden wird erst nach Ausschaltung der vom Jahr 1969 ausgehenden Sondereinflüsse möglich sein, d.h. bei Vorliegen der Angaben für die Jahre 1971 folgende.

[8] Streng genommen kann von einer Verbesserung der Einnahmesituation der Gemeindehaushalte im Land Hamburg deswegen nicht gesprochen werden, weil es einen selbständigen Gemeindehaushalt nicht gibt. Daher heisst es im § 7 des Gemeindefinanzreformgesetzes "In Berlin und Hamburg steht der Gemeindeanteil an der Einkommensteuer dem Land zu. Die Länder Berlin und Hamburg führen den Bundesanteil der Umlage nach § 6 an den Bund ab...." Daraus folgt, dass der Verbesserung der Gemeindehaushalte in den anderen Ländern in Hamburg und Berlin eine Verbesserung des Landeshaushalts entspricht.

V. 8. Die hypothetischen und die tatsächlichen Steuereinnahmen der Länder und der Gemeinden in der Region Nord in den Jahren 1969 und 1970 in Mill. DM

	Schleswig-Holstein	Hamburg	Niedersachsen	Bremen	Region Nord	Bundesgebiet
Hypothetische Steuereinnahmen der Länder und Gemeinden 1969	2.316	3.316	6.610	1.002	13.244	
Tatsächliche Steuereinnahmen der Länder und Gemeinden 1969	1.913	3.642	5.977	1.030	12.562	
Differenz	403	- 326	633	- 28	682	
Differenz in v.H. der tatsächlichen Steuereinnahmen im Jahr 1969	+ 21,1 %	- 9,0 %	+ 10,6%	- 2,7%	+ 5,4 %	
Hypothetische Steuereinnahmen der Länder und Gemeinden 1970	2.022	3.516	6.243	1.045	12.826	59.641
Tatsächliche Steuereinnahmen der Länder und Gemeinden 1970	2.455	3.181	6.951	1.021	13.608	68.722
Differenz	- 433	335	- 708	24	- 782	-9.081
Differenz in v.H. der tatsächlichen Steuereinnahmen im Jahr 1970	- 17,6 %	+ 10,5 %	- 10,2%	+ 2,4 %	- 5,7 %	- 13,2 %
(-1) x Differenz in v.H. der hypothetischen Steuereinnahmen 1970	+ 21,4 %	- 9,5 %	+ 11,3%	- 2,3 %	+ 6,1 %	+ 15,2 %

Diese Darstellung lässt erkennen, dass die Reform der Finanzverfassung zu einer über dem Bundesdurchschnitt und über dem Durchschnitt der Region Nord liegenden relativen Erhöhung der Steuereinnahmen von Land und Gemeinden in Schleswig-Holstein um mehr als ein Fünftel und zu einer relativen Senkung der Steuereinnahmen vor allen Dingen in Hamburg um mehr als ein Zehntel geführt hat [9].

9.) Für die letzte Zeile der Tabelle gelten die oben in Fussnote 5) gemachten Anmerkungen. Sie geben für das Jahr 1970 die relative Differenz zwischen den tatsächlichen Steuereinnahmen und den Steuereinnahmen bei Fortdauer der 1969 geltenden Bestimmungen über die Steuerverteilung an, bezogen auf die hypothetischen Steuereinnahmen des Jahres 1970

Zusammenfassend lässt sich sagen, dass das Inkrafttreten des Gesetzes über den Finanzausgleich zwischen Bund und Ländern und des Gesetzes zur Neuordnung der Gemeinde-finanzen zu einer Nivellierung der unterschiedlichen Steuereinnahmen der Länder und der Gemeinden je Einwohner im norddeutschen Raum geführt haben.

Es wird zu untersuchen sein, ob diese Wirkungen voll durch die Senkung der Ausgleichsbeiträge und der Ausgleichsleistungen im Rahmen des Finanzausgleichs zwischen den Ländern ausgeglichen wird. Es wird sich zeigen, dass es zu einer solchen vollständigen Neutralisierung nicht kommt, dass m.a.W. durch die Reformmassnahmen nicht allein das Volumen des gesamten Finanzausgleichs zwischen den Ländern reduziert, sondern auch eine Nivellierung der Finanzkraft je Einwohner nach Durchführung des Finanzausgleichs erreicht worden ist. Es ist m.a.W. infolge der Reformmassnahmen im B-ereich der Finanzverfassung im Jahr 1969 insgesamt zu einer echten Verschlechterung der Situation der beiden Stadtstaaten und zu einer Verbesserung der Situation der beiden Flächenländer in der Region Nord gekommen.

4. Die Bedeutung der Bestimmungen über die Zerlegung des Aufkommens aus verschiedenen Steuern für die Steuereinnahmen der norddeutschen Länder und Gemeinden

Die wirtschaftlichen und demographischen Bedingungen des norddeutschen Raumes, d.h. insbesondere das Verhältnis zwischen den beiden Stadtstaaten und den sie umgebenden bzw. den angrenzenden Flächenländern lassen den Bestimmungen über die Zerlegung des Aufkommens aus der Einkommen- und Körperschaftsteuer und aus der Gewerbesteuer eine besondere Bedeutung zukommen. Deswegen muss auf diese Bestimmungen und ihre Bedeutung für die Einnahmesituation der norddeutschen Länder und Gemeinden eingegangen werden, obwohl sich mangels entsprechender Angaben in der amtlichen Statistik keine genauen Angaben über die quantitative Bedeutung dieser Bestimmungen machen lassen.

Die massgebenden Bestimmungen über die Zerlegung des Steueraufkommens sind enthalten in dem Gewerbesteuergesetz in der Fassung vom 20. Oktober 1969 und in dem Gesetz über die Steuerberechtigung und die Zerlegung bei der Einkommensteuer und der Körperschaftsteuer (Zerlegungsgesetz)

in der Fassung vom 25. Februar 1971. In diesen Gesetzen wird ein
Unterschied zwischen den "steuerberechtigten Ländern" und solchen
"Einnahmeländern" gemacht,denen"... der Steueranspruch nach den Vorschriften dieses Gesetzes nicht zusteht..." (§ 1 des Zerlegungsgesetzes). Entsprechende Vorschriften bestehen für die Gemeinden im
Hinblick auf die Zerlegung des Aufkommens aus der Gewerbesteuer.
Im Fall der Lohnsteuer steht die Steuerberechtigung dem Land zu, in
welchem der steuerpflichtige Arbeitnehmer seinen Wohnsitz hat. Das
bedeutet, dass die von Pendlern in dem Land, in welchem sie arbeiten,
gezahlten Lohnsteuern an ihr Wohnsitzland übertragen werden müssen.
Im Fall der Körperschaftsteuer steht die unmittelbare Steuerberechtigung dem Land zu, in welchem die steuerpflichtige juristische Person
den Ort der Leitung hat. Es muss jedoch eine Zerlegung des Aufkommens aus der Körperschaftsteuer auf alle Länder erfolgen, in denen
die Körperschaft "... eine Betriebstätte oder mehrere Betriebstätten
oder Teile von Betriebstätten ..." (§ 2 Abs. (1) des Zerlegungsgesetzes) unterhält.
Im Fall der Gewerbesteuer muss eine Zerlegung des Aufkommens aus der
Gewerbesteuer auf alle Gemeinden vorgenommen werden, in denen das
Unternehmen "... Betriebstätten zur Ausübung des Gewerbes ..."
(§ 28 des Gewerbesteuergesetzes) unterhält.
Das bedeutet, dass es zu Übertragungen von kassenmässigen Einnahmen
aus der Lohnsteuer von Ländern mit hohem Einpendlerüberschuss an benachbarte Länder mit hohem Auspendlerüberschuss kommen muss. Das ist
bei den beiden Stadtstaaten des norddeutschen Raumes der Fall.
Das bedeutet ferner, dass es zu Übertragungen von kassenmässigen Einnahmen aus der Körperschaftsteuer von solchen Ländern, in denen sich
die Leitungszentralen von Körperschaften befinden, an solche Länder
kommen muss, in denen diese Körperschaften Betriebstätten unterhalten. Das dürfte ebenfalls für das Verhältnis der beiden Stadtstaaten
des norddeutschen Raumes zu den angrenzenden Flächenländern der Fall
sein. Das bedeutet schliesslich, dass es zu Übertragungen aus solchen Gemeinden, in denen sich besonders viele Zentralen gewerbesteuerpflichtiger Unternehmen befinden, an solche Gemeinden kommen
muss, in denen vorwiegend Betriebstätten dieser gewerbesteuerpflichtigen Unternehmen angesiedelt sind. Das dürfte, wenn auch in vergleichbar geringerem Masse, ebenfalls für das Verhältnis zwischen

den Gemeinden der beiden Stadtstaaten und den Gemeinden der angrenzenden Flächenländer charakteristisch sein.

Insgesamt dürfte es im Zusammenhang mit den Bestimmungen über Steuerberechtigung und Steuerzerlegung zu einer Minderung der den beiden Stadtstaaten verbleibenden kassenmässigen Steuereinnahmen und zu einer Stärkung der den beiden Flächenländern zur Verfügung stehenden kassenmässigen Steuereinnahmen kommen. Der beobachtbare Abwanderungsüberschuss der beiden Stadtstaaten dürfte zu einer Verschärfung der damit verbundenen Probleme führen.

5. Die Bedeutung der Bestimmungen über den Finanzausgleich zwischen den Ländern für die Einnahmesituation der norddeutschen Länder

Die durch die Gesetze des Jahres 1969 bewirkte Änderung der Verteilung des Steueraufkommens hat zwar zu einer gewissen, nicht aber zu einer als ausreichend erachteten Angleichung der Steuereinnahmen der Länder und Gemeinden in den einzelnen Bundesländern geführt.

V.9. Hypothetische und tatsächliche Steuereinnahmen pro Einwohner in den Ländern und Gemeinden der Region Nord im Jahr 1970

	Schleswig-Holstein	Hamburg	Niedersachsen	Bremen	Region Nord	Bundesgebiet
Tatsächliche Steuereinnahmen der Länder und Gemeinden pro Einwohner im Jahr 1970	956	1.755	976	1.349	1.110	1.117
Hypothetische Steuereinnahmen der Länder und Gemeinden pro Einwohner im Jahr 1970	788	1.940	876	1.380	1.046	970
Tatsächl. Steuerein. pro Einwohner 1970 : Hypoth. Steuerein. pro Einw. 1970	1,213	0,905	1,114	0,978	1,061	1,152
Tatsächliche Steuereinnahmen pro Einwohner 1970 in v.H. des Bundesdurchschnitts	85,6	157,1	87,4	120,8	99,4	100,0

Aus den Angaben über das Verhältnis zwischen den tatsächlichen und
den hypothetischen Steuereinnahmen pro Einwohner für das Jahr 1970
ist zu erkennen, dass die Änderungen in Verbindung mit den finanzpolitischen Reformgesetzen des Jahres 1969 zu einer Nivellierung
der Höhe der Steuereinnahmen pro Einwohner in den verschiedenen
Ländern geführt haben.

Aus den Angaben über die Höhe der tatsächlichen Steuereinnahmen pro
Einwohner im Jahr 1970 wird aber deutlich, dass trotz dieser Nivellierung erhebliche Unterschiede bestehen geblieben sind. Durch die
in dem Gesetz über den Finanzausgleich zwischen Bund und Ländern
vom 28. August 1969 enthaltenen Bestimmungen über den Finanzausgleich zwischen den Ländern soll eine weitere Angleichung der Höhe
der Steuereinnahmen pro Einwohner in den Ländern der Bundesrepublik
erreicht werden.

Diese Angleichung soll durch Ausgleichsbeiträge, welche von den überdurchschnittlich finanzstarken, d.h. den ausgleichspflichtigen Ländern aufgebracht werden, und Ausgleichszuweisungen erreicht werden,
welche von den unterdurchschnittlich finanzstarken, d.h. den ausgleichsberechtigten Ländern empfangen werden. Als Indikator für die
Finanzkraft eines Landes wird das Verhältnis zwischen der Steuerkraftmesszahl des Landes, d.h. der Höhe der in bestimmter Weise
definierten und gemessenen Steuereinnahmen des Landes und seiner
Gemeinden, und der Ausgleichsmesszahl des Landes verwandt, d.h.
der Höhe der in bestimmter Weise gemessenen hypothetischen Steuereinnahmen des Landes und seiner Gemeinden. Diese hypothetischen
Steuereinnahmen werden durch Multiplikation der Zahl der Einwohner
des Landes mit den tatsächlichen Steuereinnahmen der Länder und Gemeinden je Einwohner im Bundesdurchschnitt bestimmt. Sowohl bei der
Berechnung der Steuerkraftmesszahlen als auch bei der Berechnung
der Ausgleichsmesszahlen wird der besonderen Bedingungen in den
Ländern und Gemeinden (Sonderbelastungen der Länder, Grösse der
Gemeinde usw.) in unterschiedlicher Weise Rechnung getragen [10].

---

[10] Auf die Gründe für die Kritik an diesen Regelungen wird später
einzugehen sein. Für die norddeutschen Länder ist in dem Zusammenhang insbesondere die Behauptung von Bedeutung, dass den
besonderen Belastungen der Stadtstaaten nicht in hinreichender
Weise Rechnung getragen wird.

Da der Umfang des Finanzausgleichs zwischen den Ländern durch die in sämtlichen Ländern der Bundesrepublik [11]) bestehende Situation

---
[11]) Mit Ausnahme des Landes Berlin, das gem. § 11 des Gesetzes (Geltungsbereich des Finanzausgleichs) "... bis auf weiteres am Finanzausgleich unter den Ländern nicht teil(nimmt)."
---

bestimmt wird, kann sich die nachfolgende Darstellung nicht auf die in den norddeutschen Ländern bestehende Situation beschränken. Die Bestimmung der Höhe der von ihnen zu erbringenden Ausgleichsbeiträge bzw. der von ihnen empfangenen Ausgleichszuweisungen setzt die Kenntnis der in den anderen Ländern und im Bundesdurchschnitt bestehenden Situation voraus.

V. 10. Die Steuereinnahmen der Länder der Bundesrepublik ohne Berlin im Jahr 1970 in Mill.DM gemäß § 7 des Gesetzes über den Finanzausgleich

	Steuereinnahmen gemäß § 7[1])		
	Absatz 1	Absatz 1 und 2	Absatz 1,2,3 und 4
Schleswig-Holstein	1.841	1.786	1.756
Hamburg	2.311	2.246	2.191
Niedersachsen	5.127	4.955	4.949
Bremen	694	674	649
Region Nord	9.973	9.661	9.545
Hessen	4.777	4.651	4.651
Nordrhein-Westfalen	14.517	13.934	13.934
Rheinland-Pfalz	2.648	2.578	2.558
Baden-Württemberg	7.706	7.492	7.492
Bayern	8.202	7.970	7.970
Saarland	811	790	735
Bundesgebiet ohne Berlin	48.634	47.076	46.885

[1]) Einige Landessteuern werden wegen Geringfügigkeit bei § 7 Abs. 1 vernachlässigt. In Abs. 2 wird die Absetzung der geleisteten Lastenausgleichsbeiträge und in den Absetzungen 3 und 4 die Absetzung von Abgeltungsbeträgen für Sonderbelastungen bestimmt.

Quelle: S. Anlage V.b auch für eine detailliertere Darstellung

Die Summe der Steuereinnahmen der Länder gemäß § 7 Abs. 1,2,3 und 4 ist von Bedeutung für die Bestimmung der Steuerkraftmesszahl der einzelnen Länder. Zusammen mit der Summe der Steuereinnahmen der Gemeinden der einzelnen Länder stellt sie die Steuerkraftmesszahl für die einzelnen Länder dar.

Die Bestimmung der Steuereinnahmen der Gemeinden ist wegen der besonderen Probleme schwieriger, welche mit dem Versuch einer Vereinheitlichung der in den verschiedenen Ländern und Gemeinden geltenden unterschiedlichen Regelungen der Hebesätze der Realsteuern gelten.

Im § 8 des Gesetzes über den Finanzausgleich zwischen Bund und Ländern sind die Bestimmungen enthalten, durch welche eine Vereinheitlichung der unterschiedlichen Bestimmungen erreicht werden soll.

V. 11. Die Steuereinnahmen der Gemeinden in den Ländern der Bundesrepublik im Jahr 1970 in Mill. DM gemäß § 8 des Gesetzes über den Finanzausgleich

	Gemäss § 8 Abs. 5 korrigierte Realsteuerkraft 1969			50 vom Hundert des tatsächlichen		Steuereinnahmen der Gemeinden gemäß § 8
	Grundsteuer A	B	Gewerbesteuer vom Ertrag u. Kapital	Gemeindeanteil an d.Eink.st. 1970	Gewerbesteuerumlage 1970	
Schlesw.-Holst.	15	38	157	90	- 45	255
Hamburg	1	46	274	185	- 126	380
Niedersachsen	42	106	566	314	- 205	823
Bremen	0	22	83	56	- 38	123
Region Nord	58	212	1.080	645	- 414	1.581
Nordrhein-W.	34	330	1.740	1.071	- 686	2.489
Hessen	19	96	636	336	- 210	877
Rheinland-Pf.	18	59	294	153	- 110	414
Baden-Württ.	42	172	1.090	566	- 320	1.550
Bayern	50	165	984	568	- 324	1.443
Saarland	2	20	66	43	- 28	103
Bundesgebiet ohne Berlin	223	1.054	5.890	3.382	- 2.092	8.457
Berlin (West)	0	67	168	66	- 75	226
Bundesgebiet	223	1.121	6.058	3.448	- 2.167	8.683

Quellen: s. Anlage V. c

Jetzt können ohne Schwierigkeiten die Steuerkraftmesszahlen der Länder der Bundesrepublik bestimmt werden.

V. 12. Die Steuerkraftmesszahlen der Länder der Bundesrepublik im Jahr 1970 in Mill. DM gemäß § 6 Abs. 1 des Gesetzes über den Finanzausgleich [1)]

	Steuereinnahmen der		Steuerkraftmesszahl der Länder gem. § 6 Abs. 1
	Länder gem. § 7	Gemeinden gem. § 8	
Schleswig-Holstein	1.756	255	2.011
Hamburg	2.191	380	2.571
Niedersachsen	4.949	823	5.772
Bremen	649	123	772
Region Nord	9.545	1.581	11.126
Nordrhein-Westf.	13.934	2.489	16.423
Hessen	4.651	877	5.528
Rheinland-Pfalz	2.558	414	2.972
Baden-Württemberg	7.492	1.550	9.042
Bayern	7.972	1.443	9.415
Saarland	735	103	838
Bundesgebiet ohne Berlin	46.887	8.457	55.344
Berlin (West)	1.286	226	1.512
Bundesgebiet	48.173	8.683	56.856

Als nächstes sind die Ausgleichsmesszahlen der verschiedenen Bundesländer mit Ausnahme von Berlin zu bestimmen. Für die Bestimmung dieser Ausgleichsmesszahlen sind die Kenntnis der Höhe der Steuereinnahmen der Länder und der Gemeinden gemäß §§ 7 und 8 des Gesetzes je Einwohner im Bundesdurchschnitt und die Kenntnis der Höhe der "gewerteten" Einwohnerzahl der Länder und der Gemeinden in den verschiedenen Ländern von Bedeutung. Der Faktor zur Bestimmung der Höhe der gewerteten Einwohnerzahl ist für die Länder direkt im Gesetz festgelegt und wird für die Gemeinden der Länder durch die Verteilung der Wohnbevölkerung auf Gemeinden unterschiedlicher Größe und in einigen Fällen (bei Gemeinden mit mehr als 500.000 Einwohnern) durch die Bevölkerungsdichte bestimmt.

[1)] Im § 6 Abs. 1 des Gesetzes über den Finanzausgleich heisst es:
§ 1 Steuerkraftmesszahl, Ausgleichsmesszahl
(1) Die Steuerkraftmesszahl eines Landes ist die Summe der Steuereinnahmen des Landes nach § 7 und der Steuereinnahmen seiner Gemeinden nach § 8

V. 13. Bestimmung der gewerteten Einwohnerzahl der Länder
der Bundesrepublik mit Ausnahme von Berlin und ihrer
Gemeinden im Jahr 1970 gemäß § 9 des Gesetzes in Tsd.

	Länder			Gemeinden		
	tatsächl. Einwohnerzahl	Wertungsfaktor	gewertete Einwohnerz.	tatsächl. Einwohnerzahl	Wertungsfaktor	gewertete Einwohnerz.
Schleswig-Holst.	2.567	1,00	2.567	2.567	1,072	2.751,8
Hamburg	1.812	1,35	2.446	1.812	1,295	2.346,1
Niedersachsen	7.125	1,00	7.125	7.125	1,065	7.589,9
Bremen	757	1,35	1.022	757	1,206	912,8
Region Nord	12.261		13.160	12.261		13.600,6
Hessen	5.461	1,00	5.461	5.461	1,151	6.285,0
Nordrhein-Westf.	17.207	1,00	17.207	17.207	1,133	19.495,1
Rheinland-Pfalz	3.684	1,00	3.684	3.684	1,051	3.870,3
Baden-Württembg.	8.996	1,00	8.996	8.996	1,067	9.598,3
Bayern	10.644	1,00	10.644	10.644	1,073	11.416,1
Saarland	1.127	1,00	1.127	1.127	1,052	1.185,1
Bundesgebiet ohne Berlin	59.380		60.279	59.380		65.450,5

Quelle: s. Anlage V. d

Diese gewerteten Einwohnerzahlen werden für die Bestimmung der durchschnittlichen Steuereinnahmen der Länder und Gemeinden je Einwohner verwandt.

V. 14. Durchschnittliche Steuereinnahmen der Länder und
Gemeinden [1] je gewerteten Einwohner in der Bundesrepublik im Jahr 1970

Durchschnittliche Steuereinnahmen der Länder gemäß §§ 7 und 9	$\frac{\text{DM } 46.887 \text{ Mill.}}{60.279}$ = DM 777,8	Durchschnittliche Steuereinnahmen der Gemeinden gemäß §§ 8 und 9	$\frac{\text{DM } 8.457 \text{ Mill.}}{65.450,5}$ = DM 129,2

[1] Da der Geltungsbereich des Gesetzes über den Finanzausgleich das Land Berlin nicht umfasst (§ 11 Abs. 1) sind in dieser und in den folgenden Tabellen nur die Bundesländer ohne Berlin berücksichtigt.

Durch Multiplikation der durchschnittlichen Steuereinnahmen je gewerteten Einwohner mit der Zahl der gewerteten Einwohner der Länder und der Gemeinden kann die Höhe der beiden Messzahlen und damit auch die Summe der beiden Messzahlen, d.h. die Ausgleichsmesszahl der einzelnen Länder bestimmt werden. Die Differenz zwischen der Höhe der Ausgleichsmesszahlen und der Höhe der Steuerkraftmesszahlen bildet dann die Grundlage für die Bestimmung der Ausgleichsbeiträge bzw. der Ausgleichszuweisungen der einzelnen Länder.

V. 15. Ausgleichsmesszahlen und Steuerkraftmesszahlen der Länder der Bundesrepublik ohne Berlin im Jahr 1970 in Mill. DM gemäß § 6 des Gesetzes über den Finanzausgleich

	Messzahl der		Ausgleichs-messzahl der Länder	Steuerkraft-messzahl der Länder	Differenz 1)
	Länder	Gemeinden			
Schleswig-Holst.	1.997	356	2.353	2.011	+ 342
Hamburg	1.902	303	2.205	2.571	− 366
Niedersachsen	5.542	981	6.523	5.772	+ 751
Bremen	795	118	913	772	+ 141
Region Nord	10.236		11.994	11.126	+ 868
Nordrhein-Westf.	13.384	2.519	15.903	16.423	− 520
Hessen	4.248	812	5.060	5.528	− 468
Rheinland-Pfalz	2.865	500	3.365	2.972	+ 393
Baden-Württ.	6.997	1.240	8.237	9.042	− 805
Bayern	8.279	1.475	9.754	9.415	+ 339
Saarland	877	153	1.030	838	+ 192
Bundesgebiet ohne Berlin	46.885	8.456	55.343	55.344	0

1) Es folgt aus der für die Bestimmung von Ausgleichs- und Steuerkraftmesszahlen verwandten Methode, dass die Differenz zwischen beiden Grössen für die Gesamtheit der berücksichtigten Länder gleich Null werden muss.

Es ist leicht einzusehen, dass die Länder relativ finanzstark sind, bei denen die Ausgleichsmesszahl kleiner als die Steuerkraftmesszahl, d.h. der Ausdruck in der letzten Spalte der Tabelle negativ ist. Umgekehrt sind solche Länder relativ finanzschwach, bei denen die Ausgleichsmesszahl grösser als die Steuerkraftmesszahl ist. Es ist leicht einzusehen, dass die Differenzen zwischen Ausgleichsmesszahl und Steuerkraftmesszahl dann für alle Länder verschwinden würden, wenn alle relativ gleich finanzstark bzw. -schwach wären. Es ist schliesslich leicht einzusehen, dass die Differenz zwischen Ausgleichsmesszahl und Steuerkraftmesszahl für die Bundesrepublik insgesamt gleich Null sein muss. Das folgt aus der für die Berechnung verwandten Methode und den Definitionen. Im dargestellten Fall ist es zu einer Kumulierung von Abrundungsfehlern und damit zu einer geringen negativen Differenz für die Bundesrepublik als Ganzes gekommen.

Die Darstellung lässt erkennen, dass - mit Ausnahme Hamburgs - die Steuerkraftmesszahl in allen norddeutschen Ländern und in der Region Nord insgesamt niedriger ist als die Ausgleichsmesszahl. Die norddeutschen Länder, mit Ausnahme Hamburgs, gehören also zu den relativ finanzschwachen Ländern der Bundesrepublik.

Auch die Region Nord ist insgesamt relativ finanzschwach [12]. Daraus folgt, dass die von den Ländern der Region Nord empfangenen Ausgleichszuweisungen wegen der für die Bestimmung ihrer Höhe massgeblichen Bestimmungen die Höhe der von Hamburg geleisteten Ausgleichsbeiträge übersteigt.

Die Höhe der Ausgleichsbeiträge und der Ausgleichszuweisungen wird im Rahmen eines mehrstufigen Rechenganges bestimmt.

V. 16. Die Höhe der Ausgleichszuweisungen gemäß § 10 Abs. 1 an die ausgleichsberechtigten Länder im Jahr 1970 in Mill. DM

	92 v.H. der Ausgleichsmesszahl - Steuerkraftmesszahl	37,5 v.H. des Betrages, der von 92 v.H. bis 100 v.H. der Ausgl.messz.fehlt	Insgesamt
Schleswig-Holstein	154	70	224
Niedersachsen	229	196	425
Bremen	68	27	95
Ausgleichsberechtigte Länder der Region Nord	451	293	744
Rheinland-Pfalz	124	101	225
Bayern	-	127	127
Saarland	110	31	141
Ausgleichsberechtigte Länder insgesamt	685	552	1.237

---

[12] Es muss berücksichtigt werden, dass es sich bei dieser Aussage nicht um eine schlechthin allgemeingültige Aussage handelt. Grundlage dieser Aussage ist vielmehr eine Situation, welche durch eine ganz bestimmte Verteilung des Aufkommens aus den verschiedenen Steuern gekennzeichnet ist.
Es lässt sich nur schwer eine Form der Steuerverteilung vorstellen, bei deren Verwirklichung die beiden Länder Schleswig-Holstein und Niedersachsen nicht den Charakter relativ finanzschwacher Länder haben würden. Dagegen ist eine Verteilung des Steueraufkommens zwischen Bund und Ländern bzw. zwischen Bund, Ländern und Gemeinden denkbar, bei deren Verwirklichung die Finanzkraft der beiden Stadtstaaten so erhöht wird, dass die Region Nord insgesamt nicht mehr finanzschwach ist. Durch eine Änderung der Verteilung des Aufkommens aus der Umsatzsteuer und aus den verschiedenen Verbrauchssteuern könnte eine solche Situation geschaffen werden.

V. 17. Die Höhe der Ausgleichsbeiträge gemäß § 10 Abs. 2 von den ausgleichspflichtigen Ländern im Jahr 1970 in Mill. DM

	Steuerkraftmesszahl - 110 v.H. der Ausgl.messz.	70 v.H. der Steuerkraftmesszahl zwischen 102 und 110 v.H. der Ausgleichsmesszahl	Insgesamt	Gemäß § 10 Abs. 2 Satz 2 korrigierte Ausgleichsbeiträge 1)
Hamburg	145	123	268	1,11·268 = 297
Nordrhein-W.	-	141	141	1,11·141 = 157
Hessen	-	257	257	1,11·257 = 285
Baden-Württ.	-	448	448	1,11·448 = 497
Ausgleichspflichtige Länder insg.			1.114	1.236

1) Die Korrektur wird durch § 10 Abs. 2 Satz 2 des Gesetzes bestimmt. Dort heisst es:

§ 10 .....
(2) .... Der Hundertsatz von den ausgleichspflichtigen Beiträgen wird so bemessen, dass die Summe der Ausgleichsbeiträge mit der Summe der Ausgleichszuweisungen übereinstimmt.

Damit ist jedoch der Prozess des Finanzausgleichs noch nicht abgeschlossen. Vielmehr kann es unter bestimmten Voraussetzungen dann zu einem weiteren Ausgleich zwischen den Ländern kommen, wenn nach Durchführung der ersten Stufe des Finanzausgleichs, d.h. nach Durchführung der dargestellten Ausgleichsmassnahmen die Höhe der Steuereinnahmen pro Einwohner in den ausgleichsberechtigten Ländern nicht eine bestimmte Mindesthöhe erreicht (95 v.H. der durchschnittlichen Steuereinnahmen der Länder je Einwohner) oder in den ausgleichsverpflichteten Ländern unter die durchschnittlichen Steuereinnahmen je Einwohner sinkt. In diesen Fällen sind zusätzliche Ausgleichsbeiträge der ausgleichspflichtigen Länder bzw. der übrigen ausgleichspflichtigen Länder zu erbringen.

V. 18. Steuereinnahmen der Länder gemäß § 7 Abs. 1 und 2 zuzüglich Ausgleichszuweisungen gemäß § 10 Abs. 1 bzw. abzüglich Ausgleichsbeiträge gemäß § 10 Abs. 2 des Gesetzes insgesamt und je Einwohner im Jahr 1970

	Steuereinnahmen der Länder gem. § 7 Abs. 1 und 2 zuzüglich Ausgleichszuweisungen bzw. abzüglich Ausgleichsbeiträge gem. § 10 Abs. 1 bzw. § 10 Abs. 2		Differenz zwischen der Höhe der Summe aus Steuereinnahmen je Einwohner zuzüglich Ausgleichszuweisungen je Einwohner in ausgleichsberechtigten Ländern und 95 v.H. der durchschnittlichen Steuereinnahmen je Einwohner	Differenz zwischen der Höhe der Steuereinnahmen abzüglich der Ausgleichsbeiträge je Einwohner und der Höhe der durchschnittlichen Steuereinnahmen je Einwohner in den ausgleichspflichtigen Ländern
	Insgesamt	je Einwohner		
Schlesw.-H.	2.010	783	-	
Hamburg	1.949	1.076		-
Niedersachs.	5.380	755	-	
Bremen	769	1.016		-
Region Nord	10.108	824		
Nordrhein-W.	13.777	801		-
Hessen	4.366	800		-
Rheinland-P.	2.803	761	-	
Baden-Württ.	6.995	778		15
Bayern	8.099	761	-	
Saarland	931	826		-
Bundesgebiet ohne Berlin	47.079	793	kein ausgleichsberechtigtes Land mit negativer Differenz	
95 v.H. des Bundesdurchschnitts		753		

Die Höhe der Steuereinnahmen je Einwohner liegen im Land Baden-Württemberg nach Durchführung dieser ersten Stufe des Ausgleichsverfahrens um DM 15,00 unter dem Wert dieser Grösse für den Durchschnitt der Bundesländer mit Ausnahme Berlins [13].

---

[13] Es ist unmittelbar einleuchtend, dass bei Verwendung dieser Durchschnittsgröße die Ausgleichszuweisungen und -beiträge nicht berücksichtigt werden brauchen. Im Durchschnitt der Bundesländer muss die Höhe der Steuereinnahmen je Einwohner zuzüglich der Ausgleichszuweisungen bzw. abzüglich der Ausgleichsbeiträge der Höhe der Steuereinnahmen je Einwohner gleich sein.

Daraus ergibt sich für das Land Baden-Württemberg ein Fehlbetrag, der gleich dem Produkt der negativen Abweichung je Einwohner und der Zahl der Einwohner ist, also

$$\text{DM } 15{,}00 \times 8.996{,}2 \text{ Mill.} = \text{DM } 135 \text{ Mill.}$$

Im Gesetz wird bestimmt, dass dieser "..Fehlbetrag von den anderen ausgleichspflichtigen Ländern im Verhältnis ihrer Ausgleichsbeiträge zu übernehmen" ist.

V. 19. Deckung des Fehlbetrags des Landes Baden-Württemberg im Jahr 1970 gemäß § 10 Abs. 3, S. 2 des Gesetzes

	Absolute Höhe der Ausgleichsbeiträge der verbleibenden ausgleichspflichtigen Länder in Mill.DM	Anteil an den Ausgleichsbeiträgen der übrigen Länder in v.H.	Beitrag zur Deckung des Fehlbetrages des Landes Baden-Württemberg in Mill. DM
Hamburg	297	40,2	54,3
Nordrhein-W.	157	21,2	28,6
Hessen	285	38,6	52,1
Insgesamt	739	100,0	135,0

Nach der Durchführung dieser zweiten Stufe des Finanzausgleichs, d.h. nach Durchführung der in § 10 Abs. 1, 2 und 3 des Gesetzes über den Finanzausgleich zwischen Bund und Ländern vorgeschriebenen Operationen erhalten wir jetzt das folgende Bild von der Einnahmeverteilung in den und den Ausgleichsleistungen zwischen den Ländern der Bundesrepublik Deutschland mit Ausnahme von Berlin:

V. 20. Gesamte Steuereinnahmen der Länder der Bundesrepublik [1].
Ausgleichsbeiträge bzw. -zuweisungen der Länder der Bundesrepublik mit Ausnahme von Berlin und Höhe der Steuereinnahmen zuzüglich empfangener Ausgleichszuweisungen bzw. abzüglich geleisteter Ausgleichsbeiträge insgesamt, je Einwohner und je Einwohner in v.H. des Bundesdurchschnitts
im Jahr 1970

	Gesamte Steuereinnahmen in Mill. DM	Ausgleichszu-[2] weisungen (+) bzw. Ausgleichsbeiträge (-) in Mill. DM	Einnahmen Insgesamt in Mill.DM	je Einwohner in DM	Einnahmen je Einwohner in v.H. des Bundesdurchschnitts
Schlesw.-Holst.	1.865	+ 224	2.089	813,8	98,3
Hamburg	2.348	- 351	1.997	1.102,3	133,1
Niedersachsen	5.188	+ 425	5.613	787,8	95,2
Bremen	704	+ 95	799	1.055,8	127,5
Region Nord	10.105	+ 393	10.498	856,3	103,4
Nordrhein-Westf.	14.641	- 186	14.455	840,1	101,5
Hessen	4.835	- 337	4.498	823,7	99,5
Rheinland-Pfalz	2.652	+ 225	2.877	781,0	94,3
Baden-Württembg.	7.796	- 362	7.434	826,3	99,8
Bayern	8.313	+ 127	8.430	792,0	95,7
Saarland	816	+ 141	957	849,2	102,6
Bundesgebiet ohne Berlin	49.158	0	49.158	827,9	100,0

[1] Hier sind auch die in § 7 Abs. 1 des Gesetzes nicht berücksichtigten Landessteuern enthalten. Die Lastenausgleichsabgaben werden dagegen vernachlässigt.

[2] Das Ergebnis unserer Rechnungen weicht von den im Finanzbericht 1972 veröffentlichten vorläufigen Abrechnungen des Bundesministers für Wirtschaft und Finanzen ab. Eine Gegenüberstellung gibt das folgende Bild (Ergebnis unserer Rechnungen in Klammern):

	Steuern der Länder vor dem Finanzausgl.	Länderfinanz-ausgleich	Steuern der Länder nach dem Finanzausgl.
Schlesw.-Holst.	1.824,4 (1.786)	+ 204,3 (+ 224)	2.028,7 (2.010)
Hamburg	2.256,0 (2.246)	- 298,6 (- 351)	1.957,4 (1.895)
Niedersachsen	5.064,0 (4.955)	+ 396,4 (+ 425)	5.460,4 (5.380)
Bremen	683,7 (674)	+ 99,8 (+ 95)	783,5 (769)
Region Nord	9.828,1 (9.661)	+ 401,9 (+ 393)	10.230,0 (10.054)
Nordrhein-W.	14.301,5 (13.934)	- 284,3 (- 186)	14.017,2 (13.748)
Hessen	4.698,7 (4.651)	- 297,1 (- 337)	4.401,6 (4.314)
Rheinl.-Pfalz	2.618,1 (2.578)	+ 225,0 (+ 225)	2.843,1 (2.803)
Baden-Württ.	7.597,9 (7.492)	- 338,5 (- 362)	7.259,4 (7.130)
Bayern	8.068,6 (7.972)	+ 151,6 (+ 127)	8.220,2 (8.099)
Saarland	801,0 (790)	+ 141,4 (+ 141)	942,4 (931)
Insgesamt	47.913,9 (47.078)	0 0	47.913,9 (47.079)

Quelle: Der Bundesminister für Wirtschaft und Finanzen, Finanzbericht 1972, Bonn 1971, S. 192

Da die zu den angegebenen Ergebnissen führenden Rechenoperationen nicht dargestellt werden, ist eine detaillierte Erklärung der Ergebnisse nicht möglich. Die Unterschiede sind sicherlich weitgehend durch Unterschiede in zugrundeliegenden Zahlen über die Höhe der Steuereinnahmen bedingt. Dabei muss berücksichtigt werden, daß wir wegen des Fehlens anderer Informationen von den durch das Statistische Bundesamt veröffentlichten Angaben über die kassenmässigen Steuereinnahmen ausgegangen sind. Das ist - streng genommen - kein einwandfreies Verfahren. Aus diesem Grunde kann für die durchgeführten Rechnungen lediglich exemplarische Bedeutung beansprucht werden.

Als bedeutsam kann eine Gegenüberstellung der in den Flächenländern der Bundesrepublik vor und nach dem Finanzausgleich bestehenden Situation und ein Vergleich der Situation der beiden norddeutschen Flächenländer mit der Situation der anderen Flächenländer der Bundesrepublik angesehen werden.

V. 21. Gesamte Steuereinnahmen der Flächenländer der Bundesrepublik vor und der Einnahmen nach Durchführung des Länderfinanzausgleichs je Einwohner und je Einwohner in v.H. des Bundesdurchschnitts der Flächenländer im Jahr 1970 aufgrund unterschiedlicher Rechnungen und Ansätze

	Ansatz unserer Rechnungen				Ansatz des BMWF			
	Steuereinnahmen gem. § 7 Abs. 1 und 2		Steuereinnahmen gem. § 7 Abs. 1 u. 2 zuzüglich Ausgleichszuweisungen, abz. Ausgleichsbeitr.		Steuereinnahmen gem. § 7 Abs. 1 und 2		Steuereinnahmen gem. § 7 Abs. 1 u. 2 zuzüglich Ausgleichszuweisungen, abz. Ausgleichsbeitr	
	je Einwohner	je Einwohner in % d. Durchs.	je Einwohner	je Einwohner in % d. Durchs.	je Einwohner	je Einwohner in % d. Durchs.	je Einwohner	je Einwohner in % d. Durchs.
Schlesw.-H.	695,8	89,5	783,0	100,2	710,7	89,8	790,3	99,4
Nieders.	695,4	89,5	755,1	96,6	710,7	89,8	766,4	96,4
Flächenld. d.Region N	695,5	89,5	762,5	97,5	710,7	89,8	772,7	97,2
Nordrh.-W.	809,8	104,2	799,0	102,2	831,1	105,0	814,6	102,4
Hessen	951,7	109,6	790,0	101,0	860,4	108,7	806,0	101,4
Rheinl.-P.	699,9	90,0	760,9	97,3	710,7	89,8	771,8	97,1
Baden-Württ.	832,8	107,1	792,6	101,4	844,6	106,7	806,9	101,5
Bayern	749,0	96,4	760,9	97,3	758,1	95,8	772,3	97,1
Saarland	701,0	90,2	826,1	105,7	710,7	89,8	836,2	105,2
Flächenld. d. Bundesr.	777,3	100,0	781,8	100,0	791,7	100,0	795,2	100,0
Hamburg	1.239,7	159,5	1.046,0	133,8	1.245,3	157,3	1.080,4	135,9
Bremen	890,6	114,6	1.016,1	130,0	903,4	114,1	1.035,2	130,2
Bundesgeb. ohne Berlin	792,8	102,0	792,8	101,4	806,9	101,9	806,9	101,5

Diese Darstellung macht deutlich, dass vom Finanzausgleich - gleich von welchem der beiden Ansätze wir ausgehen - eine erkennbare Nivellierung der Höhe der Steuereinnahmen je Einwohner in den verschiedenen Bundesländern ausgeht. Das lässt sich einfach ausdrücken, indem wir die absolute Höhe der relativen Abweichung der Einnahmen der einzelnen Länder vom Durchschnitt, d.h. von 100,0, mit der Bevölkerungszahl der Länder gewichten und die Summe dieser Produkte durch die Gesamtbevölkerung dividieren. Wir erhalten dann ein Mass für die durchschnittliche Abweichung. Durch einen Vergleich der Masszahlen vor und nach Durchführung des Finanzausgleichs lässt sich eine Vorstellung von dem mit diesem verbundenen Nivellierungseffekt gewinnen.

Absolute Höhe der durchschnittlichen relativen Abweichungen	Unser Ansatz		Ansatz des BMWF	
	vor	nach	vor	nach
		Finanzausgleich		
Flächenländer der Bundesrep.	6,6 v.H.	2,2 v.H.	6,8 v.H.	2,4 v.H.
Alle Länder der Bundesrep. ohne Berlin	8,3 v.H.	3,5 v.H.	8,4 v.H.	3,8 v.H.

Es zeigt sich, dass der Finanzausgleich zu einer beachtlichen Nivellierung der unterschiedlichen Höhe der Steuereinnahmen je Einwohner in den verschiedenen Ländern führt. Diese Nivellierung äussert sich auch darin, dass die Höhe der Einnahmen je Einwohner in den beiden norddeutschen Flächenländern durch den Finanzausgleich weitgehend an den Bundesdurchschnitt und noch stärker an den Durchschnitt der Flächenländer des Bundesgebiets angepasst wird.

Der Finanzausgleich führt schliesslich dazu, dass die Steuereinnahmen je Einwohner nach Abzug der geleisteten Ausgleichsbeiträge in Hamburg unter das 1,35-Fache des Bundesdurchschnitts gesenkt werden.

> Nach unserem Ansatz betrugen die Einnahmen je Einwohner in Hamburg nach Durchführung des Finanzausgleichs das 1,32-Fache des Bundesdurchschnitts dieser Größe.
> Nach dem Ansatz des Bundesministers für Wirtschaft und Finanzen betrugen die Einnahmen je Einwohner nach Durchführung des Finanzausgleichs in Hamburg das 1,34-Fache des Bundesdurchschnitts dieser Größe. Damit bleiben in beiden Fällen die Ansätze für Hamburg hinter der im § 9 des Gesetzes über den Finanzausgleich enthaltenen Grösse zurück. Entscheidend dafür sind die Bestimmungen über die Messung der Einwohnerzahl der Gemeinde und der Beitrag Hamburgs zur Deckung des Fehlbetrags des Landes Baden-Württemberg in der zweiten Stufe des Finanzausgleichs.

6. Die Bedeutung der Bestimmungen über die Ergänzungszuweisungen des Bundes für die Einnahmesituation der norddeutschen Länder

In den Jahren 1970 und 1971 erhielten die leistungsschwachen Länder der Bundesrepublik neben den Zuweisungen im Rahmen des Länderfinanzausgleichs noch Ergänzungszuweisungen des Bundes in Höhe von insgesamt DM 100 Millionen pro Jahr. Von diesen Ergänzungszuweisungen erhielt das Land Niedersachsen in beiden Jahren je DM 38 Millionen und das Land Schleswig-Holstein je DM 16 Millionen. Dadurch verändern sich die in Darstellung V. 21. angegebenen Ergebnisse nur geringfügig. Das soll für die norddeutschen Länder dargestellt werden.

V. 22. Höhe der Steuereinnahmen nach § 7 Abs. 1 und 2 zuzüglich Ausgleichszuweisungen und Ergänzungszuweisungen bzw. abzüglich Ausgleichsbeiträge je Einwohner und in v.H. des Durchschnitts je Einwohner in sämtlichen Flächenländern der Bundesrepublik im Jahr 1970 in DM bzw. in v.H.

	Ansatz unserer Rechnung		Ansatz des BMWF	
	Einnahme je Einwohner	Einnahme je Einwohner in v.H. des Durchschnitts der Flächenländer	Einnahme je Einwohner	Einnahme je Einwohner in v.H. des Durchschnitts der Flächenländer
Schleswig-Holst.	789,2	100,7	796,5	99,9
Hamburg	1.046,0	133,5	1.080,4	135,6
Niedersachsen	760,4	97,0	771,7	96,8
Bremen	1.016,1	129,7	1.035,2	129,9
Region Nord	824,5	105,2	838,8	105,2
Flächenländer d. Bundesrepublik	783,6	100,0	797,0	100,0
Bundesgebiet ohne Berlin	794,5	101,4	808,6	101,5

Nicht berücksichtigt sind die Leistungen des Bundes an die Länder im Rahmen der für die Finanzierung der Gemeinschaftsaufgaben von Bund und Ländern gemäß Art. 91a und im Rahmen der für Finanzhilfen für besonders bedeutsame Investitionen gemäß Art 104a Abs. 4 getroffenen Regelungen. Genaue Angaben über den Umfang dieser Leistungen im Jahr 1970 lagen bei Fertigstellung dieser Untersuchung noch nicht vor.

Die Vernachlässigung erscheint auch deswegen gerechtfertigt, weil diese Leistungen nicht den Charakter einer generellen Verbesserung der Einnahmesituation der Länderhaushalte haben, sondern an bestimmte Aufgaben gebunden sind.

7. Zusammenfassung

Im Mittelpunkt der Darstellung dieses Abschnitts stand der Überblick über die Massnahmen, welche zur Nivellierung der ausserordentlich grossen Unterschiede zwischen der Höhe des örtlichen Steueraufkommens je Einwohner in den Ländern der Bundesrepublik führen. Ihr Ziel besteht in der Schaffung der Grundlagen für eine ihren Aufgaben angemessene finanzielle Leistungskraft der Länder der Bundesrepublik.

V. 23. Örtliches Steueraufkommen [1] und Steuereinnahmen der Länder zuzüglich Ausgleichs- und Ergänzungszuweisungen bzw. abzüglich Ausgleichsbeiträge je Einwohner und je Einwohner in v.H. des Durchschnitts je Einwohner in sämtlichen Flächenländern der Bundesrepublik im Jahr 1970 in DM bzw. in v.H.

	Örtliches Aufkommen		Einnahmen der Länder[2]	
	je Einwohner	je Einwohner in v.H. des Durchschnitts der Flächenländer	je Einwohner	je Einwohner in v.H. des Durchschnitts der Flächenländer
Schleswig-Holst.	1.709	77,0	787	99,6
Hamburg	8.529	384,2	1.036	131,1
Niedersachsen	1.716	77,3	768	97,2
Bremen	5.033	226,7	999	126,5
Region Nord	2.926	131,8	826	104,6
Nordrhein Westf.	2.510	113,1	806	102,0
Hessen	2.625	118,2	801	101,4
Rheinland-Pfalz	1.847	83,2	763	96,6
Baden-Württembg.	2.515	113,3	803	101,6
Bayern	2.035	91,7	772	97,7
Saarland	1.695	76,4	787	99,6
Bundesgebiet ohne Berlin	2.449	110,3	800	101,3
Flächenländer d. Bundesrepublik	2.220	100,0	790	100,0

1) Grundlage der Darstellung sind die Angaben der amtlichen Statistik über die Höhe der kassenmässigen Steuereinnahmen. Das bedeutet, dass die Darstellung der Einnahmen der Länder von den Ergebnissen unseres Ansatzes ausgeht.

2) Einnahmen aus Landessteuern, aus Anteilen an der Einkommen- und Körperschaftsteuer, der Umsatzsteuer und der Gewerbesteuerumlage abzüglich Lastenausgleichsabgaben, abzüglich Sonderbelastungen, abzüglich Ausgleichsbeiträge, zuzüglich Ausgleichszuweisungen und zuzüglich Ergänzungszuweisungen.

Zur Kennzeichnung der Nivellierungswirkungen können wiederum die oben (s.S.165) verwandten Masse benutzt werden.

Absolute Höhe der durchschnittlichen relativen Abweichungen vom Durchschnitt der Flächenländer	Örtliches Steueraufkommen	Steuereinnahmen der Länder vor Finanzausgleich	Einnahmen der Länder nach Finanzausgleich
Flächenländer der Bundesrepublik	14,8 v.H.	6,6 v.H.	2,0 v.H.
Alle Länder der Bundesrepublik ohne Berlin	24,5 v.H.	8,3 v.H.	3,2 v.H.

Es zeigt sich, dass von den Bestimmungen über die Steuerverteilung auf Bund und Länder und über die Zerlegung des Steueraufkommens bereits ein erheblicher Nivellierungseffekt ausgeht. In dem Zusammenhang ist vor allem der Umstand von Bedeutung, dass die Verbrauchssteuern, welche eine ausserordentlich grosse Bedeutung für das örtliche Steueraufkommen der beiden norddeutschen Stadtstaaten haben, Bundessteuern sind. Von der Verteilung des Aufkommens aus der Umsatzsteuer auf Bund und Länder und dem Finanzausgleich zwischen den Ländern geht ein weiterer wichtiger Nivellierungseffekt aus.

Das äussert sich darin, dass es zu einer wichtigen Verbesserung der relativen Stellung der beiden norddeutschen Flächenländer unter den Bundesländern kommt.

Das äussert sich zum anderen darin, dass es auch zu einer beachtlichen Verbesserung des als ausgleichsberechtigtes Land am Finanzausgleich partizipierenden Landes Bremen kommt.

Das äussert sich schliesslich darin, dass es zu einer erheblichen Verschlechterung der relativen Stellung des Landes Hamburg unter den Ländern der Bundesrepublik kommt.

Es stellt sich die Frage, ob die Verschlechterung der relativen Stellung des Landes Hamburg und das schon 1970, aber in den folgenden Jahren in verstärktem Masse beobachtbare Absinken der Einnahmen je Einwohner im Vergleich zu den anderen Bundesländern unter den für die Ermittlung der Einwohnerzahl massgeblichen Ansatz von 135 % des Bundesdurchschnitts der besonderen Stellung und den Aufgaben des Landes Hamburg in angemessener Weise Rechnung trägt.
Eine Antwort auf diese Frage ist nur nach einer Untersuchung der Struktur der Ausgaben des Landes und der vom Land zu erbringenden Leistungen in verschiedenen Versorgungsbereichen möglich.

8. Wanderungen und Einnahmesituation der öffentlichen Haushalte

Der in den vorausgehenden Abschnitten gegebene Überblick über die Bestimmungsgründe der Einnahmesituation der öffentlichen Haushalte in den norddeutschen Ländern schafft die Voraussetzungen für die eingehendere Untersuchung einer gerade für das Verhältnis zwischen den Stadtstaaten und den Flächenländern in der Region Nord ausserordentlich wichtigen Frage. Das ist die Frage nach der Bedeutung der stattfindenden Binnenwanderung, d.h. vor allen Dingen des Fortzugs aus den Stadtstaaten in Verbindung mit einem Zuzug in die Flächenländer für die Einnahmesituation der öffentlichen Haushalte. Die Untersuchung dieser Frage kann in Verbindung mit der Untersuchung der Frage nach dem Einfluß der Binnenwanderung auf die Ausgabesituation der öffentlichen Haushalte eine Antwort auf die Frage nach den finanzpolitischen Implikationen der Binnenwanderung geben. Wir wollen von den im Jahr 1970 bestehenden Verhältnissen ausgehen und versuchen, die Frage zu beantworten, welchen Einfluss die Abwanderung einer vierköpfigen Familie mit einem erwerbstätigen Familienmitglied bei unterschiedlicher Höhe des Einkommens bzw. der Einkommensteuerleistungen auf die Einnahmesituation des Stadtstaates (Fortzugsland) und des Flächenlandes (Zuzugsland) hat. Dabei soll angenommen werden, dass es durch diese Wanderung nur zu einer Änderung der Wohnbevölkerung, nicht aber zu einer Änderung der Erwerbsbevölkerung in den beteiligten Ländern kommt, dass m.a.W. das erwerbstätige Mitglied der abgewanderten Familie weiterhin im Fortzugsland erwerbstätig bleibt, d.h. nach dem Umzug zum Pendler wird.

Fall 1.: Abwanderung einer vierköpfigen Familie mit einem erwerbstätigen Familienmitglied von Hamburg nach Schleswig-Holstein

    Höhe der Einkommensteuer   DM 6.000 p.a.
    Höhe der Kraftfahrzeugsteuer   DM   230 p.a.

a. Änderung des Aufkommens an Landessteuern
    Hamburg   - DM   230
    Schleswig-Holstein   + DM   230

b. Änderung des Landes- und des Gemeindeanteils an der Einkommensteuer (57 %)
    Hamburg   - DM 3.420
    Schleswig-Holstein   + DM 3.420

c. Änderung des Anteils an der Umsatzst.
    Hamburg   - DM   697
    Schleswig-Holstein   + DM 1.061

d. Änderung der Ausgleichsmesszahl
    Hamburg   − DM 4.815
    Schleswig-Holstein   + DM 3.621

e. Änderung der Steuerkraftmesszahl
    Hamburg   − DM 3.927
    Schleswig-Holstein   + DM 4.291

f. Änderung der Ausgleichsbeiträge (Senkung +)
   bzw. Änderung der Ausgleichszuweisungen
   (Senkung -)
    Hamburg   − DM   888
    Schleswig-Holstein   − DM   670

g. Summe (Stärkung der Leistungskraft +
        Senkung der Leistungskraft -)
    Hamburg   − DM 5.235
    Schleswig-Holstein   + DM 4.041

Im dargestellten Fall, d.h. bei dem Umzug einer vierköpfigen Familie mit einem steuerpflichtigen Einkommen von etwa DM 33.000,-- im Jahr von Hamburg nach Schleswig-Holstein kommt es also zu einer absolut die Steigerung der Einnahmen der öffentlichen Haushalte in Schleswig-Holstein überschreitenden Senkung der Einnahmen der öffentlichen Haushalte in Hamburg. Das bedeutet, dass ein solcher Umzug zu einer Stärkung der Leistungskraft der öffentlichen Haushalte in Schleswig-Holstein, jedoch zu einer Schwächung der öffentlichen Haushalte in Hamburg und im Durchschnitt der Region Nord führt. Dies Ergebnis ist nur durch die besondere Situation der an der Wanderung beteiligten Länder zu erklären.

Von Bedeutung sind einmal die besonderen Regeln, welche für die Verteilung des Aufkommens aus der Umsatzsteuer gemäß § 2 Absatz 2 des Gesetzes über den Finanzausgleich zwischen Bund und Ländern für das Land Schleswig-Holstein gelten. Wegen der Tatsache, dass Schleswig-Holstein 100 % des an 92 v.H. des Bundesdurchschnitts fehlenden Betrages an Landessteuern, Gewerbesteuerumlage und Anteil des Landes an der Einkommen- und Körperschaftsteuer aus dem Umsatzsteueraufkommen erhält, Hamburg nur durch die Senkung des Landesanteils an der Umsatzsteuer, d.h. dem bevölkerungsproportionalen Anteil zuzüglich des auf Hamburg entfallenden Restbetrages belastet wird, ist die absolute Höhe des Anstiegs des Anteils an der Umsatzsteuer in Schleswig-Holstein höher als die absolute Höhe der Senkung des Hamburger Anteils.

Von Bedeutung sind zum anderen die Bestimmungen, welche für die Bemessung der Ausgleichsbeiträge und der Ausgleichszuweisungen gelten. Infolge der für Hamburg geltenden Sonderbestimmungen über die Festlegung der Messzahl des Landes und infolge der Größe der Gemeinde geht die Ausgleichsmesszahl stärker zurück als die Steuerkraftmesszahl. Das bedeutet jedoch, dass die Höhe der von Hamburg zu leistenden Ausgleichsbeiträge steigt, während die von Schleswig-Holstein empfangenen Ausgleichszuweisungen sinken.

Es ist leicht einzusehen, dass die Höhe der gezahlten Einkommensteuer für dieses Ergebnis entscheidend ist. Das macht es interessant, auch einen zweiten Fall zu untersuchen.

Fall 2.: Abwanderung einer vierköpfigen Familie mit einem erwerbstätigen Familienmitglied von Hamburg nach Schleswig-Holstein

Höhe der Einkommensteuer	DM 60.000 p.a.
Höhe der Kraftfahrzeugsteuer	DM 400 p.a.

a. Änderung des Aufkommens an Landessteuern
  Hamburg — DM 400
  Schleswig-Holstein + DM 400

b. Änderungen des Landes- und des Gemeindeanteils an der Lohnsteuer und der veranlagten Einkommensteuer (57 %)
  Hamburg — DM 34.200
  Schleswig-Holstein + DM 34.200

c. Änderung des Anteils an der Umsatzsteuer
  Hamburg — DM 697
  Schleswig-Holstein + DM 1.061

---

d. Änderung der Ausgleichsmesszahl
  Hamburg — DM 4.815
  Schleswig-Holstein + DM 3.621

e. Änderung der Steuerkraftmesszahl
  Hamburg — DM 28.997
  Schleswig-Holstein + DM 29.361

---

f. Änderung der Ausgleichsabgaben (Senkung +) bzw. der Ausgleichszuweisungen (Senkung -)
  Hamburg + DM 24.182
  Schleswig-Holstein — DM 25.740

----

g. Summe (Stärkung der Leistungskraft +
   Senkung der Leistungskraft   -)
   Hamburg   - DM   11.115
   Schleswig-Holstein   + DM   9.921

Auch jetzt gilt, dass die durch diesen Umzug bewirkte Erhöhung der
Einnahmen der öffentlichen Haushalte in Schleswig-Holstein absolut
kleiner ist als die Senkung der Einnahmen der öffentlichen Haushalte
in Hamburg.
Ein Vergleich der beiden Fälle lässt ausserdem erkennen, dass die
durch die Abwanderung bewirkte Verminderung der Einnahmen im Abwanderungsland bzw. die durch die Zuwanderung bewirkte Erhöhung der Einnahmen im Zuwanderungsland sich nicht in der gleichen Proportion ändern wie die Summe der Steuerleistungen der Abwandernden bzw. der Zuwandernden. Wegen der Bestimmungen über die Verteilung des Aufkommens
aus der Umsatzsteuer und über die Festlegung der Ausgleichsmesszahlen
wird die Einnahmeminderung bzw. -steigerung ausser durch die Höhe der
Steuerleistungen der an der Wanderung Beteiligten auch durch die Zahl
der an der Wanderung beteiligten Personen bestimmt. Dabei gilt, dass
bei gegebener Höhe der Steuerleistungen die Einnahmeminderung für das
Abwanderungsland bzw. die Einnahmesteigerung für das Zuwanderungsland
absolut um so grösser sein wird, je grösser die Zahl der an der Abwanderung bzw. der Zuwanderung beteiligten Personen ist.
In den beiden behandelten Fällen wird deutlich, dass die Abwanderung
von zehn Haushalten mit 40 Personen und einer Lohnsteuersumme von
DM 60.000 zu einer sehr viel stärkeren Verminderung der Hamburg verbleibenden Einnahmen führt als die Abwanderung eines Haushalts mit
4 Personen und einer Lohnsteuersumme von ebenfalls DM 60.000.
Die dafür massgeblichen Gründe sind leicht einzusehen. Der Grundgedanke ist, dass die Ausgabenverpflichtungen der öffentlichen Haushalte sich mit der Zahl der Bewohner und nicht mit der Summe ihres
Einkommens ändern. Das rechtfertigt es, der Zahl der an der Abwanderung beteiligten Personen ein starkes Gewicht bei der Bestimmung des
Einflusses auf die öffentlichen Haushalte zu geben.
Voraussetzung für die Richtigkeit dieser Überlegung ist natürlich,
dass die Ausgabenverpflichtungen der öffentlichen Haushalte sich

wenigstens in gleicher Richtung, besser noch in gleicher Proportion ändern wie die Zahl der Einwohner.

Es wird zu zeigen sein, dass in dieser Hinsicht manche Probleme bestehen, dass m.a.W. die Abwanderung aus den Hansestädten und insbesondere die Abwanderung aus Hamburg nicht zu einer entsprechenden Minderung der Ausgabeverpflichtungen der öffentlichen Haushalte im Abwanderungsland führen.

C. Der Finanzausgleich in den beiden norddeutschen Flächenländern und seine Bedeutung für die Einnahmesituation der Großstädte der Region Nord

1. Allgemeine Vorbemerkungen

Die Einnahmesituation der Gemeinden und Kreise in den beiden norddeutschen Flächenländern wird ausser durch die Höhe der Einnahmen aus Gemeindesteuern auch durch die gesetzlichen Bestimmungen über die Zuweisungen der Länder an die Gemeinden und über den Finanzausgleich unter den Gemeinden entscheidend beeinflusst. Eine bundeseinheitliche gesetzliche Regelung des Finanzausgleichs in den Ländern existiert nicht. Die durch die Landesgesetzgeber festgelegten Regelungen in den einzelnen Bundesländern und damit auch die Regelungen in den beiden norddeutschen Flächenländern weichen voneinander ab. Die nachfolgende Darstellung der in den beiden norddeutschen Flächenländern geltenden Regelungen geht aus von dem "Gesetz über den Finanzausgleich in Schleswig-Holstein (Finanzausgleichsgesetz - FAG) vom 25. März 1970" und von dem "Gesetz über den Finanzausgleich (FAG) in der Fassung vom 25. März 1970" für das Land Niedersachsen.

Untersc-hiede zwischen den in den beiden Ländern gelt-enden gesetzlichen Regelungen bestehen schon im Hinblick auf die Definition, die Berechnung und die Aufteilung der Ausgleichsmasse, d.h. der insgesamt für die Gemeinden, die Landkreise und die kreisfreien Städte durch das Land zur Verfügung gestellten Finanzzuweisungen. Ein weiterer Unterschied besteht im Hinblick auf die Definition, Abgrenzung und Aufteilung der Schlüsselzuweisungen, d.h. der den Gemeinden insgesamt "... zur Ergänzung und zum Ausgleich der Steuer- und Umlagekraft der Gemeinden und Landkreise..." durch das Land zur Verfügung gestellten und nicht an einen bestimmten Verwendungszweck gebundenen Finanzmittel.

Schliesslich bestehen beträchtliche Unterschiede im Hinblick auf die Bestimmungen über die Aufteilung dieser Schlüsselmasse auf kreisangehörige Gemeinden, kreisfreie Gemeinden und Landkreise und für die Ermittlung der Steuerkraftmesszahlen bzw. Steuerkraftzahlen und der Ausgangsmesszahlen.

Diese unterschiedlichen Regelungen der verschiedenen Sachverhalte führen zu unterschiedlichen Regelungen des Gesamtkomplexes Finanzausgleich in den beiden norddeutschen Flächenländern.

2. Die Stellung der Großstädte im Rahmen des Finanzausgleichs im Land Schleswig-Holstein

Das besondere Merkmal des Finanzausgleichs im Lande Schleswig-Holstein und der Stellung der Großstädte im Rahmen dieses Finanzausgleichs wird durch die folgende Stellungnahme charakterisiert:

> Mit dem Gesetz über den Finanzausgleich im Lande Schleswig-Holstein vom 25.3.1970 ... ist erstmalig eine raumordnungsbewusste Regelung zur Stärkung der Finanzkraft der Gemeinden eingeführt worden. Galt bisher das Prinzip, die "kanalisierten Einwohner" vorrangig zu fördern, so wurde jetzt aus der Erkenntnis, dass der Finanzbedarf der Gemeinden verschiedener Grössenklassen sich mehr und mehr angleicht und dass alle Bürger einen berechtigten Anspruch auf gleichwertige Leistungen der Gemeinden haben, eine Regelung getroffen, die für den Grundfinanzausgleich die tatsächlichen Einwohnerzahlen aller Gemeinden und darüber hinaus die zentralörtlichen Funktionen nach dem Landesraumordnungsplan für die Zuweisung für übergemeindliche Aufgaben zugrunde legt. Schleswig-Holstein hat hiermit einen neuen Weg eingeschlagen und damit bereits ausgeführt, was die Ministerkonferenz für Raumordnung in ihrer Entschliessung über die Berücksichtigung raumordnerischer Gesichtspunkte beim kommunalen Finanzausgleich vom 16.4.1970 empfohlen hat.
>
> Landesplanung in Schleswig-Holstein a.a.O. S. 67

Diese Auffassung findet ihren Ausdruck in dem Verzicht auf die Verwendung einer "gewerteten Einwohnerzahl" im Zusammenhang mit der Bestimmung der Höhe der Schlüsselzuweisungen für die Gemeinden, für die Kreise und für die kreisfreien Städte. Bei der Bestimmung der Höhe der Ausgangsmesszahl der Gemeinden, der Kreise und der kreisfreien Städte, der Umlagekraftmesszahlen der Kreise, der Finanzkraftmesszahl der kreisfeien Städte und der Steuerkraftmesszahlen findet m.a.W., soweit die Einwohnerzahl überhaupt von Bedeutung ist, allein die tatsächliche Einwohnerzahl Berücksichtigung.

Die Einwohnerzahl der Städte wird dagegen im Rahmen der für die Bestimmung der Höhe der Schlüsselzuweisungen für übergemeindliche Aufgaben geltenden Bestimmungen weitgehend berücksichtigt. Die vier größten Städte des Landes sind in der Raumordnungsplanung als Oberzentren ausgewiesen. Sie empfangen insgesamt 29,8 v.H. der für übergemeindliche Aufgaben bereitgestellten Mittel.

V. 22. Verteilung der den Oberzentren zur Verfügung stehenden Mittel für übergemeindliche Aufgaben und Verteilung der Bevölkerung

	Anteil an der Gesamtbevölkerung der vier Oberzentren	Anteil an den von den vier Oberzentren empfangenen Mitteln
Kiel	39,6 v.H.	39,5 v.H.
Lübeck	34,7 v.H.	35,6 v.H.
Flensburg	13,6 v.H.	14,1 v.H.
Neumünster	12,1 v.H.	10,8 v.H.

Insgesamt stellt das Land für allgemeine Finanzzuweisungen die folgenden Mittel zur Verfügung:

21 v.H. des Landesanteils an der Einkommen- und Körperschaftsteuer einschliesslich der Zerlegungsanteile aus der Körperschaftsteuer und Lohnsteuer

21 v.H. des Landesanteils an der Umsatzsteuer einschliesslich des Ergänzungsanteils

21 v.H. des Aufkommens der Landessteuern mit Ausnahme
a) der Feuerschutzsteuer
b) der Kraftfahrzeugsteuer, soweit sie den Gemeinden zusteht
c) der Vermögenssteuer

21 v.H. des Landesanteils an der Gewerbesteuerumlage

21 v.H. der dem Land aufgrund des Finanzausgleichs unter den Ländern zufliessenden Ausgleichszuweisungen, soweit diese der Höhe nach von den entsprechenden Einnahmen des Landes im Jahr 1955 abweichen

21 v.H. der Bundesergänzungszuweisungen

Von der durch diese Regelungen der Höhe nach bestimmten Finanzausgleichsmasse wurden im Jahr 1970 Mittel in Höhe von DM 62 Mill. für bestimmte und ausdrücklich im Gesetz erwähnte Zwecke verwandt. Der nach Abzug dieser Mittel verbleibende Teil der Finanzausgleichsmasse wurde in der folgenden Weise verteilt:

37,0 v.H. als Schlüsselzuweisungen an die Gemeinden

31,0 v.H. als Schlüsselzuweisungen an die Kreise und kreisfeien Städte

16,3 v.H. als Schlüsselzuweisungen für übergemeindliche Aufgaben an zentrale Orte (Oberzentren, Mittelzentren, Unterzentren, ländliche Zentralorte)

2,0 v.H. als Zuweisungen zu den Krankenhauslasten

13,7 v.H. als Zuweisungen zu den Strassenbaulasten

Massgeblich für die Bestimmung der Höhe der allgemeinen Schlüsselzuweisungen und der Sonderschlüsselzuweisungen ohne die Schlüsselzuweisungen für übergemeindliche Aufgaben ist das Verhältnis zwischen der Steuerkraftmesszahl und der Ausgangsmesszahl im Fall der Gemeinden bzw. der Finanzkraftmesszahl bzw. der Umlagekraftmesszahl und der Ausgangsmesszahl bei kreisfreien Städten und den Kreisen.
Die Ausgangsmesszahlen der Gemeinden, der Kreise und der kreisfreien Städte werden durch Multiplikation der tatsächlichen Einwohnerzahl mit einem jeweils einheitlichen Grundbetrag ermittelt.
Massgeblich für die Bestimmung der Steuerkraftmesszahlen der Gemeinden ist die Höhe der Steuereinnahmen der Gemeinden. Massgeblich für die Bestimmung der Höhe der Umlagekraftmesszahl der Kreise und der Finanzkraftmesszahl der kreisfreien Städte sind die Steuerkraftzahlen der Gemeinden und die Höhe der allgemeinen Gemeindeschlüsselzuweisungen.
Insgesamt ergibt sich das folgende Bild:

V. 23. Schlüsselzuweisungen für Gemeinden, Kreise und kreisfreie Städte in Schleswig-Holstein in Tsd. DM bzw. in DM je Einwohner

	Gemeinden		Kreise und kreisfreie Städte		Insgesamt	
	In Tsd. DM	DM je Einw.	In Tsd. DM	DM je Einw.	In Tsd.Dm	DM je Einw.
1968	112.290	45	63.670	35	175.692	71
1969	127.859	51	72.610	40	200.468	80
1970	152.590	60	90.405	36	242.995	96
1971	196.211	77	115.056	45	311.266	122

Quelle: Statistisches Jahrbuch Schleswig-Holstein 1971
Kiel 1972 S. 158

Die relative Bedeutung der Schlüsselzuweisungen für Einnahmesituation der Gemeinden im Jahr 1970 wird in der folgenden Darstellung deutlich:

V. 24. Das Verhältnis zwischen der Höhe der Steuereinnahmen der Gemeinden und der Höhe der Schlüsselzuweisungen an die Gemeinden bzw. der Höhe der Schlüsselzuweisungen an Gemeinden, Kreise und kreisfreie Städte im Jahr 1970 in Tsd. DM bzw. in v.H.

Höhe der Steuereinnahmen der Gemeinden 1970	589.718	
Gemeindesteuern		411.143
davon: Grundsteuer A		28.929
Grundsteuer B		84.110
Gewerbesteuer nach Ertrag und Kapital ./. Gewerbesteuerumlage		208.727
Lohnsummensteuer		43.000
Anteil an der Lohn- und veranlagten Einkommensteuer	178.575	
Schlüsselzuweisungen für Gemeinden 1970	152.590	
Anteil der Schlüsselzuweisungen an der Summe der Steuereinnahmen und Schlüsselzuweisungen in v.H.	20,6	
Schlüsselzuweisungen für Gemeinden, Kreise und kreisfreie Städte 1970	175.692	
Anteil der Schlüsselzuweisungen an der Summe der Steuereinnahmen der Gemeinden und der Schlüsselzuweisungen in v.H.	23,0	

Quellen: Statistisches Jahrbuch Schleswig-Holstein 1971 a.a.O.
S. 158 u. S. 166
Eigene Rechnungen

Es ist deutlich erkennbar, dass die Schlüsselzuweisungen pro Einwohner an die Gemeinden der kreisfreien Städte und an die kreisfreien Städte beträchtlich niedriger waren als die Schlüsselzuweisungen an die kreisangehörigen Gemeinden und an die Kreise.

Die folgende Darstellung geht von der Annahme aus, dass die relative Verteilung der gesamten Schlüsselzuweisungen an die Gemeinden, Kreise und kreisfreien Städte in den Jahren 1970 und 1971 gleich war. Dann ergibt sich folgendes Bild:

V. 25. Schlüsselzuweisungen an Gemeinden, Kreise und kreisfreie Städte [1] und Steuereinnahmen der Gemeinden im Jahr 1970 je Einwohner in DM

Schlüsselzuweisungen an die kreisfreien Städte insgesamt		69
davon: Kiel		66
Flensburg		74
Lübeck		68
Neumünster		71
Einnahmen aus Gemeindesteuern [2] der kreisfreien Städte je Einwohner insgesamt		320
davon: Kiel		326
Flensburg		261
Lübeck		350
Neumünster		278
Summe der Schlüsselzuweisungen und der Einnahmen aus Gemeindesteuern je Einwohner der kreisfreien Städte		389
davon: Kiel		392
Flensburg		335
Lübeck		418
Neumünster		349
Schlüsselzuweisungen an die Kreise und kreisangehörigen Gemeinden je Einwohner		105
Steuereinnahmen der kreisangehörigen Gemeinden/Kreisverwaltungen je Einwohner		196
Summe der Schlüsselzuweisungen und der Einnahmen aus Gemeindesteuern je Einwohner in den kreisangehörigen Gemeinden		301

[1] Die Höhe der Schlüsselzuweisungen je Einwohner ist berechnet durch Multiplikation der Schlüsselzuweisungen pro Einwohner im Jahr 1971 mit dem Quotienten aus der Summe der Schlüsselzuweisungen 1970 und der Summe der Schlüsselzuweisungen 1970 (0,78066)

[2] Einnahmen aus Gemeindesteuern sind abzüglich der Höhe der Gewerbesteuerumlage bestimmt

Quellen: Statistisches Jahrbuch Schleswig-Holstein 1971 a.a.O.
S. 158 und S. 167
Eigene Rechnungen

Aus der Darstellung der Steuereinnahmen der Gemeinden und der Schlüsselzuweisungen an die Gemeinden geht hervor, dass der bevölkerungsmässig grösste Landkreis des Landes, nämlich der Kreis Pinneberg höhere Gesamteinnahmen je Einwohner hat als die beiden kreisfreien Städte Flensburg und Neumünster.

Eine Übertragung der für den Finanzausgleich in Schleswig-Holstein geltenden Bestimmungen auf ein anderes Teilgebiet der Bundesrepublik und eine Aussage über die dann zu erwartenden Finanzströme ist aus verschiedenen Gründen nicht möglich:

i. Im Gesetz sind Bestimmungen über die allgemeine Gemeindeschlüsselzuweisung und über die Gemeindesonderschlüsselzuweisung enthalten.

> Die allgemeine Gemeindeschlüsselzuweisung ist gleich der Hälfte des Betrages, um den die Steuerkraftmesszahl der Gemeinde hinter ihrer Ausgangsmesszahl zurückbleibt.
>
> Die Gemeindesonderschlüsselzuweisung ist gleich der Hälfte des Betrages, um den die Steuerkraftmesszahl hinter einem, in seiner Höhe generell vom Innenminister zu bestimmenden Teilbetrag der Ausgangsmesszahl zurückbleibt.

Die Gemeinden enthalten also, wenn ihre Steuerkraftmesszahl hinter ihrer Ausgleichsmesszahl zurückbleibt, Schlüsselzuweisungen in Höhe von 100 % der Differenz zwischen dem festgesetzten Teilbetrag der Ausgangsmesszahl und der Steuerkraftmesszahl und in Höhe von 50 % der Differenz zwischen der den Teilbetrag übersteigenden Ausgangsmesszahl und der Steuerkraftmesszahl.

Eine Aussage über die Höhe der Gemeindesonderschlüsselzuweisungen ist also nur bei Kenntnis der Entscheidung über die Höhe des Teilbetrages möglich.

ii. Analoges gilt für die Bestimmung der Höhe der allgemeinen Kreisschlüsselzuweisungen und der Kreissonderschlüsselzuweisungen. Auch hier bedarf es zur Festsetzung des "kritischen Teilbetrages" einer Entscheidung des Innenministers.

iii. Von der Höhe der Gemeindesonderschlüsselzuweisungen bzw. der Kreissonderschlüsselzuweisungen hängt wiederum die Bestimmung der Ausgangsmesszahlen ab. Sie ergeben sich durch Multiplikation der tatsächlichen Einwohnerzahl der Gemeinden, Kreise und kreisfreien Städte mit einem für die Gemeinden oder für die Kreise und kreisfreien Städte einheitlichen Grundbetrag. Dieser Grundbetrag wird so festgesetzt, dass die Summe der Schlüsselzuweisungen an die Gemeinden ohne die Schlüsselzuweisungen für über-

gemeindliche Aufgaben gleich 37,0 v.H. und die Summe der Schlüsselzuweisungen an die Kreise und die kreisfreien Städte ohne die Schlüsselzuweisungen über übergemeindliche Aufgaben gleich 31,0 v.H. des nach Abzug bestimmter fester Positionen verbleibenden Teils der Finanzausgleichsmasse betragen.
Das bedeutet, dass die Höhe der Ausgangsmesszahlen durch die für die Bestimmung der Gemeinde- bzw. der Kreissonderschlüsselzuweisungen massgebliche Entscheidung und durch die Höhe der im Gesetz erwähnten festen Ausgaben aus der Finanzausgleichsmasse bestimmt wird. Massgeblich ist ausserdem die im Gesetz vorgenommene Entscheidung über die Verteilung des nach Abzug dieser festen Ausgaben verbleibenden Teiles der Finanzausgleichsmasse auf verschiedene Zwecke.

iv. Es ist ganz klar, dass die aufgrund des Gesetzes zu treffenden Entscheidungen über die Gemeinde- und die Kreissonderschlüsselzuweisungen, die durch den Gesetzgeb-er getroffenen Entscheidungen über die Höhe der festen Ausgaben für verschiedene Zwecke und über die Aufteilung der nach Abzug dieser festen Ausgaben verbleibenden Finanzausgleichsmasse durch die im Land bestehende Situation und durch die Raumordnungsplanung für das Land in seinen jetzigen Grenzen bestimmt wird.

> Es verbietet sich also eine hypothetische Übertragung der geltenden Regelungen auf ein anderes Teilgebiet der Bundesrepublik. Es kann m.a.W. keine Aussage darüber gemacht werden, zu welchen Ausgleichsströmen es in einem durch Zusammenfassung der Länder Schleswig-Holstein und Hamburg entstehenden neuen Bundesland kommen würde. Das würde eine nicht aufgrund irgendwelcher im Gesetz enthaltenen Regeln vollziehbare Neufestsetzung der verschiedenen Richtsätze erforderlich machen.

3. Die_Stellung_der_Großstädte im_Rahmen des_Finanzausgleichs_im Land_Niedersachsen_

Ein grundsätzlich anderes System des Finanzausgleichs besteht im Land Niedersachsen. Die Regelung in Niedersachsen unterscheidet sich in wenigstens zwei Punkten grundsätzlich von der Regelung in Schleswig-Holstein :

a. Im Gegensatz zu Schleswig-Holstein wird nicht zwischen den Gemeinden auf der einen und den Kreisen und kreisfreien Städten auf der anderen Seite unterschieden, sondern zwischen den Landkreisen und den kreisangehörigen Gemeinden auf der einen und den kreisfreien Städten auf der anderen Seite.

b. Im Gegensatz zu Schleswig-Holstein wird bei der Berechnung der verschiedenen Ausgangsmesszahlen nicht von der tatsächlichen Einwohnerzahl ausgegangen, sondern von einer "gewerteten Einwohnerzahl", dem sog. Bevölkerungsansatz. Dieser Bevölkerungsansatz ist in v.H. ausgedrückt und steigt bei der Berechnung der Schlüsselzuweisungen an kreisangehörige Gemeinden und an kreisfreie Städte mit steigender Einwohnerzahl. Nur im Zusammenhang mit der Berechnung der Schlüsselzuweisungen sinkt der Bevölkerungsansatz mit steigender Einwohnerzahl der kreisangehörigen Gemeinden. Dieser Bevölkerungsansatz ist für die Berechnung der Ausgangsmesszahl deswegen von Bedeutung, weil diese das Produkt aus Bevölkerungsansatz und einem jeweils - für die kreisangehörigen Gemeinden mit 500 und mehr Einwohnern - für die Landkreise und für die kreisfreien Städte einheitlichen Grundbetrag ist.

c. Die in Niedersachsen geltende Regelung enthält nicht die für den Finanzausgleich in Schleswig-Holstein charakteristische Integration von Finanzausgleich und Raumordnungsplanung. Diese Integration wird in Schleswig-Holstein im Zusammenhang mit der Verteilung der Schlüsselzuweisungen für übergemeindliche Aufgaben (§ 18 des FAG in Schleswig-Holstein) erreicht. Im Gegensatz dazu werden in Niedersachsen die Zuschüsse für Aufgaben des übertragenen Wirkungskreises nach der Einwohnerzahl auf die kreisfreien Städte und Landkreise verteilt. Die letzteren haben die Zuweisungen auf der Grundlage einer gewerteten Einwohnerzahl an die ihnen angehörenden Gemeinden und Samtgemeinden weiterzugeben.

Während m.a.W. in Schleswig-Holstein eine Aussage über die Verteilung der Schlüsselzuweisungen für übergemeindliche Aufgaben nur bei Kenntnis und bei Berücksichtigung der im Raumordnungsplan festgelegten Bestimmungen über System und Struktur der zentralen Orte gemacht werden kann, bildet die Kenntnis der Bevölkerungsstruktur in Niedersachsen die Grundlage für Aussagen über die Verteilung der Zuschüsse für Aufgaben des übertragenen Wirkungsbereichs.

d. Schliesslich sind in dem in Niedersachsen geltenden Gesetz im Gegensatz zu Schleswig-Holstein keine besonderen Zuweisungen für Krankenhauslasten vorgesehen.

Insgesamt stellt das Land für Finanzzuweisungen an Gemeinden und Landkreise die folgenden Mittel (Ausgleichsmasse) zur Verfügung :

20 v.H. des dem Land zustehenden Aufkommens aus der Einkommensteuer, der Körperschaftsteuer und der Umsatzsteuer

20 v.H. des Aufkommens aus der Kraftfahrzeugsteuer

20 v.H. der Einnahmen des Landes aus den Ausgleichszuweisungen der Länder gemäß Artikel 107 Abs. 2 des Grundgesetzes

Von der Ausgleichsmasse werden 25 Mill. DM für Bedarfszuweisungen abgesetzt. Der verbleibende Betrag verteilt sich wie folgt:

66 v.H. als Schlüsselzuweisungen für Gemeinden und Landkreise (Schlüsselmasse)

7 v.H. für Strassenunterhaltungszuschüsse als Ergänzung der Schlüsselzuweisungen

18 v.H. als Zuschüsse für Aufgaben des übertragenen Wirkungskreises

9 v.H. als Strassenbauzuschüsse

Von der Schlüsselmasse werden wiederum

85 v.H. für Schlüsselzuweisungen an Landkreise und kreisangehörige Gemeinden

15 v.H. für Schlüsselzuweisungen an kreisfreie Städte

verwendet. Diese Verteilung entspricht nicht der Verteilung der Bevölkerung. Am Jahresbeginn 1970 betrug der Anteil der Bevölkerung in den kreisfreien Städten 25,1 v.H. der Gesamtbevölkerung des Landes und der Anteil der Bevölkerung in den Landkreisen 74,9 v.H.

V. 26. Bestimmung der Höhe der Ausgleichsmasse im Land Niedersachsen im Jahr 1970 und der Höhe der Schlüsselzuweisungen an die kreisfreien Städte in Mill. DM

Steuereinnahmen aus der Einkommen- und Körperschaftsteuer	2.557
Steuereinnahmen aus der Umsatzsteuer	1.535
Steuereinnahmen aus der Kraftfahrzeugsteuer	429
Ausgleichszuweisungen der Länder	396
Summe	4.917
Ausgleichsmasse (= 20 v.H. der Summe)	983
- Bedarfszuweisungen	./. 25
Summe	958
Schlüsselmasse (= 66 v.H. von 958)	632
Schlüsselzuweisungen an kreisfreie Städte (= 15 v.H. der Schlüsselmasse)	95

Diese 95 Mill. DM sind 1970 als Schlüsselzuweisungen an die kreisfreien Städte des Landes Niedersachsen verteilt. Die gesamte Einwohnerzahl der kreisfreien Städte in Niedersachsen betrug 1.784 Tsd. Im Durchschnitt entfielen mithin auf jeden Einwohner der kreisfreien Städte DM 53,2 als Finanzzuweisungen. Diese Zahl enthält nicht die Zuschüsse für Aufgaben des übertragenen Wirkungskreises.

Eine genauere Aussage über die Verteilung dieses Betrages kann nur bei Berücksichtigung der Angaben über Einwohnerzahl der einzelnen Städte und damit über ihren Bevölkerungsansatz gem. § 10 des Gesetzes, über ihre Steuerkraftzahlen, über den einheitlichen Grundbetrag und schliesslich über die Differenz zwischen Ausgangsmesszahl und Steuerkraftmesszahl gemacht werden.

Da gegenwärtig noch keine Angaben über die Realsteuerkraft der Gemeinden im Jahr 1970 vorliegen, sind Angaben über die Höhe der Realsteuerkraft der kreisfreien Städte des Landes Niedersachsen und damit über die Steuerkraftmesszahlen und die Ausgangsmesszahlen im Jahr 1970 nicht möglich. Die Verwendung der Angaben für das Jahr 1969 verbietet sich, weil die dem Einfluß der am 1.1.1970 in Kraft getretenen Gesetze zur Finanzreform nicht Rechnung tragen.

Aus diesem Grunde hat die nachfolgende Darstellung rein hypothetischen Charakter. Sie geht von einer Reihe von Annahmen aus, über deren Aussagewert keine exakten Angaben gemacht werden können, die aber darzustellen sind:

i. Es wird angenommen, dass sich die Erträge aus den einzelnen Gemeindesteuern für sämtliche kreisfreien Städte des Landes Niedersachsen von 1969 auf 1970 in gleicher Proportion geändert haben wie die entsprechenden Erträge für das ganze Land.

ii. Es wird angenommen, dass der Anteil der einzelnen kreisfreien Städte am Gemeindeanteil an der Lohn- und veranlagten Einkommensteuer dem Anteil ihrer Bevölkerung an der Bevölkerung des Landes entspricht.

iii. Die Höhe der Gewerbesteuerumlage der kreisfreien Städte wird gem. § 6 Abs. 2 des Gesetzes zur Neuordnung der Gemeindefinanzen vom 6. September 1969 auf der Grundlage der nach i. ermittelten Höhe des Aufkommens aus der Gewerbesteuer vom Ertrag und Kapital bestimmt.

iv. Das Gesetz enthält in den §§ 11, 12 und 13 Vorschriften über die Bestimmung der Steuerkraftzahlen, welche wegen der Verwendung unterschiedlicher fiktiver Hebesätze zu anderen Ergebnissen führen als die vom Statistischen Bundesamt durchgeführte Berechnung der Realsteuerkraft.

Für die kreisfreien Städte des Landes Niedersachsen gilt:

$$\text{Steuerkraftzahl Grundsteuer A} = \frac{\text{Ist-Aufkommen Grundsteuer A}}{\text{Hebesatz für Grundsteuer A}} \cdot 195$$

$$\text{Steuerkraftzahl Grundsteuer B} = \frac{\text{Ist-Aufkommen Grundsteuer B}}{\text{Hebesatz für Grundsteuer B}} \cdot 270$$

$$\text{Steuerkraftzahl Gewerbesteuer von Ertr. u. Kap.} = 0{,}6 \cdot \frac{\text{Ist-Aufkommen Gewerbesteuer von Ertr.u.Kap.}}{\text{Hebesatz für Gewerbesteuer von Ertr.u.Kap.}} \cdot 270$$

Dabei ist unterstellt worden, dass die im Gesetz erwähnten Messbeträge der Grundsteuer den jeweiligen Grundbeträgen der beiden Grundsteuern entsprechen.

Zwischen der vom Statistischen Bundesamt errechneten Realsteuerkraft und den Steuerkraftmesszahlen besteht mithin folgendes Verhältnis:

$$\text{Steuerkraftzahl Grundsteuer A} = \frac{195}{150} \cdot \text{Realsteuerkraft Grundsteuer A}$$

$$\text{Steuerkraftzahl Grundsteuer B} = \frac{270}{200} \cdot \text{Realsteuerkraft Grundsteuer B}$$

$$\text{Steuerkraftzahl Gewerbesteuer v. Ertr. und Kapital} = \frac{0{,}6 \cdot 270}{250} \cdot \text{Realsteuerkraft Gewerbesteuer v. Ertrag und Kapital}$$

In der nachfolgenden Darstellung gilt dabei annahmegemäß:

$$\text{Ist-Aufkommen aus der Steuer im Jahr 1970} = \text{Ist-Aufkommen 1969} \cdot \frac{\text{Ist-Aufkommen im Land Niedersachsen 1970}}{\text{Ist-Aufkommen im Land Niedersachsen 1969}}$$

Auf dieser Grundlage kommen wir zu den folgenden Aussagen über die kreisfreien Städte des Landes Niedersachsen:

V. 27. Hypothetische und tatsächliche Werte der verschiedenen und für die Bestimmung der Schlüsselzuweisungen an die kreisfreien Städte im Rahmen des Finanzausgleichs in Niedersachsen im Jahr 1970 massgeblichen Größen in Tsd. DM bzw.Tsd

Kreisfreie Stadt	Einwohnerzahl in Tsd.	Bevölkerungsansatz in %	Hypothetische Steuerkraftzahlen				Steuerkraftmesszahl
			Grundsteuer		Gewerbesteuer v.Ertrag u.Kap.	Gemeindeanteil an d.Eink.st.	
			A	B			
Hameln	47,1	100,0	69	2.518	5.878	3.747	12.212
Hannover	517,8	140,0	178	33.455	103.211	41.214	178.058
Hildesheim	95,9	109,2	59	4.650	10.279	7.630	22.618
Celle	56,3	101,3	37	2.407	5.109	4.476	12.029
Lüneburg	59,9	102,0	27	2.431	4.448	4.765	11.671
Wolfsburg	89,4	107,9	24	6.166	41.577	7.116	54.883
Cuxhaven	45,2	100,0	46	2.926	2.989	3.595	9.556
Osnabrück	141,0	112,1	55	7.291	17.063	11.219	35.628
Emden	48,3	100,0	120	3.038	9.829	3.843	16.830
Braunschw.	225,2	116,3	85	13.423	26.441	17.922	57.871
Goslar	41,7	100,0	96	2.267	3.986	3.318	9.667
Salzgitter	118,0	110,9	591	5.828	6.723	9.388	22.530
Delmenhorst	63,7	102,7	49	2.572	5.882	5.070	13.573
Oldenburg	131,4	111,6	116	5.850	11.037	10.456	27.459
Wilhelmsh.	103,2	110,2	84	3.960	8.868	8.212	21.124

V. 28. Die Schlüsselzuweisungen an die kreisfreien Städte des Landes Niedersachsen bei alternativen Annahmen über die Höhe der Grundzahlen

Kreisfreie Stadt	Gewertete Einwohnerz.	Steuer-kraft-messz.	Grundzahl = 331 Ausg.-messzahl	$0{,}5 \cdot ($messz.$-$kr.messz.$)$	$0{,}3 \cdot$Ausg.m.$-0{,}5 \cdot$Stmkr.	Grundzahl = 316 Ausg.-messzahl	$0{,}5 \cdot ($messz.$-$kr.messz.$)$	$0{,}3 \cdot$Ausg.mz. $-0{,}5 \cdot$Steuerkr.mz.
Hameln	47,1	12.212	15.590	1.689	-	14.884	1.336	-
Hannover	724,9	178.058	239.942	30.942	-	229.068	25.505	-
Hildesheim	104,7	22.618	34.656	6.019	-	33.085	5.234	-
Celle	57,0	12.029	18.867	3.419	-	18.012	2.992	-
Lüneburg	61,1	11.671	20.224	4.277	232	19.308	3.819	-
Wolfsburg	96,5	54.883	31.942	-	-	30.494	-	-
Cuxhaven	45,2	9.556	14.961	2.703	-	14.283	2.364	-
Osnabrück	158,1	35.628	52.331	8.352	-	49.960	7.166	-
Emden	48,3	16.830	15.987	-	-	15.263	-	-
Braunschwg.	261,9	57.871	86.689	14.409	-	82.760	12.445	-
Goslar	41,7	9.667	13.803	2.068	-	13.177	1.755	-
Salzgitter	130,9	22.530	45.328	10.399	1.733	41.364	9.417	1.144
Delmenhorst	65,4	13.573	21.647	4.037	-	20.666	3.547	-
Oldenburg	146,6	27.459	48.525	10.533	828	46.326	9.434	168
Wilhelmsh.	113,7	21.124	37.635	8.256	729	35.929	7.403	217
Summe	2.103,1	505.709	107.103		3.522	92.417		1.529

1) Es gilt die Vorschrift: "Jede Gemeinde erhält mindestens soviel, dass die Schlüsselzuweisung zusammen mit der Steuerkraftmesszahl 80 vom Hundert der Ausgangsmesszahl erreicht." (§ 4 Abs. 3 S. 2) Die Schlüsselzuweisung ist gleich 0,5 der Differenz zwischen Ausgangsmesszahl und Steuerkraftmesszahl. Wir erhalten also die Gleichung
0,8·Ausgangsmessz. − (Steuerkraftmessz. + 0,5·Ausgansmessz.−0,5·Steuerkraftmessz.) ≶ 0
Das lässt sich in der angegebenen Weise umformen.

Aus der Darstellung ist zu erkennen, dass die für sämtliche kreisfreien Städte einheitliche Grundzahl etwa DM 316,00 betragen muss, damit die für die kreisfreien Städte bereitgestellten 15 v.H. der Schlüsselmasse unter den dargestellten Annahmen voll ausgeschöpft werden.

Ein Vergleich mit den für Schleswig-Holstein gemachten Angaben ist nur möglich, wenn die Zuschüsse für Aufgaben des übertragenen Wirkungskreises ebenfalls zugerechnet werden, da sie in etwa den Schlüsselzuweisungen für übergemeindliche Aufgaben in Schleswig-Holstein entsprechen. Sie werden nach der Einwohnerzahl auf die Landkreise und die kreisfreien Städte verteilt.

Nach dem Gesetz werden 18 v.H. der nach Abzug des Betrages für Bedarfszuweisungen (25 Mill.) verbleibenden Teils der Ausgleichsmasse für Zuschüsse für Aufgaben des übertragenen Wirkungskreises verwandt. Aus V. 26. wissen wir, dass unter den gemachten Annahmen dieser Teil der Ausgleichsmasse 958 Mill. DM beträgt. Das bedeutet, dass für die genannten Zuschüsse ein Betrag von DM 172 Mill. zur Verfügung steht und auf die Landkreise und kreisfreien Städte nach Massgabe ihres Anteils an der Bevölkerung des Landes aufgeteilt wird.

V. 29. Schlüsselzuweisungen, Zuweisungen für Aufgaben des übertragenen Wirkungsbereichs und Steuereinnahmen je Einwohner in den kreisfreien Städten des Landes Niedersachsen im Jahr 1970 aufgrund hypothetischer Zahlen

Kreisfreie Stadt	Schlüssel-zuweisungen	Zuschüsse für Aufg.d.übertr. Wirk.kr.	Zwischen-summe	Hypothetische Steuereinnahmen [1]	Gesamt-summe
		je Einwohner			
Hameln	28	24	52	325	377
Hannover	49	24	73	430	503
Hildesheim	55	24	79	292	371
Celle	53	24	77	290	367
Lüneburg	64	24	88	286	374
Wolfsburg	-	24	24	667	691
Cuxhaven	52	24	76	291	367
Osnabrück	51	24	75	303	378
Emden	-	24	24	480	504
Braunschwg.	55	24	79	390	469
Goslar	41	24	65	304	369
Salzgitter	89	24	113	331	444
Delmenhorst	56	24	80	242	322
Oldenburg	73	24	97	256	353
Wilhelmh.	74	24	98	253	352
Kreisfreie Städte insges.	53	24	77		

1) Die hypothetischen Steuereinnahmen 1970 sind auf der Grundlage der Angaben für 1969 berechnet worden. Es ist angenommen, dass sich die Einnahmen sämtlicher kreisfreien Städte in gleicher Proportion geändert haben wie die Einnahmen für das ganze Land. Das bedeutet

Einnahmen aus Grundsteuer A	unverändert
Einnahmen aus der Grundsteuer B	+ 6,1 v.H.
Einnahmen aus der Gewerbesteuer vom Ertrag und Kapital abzüglich der Gewerbesteuerumlage	- 53,3 v.H.
E-innahmen aus sämtlichen anderen Gemeindesteuern	+ 15,9 v.H.

Ausserdem ist angenommen worden, dass die Höhe des Gemeindeanteils an der Lohn- und veranlagten Einkommensteuer in sämtlichen gemeinden des Landes die gleiche Höhe hat.

Quellen: Statistisches Jahrbuch für die Bundesrepublik...1971 a.a.O. S. 404

Statistisches Jahrbuch Deutscher Gemeinden 1971 a.a.O. S. 360

Eigene Rechnungen

Ein Vergleich dieser, allerdings auf hypothetischen Angaben für das Jahr 1970 beruhenden Zahlen mit den entsprechenden Zahlen für das Land Schleswig-Holstein (s.S.179) macht deutlich, dass die grundsätzlich verschiedenen Formen des Finanzausgleichs in den beiden Ländern zu vergleichbaren Ergebnissen führen. Wenn die relativen Unterschiede zwischen den höchsten und den niedrigsten Zuschüssen je Einwohner der kreisfreien Städte in Niedersachsen grösser sind als in Schleswig-Holstein, so liegt das daran, dass auch die relativen Unterschiede zwischen den höchsten und den niedrigsten Einnahmen aus Gemeindesteuern zuzüglich des Gemeindeanteils an der Einkommensteuer in Niedersachsen sehr viel höher sind als in Schleswig-Holstein.

Vorsicht ist gegenüber den Zahlen nicht zuletzt deswegen angebracht, weil die Einnahmen aus der für die Haushalte der Gemeinden wichtigsten Steuer, nämlich der Gewerbesteuer vom Ertrag und Kapital in den Jahren 1969 und 1970 beträchtlichen Sondereinflüssen ausgesetzt waren. Darauf ist an anderer Stelle bereits hingewiesen worden. Diese Sondereinflüsse führen zu einer gegenüber der langfristigen Entwicklung erheblichen Unterschätzung der Steuereinnahmen der Gemeinden, d.h. auch der kreisfreien Städte im Jahr 1970.

Ein aus der Verwendung des Bevölkerungsansatzes, d.h. der gewichteten Einwohnerzahl im Rahmen des Finanzausgleichs in Niedersachsen resultierender Unterschied wird im Fall Hannovers deutlich. Bei Anwendung der in Schleswig-Holstein geltenden Grundsätze des Finanzausgleichs und damit des Verzichts auf die Verwendung gewichteter Einwohnerzahlen würden die hohen Steuereinnahmen pro Einwohner in Hannover dazu geführt haben, dass die Schlüsselzuweisungen erheblich niedriger wären.

D. Einige Bestimmungsgründe der Steuereinnahmen in verschiedenen Großstädten der Bundesrepublik

1. Allgemeine Vorbemerkungen

Aus verschiedenen Gründen ist es zum gegenwärtigen Zeitpunkt unmöglich, einen systematischen und für unsere Analyse relevanten Vergleich der Einnahmen der Großstädte einschliesslich der beiden norddeutschen Stadtstaaten aus Gemeindesteuern durchzuführen.

a. Es liegen gegenwärtig noch keine Angaben vor, welche eine definitive Aussage über die Auswirkungen der Gemeindefinanzreform auf die Höhe der Steuereinnahmen der Großstädte in der Bundesrepublik gestatten. Es kann als zweifelhaft gelten, ob durch Vorlage der Angaben für das Haushaltsjahr 1970 die Voraussetzungen für solche Aussagen über die gegenwärtige Situation und die zu erwartende Entwicklung geschaffen werden. Die bereits erwähnten (s.S.155) Besonderheiten im Bereich der Realsteuern haben die Ergebnisse für die Jahre 1969 und 1970 in so schwerwiegender Weise beeinflusst, dass die Kenntnis der Angaben für diese beiden Jahre keinen Rückschluss auf die zu erwartende Entwicklung zulässt

b. Das gilt insbesondere für jeden Versuch einer Aussage über die Wirkungen der Einführung des Gemeindeanteils an der Lohn- und an der veranlagten Einkommensteuer auf der einen und der Einführung der Gewerbesteuerumlage auf die Höhe der Steuereinnahmen der Gemeinden auf der anderen Seite.

Es ist ebenfalls unmöglich, einen sinnvollen Vergleich der Gesamteinnahmen der Großstädte durchzuführen.

c. Dagegen spricht vor allen Dingen der Umstand, dass in verschiedenen Bundesländern das Problem des interkommunalen Finanzausgleichs und die Frage der Aufgabenverteilung zwischen Ländern und Gemeinden in höchst unterschiedlicher Weise geregelt sind. Das drückt sich in erster Linie in höchst unterschiedlichen Bestimmungen der Höhe der Schlüsselzuweisungen und der Höhe der Zuweisungen für Auftragsangelegenheiten in den verschiedenen Bundesländern aus. Dabei nehmen die beiden norddeutschen Stadtstaaten ohnehin eine Sonderstellung ein, welche einen Vergleich unmöglich macht.

d. Dazu tritt die im gegenwärtigen Zeitpunkt bestehende Schwierigkeit, dass es im Zusammenhang mit der Gemeindefinanzreform in zahlreichen Bundesländern zu einer Neuregelung des interkommunalen und des Finanzausgleichs zwischen Ländern und Gemeinden gekommen ist, deren Auswirkungen sich wegen des Fehlens der erforderlichen statistischen Angaben zum gegenwärtigen Zeitpunkt nicht überblicken lassen. Das bedeutet nicht, dass keinerlei Möglichkeiten eines Vergleichs der Einnahmesituation der Haushalte deutscher Großstädte gegeben seien. Vielmehr spielen auch nach der Gemeindefinanzreform die Einnahmen aus Gemeindesteuern und unter ihnen in ganz besonderem Maße die Einnahmen aus der Gewerbesteuer vom Ertrag und vom Kapital und aus der Lohnsummensteuer eine wichtige Rolle für die gesamten Steuereinnahmen der Gemeinden. Für die Gesamtheit der Gemeinden in der Bundesrepublik waren die Einnahmen der Gemeinden aus der Gewerbesteuer vom Ertrag und Kapital und aus der Lohnsummensteuer auch nach Abzug der Gewerbesteuerumlage mit DM 7.786 Mill. bedeutender als der Gemeindeanteil an der Lohn- und der veranlagten Einkommensteuer mit DM 6.892 Mill.

> Es ist natürlich zu erwarten, dass sich die relative Bedeutung der beiden Einnahmequellen für die Gemeinden wegen der starken Progression in der Einkommensteuer in der Zukunft ändern wird.
> Auf der anderen Seite muss jedoch berücksichtigt werden, dass die Höhe der Einnahmen aus der Gewerbesteuer wegen der in den Jahren 1969 und 1970 wirksamen Sonderfaktoren relativ niedrig war.

Daraus folgt, dass auch in der Zukunft die Realsteuerkraft und die Höhe der Einnahmen aus den Realsteuern eine wichtige, wenn auch nicht, wie in der Vergangenheit, eine entscheidende Rolle für die Höhe der Eigeneinnahmen der Gemeinden haben werden.

2. Realsteuerkraft und Einnahmen aus den Realsteuern in verschiedenen Großstädten der Bundesrepublik im Jahr 1969

Wegen der grossen Bedeutung, welche die Einnahmen der Gemeinden aus den Realsteuern, d.h. vor allen Dingen aus der Gewerbesteuer vom Ertrag und Kapital für die Fähigkeit haben, die ihnen gesetzten Aufgaben zu bewältigen, und welche sie in den beiden norddeutschen Stadtstaaten für den Versuch einer Aussage über den hypothetischen

Beitrag der "Gemeinde" zu den Gesamteinnahmen des Einheitshaushalts jedenfalls in Hamburg [1] haben, sind einige Bemerkungen angebracht. Für die beiden norddeutschen Stadtstaaten kann damit ein Beitrag zu der Diskussion der vermutlich müssigen, aber immer wieder auftretenden Frage geleistet werden, ob die hypothetische Gemeinde "Kostgänger" eines ebenfalls hypothetischen, d.h. unter den geltenden Regelungen nur gedanklich gegenüber der Gemeinde isolierbaren Landes ist oder umgekehrt.

V. 30. Realsteuerkraft [1] und Realsteuer-Isteinnahmen in verschiedenen Großstädten der Bundesrepublik in DM je Einwohner im Jahr 1969

	Steuereinnahmen	Realsteuer-Isteinnahmen	Realsteuerkraft			Zusammen
			Grundsteuer A	B	Gewerbesteuer	
Hamburg	405,72	402,36	0,66	35,72	312,91	349,29
Bremen	404,77	383,10	0,71	44,29	260,23	305,23
München	566,75	529,02	0,12	34,48	362,85	397,45
Köln	456,57	440,87	0,30	44,37	329,91	374,58
Essen	327,07	306,75	0,24	32,27	203,43	235,94
Düsseldorf	650,80	630,28	0,34	51,35	474,88	526,57
Frankfurt	1.042,83	1.005,00	0,35	51,87	668,90	721,12
Dortmund	292,67	281,14	0,48	34,91	176,94	212,33
Stuttgart	630,89	611,13	0,46	48,56	455,84	504,86
Hannover	585,94	568,34	0,31	44,72	400,68	445,71
Nürnberg	506,79	476,33	0,23	42,22	321,21	363,66
Karlsruhe	546,45	519,12	0,49	33,80	361,51	395,80
Kiel	320,52	301,44	0,25	30,30	186,29	216,84
Lübeck	340,47	319,45	0,88	34,50	183,69	219,07
Braunschwg.	392,22	371,60	0,28	41,27	235,33	276,88

Quelle: Statistisches Jahrbuch Deutscher Gemeinden 1971 a.a.O. S. 334 ff.

[1] Die Realsteuerkraft ist eine fiktive Größe, welche mit dem Ziel geschaffen ist, einen Vergleich der verschiedenen Gemeinden zu ermöglichen. Zu ihrer Bestimmung "... werden die jeweiligen Grundbeträge (Ist-Aufkommen : Hebesatz) mit einem vom Statistischen Bundesamt berechneten fiktiven Hebesatz multipliziert..." (Statistisches Jahrbuch Deutscher Gemeinen a.a.O., S.333)

[1] Im Gegensatz zu Hamburg haben wir es in Bremen nicht mit einem Einheitshaushalt zu tun. Die besonderen Abgrenzungsprobleme lassen jedoch zweckmäßig erscheinen, von der Fiktion eines Einheitshaushalts auszugehen. In der "...Finanzstatistik des Landes Bremen (werden) die Rechnungen der drei bremischen Gebietskörperschaften ... zusammengefasst in der Länderfinanzstatistik nachgewiesen. Damit ist ein Vergleich der Zahlenwerte für Bremen mit den beiden anderen Stadtstaaten Berlin und Hamburg möglich." (Statistisches Handbuch Land und Freie Hansestadt Bremen 1965 bis 1969, Bremen 1971, S. 239)

Aus dieser Darstellung ergeben sich eine Reihe von Folgerungen :

i . Die beiden norddeutschen Stadtstaaten lagen im Jahr 1969 sowohl im Hinblick auf die Höhe der Realsteuerkraft je Einwohner als auch im Hinblick auf die Realsteuer-Isteinnahmen je Einwohner unter den 11 Großstädten der Bundesrepublik mit mehr als 500.000 Einwohnern an 8. und 9. Stelle. Nur in Essen und in Dortmund waren diese Grössen kleiner als in den beiden norddeutschen Stadtstaaten.

ii . Das bedeutet, dass den Gemeinden der beiden Länder zur Erfüllung ihrer Aufgaben beträchtliche hypothetische Zuwendungen des Landes gemacht worden sind. Im Jahr 1969 betrug der Anteil der allgemeinen Finanzzuweisungen an der Summe aus Steuern und allgemeinen Finanzzuweisungen pro Einwohner in dem
an 7. Stelle der Liste stehenden Köln   7,62 v.H.
an 10. Stelle der Liste stehenden Essen 24,42 v.H.
an 11. Stelle der Liste stehenden Dortmund 29,69 v.H.

iii. Ohne Zweifel hat die Gemeindefinanzreform zu einer Verbesserung der Einnahmesituation der Gemeinden geführt. Es ist jedoch kein Grund für die Aussage zu erkennen, dass bei gleichmässiger Belastung der Gemeinden durch die Bewältigung der ihnen gesetzten Aufgaben sich die relative Stellung der hypothetischen Gemeinden in den beiden norddeutschen Stadtstaaten unter den Großstädten der Bundesrepublik nennenswert geändert hat. Trifft das zu, dann gilt unverändert die Aussage, dass in den beiden norddeutschen Stadtstaaten entweder überdurchschnittlich grosse hypothetische Zuwendungen aus dem Landeshaushalt für die Bewältigung kommunaler Aufgaben gemacht worden sein müssen, oder dass - wenn das nicht der Fall gewesen ist - die kommunalen, d.h. in den Flächenländern von den Gemeinden bewältigten Aufgaben in den beiden norddeutschen Stadtstaaten vernachlässigt worden sind.

iv . Gegen diese Behauptung spricht allerdings die Feststellung, dass sich die hypothetischen Steuereinnahmen der Gemeinden und der Länder in den beiden norddeutschen Stadtstaaten von 1969 auf 1970 in einer von der Entwicklung im Bundesgebiet abweichenden Weise geändert haben.

V. 31. Tatsächliche bzw. hypothetische Änderungen der Steuereinnahmen der Gemeinden und der Länder von 1969 auf 1970 in den norddeutschen Ländern und im Bundesdurchschnitt in v.H.

	Änderung der Steuereinnahmen der Länder	Änderung der Steuereinnahmen der Gemeinden	Änderung der gesamten Einnahmen aus der Gewerbesteuer vom Ertrag und vom Kapital
Schleswig-Holst.	+ 37,7	+ 5,5	- 19,6
Niedersachsen	+ 25,1	- 3,6	- 23,5
Hamburg	- 19,1	+ 12,9	- 6,8
Bremen	- 6,4	+ 14,9	- 4,4
Bundesgebiet	+ 8,1	- 3,1	- 24,5

Quellen: Statistisches Jahrbuch ... 1971 a.a.O. S. 404 f.
Eigene Rechnungen

Aus dieser Darstellung ersehen wir, dass sich in den beiden norddeutschen Stadtstaaten die Einnahmesituation der hypothetischen Gemeindehaushalte ausserordentlich stark zu Lasten der Einnahmesituation der hypothetischen Landeshaushalte verbessert hat. Das gilt nicht für die beiden norddeutschen Flächenländer und noch weniger für den Bundesdurchschnitt. Eine mögliche Erklärung dafür mag die unterschiedliche Bedeutung der in das Jahr 1969 vorgezogenen Zahlungstermine für die Gewerbesteuer vom Ertrag und vom Kapital in den verschiedenen Ländern bilden. Die in der letzten Spalte der Tabelle enthaltenen Angaben können mit einiger Vorsicht als Ausdruck für die relative Bedeutung dieser Verschiebung der Zahlungstermine in den verschiedenen Ländern angesehen werden.

Wegen dieser relativ grösseren Bedeutung vorgezogener Zahlungstermine erscheint die Vermutung gerechtfertigt, dass es in den beiden Flächenländern und im Bundesdurchschnitt in den folgenden Jahren zu einem verstärkten Anstieg der Steuereinnahmen sowohl der Länder als auch der Gemeinden deswegen kommen wird, weil die in das Jahr 1969 vorgezogenen Termine zu einer Überhöhung der Einnahmen für 1969 und zu niedrigen Einnahmen für das Jahr 1970 und damit zu einer Unterschätzung der Steigerung von 1969 auf 1970 führen.

Unabhängig von der Antwort auf die Frage, ob sich die Fähigkeit der Gemeinden zur Erfüllung der ihr gesetzten Aufgaben verbessert hat, macht die Darstellung deutlich, dass sich in den beiden norddeutschen Stadtstaaten auf jeden Fall die Möglichkeit vermindert hat, aus dem hypothetischen Landeshaushalt Zuwendungen an den ebenfalls hypothetischen Gemeindehaushalt zu leisten. Das berechtigt zu der Befürchtung, dass die bisher gemachte Annahme der gleichmässigen Erfüllung der kommunalen Aufgaben in den Großstädten der Bundesrepublik aufgegeben und durch die Annahme ersetzt werden muss, dass es aufgrund der vergleichsweise schlechten Situation in den Haushalten der norddeutschen Stadtstaaten zu einer relativen Untererfüllung der Aufgaben im kommunalpolitischen Bereich kommen kann.

Diese Befürchtung wird durch die Ergebnisse einer Deflationierung der verschiedenen, bei der Bewältigung der Aufgaben im kommunalpolitischen Bereich getätigten Ausgaben mit den, den verschiedenen Ausgabenarten zugeordneten Preis- und Lohn- bzw. Gehaltsindices noch verstärkt.

Zusammenfassend lässt sich sagen, dass die Situation der Haushalte der beiden norddeutschen Stadtstaaten in bezug auf die den hypothetischen Gemeindehaushalten zufliessenden Steuereinnahmen relativ, d.h. im Vergleich zu den anderen Großstädten der Bundesrepublik schwach ist. Es lässt sich ferner bezweifeln, ob die Einnahmesituation der hypothetischen Landeshaushalte in den beiden norddeutschen Stadtstaaten im Jahr 1969 oder in den folgenden Jahren hinreichend günstig ist, um die für die Bewältigung von Aufgaben im kommunalen Bereich erforderlichen Mittel in einem mit den Flächenländern der Bundesrepublik vergleichbaren Ausmass zur Verfügung zu stellen. Wenn das nicht der Fall ist, so muss in den beiden norddeutschen Stadtstaaten im Vergleich zu den anderen Großstädten der Bundesrepublik mit schwerer werdenden Versorgungslücken im kommunalen Bereich gerechnet werden.

VI. Die Ausgaben der öffentlichen Haushalte und ihre Bestimmungsgründe

A. Allgemeine Vorbemerkungen

Ein Vergleich der Höhe und der Struktur der Ausgaben der öffentlichen Haushalte in den norddeutschen Ländern, in der Region Nord und in der Bundesrepublik ist aus verschiedenen Gründen nicht ohne Probleme.
Einmal ist die Verzögerung bei der Veröffentlichung, d.h. der zeitliche Abstand zwischen dem "tatsächlichen Ausgabenjahr" und dem Zeitpunkt der Veröffentlichung der entsprechenden Angaben in der amtlichen Statistik bemerkenswert. Angaben über die Höhe der Gesamtausgabenund der Ausgaben für bestimmte Zwecke der Länder, Gemeinden und Gemeindeverbände im Jahr 1968 sind erst in den Veröffentlichungen der Reihe "Bevölkerungsstruktur und Wirtschaftskraft" der Jahre 1970 bzw. 1971 vorgelegt worden. Die Angaben für das Jahr 1969 stehen selbst in dieser Reihe noch aus. Wo das möglich erscheint, werden wir im Rahmen der nachfolgenden Darstellung den Versuch einer Aussage über die Entwicklung der öffentlichen Ausgaben in den Jahren 1969 und 1970 auf der Grundlage anderer Angaben unternehmen. Zum anderen gibt es keine einheitliche, d.h für alle Bundesländer gleiche Abgrenzung der Zuständigkeit der Länder, der Gemeinden und der Gemeindeverbände für sämtliche Aufgabenbereiche. Das bedeutet, dass auch keine generelle Aussage darüber möglich ist, ob die im Zusammenhang mit der Wahrnehmung bestimmter Aufgaben erforderlichen Ausgaben vom Land, von den Gemeinden oder von den Gemeindeverbänden getätigt werden. Gerade im Zusammenhang mit dem Versuch einer Aussage über die Situation in den norddeutschen Ländern tritt ausserdem das Problem auf, dass in den beiden Stadtstaaten eine Unterscheidung der Ausgaben des Landes von den Ausgaben der Gemeinde bzw. der Gemeinden aus Haushaltsgründen nicht möglich ist. Um den dadurch entstehenden Problemen zu entgehen und die Grundlage für einen Vergleich der Situation in den verschiedenen Ländern der Region Nord zu schaffen, werden in der nachfolgenden Darstellung die Ausgaben der Länder, der Gemeinden und der Gemeindeverbände für die verschiedenen Aufgaben zusammengefasst.
Die Angaben über die Höhe und über die Entwicklung der Ausgaben der öffentlichen Haushalte in den versc-hiedenen Bereichen geben eine

jedenfalls ungefähre Vorstellung von der Fähigkeit der Gebietskörperschaften, den Ansprüchen ihrer Bürger auf die Bereitstellung öffentlicher Güter zu entsprechen. Sie bedürfen jedoch einer Ergänzung durch eine Untersuchung der Infrastruktur in den verschiedenen Ländern. Diese Darstellung wird im nächsten Abschnitt erfolgen.

B. Höhe und Entwicklung der Gesamtausgaben und der Ausgaben bestimmter Art in den norddeutschen Ländern und Gemeinden

Es ist zweckmässig, der Darstellung und dem Vergleich der Ausgaben der norddeutschen Länder und Gemeinden für einzelne ausgewählte Aufgabenbereiche einen Überblick über die Höhe und die Entwicklung der Gesamtausgaben und der Ausgaben verschiedener Art der Länder und Gemeinden vorauszustellen.

1. Die Höhe der Gesamtausgaben der Länder und Gemeinden

   a. Die in der Darstellung verwandten Begriffe

   In der amtlichen Statistik werden unterschiedliche und nur bedingt miteinander vergleichbare Definitionen für die Darstellung der von den Haushalten der Gebietskörperschaften insgesamt getätigten Ausgaben verwandt. Um die Gefahr von Missverständnissen auszuschliessen, ist es angebracht, die in diesem Zusammenhang verwandten Definitionen kurz zu erläutern [1].

   Die unmittelbaren Ausgaben bezeichnen die Summe der Ausgaben einer Gebietskörperschaft ohne Zuweisungen, Darlehen und Tilgung an andere Gebietskörperschaften.
   Dabei gilt:

Unmittelbare Ausgaben	=	Finanzieller Umfang der unmittelbaren Erfüllung ihrer Aufgaben durch eine Gebietskörperschaft
	=	Verwaltungs- und Zweckausgaben + Ausgaben der Vermögensbewegung

   Die Nettoausgaben geben die Höhe der aus eigenen Mitteln von einer Gebietskörperschaft zu finanzierenden Aufwendungen an. Sie machen m.a.W. die "Belastung" des Haushalts durch die aus eigenen Einnahmen zu deckenden Ausgaben deutlich.

---

[1] Die nachfolgende Darstellung der verwandten Begriffe stützt sich auf die Darstellung
Statistisches Jahrbuch ... 1971 a.a.O., S. 392

Dabei gilt:

    Nettoausgaben = Unmittelbare Ausgaben

                    + Zahlungen an andere Gebietskörperschaften

                    - Zahlungen von anderen Gebietskörperschaften

Die G e s a m t a u s g a b e n geben die Höhe der von der betreffenden Gebietskörperschaft insgesamt getätigten Ausgaben an.
Dabei gilt:

    Gesamtausgaben = Unmittelbare Ausgaben

                    + Zahlungen an andere Gebietskörperschaften.

Wenden wir diese Definitionen auf die Ausgaben eines Landes und die Ausgaben der diesem Land angehörenden Gemeinden und Gemeindeverbände an, so muss also gelten:

    Nettoausgaben = Unmittelbare Ausgaben des Landes
    des Landes

                      + Zahlungen an andere Gebietskörperschaften des Landes (Gemeinden und Gemeindeverbände)

                      - Zahlungen von anderen Gebietskörperschaften des Landes (Gemeinden und Gemeindeverbände)

                      + Zahlungen an andere Gebietskörperschaften ausserhalb des Landes (Bund und Länder)

                      - Zahlungen von anderen Gebietskörperschaften ausserhalb des Landes (Bund und Länder)

    Summe der Nettoausgaben der Gemeinden und Gemeindeverbände eines Landes = Unmittelbare Ausgaben der Gemeinden und Gemeindeverbände des Landes

                      + Zahlungen an andere Gemeinden und Gemeindeverbände des Landes

                      - Zahlungen von anderen Gemeinden und Gemeindeverbänden des Landes

                      + Zahlungen der Gemeinden und Gemeindeverbände eines Landes an das Land

                      - Zahlungen des Landes an die Gemeinden und Gemeindeverbände des Landes

                      + Zahlungen der Gemeinden und Gemeindeverbände an Gebietskörperschaften ausserhalb des Landes

                      - Zahlungen von Gebietskörperschaften ausserhalb des Landes an Gemeinden und Gemeindeverbände des Landes

Im Zusammenhang mit der Zusammenfassung der Ausgaben des Landes
und der Ausgaben der Gemeinden und der Gemeindeverbände muss
jetzt beachtet werden, dass die folgenden Beziehungen gelten:

Zahlungen des Landes an andere Gebietskörperschaften des Landes (Gemeinden und Gemeindeverbände)	= Von den Gemeinden und Gemeindeverbänden empfangene Zahlungen des Landes
Zahlungen der Gemeinden und Gemeindeverbände an das Land	= Vom Land empfangene Zahlungen von anderen Gebietskörperschaften des Landes (Gemeinden und Gemeindeverbände)
Zahlungen der Gemeinden und Gemeindeverbände des Landes an andere Gemeinden und Gemeindeverbände des Landes	= Zahlungen der Gemeinden und Gemeindeverbände des Landes von anderen Gemeinden und Gemeindeverbänden des Landes

Das gestattet bei der Zusammenfassung der Nettoausgaben des Landes und seiner Gemeinden eine beträchtliche Vereinfachung. Wir erhalten:

Summe der Nettoausgaben des Landes und der Gemeinden und Gemeindeverbände des Landes	= Unmittelbare Ausgaben des Landes und seiner Gemeinden und Gemeindeverbände
	+ Zahlungen des Landes und seiner Gemeinden und Gemeindeverbände an Gebietskörperschaften ausserhalb des Landes
	− Zahlungen von Gebietskörperschaften ausserhalb des Landes an das Land und seine Gemeinden und Gemeindeverbände

Jetzt ist leicht einzusehen, dass die Summe der Nettoausgaben
eines Landes mit getrennten Landes- und Gemeindehaushalten
voll mit den Nettoausgaben eines Landes mit einem Einheitshaushalt
vergleichbar ist. Es ist ferner einzusehen, dass ein Vergleich
der Summe der Nettoausgaben in Ländern mit getrennten Landes- und
Gemeindehaushalten mit den Gesamtausgaben eines Landes mit Einheitshaushalt nur dann möglich ist, wenn die Höhe der Zahlungen
von anderen Gebietskörperschaften an das Land mit dem Einheitshaushalt bekannt ist. Es gilt nämlich:

Nettoausgaben = Gesamtausgaben
- Zahlungen von anderen Gebietskörperschaften

Das bedeutet, dass bei der Verwendung der Gesamtausgaben für ein Land die Belastung dieses Landes relativ, d.h. gegenüber solchen Ländern überschätzt wird, für welche die Zahlen für die Nettoausgaben verwandt werden.

b. Die Höhe der Gesamtausgaben

Die verfügbaren Informationen über die Höhe der Gesamtausgaben und die Höhe der Nettoausgaben sind in der folgenden Darstellung zusammengefasst:

VI. 1. Ausgaben der norddeutschen Länder [1] (Länder, Gemeinden und Gemeindeverbände) insgesamt in Mill. DM und in DM je Einwohner in verschiedenen Jahren

	1965	1966	1967	1968	1969	1970
Gesamtausgaben in Mill. DM						
Schleswig-Holstein	3.545	3.582	3.762	4.135	4.323	
Hamburg [2]		4.123	4.244	4.481	5.010	5.145
Niedersachsen	9.831	10.116	10.353			
Bremen	1.172	1.284	1.356	1.416	1.561	
Nettoausgaben in Mill. DM						
Schleswig-Holstein	2.585	2.653	2.790	3.059	3.492	
Niedersachsen	8.354	8.637	8.462			
Bremen	1.093	1.204	1.291	1.346	1.488	
Unmittelbare Ausgaben in Mill. DM						
Schleswig-Holstein	3.377	3.468	3.657	4.031	4.216	
Niedersachsen	9.638	9.917	10.142			
Bremen	1.138	1.251	1.323	1.376	1.518	

Fortsetzung von der Vorseite

	1965	1966	1967	1968	1969	1970
	Gesamtausgaben in DM je Einwohner					
Schleswig-Holstein	1.463	1.458	1.513	1.644	1.699	
Hamburg		2.227	2.307	2.453	2.753	2.839
Niedersachsen	1.426	1.455	1.483			
Bremen	1.588	1.721	1.806	1.878	2.068	
	Nettoausgaben in DM je Einwohner					
Schleswig-Holstein	1.069	1.080	1.122	1.216	1.372	
Niedersachsen	1.212	1.243	1.212			
Bremen	1.481	1.614	1.719	1.785	1.971	
	Unmittelbare Ausgaben in DM je Einwohner					
Schleswig-Holstein	1.394	1.412	1.470	1.603	1.657	
Niedersachsen	1.398	1.427	1.453			
Bremen	1.542	1.676	1.762	1.824	2.010	

1) Ausser in Hamburg (Einheitshaushalt) beziehen sich alle Angaben auf die Ausgaben des Landes und der Gemeinden und der Gemeindeverbände.

2) Für Hamburg liegen in der amtlichen Statistik keine Angaben über die Höhe der unmittelbaren Ausgaben und der Nettoausgaben vor.

Quellen: Statistisches Jahrbuch 1968/69 Freie und Hansestadt Hamburg, S. 304
Statistisches Jahrbuch 1970/71 Freie und Hansestadt Hamburg, S. 306
Statistisches Jahrbuch Schleswig-Holstein 1971, S. 146
Statistisches Jahrbuch für Niedersachsen 1969, S. 178 f.
Statistisches Jahrbuch Land Freie Hansestadt Bremen 1965 bis 1969, S. 245
Statistisches Jahrbuch für die Bundesrepublik Deutschland 1972, S. 25

Es ist aufschlussreich, dieser Darstellung der Ausgaben der Haushalte der Gebietskörperschaften in den norddeutschen Ländern die Darstellung der Höhe der Nettoausgaben und der unmittelbaren Ausgaben je Einwohner in den Ländern der Bundesrepublik gegenüberzustellen.

VI. 1 a. Ausgaben der Länder, Gemeinden und Gemeindeverbände in der Bundesrepublik in DM je Einwohner in verschiedenen Jahren

	1965	1966	1967	1968	1969
	Nettoausgaben in DM je Einwohner				
Sämtliche Länder, Gemeinden und Gemeindeverbände	1.300	1.365	1.380	1.445	1.617
Länder, Gemeinden und Gemeindeverbände in allen Ländern ausser Stadtstaaten	1.287	1.346	1.355	1.415	1.586
Stadtstaaten [1]	1.425	1.584	1.672	1.800	1.986
	Unmittelbare Ausgaben in DM je Einwohner				
Sämtliche Länder, Gemeinden und Gemeindeverbände	1.439	1.508	1.539	1.627	1.782
Länder, Gemeinden und Gemeindeverbände in allen Ländern ausser Stadtstaaten	1.390	1.451	1.479	1.563	1.716
Stadtstaaten	1.991	2.153	2.236	2.382	2.561

[1] Schliesst auch Berlin (West) ein

Quellen: Bundesminister für Wirtschaft und Finanzen
Finanzbericht 1972, S. 318
Statistisches Jahrbuch für die Bundesrepublik Deutschland 1972, S. 25
Eigene Rechnungen

Für alle berücksichtigten Länder gilt einzeln und in der Gesamtheit, dass sie in grösserem Umfang Aufgaben erfüllen (unmittelbare Ausgaben) als sie aus eigenen Mitteln decken (Nettoausgaben). Das bedeutet, dass sämtliche Länder einschliesslich der Gemeinden und Gemeindeverbände einen Überschuss im Verrechnungsverkehr mit dem Bund haben.

Das in der amtlichen Statistik ausgewiesene Defizit der Länderhaushalte in den Flächenländern erwächst aus dem Verrechnungsverkehr zwischen dem Landeshaushalt und den Haushalten der Gemeinden und Gemeindeverbände. Werden die Haushalte der Flächenländer und die der ihnen angehörenden Gemeinden und Gemeindeverbände zusammengefasst, so weisen sämtliche auf der Ebene der Länder zusammengefassten Haushalte einen Überschuss im Verrechnungsverkehr mit dem Bund aus. Dabei muss allerdings beachtet werden, dass die relative Bedeutung dieses Überschusses im Verrechnungsverkehr für die einzelnen Länder unterschiedlich hoch ist. Zur Kennzeichnung der relativen Bedeutung des Überschusses im Verrechnungsverkehr für die einzelnen Länder und für die verschiedenen Gesamtheiten von Ländern wollen wir den Wert des Quotienten aus der Differenz zwischen den unmittelbaren Ausgaben und den Nettoausgaben und der Höhe der unmittelbaren Ausgaben verwenden. Dabei muss berücksichtigt werden, dass die Differenz zwischen der Höhe der unmittelbaren Ausgaben des Landes und der Gemeinden und Gemeindeverbände in einem Land definitionsgemäss gleich der Höhe ihres Überschusses im Verrechnungsverkehr mit Gebietskörperschaften ausserhalb des Landes ist.

VI. 1 b. Wert des Quotienten aus der Höhe des Überschusses im Verrechnungsverkehr und der Höhe der unmittelbaren Ausgaben des Landes, der Gemeinden und der Gemeindeverbände in einem Land in verschiedenen Jahren in v.H.

	1965	1966	1967	1968	1969
Schleswig-Holstein	23,5	23,5	23,7	24,1	17,2
Niedersachsen	13,3	12,9	16,6		
Bremen	4,0	3,8	2,4	2,2	2,0
Sämtliche Länder, Gemeinden und Gemeindeverbände	9,7	9,5	10,3	11,2	9,3
Länder, Gemeinden und Gemeindeverbände in allen Ländern ausser Stadtstaaten	7,4	7,2	8,4	9,5	7,6
Stadtstaaten	28,4	26,4	25,2	24,4	22,5

Quellen: Wie zu VI. 1
Eigene Rechnungen

Der hohe Wert des Quotienten im Fall der beiden norddeutschen Flächenländer ist weitgehend das Ergebnis der von diesen beiden leistungsberechtigten Ländern im Zuge des Finanzausgleichs zwischen den Ländern von den anderen Ländern empfangenen Zahlungen. Das geht aus der folgenden Darstellung hervor:

VI. 1 c. Anteil der von Schleswig-Holstein, Niedersachsen und Bremen im Zuge des Finanzausgleichs zwischen den Ländern empfangenen Zahlungen am Überschuss im Verrechnungsverkehr dieser Länder und Wert des Quotienten aus der Höhe des Überschusses im Verrechnungsverkehr abzüglich der Zahlungen im Rahmen des Finanzausgleichs an der Höhe der unmittelbaren Ausgaben in v.H.

	1965	1966	1967	1968	1969
	Anteil der im Zuge des Finanzausgleichs empfangenen Zahlungen am Überschuss des Verrechnungsverkehrs				
Schleswig-Holstein	44,2	46,9	42,8	40,4	71,9
Niedersachsen	39,6	39,1	40,4		
Bremen	26,7	19,1	- 14,4	- 9,3	- 43,0
	Quotient aus Überschuss des Verrechnungsverkehrs abzüglich empfangener Zahlungen im Rahmen des Finanzausgleichs und Höhe der unmittelbaren Ausgaben				
Schleswig-Holstein	13,1	12,5	13,6	14,4	4,8
Niedersachsen	8,0	7,9	9,9		
Bremen	2,9	3,0	2,8	2,4	2,8

Quellen: wie unter VI. 1
Eigene Rechnungen

Wir können dieser Darstellung entnehmen, dass nur Schleswig-Holstein im Hinblick auf die relative Bedeutung des Überschusses im Verrechnungsverkehr abzüglich der im Zuge des Finanzausgleichs zwischen den Ländern empfangenen Zahlungen erheblich über dem Durchschnitt der Flächenländer der Bundesrepublik liegt. Daraus kann geschlossen werden, dass der Überschuss im Verrechnungsverkehr mit dem Bund in Schleswig-Holstein in den Jahren des Beobachtungszeitraumes eine überdruchschnittlich grosse Rolle bei der Finanzierung seiner unmittelbaren Ausgaben gespielt hat. Das kann durch den Umstand erklärt werden, dass ein grosser Teil des Landes zum Zonenrandgebiet gehört, dass das Land Träger besonderer und durch natürliche Umstände bedingter Ausgabenprogramme ist. Nur dadurch wird erreicht, dass die Höhe der unmittelbaren Ausgaben je Einwohner in Schleswig-Holstein in den Beobachtungsjahren annähernd den Durchschnitt der

Flächenländer der Bundesrepublik erreicht. Das gilt auch für Niedersachsen, wenn auch der Anteil der eigenen Einnahmen und der Einnahmen im Rahmen des Finanzausgleichs zwischen den Ländern an der Finanzierung der Ausgaben höher ist als in Schleswig-Holstein.
Die Angaben über die Ausgaben der Stadtstaaten insgesamt sind deswegen wenig aussagekräftig, weil Berlin (West) zu ihnen gehört und Berlin durch eine besondere Situation gekennzeichnet ist.
Geht man davon aus, dass Hamburg nur geringe Zahlungen von anderen Gebietskörperschaften empfängt, so werden die Nettoausgaben in Hamburg annähernd der Höhe der Gesamtausgaben entsprechen. Allerdings würden die unmittelbaren Ausgaben Hamburgs sich von den Gesamtausgaben in diesem Fall um einen Betrag unterscheiden, der wenigstens den von Hamburg im Rahmen des Finanzausgleichs unter den Ländern geleisteten Zahlungen entsprechen würde.

Im einfachsten Fall, d.h. wenn wir annehmen, dass Hamburg keine Zahlungen von anderen Gebietskörperschaften empfängt und Zahlungen in Höhe des Finanzausgleichs leistet, würden wir das folgende Bild erhalten:

Höhe der unmittelbaren Ausgaben in Hamburg	1966	1967	1968	1969	1970
absolut in Mill. DM	3.770	3.821	3.999	4.319	4.846
je Einwohner in DM	2.037	2.077	2.189	2.373	2.701

Man wird diese Zahlen als eine Untergrenze ansehen dürfen, da die von Hamburg empfangenen Zahlungen anderer Gebietskörperschaften nicht kleiner, wohl aber grösser als Null sein können.

Das macht deutlich, dass Hamburg im Hinblick auf die Höhe der unmittelbaren öffentlichen Ausgaben je Einwohner beträchtlich über den norddeutschen Flächenländern und über Bremen liegt.

2. Die Investitionen der öffentlichen Haushalte und die Ausgaben für Investitionszwecke

Unter den Ausgaben der Länder und Gemeinden (Gemeindeverbände) für Investitionen werden die Ausgaben für Neu- und Wiederaufbau, für Erweiterungs- und Umbauten, für die Neuanschaffung von beweglichem Vermögen, für den Erwerb von Grundvermögen, für die Gewährung von Darlehen für den Erwerb von Beteiligungen und für Zuschüsse an Dritte für Investitionszwecke (ab 1955) verstanden. Die Investitionen der öffentlichen Haushalte sind also nicht vollständig identisch mit dem Vermögenszuwachs der öffentlichen Haushalte.

Insgesamt erhalten wir das folgende Bild:

VI.2. Investitionen der Länder und Gemeinden in den norddeutschen Ländern und in der Bundesrepublik in Mill. DM

	1951	1955	1957	1961	1965	1967	1968
Schlesw.-Holstein	225,4	326,1	451,2	638,4	981,6	846,3	994,4
Hamburg	201,7	384,7	481,6	923,9	1.080,0	1.040,1	1.012,0
Niedersachsen	465,6	837,8	1.036,8	1.725,0	3.237,8	2.742,5	2.885,4
Bremen	115,5	202,5	152,2	286,6	292,2	347,7	311,2
Region Nord	1.008,2	1.751,1	2.121,8	3.573,9	5.591,6	4.976,6	5.203,0
Bundesgebiet ohne Saarland und Berlin	5.096,6	8.767,4	10.732,9	15.810,2	27.132,0	24.335,1	24.494,1
Insgesamt				17.709,9	28.736,7	26.070,0	26.289,4

Quelle: Bevölkerungsstruktur und ... 1971   a.a.O.   S.200 f.

Da ein Vergleich der absoluten Höhe der Investitionsausgaben in den verschiedenen Ländern ohne großen Aussagewert ist, empfiehlt es sich auch in diesem Fall, die Höhe der Investitionsausgaben je Einwohner in den verschiedenen Ländern zu bestimmen und als Grundlage für einen Vergleich zu verwenden.

VI. 3. Höhe der Investitionsausgaben der Länder und Gemeinden je Einwohner in den norddeutschen Ländern, in der Bundesrepublik und in den Flächenländern der Bundesrepublik in DM in verschiedenen Jahren[1]

	1951	1955	1957	1961	1965	1967	1968
Schlesw.-Holst.	90	144	200	275	405	340	395
Hamburg	126	224	272	504	582	565	554
Niedersachsen	7o	129	160	260	470	393	411
Bremen	206	330	233	406	396	463	413
Region Nord	89	158	190	311	469	413	430
Bundesgebiet Flächenländ.[2]	102	165	198	306	483	422	424
ohne Saarland und Berlin	104	169	201	314	487	430	430
Insgesamt				315	497	435	437

1) Eine Fortschreibung der Angaben bis zum Jahr 1969 aufgrund der Angaben in den Statistischen Jahrbüchern der einzelnen Länder ist in einigen Fällen möglich. Ein Vergleich der Angaben für die anderen Jahre zeigt jedoch, daß die Angaben über "öffentliche Investitionsausgaben" oder "Ausgaben der Vermögensbewegung" in den Jahrbüchern der einzelnen Länder und für diese offensichtlich auf anderen Definitionen und Abgrenzungen beruhen. Der Vorteil einer Fortschreibung für ein weiteres Jahr wiegt m.E. die Nachteile nicht auf, welche mit der Verwendung anders definierter Angaben verbunden sind.

2) bis einschliesslich 1957 ohne das Saarland

Quellen: Bevölkerungsstruktur und ... 1971 a.a.O. S.34f. u. S.200 f.
       Eigene Rechnungen

Die in den beiden Darstellungen enthaltenen Angaben lassen
erkennen, daß es im Verlauf des Beobachtungszeitraumes zu einem
beträchtlichen Anstieg der absoluten Höhe der Investitionen der
Länder und Gemeinden (Gemeindeverbände) als auch zu einem beträchtlichen Anstieg der Höhe der Investitionen je Einwohner
in sämtlichen norddeutschen Ländern, in der Region Nord und
im Bundesdurchschnitt gekommen ist. Die für diese Entwicklung
massgeblichen Bestimmungsfaktoren werden im Zusammenhang mit
der Zerlegung der gesamten Investitionen der Länder und Gemeinden in ihre einzelnen Komponenten deutlich.

Es muß berücksichtigt werden, daß diese Angaben sich keineswegs
allein auf die von den öffentlichen Haushalten selbst durchgeführten Investitionen beziehen, sondern auch die für Investitionszwecke an Dritte gewährten Darlehen und Zuschüsse umfassen.
Es ist in diesem Zusammenhang von Interesse, den Anteil der Ausgaben für eigene Investitionen der öffentlichen Hand an den
gesamten Investitionsausgaben darzustellen.

VI. 4. Anteil bestimmter Investitionsausgaben an den gesamten
Investitionsausgaben der Länder und Gemeinden in den
Jahren 1967 und 1968

	Anteil der Ausgaben für					
	Bauten und große Instandsetzungen		Neuanschaffung von beweglichem Vermögen		Erwerb von Grundvermögen	
	1967	1968	1967	1968	1967	1968
Schlesw.-Holst.	54,6	48,4	6,5	5,9	4,6	5,1
Hamburg	48,9	49,8	5,9	6,5	9,1	8,7
Niedersachsen	54,1	54,5	4,4	4,3	6,7	7,5
Bremen	59,5	59,8	5,2	8,0	15,2	17,0
Region Nord	53,5	52,7	5,1	5,2	7,5	7,8
Bundesgebiet						
Flächenländer	57,4	59,0	5,2	5,2	7,8	8,9
Insgesamt	56,3	57,5	5,3	5,3	7,8	8,9

Quellen: Stat.Jahrbuch für die Bundesrepublik ... 1970 a.a.O. S.380
Stat.Jahrbuch für die Bundesrepublik... 1971 a.a.O. S.402
Bevölkerungsstruktur und ... 1971 a.a.O.   S.200 f.
Eigene Rechnungen

Diesen Ausgaben für reale Investitionen der öffentlichen Haushalte stehen die an Dritte geleisteten Ausgaben für Investitionen durch diese Dritten gegenüber.

VI. 5. Anteil der Ausgaben der öffentlichen Haushalte für eigene Investitionen und der Ausgaben für Investitionen Dritter an den gesamten Investitionsausgaben der Länder und Gemeinden 1967 und 1968

	Anteil der Ausgaben für			
	eigene Investitionen		Investitionszuschüsse an Dritte	
	1967	1968	1967	1968
Schlesw.-Holstein	65,7	59,4	19,7	27,9
Hamburg	63,9	65,0	5,9	6,9
Niedersachsen	65,2	66,3	16,3	17,7
Bremen	79,9	84,8	5,2	6,1
Region Nord	66,1	65,7	13,9	16,9
Bundesgebiet				
Flächenländer	70,4	73,1	12,2	13,2
Insgesamt	69,4	71,7	11,4	12,3

Quellen: Wie unter VI. 4.

In Bremen liegt der Anteil der Ausgaben für eigene Realinvestitionen an den gesamten Investitionsausgaben des Haushalts der Gebietskörperschaft in beiden Jahren besonders hoch. In beiden Flächenländern ist der Anteil der Investitionszuschüsse an Dritte in beiden Jahren höher als in den beiden Stadtstaaten, als im Bundesdurchschnitt der Flächenländer der Bundesrepublik und schliesslich als im Bundesdurchschnitt. Dafür ist der Anteil der Gewährung von Darlehen an Dritte an den gesamten Investitionsausgaben mit 25 - 30 v.H. in Hamburg weit überdurchschnittlich hoch. In den anderen Ländern liegt der Anteil der an Dritte für Investitionszwecke gewährten Darlehen im Durchschnitt zwischen 10 und 15 v.H. der gesamten Investitionsausgaben der Haushalte der

Länder und Gemeinden. Berücksichtigt man, daß in Hamburg die Ausgaben für den Aufgabenbereich "Wohnungsbau" eine besonders große relative Bedeutung haben, so erklärt das wenigstens teilweise die relativ hohe Bedeutung der an Dritte gewährten Darlehen.

Interessant ist die Untersuchung der Frage nach dem Verhältnis der Höhe der Investitionsausgaben pro Einwohner in den verschiedenen Ländern.

VI. 6. Das Verhältnis zwischen der Höhe der Investitionsausgaben der Länder und Gemeinden in den norddeutschen Ländern bzw. den Flächenländern der Region Nord und dem Bundesdurchschnitt bzw. dem Durchschnitt der Flächenländer der Bundesrepublik

	1951	1955	1957	1961	1965	1967	1968
			$\frac{\text{Länder der}}{\text{Region Nord}}$:	$\frac{\text{Bundes-}}{\text{durchschnitt}}$[1)			
Schlesw.-Holst.	86,5	85,2	99,5	87,3	81,5	78,2	90,4
Hamburg	121,2	132,5	135,3	160,0	117,1	129,9	126,8
Niedersachsen	67,3	76,3	79,6	82,5	94,6	90,3	94,1
Bremen	198,1	195,3	115,9	128,9	79,7	106,4	94,5
Region Nord	85,6	93,5	94,5	98,7	94,4	94,9	98,4
			$\frac{\text{Flächenländer}}{\text{der Region Nord}}$:	$\frac{\text{Durchschnitt der}}{\text{Flächenländer der BRD}}$[2)			
Schlesw.-Holst.	88,2	87,3	101,0	89,9	83,9	80,6	93,2
Niedersachsen	68,6	78,2	80,8	85,0	97,3	93,1	96,9

[1) Bis einschl. 1957 ohne Saarland und Berlin

[2) Bis einschl. 1957 ohne Saarland

Quellen : Wie zu VI. 3.

Gehen wir auch jetzt davon aus, daß nur die Investitionsausgaben abzüglich der Ausgaben für den Erwerb von Beteiligungen, für die Gewährung von Darlehen an Dritte und für Zuschüsse für Investitionszwecke an Dritte eigene Realinvestitionen der Länder und Gemeinden darstellen, d.h. einen Zuwachs des für die Versorgung der Bevölkerung mit öffentlichen Gütern durch die Länder und durch die Gemeinden **bestimmten Vermögens, so können die Zahlen unter Verwendung der Angaben aus VI. 5. "bereinigt" werden.**

VI. 7. Das Verhältnis zwischen der Höhe der Ausgaben der Länder und Gemeinden für Bauten und große Instandsetzungen, für Neuanschaffung von beweglichem Vermögen und für Erwerb von Grundvermögen in den norddeutschen Ländern bzw. den Flächenländern der Region Nord und dem Bundesdurchschnitt bzw. dem Durchschnitt der Flächenländer der Bundesrepublik in v.H.

	1967	1968
	Länder der Region Nord :	Bundesdurchschnitt
Schleswig-Holstein	74,0	76,1
Hamburg	119,6	116,8
Niedersachsen	84,9	88,4
Bremen	122,5	113,6
Region Nord	90,4	91,6
	Flächenländer Region Nord :	Durchschnitt der Flächenländer der BRD
Schleswig-Holstein	75,2	75,7
Niedersachsen	90,2	87,9

Quellen: Wie VI. 3. und VI. 5.
Eigene Rechnungen

Aus den vorliegenden Angaben können jetzt eine Reihe von Schlußfolgerungen über Höhe und Entwicklung der Investitionsausgaben der Länder und Gemeinden je Einwohner in den norddeutschen Ländern und in den norddeutschen Ländern im Vergleich zum gesamten Bundesgebiet gezogen werden.

i. In sämtlichen norddeutschen Ländern sind die Investitionsausgaben der Länder und Gemeinden je Einwohner im Verlauf des gesamten Beobachtungszeitraumes erheblich angestiegen. Dieser Anstieg ging weit über den Anstieg der verschiedenen und in diesem Zusammenhang bedeutsamen Preisindizes hinaus, so daß die Aussage gerechtfertigt ist, daß auch die realen Investitionsausgaben je Einwohner in allen norddeutschen Ländern und im Bundesdurchschnitt erheblich angestiegen sind.

ii. In den beiden Flächenländern, d.h. besonders stark in Niedersachsen, aber auch in Schleswig-Holstein war im Verlauf des Betrachtungszeitraumes der Anstieg der Investitionsausgaben der Länder und Gemeinden je Einwohner stärker als im Bundesdurchschnitt und als im Durchschnitt der Flächenländer der Bundesrepublik. Allerdings wurde in keinem dieser beiden Länder der Bundesdurchschnitt oder der Durchschnitt der Flächenländer der Bundesrepublik erreicht.

iii. In den Jahren 1967 und 1968 war nur in Bremen der Anteil der Ausgaben für den realen Vermögenszuwachs des Landes an den gesamten Investitionsausgaben grösser als im Bundesdurchschnitt. Das bedeutet, daß das Verhältnis zwischen der Höhe der eigenen Investitionen der Länder und Gemeinden in den drei anderen Ländern bzw. in den Flächenländern der Region Nord und dem Wert dieser Größe im Bundesdurchschnitt bzw. im Durchschnitt der Flächenländer der Bundesrepublik niedriger war als das Verhältnis zwischen der Höhe der gesamten Investitionsausgaben in diesen Ländern und im Bundesdurchschnitt.

iv. Die relativ große Bedeutung der Ausgaben für Leistungen des Baugewerbes und für den Erwerb von Grundstücken für die gesamten Ausgaben der Länder und Gemeinden für eigene Investitionen und die starke regionale Differenzierung der Preise für Bauleistungen und Grundstücke lassen Zweifel aufkommen, ob die realen Eigeninvestitionen je Einwohner der öffentlichen Haushalte in den beiden norddeutschen Stadtstaaten überhaupt den Bundesdurchschnitt erreicht haben[2]. Auch bei Berücksichtigung dieser Zusammenhänge

---

[2] Wir haben gesehen, daß die Ausgaben für Eigeninvestitionen in den beiden Stadtstaaten in Hamburg 119,6 v.H. (1967) bzw. 116,8 v.H. (1968) und in Bremen 122,5 v.H. (1967) bzw. 113,6 v.H. (1968) des Bundesdurchschnitts erreichen. Es erscheint nicht ausgeschlossen, daß diese positiven Abweichungen vom Bundesdurchschnitt vollständig oder wenigstens zum grossen Teil durch die unterschiedlichen Preise für Bauleistungen und -grundstücke erklärt werden können. Immerhin beträgt der Anteil der Ausgaben für diese beiden Zwecke in Hamburg 58,0 v.H. (1967) bzw. 58,5 v.H. (1968) und in Bremen sogar 74,7 v.H. (1967) bzw. 76,8 v.H. (1968) der gesamten Ausgaben für Eigeninvestitionen.

---

dürfte die Höhe der Eigeninvestitionen je Einwohner in den beiden norddeutschen Flächenländern unverändert beträchtlich unter dem Bundesdurchschnitt liegen.

v . Es kann kein Zweifel daran bestehen, dass sich in diesen Unterschieden nicht Unterschiede der Investitionsbereitschaft oder des Investitionsbedarfs, sondern allein Unterschiede in der Investitionskraft der Länder und Gemeinden ausdrücken. Diese Investitionskraft ist durch die Gesamtsituation der öffentlichen Haushalte und vor allen Dingen im Fall der Gemeinden durch die Möglichkeiten einer zusätzlichen Verschuldung und die ihr vom Gesetzgeber gezogenen Grenzen bestimmt.

3. Höhe und Entwicklung der Personalausgaben der Länder und Gemeinden im norddeutschen Raum

Die Kenntnis der Personalausgaben der öffentlichen Haushalte ist u.a. deswegen interessant und von Bedeutung, weil sie eine

Vorstellung von der Bedeutung der öffentlichen Haushalte für das Entstehen des Nettoinlandsproduktes zu Faktorkosten gibt. Die Kenntnis dieser Größe gibt Auskunft darüber, wie hoch der im Bereich dieser öffentlichen Haushalte entstandene Teil des Nettoinlandsprodukts zu Faktorkosten ist. Die im folgenden erfaßten Personalausgaben der Länder und Gemeinden bzw. Gemeindeverbände bestehen aus den Beamtenbezügen, den Angestelltenvergütungen, den Arbeiterlöhnen und den sonstigen Personalausgaben. Wenn die von den öffentlichen Haushalten geleisteten Versorgungsleistungen aufgeführt werden, so muß beachtet werden, daß sie nicht in den Beitrag der öffentlichen Haushalte zum Nettoinlandsprodukt zu Faktorkosten eingehen. Dagegen müssten im Zusammenhang mit der Bestimmung der Höhe dieses Beitrages zusätzlich zu den ausgewiesenen tatsächlichen Ausgaben noch die in der nachfolgenden Darstellung nicht ausgewiesenen hypothetischen Leistungen an einen fiktiven Pensionsfonds berücksichtigt werden[3].

---

[3] Für Einzelheiten und für die Begründung der Einführung dieser hypothetischen Transaktionen vgl.
Statistisches Jahrbuch für die Bundesrepublik ... 1971
a.a.O.   S.488

Insgesamt erhalten wir das folgende Bild :

VI. 8. Höhe und Entwicklung der Personalausgaben[1]) der
Länder und Gemeinden bzw. Gemeindeverbände in den
norddeutschen Ländern, der Region Nord und der Bundesrepublik Deutschland in verschiedenen Jahren in Mill.DM

	1955	1957	1961	1963	1964	1965	1966	1967	1968
Schlesw.-Holst.				772	843	950	1.047	1.102	1.173
Hamburg				916	1.003	1.109	1.240	1.302	1.389
Niedersachsen				2.006	2.167	2.496	2.744	2.917	3.103
Bremen				303	325	375	417	445	483
Region Nord				3.997	4.338	4.930	5.448	5.766	6.148
Bundesgeb.[2])	8.865	11.072	15.313	18.562	20.233	23.030	25.571	27.163	29.104

[1])Personalausgaben ohne Versorgungsleistungen, aber einschließlich Beihilfen, Unterstützungen

[2])Bis 1969 Bundesgebiet einschließlich Berlin(West), aber ohne Saarland

Quellen: Statistisches Jahrbuch für die Bundesrepublik Deutschland 1963 S.432; 1965 S.455; 1967 S.428; 1968 S.397; 1969 S.397; 1970 S.379; 1971 S.401

Die Kenntnis der absoluten Höhe der Personalausgaben der Länder und Gemeinden ist nur von sehr beschränktem Aussagewert und kaum als Grundlage eines Vergleichs zwischen den verschiedenen Ländern geeignet. Interessanter für einen Vergleich der in verschiedenen Ländern bestehenden Situation ist die Kenntnis der Höhe der Personalausgaben der öffentlichen Haushalte je Einwohner oder der Anteil der Personalausgaben der öffentlichen Haushalte am Nettoinlandsprodukt zu Faktorkosten.

VI. 9. Die Höhe und Entwicklung der Personalausgaben der Länder und Gemeinden bzw. Gemeindeverbände je Einwohner und ihres Anteils am Nettoinlandsprodukt zu Faktorkosten in den norddeutschen Ländern, der Region Nord und der Bundesrepublik in DM bzw. in v.H.

	1963	1964	1965	1966	1967	1968
	Höhe der Personalausgaben je Einwohner					
Schleswig-Holstein	327	352	392	426	443	466
Hamburg	494	540	597	670	708	760
Niedersachsen	297	318	362	395	418	442
Bremen	420	446	508	559	593	641
Region Nord	342	368	414	454	478	508
Bundesgebiet	322	347	390	429	454	484
	Personalausgaben in v.H. des Nettoinlandsprodukts zu Faktorkosten					
Schleswig-Holstein	7,6	7,6	7,9	8,2	8,4	-
Hamburg	6,1	6,2	6,4	6,7	6,9	-
Niedersachsen	6,6	6,5	7,0	7,3	7,8	-
Bremen	6,7	6,5	6,9	7,2	7,6	-
Region Nord	6,6	6,6	7,0	7,3	7,7	-
Bundesgebiet	6,4	6,4	6,6	7,0	7,5	-

Quellen: Wie zu VI. 8.
Bevölkerungsstruktur und ... 1969 a.a.O. S.233

Aus diesen Angaben können jetzt eine Reihe interessanter Schlußfolgerungen über die Höhe und über die Entwicklung der Personalausgaben der Länder und Gemeinden je Einwohner und im Verhältnis zum gesamten Nettoinlandseinkommen in den einzelnen Ländern gezogen werden. Dabei muß beachtet werden, daß der Anteil der Personalausgaben der öffentlichen Haushalte am Nettoinlandsprodukt zu

Faktorkosten auch als die Belastung des im Zuge der Durchführung des Produktionsprozesses in dem betreffenden Land entstandenen Einkommens durch die Personalausgaben der öffentlichen Haushalte angesehen werden kann.

vi . Die Höhe der Personalausgaben der öffentlichen Hand je Einwohner ist in den beiden norddeutschen Stadtstaaten beachtlich höher als in den beiden Flächenländern. Sie ist in Niedersachsen in sämtlichen Jahren niedriger als in Schleswig-Holstein.
Der Versuch einer Beantwortung der Frage nach den dafür maßgeblichen Gründen wird im nächsten Abschnitt unternommen werden.

vii . Wegen des überdurchschnittlich hohen Nettoinlandsprodukts je Einwohner in den beiden Stadtstaaten ist trotz der absolut höheren Belastung je Einwohner der Anteil der Personalausgaben am Nettoinlandsprodukt zu Faktorkosten, d.h. am Inlandseinkommen in den beiden Stadtstaaten niedriger als in den beiden Flächenländern.

viii . Der absolute und der relative Anstieg der Personalausgaben der Länder und Gemeinden je Einwohner ist in den Ländern außerordentlich unterschiedlich :

VI. 10. Absoluter und relativer Anstieg der Personalausgaben der Länder und Gemeinden je Einwohner und relative Veränderung des Anteils der Personalausgaben am Inlandseinkommen von 1963 bis 1968 bzw. 1967 in den norddeutschen Ländern

	Absolute Änderung der Höhe der Personalausgaben je Einwohner	Relative Änderung der Höhe der Personalausgaben je Einwohner	Relative Änderung des Anteils der Personalausgaben am Inlandseink.[1)
Schlesw.-Holstein	+ DM 139	+ 42,5 %	+ 10,5 %
Hamburg	+ DM 266	+ 53,8 %	+ 13,1 %
Niedersachsen	+ DM 145	+ 48,8 %	+ 18,2 %
Bremen	+ DM 201	+ 52,6 %	+ 11,3 %
Region Nord	+ DM 166	+ 48,5 %	+ 16,7 %
Bundesgebiet	+ DM 162	+ 50,3 %	+ 17,2 %

[1)]Es muß beachtet werden, daß es sich bei den Angaben in dieser Spalte um die relative Änderung von Prozentsätzen handelt.

Quellen : wie unter VI. 8. und VI. 9
Eigene Rechnungen

Es zeigt sich, daß der Anstieg der Personalausgaben je Einwohner absolut und relativ in den beiden Stadtstaaten im Verlauf der Periode von 1963 bis 1968 am stärksten war. Der schon im Ausgangsjahr 1963 bestehende Unterschied zwischen Stadtstaaten und Flächenländern hat sich m.a.W. im Verlauf der Periode weiter vergrössert. Allerdings ist der Anteil der Personalausgaben am gesamten Inlandseinkommen in Niedersachsen relativ am stärksten und in Schleswig-Holstein relativ am schwächsten angestiegen. Der relative Anstieg dieses Anteils der Personalausgaben war im Bundesdurchschnitt stärker als in den norddeutschen Ländern mit Ausnahme Niedersachsens.

ix . In drei der vier norddeutschen Länder war auch im Jahr 1967 der Anteil der Personalausgaben im Inlandseinkommen höher als im Bundesdurchschnitt.

x . Mit Nachdruck muß darauf hingewiesen werden, daß die Entwicklung der Personalausgaben im Verlauf des mit dem Jahre 1968 endenden Beobachtungszeitraumes keinerlei Rückschlüsse auf die Entwicklung im Verlauf der folgenden Jahre zulässt. Die in den Jahren 1969 bis 1971 beobachtbare "Personalkostenexplosion" (Deutsche Bundesbank) führte zu einem die Entwicklung des Inlandseinkommens übersteigenden Anstieg der Personalkosten und damit zu einer Änderung der in VI. 9. dargestellten Relationen[4]. Es ist keine Aussage darüber

---

[4] Die Deutsche Bundesbank schreibt aufgrund der ihr vorliegenden statistischen Angaben dazu :

> Bei einem Anstieg der gesamten laufenden Ausgaben im Jahr 1971 um 13 % (1970 11 %) standen die Personalausgaben mit einer Zunahme um fast 19 % an erster Stelle. Damit sind die Personalkosten bei den Gebietskörperschaften in den letzten beiden Jahren um über ein Drittel gewachsen.

Geschäftsbericht der Deutschen Bundesbank für das Jahr 1971 S. 82

---

möglich, ob dieser Anstieg zu einer Änderung der zwischen den norddeutschen Ländern bestehenden Relationen geführt hat. Es läßt sich lediglich sagen, daß dieser Anstieg der Personalkosten die Haushalte der Länder und Gemeinden überproportional stark betroffen hat.

C. Höhe und Entwicklung der Ausgaben für ausgewählte Aufgabenbereiche in den norddeutschen Ländern und Gemeinden insgesamt und je Einwohner

Eine Aussage über die für die Abweichungen der Höhe der Ausgaben der Haushalte der Länder und Gemeinden bzw. der Stadtstaaten zwischen den einzelnen norddeutschen Ländern verantwortlichen Gründe ist auf der Grundlage der Globalzahlen nicht möglich. Um eine solche Aussage machen zu können, ist es erforderlich, die Ausgaben für verschiedene Aufgabenbereiche zu unterscheiden und die im Einzelfall maßgeblichen Bestimmungsgründe zu untersuchen. Es ist unmöglich, eine getrennte Darstellung und Untersuchung der Ausgaben für sämtliche Aufgabenbereiche durchzuführen. Deswegen werden wir uns auf die Untersuchung

und Darstellung der Ausgaben für die quantitativ bedeutsamsten
Aufgabenbereiche beschränken müssen.

1. Höhe und Entwicklung der Ausgaben für den Aufgabenbereich
   "Öffentliche Sicherheit und Ordnung"

Die Ausgaben für den Aufgabenbereich "Öffentliche Sicherheit
und Ordnung" bestehen vor allen Dingen aus den laufenden Ausgaben
für die Polizei. Sie machen in allen Bundesländern rd. 80 v.H.
der Gesamtausgaben für diesen Aufgabenbereich aus.

VI. 11. Höhe der Ausgaben der Länder und Gemeinden für den
    Aufgabenbereich "Öffentliche Sicherheit und Ordnung"
    in den norddeutschen Ländern in Mill. DM

	1963	1964	1965	1966	1967	1968
Schleswig-Holstein	88	98	109	113	120	130
Hamburg	129	140	159	170	180	188
Niedersachsen	220	240	269	286	296	307
Bremen	43	46	52	59	64	67
Region Nord	480	524	589	628	660	692
Bundesgebiet	2.264	2.435	2.683	2.932	3.037	3.226

Quellen: Statistisches Jahrbuch für die Bundesrepublik Deutschland
1966 : S.450; 1967 : S.427; 1968 : S.396; 1969 : S.396;
1970 : S.378; 1971 : S.400

Eine Fortschreibung dieser Angaben aufgrund der in den Statistischen Jahrbüchern der einzelnen Länder enthaltenen Angaben ist
deswegen problematisch, weil die dort enthaltenen Angaben unter
anderen Gesichtspunkten zusammengefaßt sind.
Auch wenn die besondere Entwicklung in den Jahren 1969 und folgende vernachlässigt wird, ist schon diese Darstellung geeignet,
um erste Vorstellungen von der unterschiedlichen Höhe der Ausgaben
für die öffentliche Sicherheit und Ordnung in den verschiedenen
Ländern zu vermitteln.

VI. 12. Höhe der Ausgaben der Länder und Gemeinden für den
Aufgabenbereich "Öffentliche Sicherheit und Ordnung"
je Einwohner in den norddeutschen Ländern in DM

	1963	1964	1965	1966	1967	1968
Schleswig-Holstein	37,2	40,9	44,9	46,0	48,2	51,7
Hamburg	69,6	75,4	85,6	91,8	97,8	102,9
Niedersachsen	32,5	35,2	39,0	41,1	42,4	43,8
Bremen	59,6	63,1	70,5	79,1	82,3	88,9
Region Nord	41,0	44,4	49,5	52,3	54,7	57,1
Bundesgebiet	39,1	41,8	45,5	49,2	50,7	53,6

Quellen: wie unter VI. 11.
Eigene Rechnungen

Diese Darstellung gestattet einige Aussagen über die relative
Belastung in den einzelnen Ländern mit Ausgaben für die öffentliche
Sicherheit und Ordnung :

i . Wie zu erwarten, sind die Ausgaben für den Aufgabenbereich
"Öffentliche Sicherheit und Ordnung", d.h. in erster Linie
die Ausgaben für die Polizei je Einwohner in den beiden
Stadtstaaten beträchtlich höher als in den beiden Flächenländern.

ii . In sämtlichen norddeutschen Ländern ist es von 1963 bis
1967 zu einem überproportionalen, d.h. das relative Wachstum
des Nettoinlandsprodukts zu Faktorkosten übersteigenden
Anstieg der Ausgaben für diesen Aufgabenbereich gekommen.
Der Anteil der Ausgaben für den Aufgabenbereich "Öffentliche
Sicherheit und Ordnung" am Nettoinlandseinkommen ist m.a.W.
in allen norddeutschen Ländern im Jahr 1967 höher als im
Jahr 1963.

VI. 13. Anteil der Ausgaben für den Aufgabenbereich "Öffentliche Sicherheit und Ordnung" am Nettoinlandseinkommen in den norddeutschen Ländern in den Jahren 1963 und 1967 in v.H.

	Anteil im Jahr	
	1963	1967
Schleswig-Holstein	0,865	0,911
Hamburg	0,864	0,955
Niedersachsen	0,721	0,794
Bremen	0,750	1,099
Bundesgebiet	0,782	0,833

Quellen : wie unter VI. 11

Infolge des überdurchschnittlich starken Anstiegs dieser Ausgaben lag im Jahr 1967 ihr Anteil am Nettoinlandseinkommen der Stadtstaaten über dem Wert dieses Anteils in den beiden Flächenländern.

2. Höhe und Entwicklung der Ausgaben für den Aufgabenbereich "Unterricht"

Die Entwicklung in der jüngsten Vergangenheit, d.h. in den Jahren 1969, 1970 und 1971 beeinträchtigt den Aussagewert der Zahlenangaben über die Höhe der Ausgaben für die beiden Aufgabenbereiche "Unterricht" und "Wissenschaft" in besonders starkem Maße. Hier werden diese Angaben nur deswegen verwandt, um die Besonderheiten der verschiedenen norddeutschen Länder mit ihrer Hilfe zu verdeutlichen. Soweit aufgrund zusätzlicher Unterlagen Aussagen über die Entwicklung seit 1968 möglich sind, werden diese in der Darstellung zu berücksichtigen sein. Die große Bedeutung dieser Ausgaben im Rahmen der gesamten Ausgaben der öffentlichen Haushalte rechtfertigt u.E. ein solches Vorgehen.

VI. 14. Die Ausgaben für den Aufgabenbereich "Unterricht"
in den norddeutschen Ländern und in sämtlichen
Ländern der Bundesrepublik in Mill. DM

	1962	1963	1964	1965	1966	1967	1968	1969	1970
Schlesw.-Holst.	305	337	384	432	459	479	499		795
Hamburg	278	306	330	355	400	417	448	516	
Niedersachsen	895	1.002	1.105	1.278	1.339	1.416	1.534		
Bremen	100	111	121	138	161	174	186	232	
Region Nord	1.578	1.756	1.940	2.203	2.359	2.486	2.667		
Bundesgebiet	7.205	8.157	9.369	10.722	11.692	12.152	13.100		

Quelle: wie unter VI. 11

Nun sind diese Angaben über die Höhe der Gesamtausgaben für den Aufgabenbereich "Unterricht" in den einzelnen Ländern aus mehreren Gründen ohne sonderlichen Aussagewert. Einmal bilden diese Gesamtausgaben die Summe der Ausgaben für verschiedene Schulen. Eine Differenzierung nach der Schulart erscheint aus diesem Grunde angebracht. Die in dieser Hinsicht, d.h. im Hinblick auf das relative Gewicht verschiedener Schularten zwischen den norddeutschen Ländern bestehenden Unterschiede lassen eine Differenzierung in bezug auf dieses Merkmal angezeigt erscheinen. Zum anderen ist die Kenntnis der Höhe der Gesamtausgaben ohne sonderlichen Aussagewert, da sie für Länder sehr unterschiedlicher Größe gelten. Hier erscheint eine Differenzierung unter zwei Gesichtspunkten zweckmässig, indem einmal nach der Höhe der Ausgaben je Einwohner und zum anderen nach der Höhe der Ausgaben je Schüler gefragt wird. Erst mit Hilfe dieser Angaben können die zwischen den verschiedenen Ländern bestehenden Unterschiede deutlich gemacht werden.

Ein weiterer Hinweis ist angebracht. Die in der folgenden Darstellung enthaltenen Zahlen über die Höhe der Ausgaben für den Aufgabenbereich "Unterricht" und für einzelne Teilbereiche dieses Aufgabenbereichs enthalten sowohl die Verwaltungs- und Zweckausgaben als auch die Ausgaben der Vermögensbewegung. Die im Zusammenhang mit der Errichtung neuer Schulen getätigten Investitionsausgaben gehen also u.a. in die Angaben über die Höhe der Ausgaben ein. Die Ausgaben bestehen m.a.W. keineswegs ausschließlich aus

den im Zusammenhang mit den laufenden Zwecken des Unterrichts
getätigten Ausgaben. Sie stellen vielmehr die im Zusammenhang
mit bestimmten Aufgabenbereichen stehende Gesamtbelastung der
Haushalte der Länder und Gemeinden dar.

Angaben über Klassengrössen usw. können mithin den Zahlen
nicht entnommen werden. Diese Aussagen müssen im Zusammenhang
mit der Darstellung der Infrastruktur in den verschiedenen
Ländern gemacht werden.

VI. 15. Die Höhe der Ausgaben für den Aufgabenbereich
"Unterricht in Volks- und Sonderschulen" in den
norddeutschen Ländern in Mill. DM

	1962	1964	1966	1967	1968
Schlesw.-Holst.	158	211	253	263	268
Hamburg	158	180	215	222	235
Niedersachsen	521	659	779	805	845
Bremen	54	64	83	87	91
Bundesgebiet	3.969	5.256	6.283	6.345	6.617

Quellen: wie unter VI. 11.

VI. 16. Die Höhe der Ausgaben für den Aufgabenbereich
"Unterricht in Volks- und Sonderschulen" in DM
je Einwohner und in DM je Schüler in den norddeutschen Ländern

	1962	1964	1966	1967	1968
	\multicolumn{5}{c}{In DM je Einwohner}				
Schlesw.-Holst.	67,5	88,2	103,0	105,7	106,6
Hamburg	85,7	96,9	116,2	120,7	128,6
Niedersachsen	77,7	96,6	112,1	115,3	120,5
Bremen	75,5	87,8	111,3	115,8	120,7
Bundesgebiet	69,3	89,7	105,1	105,8	109,4
	In DM je Schüler der Volks- und Sonderschulen				
Schlesw.-Holst.	703,8	954,3	1.103,4	1.205,3	1.196,4
Hamburg	1.176,5	1.375,1	1.579,7	1.549,2	1.596,5
Niedersachsen	740,9	913,5	1.048,9	1.100,3	1.128,9
Bremen	862,6	1.015,9	1.253,8	1.398,7	1.421,9
Bundesgebiet	728,9	951,3	1.100,2	1.102,4	1.124,0

Quellen : wie unter VI. 11.
Bevölkerungsstruktur und ... 1971 a.a.O. S.60 f.
Eigene Rechnungen

Diese Darstellung läßt einige sehr interessante Schlussfolgerungen zu, und sie macht deutlich, daß und aus welchem Grund eine Darstellung, welche sich ausschließlich auf die Angabe der Höhe der Ausgaben pro Einwohner beschränkt, zu mißverständlichen Ergebnissen führen kann.

iii. Im Hinblick auf die Höhe der Ausgaben pro Einwohner weicht nur Schleswig-Holstein von den weitgehend einheitlichen drei anderen norddeutschen Ländern in der Weise ab, daß die Ausgaben je Einwohner in Schleswig-Holstein in allen Jahren erkennbar niedriger sind als in den anderen Ländern.

iv . Im Hinblick auf die Ausgaben je Schüler ist ein beträchtlicher Unterschied zwischen den beiden Stadtstaaten mit relativ hohen und den beiden Flächenländern mit vergleichsweise niedrigen Ausgaben je Schüler erkennbar. Das muß darauf zurückgeführt werden, daß der Anteil der Volks- und Realschüler an der Zahl der Einwohner in den beiden Stadtstaaten niedriger ist als in den beiden Flächenländern. Das wiederum ist durch die unterschiedliche Altersstruktur der Wohnbevölkerung (s.S. 14) und durch die unterschiedliche Struktur der Schülerschaft zwischen Flächenländern und Stadtstaaten bedingt.

v . Der im Hinblick auf die Höhe der Ausgaben je Schüler zwischen Hamburg mit relativ hohen und Bremen mit vergleichsweise niedrigen Ausgaben bestehende Unterschied hat relativ abnehmende Bedeutung.

vi . Trotz niedrigerer Ausgaben je Einwohner sind die Ausgaben je Schüler in Schleswig-Holstein höher als in Niedersachsen. Das kann ebenfalls durch eine unterschiedliche Altersstruktur in den beiden Ländern oder durch eine unterschiedliche Struktur der Schüler bedingt sein.

vii . Aus den Angaben ist zu ersehen, daß es im Verlauf der Periode zu einer Verminderung der relativen Unterschiede zwischen der Höhe der Ausgaben je Schüler in den beiden Stadtstaaten und in den Flächenländern gekommen ist.

VI. 17. Die Höhe der Ausgaben der Länder und Gemeinden
für den Aufgabenbereich "Unterricht in Realschulen",
absolut, je Einwohner und je Schüler in den norddeutschen Ländern in DM bzw. in Mill. DM

	1962	1964	1966	1967	1968
	Höhe der Gesamtausgaben in Mill. DM				
Schlesw.-Holstein	39	42	51	54	59
Hamburg	15	20	21	21	22
Niedersachsen	86	104	141	158	175
Bremen	-	-	-	-	-
Bundesgebiet	428	603	916	1.021	1.111
	Höhe der Ausgaben je Einwohner in DM				
Schlesw.-Holstein	16,7	17,5	20,8	21,7	23,5
Hamburg	8,1	10,8	11,3	11,4	12,0
Niedersachsen	12,8	15,2	20,3	22,6	24,9
Bremen	-	-	-	-	-
Bundesgebiet	7,5	10,3	15,4	17,1	18,5
	Höhe der Ausgaben je Schüler				
Schlesw.-Holstein	1.080,3	1.163,4	1.378,4	1.374,0	1.394,8
Hamburg	1.127,8	1.574,8	1.693,5	1.603,1	1.496,6
Niedersachsen	1.131,6	1.250,0	1.430,0	1.453,5	1.503,4
Bremen	-	-	-	-	-
Bundesgebiet	1.050,6	1.211,8	1.552,5	1.470,1	1.459,9

Quellen: wie unter VI.11 S.62 f.
Eigene Rechnungen

Aufgrund dieser Angaben lassen sich die folgenden Aussagen machen :

viii. Die Höhe der Ausgaben für die Realschulen je Einwohner
sind in den beiden norddeutschen Flächenländern höher als
in Hamburg und im Bundesdurchschnitt. Wenn die Höhe der
Ausgaben je Schüler der Realschulen trotzdem in Hamburg in

der Mehrzahl der Jahre höher als in den beiden Flächenländern sind, so zeigt das, daß der Anteil der Realschüler an der Wohnbevölkerung in Hamburg viel niedriger ist als in den Flächenländern.

ix . Die Höhe der Ausgaben für die Realschulen je Einwohner ist im Verlauf des Betrachtungszeitraumes in allen Ländern gestiegen. Der relativ stärkste Anstieg hat in Niedersachsen stattgefunden. Daher war die Höhe der Ausgaben in Niedersachsen gegen Ende des Betrachtungszeitraumes höher als in dem "klassischen Land der Realschulen", d.h. in Schleswig-Holstein.

x . Nur in Schleswig-Holstein liegt die Höhe der Ausgaben je Schüler unter dem Bundesdurchschnitt. In Schleswig-Holstein und in Niedersachsen sind die jährlichen Ausgaben je Realschüler im Verlauf des Betrachtungszeitraumes kontinuierlich angestiegen, und nur in Hamburg sind sie gesunken. Das kann, da im Verlauf des gleichen Zeitraumes die Höhe der Ausgaben für diesen Aufgabenbereich je Einwohner in allen Ländern, auch in Hamburg, stetig angestiegen ist, nur dadurch erklärt werden, daß der Anteil der Realschüler an der Wohnbevölkerung in Hamburg überproportional gestiegen ist.

xi . Die relative Bedeutung der Realschulen in den verschiedenen Ländern ergibt sich aus der folgenden Darstellung :

VI. 18. Anteil der Schüler der Realschulen an der Wohnbevölkerung und an der Zahl der Schüler in Volks-
und Sonderschulen, Realschulen und Gymnasien in
den norddeutschen Ländern in verschiedenen Jahren
in v.H.

	Anteil an der Wohnbevölkerung					Anteil an der Schülerzahl				
	1950	1955	1960	1965	1969	1950	1955	1960	1965	1969
Schlesw.-Holst.	0,78	1,95	1,54	1,51	1,78	4,25	12,76	11,98	12,36	13,91
Hamburg	0,63	1,07	0,76	0,67	0,92	4,72	8,74	7,80	7,40	8,23
Niedersachsen	0,96	1,26	1,10	1,33	1,77	5,65	9,56	8,95	10,06	12,12
Bremen	0,67	1,24	1,07	1,05	1,22	4,82	9,58	9,24	9,25	9,94
Bundesgebiet	0,44	0,73	0.67	0,91	1,35	2,87	6,00	5,66	7,59	9,97

Quellen : Bevölkerungsstruktur und ... 1971 a.a.O. S.62
Eigene Rechnungen

Daraus ersehen wir, daß zwischen den Flächenländern und den
Stadtstaaten ein beachtlicher Unterschied sowohl im Hinblick
auf den Anteil der Schüler von Realschulen an der Gesamtzahl
der Schüler als auch im Hinblick auf den Anteil der Schüler der
Realschulen an der Wohnbevölkerung bestand. Wegen des unterschiedlichen Altersaufbaus der Wohnbevölkerung in den Stadtstaaten und den Flächenländern und des vergleichsweise geringeren Anteils der Schüler an der Wohnbevölkerung der Stadtstaaten
sind die relativen Unterschiede zwischen dem Wert der Anteile
an der Wohnbevölkerung noch größer als die relativen Unterschiede
zwischen der Höhe der Anteile an der gesamten Schülerzahl.

VI. 19 Die Höhe der Ausgaben der Länder und Gemeinden für den Aufgabenbereich "Unterricht an Gymnasien (Höhere Schulen)" absolut, je Einwohner und je Schüler in den norddeutschen Ländern in DM bzw. in Mill. DM

	1962	1964	1966	1967	1968
	Höhe der Gesamtausgaben in Mill. DM				
Schl.-Holstein	58	69	86	91	98
Hamburg	44	53	67	71	82
Niedersachsen	145	172	215	235	281
Bremen	20	25	32	38	46
Bundesgebiet	1.307	1.648	2.115	2.295	2.520
	Höhe der Ausgaben je Einwohner in DM				
Schl.-Holstein	24,8	28,8	35,0	36,6	39,0
Hamburg	23,9	28,5	36,2	38,6	44,9
Niedersachsen	21,6	25,2	30,9	33,7	40,1
Bremen	28,0	27,4	42,9	50,6	61,0
Bundesgebiet	23,0	28,3	35,5	38,3	41,9
	Höhe der Ausgaben je Schüler der Gymnasien in DM				
Schl.-Holstein	1.705,8	2.035,3	2.257,2	2.058,8	2.071,8
Hamburg	1.896,5	2.274,7	2.509,4	2.465,3	2.469,9
Niedersachsen	1.545,8	1.825,9	1.940,4	1.860,6	2.106,4
Bremen	1.739,1	2.136,8	2.335,8	2.420,8	2.771,1
Bundesgebiet	1.543,6	1.851,5	2.037,4	1.921,5	1.982,7

Quellen : wie unter VI. 17

Auch aus diesen Angaben lassen sich bestimmte Schlußfolgerungen ziehen :

xii . Auch diese Angaben lassen die zwischen den Stadtstaaten und den Flächenländern der Region Nord bestehenden Unterschiede erkennen. In der zweiten Hälfte des Beobachtungszeitraumes

sind sowohl die Ausgaben pro Einwohner als auch die
Ausgaben pro Schüler für den Unterricht an Gymnasien
in den beiden Stadtstaaten erkennbar höher als in den
beiden Flächenländern. Allerdings übersteigen am Ende
der Periode, d.h. im Jahr 1968 die Ausgaben je Schüler
auch in den beiden Flächenländern erkennbar den Bundesdurchschnitt. Wegen des vergleichsweise niedrigen Anteils
der Schüler der Gymnasien an der gesamten Wohnbevölkerung
ist das möglich, obwohl die Ausgaben je Einwohner in den
beiden norddeutschen Flächenländern unter dem Bundesdurchschnitt liegen.

xiii . Außer im Jahre 1968 liegt Schleswig-Holstein sowohl im
Hinblick auf die Ausgaben je Einwohner als auch im Hin-
blick auf die Ausgaben je Schüler vor Niedersachsen und **liegt**
Hamburg im Hinblick auf die Ausgaben je Schüler vor Bremen.

Es bleiben schließlich als größere Position im Bereich des Aufgabenbereichs "Unterricht" noch die Ausgaben für die Berufsschulen
und Berufsfach- und Fachschulen zu erwähnen. Da in dieser Kategorie
unterschiedliche Schulen, d.h. Teilzeitschulen und Schulen mit
voller Wochenstundenzahl zusammengefaßt sind, hat die Herstellung
eines Bezugs der Höhe der Gesamtausgaben auf die Zahl der Schüler
keinen Aussagewert. Darum soll auf solche Angaben verzichtet
werden.

VI. 20. Die Höhe der Ausgaben der Länder und Gemeinden für den Aufgabenbereich "Unterricht an Berufsschulen, Berufsfach- und Fachschulen" absolut und je Einwohner in den norddeutschen Ländern

	1962	1964	1966	1967	1968
Höhe der Gesamtausgaben in Mill. DM					
Schl.-Holstein	48	57	64	67	68
Hamburg	50	66	84	89	92
Niedersachsen	126	147	174	185	192
Bremen	23	27	36	36	39
Bundesgebiet	1.194	1.495	1.805	1.860	1.942
Höhe der Ausgaben je Einwohner in DM					
Schl.-Holstein	20,5	23,8	26,0	26,9	27,0
Hamburg	27,1	35,5	45,4	48,4	50,4
Niedersachsen	18,8	21,5	25,0	26,5	27,4
Bremen	32,2	37,0	48,3	47,9	51,7
Bundesgebiet	21,0	25,7	30,3	31,1	32,3

Quellen: wie unter VI. 11
Eigene Rechnungen

Auch jetzt erkennen wir wieder die Unterschiede zwischen den beiden Flächenländern und den beiden Stadtstaaten im norddeutschen Raum.

xiv . Die Ausgaben je Einwohner für den Aufgabenbereich "Unterricht an Berufsschulen, Berufsfach- und Fachschulen" liegen in den beiden Stadtstaaten erheblich über dem Bundesdurchschnitt und damit auch erheblich über den beiden norddeutschen Flächenländern.

xv . Eine Nivellierung ist im Verlauf des Beobachtungszeitraums nicht erkennbar. Die Ausgaben je Einwohner steigen vielmehr in den Stadtstaaten relativ stärker an als in den Flächenländern. Einer der Gründe besteht sicherlich

darin, daß in den Stadtstaaten Ausbildungsmöglichkeiten
vorhanden sind und steigende Bedeutung erlangen, die in
den Flächenländern nicht oder nicht in vergleichbarem
Umfang vorhanden sind

Zusammenfassend kann man über die Ausgaben der Länder und Gemeinden im norddeutschen Raum für die verschiedenen Teilbereiche des Aufgabenbereichs "Unterricht" sagen, daß die Ausgaben je Einwohner und je Schüler in den beiden Stadtstaaten außer im Bereich der Realschulen über dem Bundesdurchschnitt und über den norddeutschen Flächenländern liegen. Außer den Ausgaben je Schüler in den Realschulen in Schleswig-Holstein liegen die Ausgaben je Schüler in den Volks- und Sonderschulen, in den Realschulen und in den Gymnasien in allen norddeutschen Ländern über dem Bundesdurchschnitt.

3. Höhe und Entwicklung der Ausgaben für den Aufgabenbereich "Wissenschaft"

Die Ausgaben der Länder und -nur in wenigen Bundesländern- einen Anteil von 1 v.H. an den Gesamtausgaben überschreitend- der Gemeinden bestehen vor allem aus Ausgaben für die Universitäten, Technische Hochschulen und andere Hochschulen und für die Hochschulkliniken. Die Ausgaben für wissenschaftliche Institute außerhalb der Universitäten und Hochschulen, für wissenschaftliche Bibliotheken und Museen und für die übrige Wissenschaft sind zwar absolut und relativ im Zeitablauf angestiegen, sie überschreiten jedoch in keinem der Länder einen Anteil von 15 v.H. an den gesamten Ausgaben für die Wissenschaft.

Es erscheint zweckmässig, auf jeden Versuch einer Differenzierung zwischen den verschiedenen Einrichtungen des Hochschulbereichs und damit auf den getrennten Ausweis der Ausgaben für die verschiedenen Institutionen in den einzelnen Ländern zu verzichten. Da Angaben für das Jahr 1958 vorliegen, können diese in unserer Darstellung aufgenommen werden.

VI. 21. Die Höhe der Ausgaben der Länder und Gemeinden für den Aufgabenbereich "Wissenschaft" absolut, je Einwohner und in v.H. des Nettoinlandseinkommens in den norddeutschen Ländern in Mill. DM bzw. in DM bzw. v.H.

	1958	1962	1964	1966	1967	1968	1968/1958
	\multicolumn{7}{c}{Höhe der Gesamtausgaben in Mill. DM}						
Schlesw.-Holst.	43	61	83	113	125	137	3,26
Hamburg	76	102	151	193	215	240	3,16
Niedersachsen	104	197	291	350	346	367	3,53
Bremen	3	4	33	18	18	19	6,33
Bundesgebiet	1.218	2.058	3.144	3.963	4.159	4.436	3,64
	\multicolumn{7}{c}{Höhe der Ausgaben je Einwohner in DM}						
Schlesw.-Holst.	19,0	26,1	34,7	46,0	50,3	54,5	2,87
Hamburg	42,4	55,3	81,3	104,3	116,8	131,4	3,10
Niedersachsen	16,0	29,4	42,6	50,4	49,6	52,3	3,27
Bremen	4,5	5,6	45,3	24,1	24,0	25,2	5,60
Bundesgebiet	22,4	36,1	54,0	66,5	69,5	73,7	3,29
	\multicolumn{7}{c}{Höhe der Ausgaben in v.H. des Nettoinlandseinkommens}						
							1967/1958
Schlesw.-Holst.	0,64	0,65	0,75	0,88	0,95		1,48
Hamburg	0,75	0,72	0,94	1,04	1,14		1,52
Niedersachsen	0,52	0,69	0,88	0,93	0,93		1,79
Bremen	0,09	0,09	0,66	0,31	0,31		3,44
Bundesgebiet	0,68	0,76	0,99	1.08	1,14		1,68

Quellen: wie VI. 11
Bevölkerungsstruktur und ... 1969 a.a.O. S.232 f.
Eigene Rechnungen

Diese Zahlenangaben bedürfen der Erklärung und der Interpretation:

xvi . Der große Unterschied zwischen der Höhe der Ausgaben je Einwohner in Hamburg auf der einen und den restlichen Ländern auf der anderen Seite ist nicht zuletzt darauf zurückzuführen, daß in den meisten Jahren in Hamburg die Ausgaben für Hochschulkliniken größer sind als die Ausgaben für den gesamten Teilbereich "Hochschulen ohne Hochschulkliniken".

VI. 22. Anteil der Ausgaben für Hochschulkliniken an den gesamten Ausgaben für den Aufgabenbereich "Wissenschaft"

	1959	1962	1966	1968
Schlesw.-Holst.	50,0	36,1	32,7	32,1
Hamburg	55,6	40,2	36,8	37,9
Niedersachsen	20,0	13,2	12,0	12,5
Bremen	-	-	-	-
Bundesgebiet	34,4	26,3	23,4	25,9

xvii .

Wegen der großen Bedeutung der Universitätskliniken für die allgemeine Krankenversorgung erscheint die Gleichbehandlung der verschiedenen Aussagen nicht zweckmässig. Bei Berücksichtigung der Ausgaben allein für die Hochschulen mit Ausnahme der Hochschulkliniken erhalten wir das folgende Bild :

VI. 23. Höhe der Ausgaben der Länder und Gemeinden für die Hochschulen mit Ausnahme der Hochschulkliniken je Einwohner und in v.H. des Nettoinlandseinkommens

	1959	1962	1966	1967	1968
	Höhe der Ausgaben je Einwohner in DM				
Schlesw.-Holst.	7,5	11,5	24,0		29,4
Hamburg	15,5	19,0	40,0		49,3
Niedersachsen	12,8	18,5	33,7		35,6
Bremen	1,5	1,4	8,0		6,6
Bundesgebiet	13,5	20,1	39,0		42,2
	Höhe der Ausgaben in v.H. des Nettoinlandseinkommens				
Schlesw.-Holste.	0,24	0,29	0,46	0,50	
Hamburg	0,25	0,25	0,40	0,43	
Niedersachsen	0,39	0,43	0,64	0,59	
Bremen	0,03	0,02	0,10	0,09	
Bundesgebiet	0,38	0,42	0,64	0,64	

Quellen: wie unter VI. 11
Bevölkerungsstruktur und ... 1969 a.a.O. S.232
Eigene Rechnungen

Diese Darstellung macht deutlich, daß die relativen Ausgaben der Länder für die Hochschulen mit Ausnahme der Hochschulkliniken erheblich von den relativen Ausgaben für den Aufgabenbereich "Wissenschaft" abweichen. Die Höhe der Ausgaben je Einwohner liegen für Hamburg auch jetzt über den Ausgaben je Einwohner in den anderen norddeutschen Ländern und im Bundesdurchschnitt. Die relativen Abweichungen sind jedoch sehr viel geringer als die relativen Abweichungen der Ausgaben für den Aufgabenbereich "Wissenschaft" je Einwohner.

Zu völlig anderen Aussagen kommen wir im Hinblick auf den Anteil der Ausgaben für Hochschulen ohne Hochschulkliniken am Nettoinlandsprodukt zu Faktorkosten, d.h. am Inlandseinkommen. Dieser Anteil ist in sämtlichen norddeutschen Ländern niedriger als im Bundesdurchschnitt. Er ist jedoch in den beiden Stadtstaaten niedriger als in den beiden norddeutschen Flächenländern. Der relativ hohe Anteil der Ausgaben für den Aufgabenbereich "Wissenschaft" war in Hamburg also m.a.W. vor allen Dingen durch die Ausgaben für die Hochschulkliniken und für besondere Forschungseinrichtungen bedingt.

4. Höhe und Entwicklung der Ausgaben für den Aufgabenbereich "Soziale Sicherheit"

In sämtlichen Bundesländern übersteigen die Ausgaben für den Aufgabenbereich "Soziale Sicherheit" die Ausgaben für den Aufgabenbereich "Wissenschaft". Allerdings muss berücksichtigt werden, dass unter dem Aufgabenbereich "Soziale Sicherheit" eine grosse Zahl, der Art und der Ursache der Leistungen nach sehr unterschiedliche Teilbereiche zusammengefasst sind. Mehr als 60 v.H. der Gesamtausgaben für soziale Sicherheit sind Ausgaben für die Teilbereiche "Sozialhilfe" und "Jugendhilfe". Diese Ausgaben bestehen jeweils aus den Ausgaben für die Sozial- bzw. Jugendhilfe und aus Ausgaben für die Einrichtungen der Sozial- bzw. der Jugendhilfe. Auch hier ist ein Bezug der Höhe der Ausgaben auf die Zahl der Leistungsempfänger in den einzelnen Ländern wegen der unterschiedlichen Leistungen und wegen der mit dem Versuch einer eindeutigen Definition der durch die Leistungen Begünstigten unmöglich. Deswegen müssen wir uns auch in diesem Abschnitt darauf beschränken, eine Aussage über die Höhe dieser Ausgaben je Einwohner und über den Anteil dieser Ausgaben am Nettoinlandseinkommen zu machen.

VI. 24. Höhe der Ausgaben der Länder und Gemeinden für den Aufgabenbereich "Soziale Sicherheit" absolut, je Einwohner und in v.H. des Nettoinlandseinkommens in den norddeutschen Ländern in Mill. DM bzw. in DM bzw. in v.H.

	1965	1966	1967	1968
	Höhe der Gesamtausgaben in Mill. DM			
Schleswig-Holstein	246	273	300	315
Hamburg	353	381	420	423
Niedersachsen	641	712	768	810
Bremen	96	109	121	124
Bundesgebiet	6.469	7.131	7.663	8.072
	Höhe der Ausgaben je Einwohner in DM			
Schleswig-Holstein	101,5	111,1	120,6	125,2
Hamburg	190,1	205,8	228,3	231,5
Niedersachsen	93,0	102,4	110,0	115,5
Bremen	130,1	146,1	161,1	164,5
Bundesgebiet	109,6	119,6	128,0	134,1

	1965	1966	1967	1968
	Höhe der Ausgaben in v.H. des Nettoinlandseinkommens			
Schleswig-Holstein	2,04	2,12	2,27	
Hamburg	2,03	2,06	2,23	
Niedersachsen	1,79	1,89	2,06	
Bremen	1,75	1,88	2,08	
Bundesgebiet	1,87	1,95	2,10	

Auch in diesem Fall sind einige Erklärungen und eine Interpretation der Angaben angebracht:

xviii. Im Hinblick auf die Höhe der Ausgaben für den Aufgabenbereich "Soziale Sicherheit" je Einwohner unterscheiden sich die beiden Stadtstaaten in deutlich erkennbarer Weise von den beiden Flächen-ländern. Hier liegen die Ausgaben je Einwohner in den Vergleichsjahren sogar unter dem Bundesdurchschnitt, während sie in den beiden Stadtstaaten beträchtlich über dem Bundesdurchschnitt liegen.

xix. Die überdurchschnittlich hohen Ausgaben je Einwohner in den beiden Stadtstaaten sind durch mehrere Faktoren bedingt.
Die Zuweisungen der Länder an den Lastenausgleichsfonds werden dem Aufgabenbereich "Soziale Sicherheit" zugeordnet. Die Höhe dieser Zuweisungen wird durch das Aufkommen aus der Vermögensteuer bestimmt. Sie sind schon aus diesem Grunde in den beiden Stadtstaaten überdurchschnittlich hoch.
Überdurchschnittlich hoch sind in den beiden Stadtstaaten ausserdem Ausgaben für Einrichtungen der Sozial- und vor allen Dingen der Jugendhilfe. Die relativen Abweichungen in der Höhe dieser Ausgaben für die Einrichtungen sind grösser als die Abweichungen in den Ausgaben für die Sozial- und die Jugendhilfe selbst.
Überdurchschnittlich hoch sind in den Stadtstaaten ausserdem die Ausgaben für die Sozialverwaltung ohne die Versorgungsämter.

xx. In den berücksichtigten Jahren liegen sowohl Hamburg als auch Schleswig-Holstein im Hinblick auf den Anteil der Höhe der Ausgaben für den Aufgabenbereich "Soziale Sicherheit" über und Niedersachsen unter dem Bundesdurchschnitt. Das ist in Schleswig-Holstein durch die vergleichsweise hohen Ausgaben je Einwohner und das vergleichsweise niedrige Inlandseinkommen je Einwohner bedingt. In Hamburg ist das trotz des vergleichsweise hohen Inlandseinkommens je Einwohner auf die Höhe der Ausgaben je Einwohner zurückzuführen. Die Höhe der Ausgaben je Einwohner liegt m.a.W. relativ weiter über dem Bundesdurchschnitt als die Höhe des Inlandseinkommens je Einwohner über dem entsprechenden Bundesdurchschnitt. Das Gegenteil gilt für Bremen und Niedersachsen.

xxi . Es kann kein Zweifel daran bestehen, dass die überdurchschnittlich hohen Ausgaben für die Einrichtungen der Sozial- und der Jugendhilfe in den beiden Stadtstaaten durch die besondere Situation der Großstadt erklärt werden muss. Es wäre nicht zulässig, sie als Ausdruck einer grundlegend unterschiedlichen Einstellung zu den Problemen und gegenüber den Möglichkeiten ihrer Lösung zu sehen.

5. Höhe und Entwicklung der Ausgaben für den Aufgabenbereich "Gesundheit, Sport und Leibesübungen".

Auch die Ausgaben für diesen Aufgabenbereich übersteigen in sämtlichen Bundesländern im Verlauf des Beobachtungszeitraumes beträchtlich die Ausgaben für den Aufgabenbereich "Wissenschaft", obwohl in diesen Ausgaben mit den Ausgaben für die Hochschulkliniken Ausgaben enthalten sind, die wenigstens teilweise dem Aufgabenbereich "Gesundheit" zugeordnet werden müssten.

Die Ausgaben für Krankenhäuser machen etwa 80 v.H. oder mehr der Gesamtausgaben für den Aufgabenbereich "Gesundheit, Sport und Leibesübungen" aus. In den Flächenländern mit der für diese charakteristischen Trennung von Landes- und Gemeindehaushalten handelt es sich dabei vor allen Dingen um Ausgaben der Gemeinden. Die Ausgaben der Länder für diesen Zweck schlagen sich in den Ausgaben für Hochschulkliniken nieder.

VI. 25. Die Ausgaben der Länder und Gemeinden für den Aufgabenbereich "Gesundheit, Sport und Leibesübungen" absolut, je Einwohner und in v.H. des Nettoinlandseinkommens in den norddeutschen Ländern in Mill. DM in DM bzw. in v.H.

	1958[1]	1962	1964	1966	1967	1968
	Höhe der Gesamtausgaben in Mill. DM					
Schleswig-Holstein	96	161	190	225	244	270
Hamburg	119	190	226	256	276	298
Niedersachsen	225	437	537	635	653	706
Bremen	46	88	88	121	126	142
Bundesgebiet	2.079	3.998	5.032	6.074	6.244	6.672
	Höhe der Ausgaben je Einwohner in DM					
Schleswig-Holstein	42,3	68,8	79,4	91,4	98,1	107,4
Hamburg	66,3	103,0	121,7	138,3	150,0	163,1
Niedersachsen	34,5	65,2	78,7	91,4	93,5	100,6
Bremen	68,7	123,1	120,7	162,2	167,8	188,3
Bundesgebiet	38,3	70,2	86,4	101,8	104,3	110,9
	Höhe der Ausgaben in v.H. des Nettoinlandseinkommens					
Schleswig-Holstein	1,44	1,70	1,72	1,75	1,85	
Hamburg	1,17	1,33	1,41	1,38	1,46	
Niedersachsen	1,13	1,53	1,62	1,68	1,75	
Bremen	1,37	2,03	1,76	2,09	2,16	
Bundesgebiet	1,16	1,47	1,59	1,66	1,71	

[1] Die Angaben für das Rechnungsjahr 1958 enthalten lediglich die Ausgaben für Krankenanstalten ohne Hochschulkliniken. Sie können für die einzelnen Länder, nicht aber mit den Angaben für die anderen Jahre verglichen werden.

Um Missverständnisse zu vermeiden, sind einige Anmerkungen und Erläuterungen angebracht :

xxii . Die Darstellung erweckt den Eindruck, dass in Bremen sowohl der Anteil der Ausgaben für den Aufgabenbereich "Gesundheit, Sport und Leibesübungen" und damit vor allen Dingen der Anteil der Ausgaben für Krankenhäuser als auch die Höhe dieser Ausgaben je Einwohner beträchtlich höher ist als in den anderen Ländern. Dabei wird übersehen, dass Bremen keine Ausgaben für Hochschulkliniken hat, und dass diese Ausgaben in den anderen Ländern weitgehend den Charakter einer Ausgabe für die Versorgung der in Krankenanstalten untergebrachten Patienten hat. Wenn im folgenden Überblick die Höhe der Ausgaben für Hochschulkliniken je Einwohner ausgewiesen wird, so muss davor gewarnt werden, diese Zahlen ohne weitere Einschränkungen den Ausgaben für Krankenanstalten hinzuzuzählen. Die Hochschulkliniken haben neben der Krankenversorgung sehr spezifische Aufgaben eigener Art, die von den anderen Krankenhäusern nicht oder nicht in vergleichbarem Masse wahrgenommen werden. Leider ist eine Trennung der Ausgaben für die Krankenversorgung von den anderen Ausgaben nicht möglich, so dass hier nur die Gesamtausgaben für die Hochschulkliniken ausgewiesen werden können.

VI. 26. Die Ausgaben der Länder für die Hochschulkliniken je Einwohner und in v.H. des Nettoinlandseinkommens in den norddeutschen Ländern in DM und in v.H.

	1958	1962	1964	1966	1968
Höhe der Ausgaben je Einwohner in DM					
Schleswig-Holstein	7,1	9,4	11,3	15,1	17,5
Hamburg	19,5	22,2	31,2	38,4	49,8
Niedersachsen	2,9	3,9	5,1	6,0	6,6
Bremen	-	-	-	-	-
Bundesgebiet	6,4	9,5	12,4	15,6	19,1
Höhe der Ausgaben in v.H. d. Inlandseinkommens					
Schleswig-Holstein	0,24	0,23	0,24	0,29	
Hamburg	0,34	0,29	0,36	0,38	
Niedersachsen	0,10	0,09	0,11	0,11	
Bremen	-	-	-	-	
Bundesgebiet	0,19	0,20	0,23	0,25	

Diese Darstellung führt zu dem Ergebnis, dass die Summe der Ausgaben für Hochschulkliniken und Krankenanstalten je Einwohner in Hamburg höher ist als in Bremen und dass der Anteil dieser Ausgaben am Inlandseinkommen in Schleswig-Holstein etwa so hoch ist wie in Bremen.

xxiii. In beiden Flächenländern liegt die Höhe der Ausgaben für den Aufgabenbereich je Einwohner unter dem Bundesdurchschnitt. Dagegen liegt der Anteil dieser Ausgaben am Inlandseinkommen wegen des vergleichsweise niedrigen Inlandseinkommens je Einwohner in den beiden norddeutschen Flächenländern über dem Bundesdurchschnitt.

6. Höhe und Entwicklung der Ausgaben für den Aufgabenbereich "Verkehr"

Schliesslich sollen noch die Ausgaben der Länder und Gemeinden in Norddeutschland für den Aufgabenbereich "Verkehr" dargestellt werden. Eine für alle Länder geltende Aussage über die Struktur dieser Ausgaben, d.h. die relative Bedeutung der verschiedenen Teilbereiche lässt sich nicht machen. Das hängt u.a. von der geographischen Lage der Länder ab und von der durch sie bedingten relativen Bedeutung der Ausgaben für die Wasserstrassen.

VI. 27. Die Ausgaben der Länder und Gemeinden für den Aufgabenbereich "Verkehr" absolut, je Einwohner und in v.H. des Inlandseinkommens in den norddeutschen Ländern in Mill.DM bzw. in DM bzw. in v.H.

	1958[1]	1962	1964	1966	1967	1968
	Höhe der Gesamtausgaben in Mill. DM					
Schleswig-Holstein	139	195	261	246	229	250
Hamburg	67	211	250	276	293	317
Niedersachsen	315	566	780	739	708	726
Bremen	31	143	160	160	158	161
Bundesgebiet	2.894	5.380	6.933	7.365	6.792	7.215
	Höhe der Ausgaben je Einwohner in DM					
Schleswig-Holstein	61,3	83,3	109,1	100,1	92,1	99,4
Hamburg	37,3	114,4	134,6	149,1	159,2	173,5
Niedersachsen	48,3	84,4	114,3	106,3	101,4	103,5
Bremen	46,3	200,0	219,5	214,5	210,4	213,5
Bundesgebiet	53,3	94,5	119,0	123,5	113,4	119,9

	1958[1])	1962	1964	1966	1967	1968
	Höhe der Ausgaben in v.H. d. Inlandseinkommens					
Schleswig-Holstein	2,08	2,06	2,37	1,92	1,74	
Hamburg	0,66	1,48	1,56	1,49	1,55	
Niedersachsen	1,58	1,99	2,35	1,96	1,90	
Bremen	0,92	3,30	3,21	2,76	2,71	
Bundesgebiet	1,61	1,98	2,18	2,01	1,86	

[1]) Bei den Angaben für das Rechnungsjahr 1958 sind ausschliesslich die Ausgaben für das Strassenwesen berücksichtigt. Die Angaben über "Wasserstrassenbehörden" und "Sonstigen Verkehr" sind erst für die späteren Jahre berücksichtigt.

Auch jetzt sind zur Erklärung der zwischen den verschiedenen Ländern bestehenden Unterschiede und zur Verdeutlichung ihres Aussagewertes einige zusätzliche Bemerkungen angebracht:

xxiv . Die Höhe der Ausgaben für den Aufgabenbereich "Verkehr" je Einwohner und ihr Verhältnis zum Inlandseinkommen sind in Bremen erkennbar höher als in den übrigen norddeutschen Ländern. Um das in der richtigen Perspektive zu sehen, muss die relative Bedeutung der Ausgaben für die Teilbereiche "Wasserstrassen" und "Wasserstrassenbehörden" berücksichtigt werden.

VI. 28. Der Anteil der Ausgaben für Wasserstrassen und Wasserstrassenbehörden an den Ausgaben der Länder und Gemeinden für den Aufgabenbereich "Verkehr" in den norddeutschen Ländern in v.H.

	1962	1964	1966	1967	1968
Schleswig-Holstein	1,54	3,45	6,91	6,99	4,80
Hamburg	49,29	40,40	46,01	43,34	41,32
Niedersachsen	9,89	8,08	6,77	7,63	6,89
Bremen	69,23	60,63	52,50	54,43	53,42
Bundesgebiet	7,08	4,23	4,25	4,58	4,45

Bei Berücksichtigung dieser Zahlenangaben kommen wir zu dem Ergebnis, dass die Unterschiede in der Höhe der Ausgaben für den Verkehr je Einwohner fast ausschliesslich durch die unterschiedliche Höhe der Ausgaben für Wasserstrassen und Wasserstrassenbehörden in den verschiedenen Ländern bedingt sind.

Nur diese Ausgaben erklären auch die Art der Abweichungen vom
Bundesdurchschnitt. Im Jahr 1968 etwa liegen die Ausgaben für
den Strassen- und den sonstigen Verkehr in sämtlichen norddeutschen Ländern je Einwohner beträchtlich unter dem Bundesdurchschnitt. Sie liegen in den beiden Stadtstaaten höher als
in den beiden Flächenländern - am höchsten in Hamburg. Die
relativen Abweichungen zwischen den Zahlen für die Stadtstaaten und den Flächenländern lagen jedoch unter 10 %.

xxv . Der ausserordentlich hohe Anteil der Ausgaben für Wasserstrassen und Wasserstrassenbau an den gesamten Ausgaben für
den Aufgabenbereich "Verkehr" in den beiden Stadtstaaten
macht die grosse Bedeutung der Häfen in diesen beiden Ländern
deutlich.

7. Höhe und Entwicklung der Ausgaben für verschiedene Aufgabenbereiche nach 1968

Eine Darstellung der Entwicklung der Ausgaben der öffentlichen
Haushalte für die verschiedenen Aufgabenbereiche nach 1968 ist aus
verschiedenen Gründen ausserordentlich schwierig oder unmöglich:

i . Durch die amtliche Statistik sind noch keine, nach Bundesländern differenzierten Angaben über die Entwicklung in den Jahren
1969, 1970 und 1971 bereitgestellt. Im Interesse der Einh-eit-
lichkeit der Darstellung müsste auf solche, unter gleichen Gesichtspunkten aufbereitete und für die verschiedenen Länder einheitliche Angaben zurückgegriffen werden.

ii . Die vorliegenden Angaben über die Haushalte der Bundesländer und
der Gemeinden sind deswegen für eine Fortschreibung der dargestellten Zahlenreihen nicht geeignet, weil es im Jahr 1970 erstmalig zur Anwendung einer neuen und von der bisherigen Syste-
matik der Finanzstatistik abweichenden Haushaltssystematik gekommen ist. Das bedeutet, dass bei der Darstellung der Ausgaben
der öffentlichen Haushalte bestimmte Positionen entweder nicht
mehr gesondert aufgeführt werden oder in andersartiger Weise
abgegrenzt werden.

iii. Das macht eine Darstellung der nach 1968 eingetretenen Änderungen in der Struktur der Ausgaben der öffentlichen Haushalte unmöglich. Allerdings sind wir der Ansicht, dass die in den vori-
gen Abschnitten dargestellten Zahlenreihen für den vorausgehenden Zeitraum trotz der derzeitigen Unmöglichkeit ihrer Fort-

führung einen mehr als nur historisch-deskriptiven Aussagewert
haben. Sie machen bestimmte Entwicklungstendenzen deutlich und
gestatten vergleichende Aussagen über das Verhältnis zwischen
den norddeutschen Ländern und den restlichen Ländern der Bundesrepublik und zwischen den verschiedenen norddeutschen Ländern.
Aus diesen Gründen sind wir der Ansicht, dass - allen derzeitigen
Schwierigkeiten zum Trotz - die Darstellung der Entwicklung in den
60er Jahren zum Verständnis für die Situation der norddeutschen Länder
insgesamt und der einzelnen norddeutschen Länder beitragen kann.

8. Anteil der Ausgaben für Investitionen an den Ausgaben für verschiedene Aufgabenbereiche

Die in den vorausgehenden Abschnitten enthaltenen Aussagen über die
Höhe und Entwicklung der Ausgaben für einzelne ausgewählte Aufgabenbereiche beziehen sich auf die Höhe und Entwicklung der Nettoausgaben, d.h. auf die den öffentlichen Haushalten der Länder und Gemeinden insgesamt aus der Wahrnehmung von Aufgaben in diesen Bereichen
erwachsenden Ausgabeverpflichtungen. Sie enthalten also neben den
für die laufende Aufgabenerfüllung bestimmten Verwaltungs- und Zweckausgaben vor allen Dingen auch die Ausgaben für Investitionen. Ziel
dieser Ausgaben für Investitionen ist nicht die Erfüllung des laufendeb -Bedarfs, sondern die Schaffung der Voraussetzungen für die Erfüllung des Bedarfs in der Zukunft.
Um die laufende Belastung der Haushalte durch die verschiedenen Aufgabenbereiche zu erkennen, ist es angebracht, eine Aussage über den
Anteil der Investitionsausgaben an den Gesamtausgaben für verschiedene Aufgabenbereiche zu bestimmen.

VI. 29. Der Anteil der Investitionsausgaben an den Ausgaben der Länder und Gemeinden für verschiedene ausgewählte Aufgabenbereiche in v.H.

	1962[1]	1964[1]	1966	1967	1968
Aufgabenbereich Unterricht					
Schleswig-Holstein	18,7	19,8	24,0	21,5	16,4
Hamburg	18,7	21,5	21,8	20,6	18,5
Niedersachsen	23,7	26,7	29,3	28,7	28,2
Bremen	14,0	16,5	20,5	19,0	16,7
Bundesgebiet	24,0	28,9	29,3	26,0	23,6
Aufgabenbereich Wissenschaft					
Schleswig-Holstein	14,8	24,1	31,0	31,2	29,2
Hamburg	28,4	15,9	20,2	22,3	23,8
Niedersachsen	17,3	24,1	34,9	38,7	48,5
Bremen	0	6,1	22,2	33,3	31,6
Bundesgebiet	21,0	25,3	36,1	35,6	33,8
Aufgabenbereich Gesundheit, Sport und Leibesübungen					
Schleswig-Holstein	9,9	9,5	13,3	15,6	16,7
Hamburg	7,4	11,5	15,6	16,7	16,8
Niedersachsen	16,9	19,2	24,4	21,3	21,1
Bremen	14,8	9,1	20,7	22,2	17,6
Bundesgebiet	17,2	19,9	30,3	27,5	26,4
Aufgabenbereich Verkehr					
Schleswig-Holstein	72,3	74,7	77,6	80,8	82,0
Hamburg	55,5	54,0	63,0	66,2	54,6
Niedersachsen	71,2	74,0	73,1	78,0	79,9
Bremen	52,4	53,8	55,6	57,0	54,0
Bundesgebiet	67,8	70,2	75,7	78,2	77,9

[1] Nur Ausgaben für Bauten

Quellen: wie unter VI. 11.
Eigene Rechnungen

Aus dieser Darstellung ergeben sich eine Reihe, für die Region Nord oder für einzelne Länder der Region Nord pessimistische Aussagen:

xxvi . Von wenigen Ausnahmen abgesehen, liegt der Anteil der Investitionsausgaben an den gesamten Ausgaben der öffentlichen Haushalte der Länder und Gemeinden für die vier erfassten und besonders wichtigen Aufgabenbereichen für alle Länder der Region Nord in sämtlichen erfassten Jahren unter dem Bundesdurchschnitt dieser Grösse. Lediglich der Anteil der Investitionsausgaben in den Aufgabenbereichen Unterricht und Wissenschaft in Niedersachsen liegt in den letzten Jahren des Beobachtungszeitraumes über dem entsprechenden Bundesdurchschnitt.

Wegen der besonderen Bedeutung der Investitionsausgaben, d.h. da durch sie die Möglichkeiten der Erfüllung der Aufgaben der öffentlichen Haushalte in der Zukunft sichergestellt werden sollen, rechtfertigt dieses Zurückbleiben der Länder des norddeutschen Raumes pessimistische Erwartungen für die zukünftige Entwicklung [1].

---

[1] Diese pessimistischen Erwartungen können u.E. auch nicht durch die Annahme entkräftigt werden, dass es in den Ländern der Region Nord im Verhältnis zu den laufenden Ausgaben nur eines geringeren Kapitalbestandes bedürfe, um die Erfüllung der Aufgaben der öffentlichen Hand sicherzustellen. Einmal besteht zu einer solchen Annahme kein Anlass und zum anderen müsste angenommen werden, dass es zu einer anhaltenden Senkung der Proportion zwischen der Höhe des eingesetzten Kapitals und den laufenden Ausgaben kommt, wenn eine solche Annahme zur Entkräftung der pessimistischen Erwartungen führen soll.

Der niedrige Anteil der Investitionsausgaben an den Gesamtausgaben für die vier erfassten Aufgabenbereiche berechtigt zu der Annahme, dass sich die Möglichkeiten der öffentlichen Hand zur Erfüllung der ihr in diesen Bereichen gesetzten Aufgaben in Norddeutschland im Vergleich zur restlichen Bundesrepublik in der Zukunft verschlechtern wird.

xxvii . Sehen wir von der relativ niedrigen "Investitionsquote" in Schleswig-Holstein im Aufgabenbereich Unterricht im Jahr 1968 und im Aufgabenbereich Gesundheit, Sport und Leibesübungen ab, so liegen die bereichsspezifischen "Investitionsquoten", d.h. Anteile der Investitionsausgaben an den Gesamtausgaben für die vier erfassten Aufgabenbereiche in den Flächenländern höher als in den Stadtstaaten. Darin drückt sich ohne Zweifel ein beträchtlicher "Nachholbedarf" der Flächenländer im Vergleich zu den Stadtstaaten aus und damit eine zu erwartende relative Verbesserung ihrer Situation gegenüber den Stadtstaaten.

xxviii. In der Mehrzahl der Ausgaben für die verschiedenen Aufgabenbereiche ist die Investitionsquote in Hamburg höher als in Bremen. Die höhere Investitionsquote im Aufgabenbereich Wissenschaft in Bremen ist wegen des ausserordentlich niedrigen Ausgangsniveaus nicht aussagefähig. Hinsichtlich des Aussagewertes der höheren Investitionsquote bei den Ausgaben für den Aufgabenbereich Gesundheit, Sport und Leibesübungen sind wegen der bereits dargestellten Behandlung der Hochschulkliniken, der überproportional hohen Investitionsquote der Ausgaben für Hochschulkliniken und wegen des Fehlens von Hochschulkliniken in Bremen Zweifel angebracht.

Es ist müssig, der Frage nach den Gründen der "Investitionsschwäche" der Haushalte der norddeutschen Länder nachzugehen. Ganz sicherlich dürfte die Situation des Gesamthaushalts von **grösserer Bedeutung sein** als die Erwartungen über die zukünftige Entwicklung und über die in der Zukunft an die öffentlichen Haushalte gestellten Forderungen. Ohne Zweifel hat die Erfüllung der gegenwärtig an die öffentliche Hand und damit an ihre Haushalte gestellten Anforderungen Vorrang gegenüber der Berücksichtigung des zukünftigen Bedarfs. Wenn diese Aussage berechtigt ist - viele Gründe sprechen für eine solche Annahme - , so ist eine niedrige Investitionsquote primär Ausdruck der Schwierigkeiten und Probleme, welche sich im Zusammenhang mit der Erfüllung der an die öffentliche Hand gestellten laufenden Forderungen ergeben.

D. Der Zusammenhang zwischen der Höhe der öffentlichen Ausgaben und der Höhe der Einwohnerzahl

1. Allgemeine Vorbemerkungen

Wir haben bereits gesehen (s.S.170), welche Bedeutung Änderungen der Einwohnerzahl eines Landes aufgrund des in der Bundesrepublik bestehenden Finanzausgleichssystems für die öffentlichen Haushalte der betroffenen Gebietskörperschaften haben. Die Bestimmungen über die Verteilung des Aufkommens aus der Umsatzsteuer auf die einzelnen Länder und über die Höhe der von den Ländern zu leistenden Ausgleichsbeiträge bzw. der von ihnen zu empfangenden Ausgleichszuweisungen tragen dafür Sorge, dass sich die Einnahmen der Landeshaushalte zwar nicht genau, aber annäherungsweise in gleicher Proportion ändern wie die Wohnbevölkerung. Damit erhebt sich die Frage nach der Bedeutung von Änderungen der Einwohnerzahl der Länder für die Höhe der Ausgaben der öffentlichen Haushalte. Das ist eine besonders für die Beurteilung der Wirkungen der Wanderungen über die Landesgrenzen für die Haushaltssituation der betroffenen Länder wichtige Frage.

Im Gegensatz zu der Darstellung der Auswirkungen der Binnenwanderung auf die Einnahmesituation der öffentlichen Haushalte müssen die Überlegungen über den Einfluss der Binnenwanderung auf die Ausgabentätigkeit der öffentlichen Haushalte aus verschiedenen Gründen rein hypothetischen Charakter haben. Es gibt keine statistischen Angaben und es gibt keine gesetzlichen Bestimmungen, welche eine klare und eindeutige Aussage über diesen Zusammenhang gestatten würden.

Um sinnvolle Aussagen zu ermöglichen, müssen bestimmte Annahmen über die Art der Wanderung und über die Stellung der von ihr betroffenen Länder im Rahmen eines grösseren politischen und wirtschaftlichen Raumes gemacht werden.

Es soll angenommen werden, dass es sich um eine Wanderung über die bestehenden politischen Grenzen innerhalb eines Raumes handelt, der zum Einzugsbereich bestimmter, in den Großstädten vorhandener zentraler Einrichtungen gehört. Das typische Beispiel für eine solche Form der Wanderung ist im Bereich der norddeutschen Länder die Abwanderung aus Hamburg, die mit einer Zuwanderung in die angrenzenden Landkreise der beiden Flächenländer Schleswig-Holstein und Niedersachsen verbunden ist. Bei dieser Wanderung handelt es sich um eine Landesgrenzen überschreitende Wanderung innerhalb eines Wirtschaftsraumes und innerhalb des Einzugsbereichs bestimmter Einrichtungen der Großstadt Hamburg.

Eine pauschale Aussage über die Bedeutung einer solchen Wanderung für die Ausgaben der betroffenen Länder ist nicht möglich. Alle Überlegungen können sich nur auf die Ausgaben in verschiedenen Aufgabenbereichen beziehen.

2. Der Zusammenhang zwischen der Höhe der Ausgaben für verschiedene Aufgabenbereiche und der Höhe der Einwohnerzahl

Abhängig von der Struktur der Wanderung, von den im Einzelfall mit den Ausgaben erfüllten Aufgaben und von dem Einzugsbereich der mit der Aufgabenerfüllung betrauten Einrichtungen wird die Binnenwanderung und die mit ihr verbundene Senkung der Einwohnerzahl im Abwanderungsland bzw. Steigerung der Einwohnerzahl im Zuwanderungsland einen unterschiedlichen Einfluss auf die Ausgabentätigkeit der betroffenen Länder haben.

a. Im Hinblick auf die Struktur der Wanderung sind die folgenden Aussagen möglich:

Nach den vorliegenden Angaben unterscheidet sich die Erwerbsquote der an der Wanderung innerhalb der Region Nord beteiligten Menschen erheblich von der Erwerbsquote der Bevölkerung in den betroffenen Ländern.

VI. 30. Anteil der Erwerbspersonen bzw. der Erwerbstätigen an der Zahl der Umgezogenen zwischen Hamburg und Schleswig-Holstein und an der Wohnbevölkerung in beiden Ländern in den Jahren 1968 und 1969 in v.H.

Fortzug aus : Zuzug in :	Anteil der Erwerbspersonen an		Überschuss der Zuzüge aus Hamburg in Schleswig-Holstein	Anteil der Erwerbstätigen an der Wohnbevölkerung in	
	Hamburg Schleswig-Holstein	Schleswig-Holstein Hamburg		Schleswig-Holstein	Hamburg
1968	60,1	63,6	54,0	39,2	45,2
1969	58,4	61,9	51,8	39,4	44,2

Quellen: Statistisches Jahrbuch ..... 1970 a.a.O. S. 55
Statistisches Jahrbuch ..... 1971 a.a.O. S. 55

Es zeigt sich, dass der Anteil der Erwerbspersonen an der Zahl der fortgezogenen bzw. zugezogenen Personen in beiden Ländern und auch das Verhältnis zwischen dem Saldo der Bilanz der Wanderungen von Erwerbspersonen und dem Saldo der gesamten Wanderungsbilanz erkennbar und beträchtlich höher ist als die Erwerbsquote in den beiden Ländern. Die Aussage erscheint gerechtfertigt, dass diese Abweichungen vor allen Dingen durch den niedrigeren Anteil der wegen Überschreiten der Altersgrenze aus der Erwerbstätigkeit Ausgeschiedenen an der Zahl der fort- bzw. der zugezogenen Personen erklärt werden können. Wir werden davon ausgehen, dass der Anteil der noch nicht in das Erwerbsleben Eingetretenen an der Zahl der fort- und der zugezogenen Personen nicht kleiner ist als der Anteil an der Wohnbevölkerung

b. Im Hinblick auf die Ausgaben für verschiedene Aufgabenbereiche und auf den Einzugsbereich der durch diese Ausgaben unterhaltenen Einrichtungen erscheint die folgende Unterscheidung möglich:

i . Es kann sich um Ausgaben für Leistungen handeln, welche allein von den Einwohnern des Landes oder bestimmter Gruppen unter ihnen in Anspruch genommen werden. Der erforderliche Umfang dieser Leistungen kann

> von der Einwohnerzahl oder der Zahl der Angehörigen der einzelnen Gruppen unabhängig sein
> durch die Einwohnerzahl oder die Zahl der Angehörigen der einzelnen Gruppen bestimmt sein.

ii . Es kann sich um Ausgaben für Leistungen handeln, welche von den Bewohnern eines über die Landesgrenzen hinaus erstreckten Einzugsbereiches oder bestimmter Gruppen unter ihnen in Anspruch genommen werden. Der erforderliche Umfang dieser Leistungen kann

> durch die Zahl der Einwohner oder der Zahl der Angehörigen der einzelnen Gruppen bestimmt sein
> von der Einwohnerzahl oder der Zahl der Angehörigen der einzelnen Gruppen unabhängig sein.

Es ist zu fragen, ob dieses Gliederungsschema geeignet ist, um eine Grundlage für Aussagen über den Zusammenhang zwischen der Höhe der öffentlichen Ausgaben für verschiedene Aufgabenbereiche und der Einwohnerzahl der Länder für den hier zu behandelnden Fall zu schaffen.

2.a. Ausgaben für den Aufgabenbereich öffentliche Sicherheit und Ordnung

Die Ausgaben für öffentliche Sicherheit und Ordnung bestehen vor allen Dingen aus den Ausgaben für die Polizei. Die dadurch

finanzierten Leistungen werden von den Bewohnern der einzelnen Länder in Anspruch genommen. Es gibt keine erkennbaren Gründe, welche für die Annahme sprechen, dass eine Senkung der Zahl der Einwohner des Landes Hamburg zu einer Verminderung des Umfangs der in diesem Bereich erforderlichen Leistungen führen wird. Auf der anderen Seite gibt es Gründe, welche für die Annahme sprechen, dass im Zuwanderungsland zusätzliche Ausgaben für diesen Aufgabenbereich erforderlich werden.
Die Wanderung wird also m.a.W. zu einer Erhöhung der Ausgaben für öffentliche Sicherheit und Ordnung im Zuwanderungsland Schleswig-Holstein, nicht aber zu einer Senkung der Ausgaben für diesen Aufgabenbereich im Abwanderungsland Hamburg führen.

2.b. Ausgaben für den Aufgabenbereich Unterricht

Etwas schwieriger liegen die Probleme im Aufgabenbereich Unterricht. Man wird annehmen können, dass der Umfang der zu erbringenden Leistungen in den Teilbereichen der Volks- und Sonderschulen, der allgemeinbildenden weiterführenden Schulen (Realschulen und Gymnasien) und in den Berufsschulen sich in gleicher Richtung und Proportion ändern werden wie die Zahl der Angehörigen der betreffenden Altersjahrgänge. Wenn der Anteil der Jugendlichen im schulpflichtigen Alter an der Zahl der fort- bzw. zugezogenen Personen, wie angenommen, nicht von dem entsprechenden Anteil an der Wohnbevölkerung abweicht, werden die Voraussetzungen für eine Minderung des Leistungsangebots in diesem Teilbereich im Abwanderungsland und wird die Notwendigkeit einer Steigerung des Leistungsangebots und damit zusätzlicher Ausgaben im Zuwanderungsland Schleswig-Holstein geschaffen. Dabei brauchen uns die Gründe nicht zu interessieren, welche dazu führen, dass die Möglichkeit der Minderung des Leistungsangebots und damit der Ausgaben im Abwanderungsland nicht oder jedenfalls nicht kurzfristig realisiert werden kann.
Eine andere Situation besteht im Teilbereich der Berufsfachschulen, der Fachschulen und Höheren Fachschulen und anderer Schulen, welche der Vorbereitung auf bestimmte Berufe dienen. In diesen Bereichen erfüllt das Abwanderungsland Hamburg ohne Zweifel bestimmte zentralörtliche Aufgaben, d.h. stellt Leistungen zur Verfügung, welche nicht allein von den eigenen Einwohnern, sondern von den Bewohnern eines weit über die Landesgrenzen erstreckten Einzugsbereiches in Anspruch genommen werden. Die Wanderung innerhalb des Einzugsbereiches

wird also nicht zu einer Reduktion des erforderlichen Leistungsangebots und damit zu einer Minderung der Ausgaben im Abwanderungsland Hamburg und nicht zu einer entsprechenden Erhöhung des erforderlichen Leistungsangebots und damit der Ausgaben im Zuwanderungsland Schleswig-Holstein führen.

2.c. Ausgaben für den Aufgabenbereich Wissenschaft

Mehr als zwei Drittel der Ausgaben für den Aufgabenbereich Wissenschaft bestand im Jahr 1968 in den beiden Ländern aus Ausgaben für Universität, Hochschulkliniken und allgemeiner Hochschulverwaltung. Das relative Gewicht dieser Ausgaben dürfte in der Zwischenzeit angestiegen sein.

Es kann kein Zweifel daran bestehen, dass es sich dabei um Ausgaben für die Unterhaltung und Erweiterung von Einrichtungen mit einem weit über die Landesgrenzen erstreckten Einzugsbereich handelt. Wanderungen innerhalb des Einzugsbereiches werden also keinen Einfluss auf den Umfang der Leistungsnachfrage in diesem Bereich, damit auf den Umfang des erforderlichen Leistungsangebots und schließlich auf die Höhe der notwendigen Ausgaben haben.

Die Wanderung wird also m.a.W. allein betrachtet nicht zu einer Erhöhung der erforderlichen Ausgaben im Zuwanderungsland Schleswig-Holstein und nicht zu einer Senkung der erforderlichen Ausgaben im Abwanderungsland Hamburg führen.

2.d. Ausgaben für den Aufgabenbereich Soziale Sicherung

Mehr als zwei Drittel der Ausgaben für den Aufgabenbereich Soziale Sicherung waren in den beiden Ländern Schleswig-Holstein und Hamburg Ausgaben für die Teilbereiche Sozialhilfe und Jugendhilfe. Für die Beurteilung des Einflusses der Wanderung auf die für diese Aufgaben erforderlichen Ausgaben ist eine Annahme über die Struktur der Wanderung erforderlich. Viele Gründe sprechen für die Annahme, dass der Anteil der Empfänger von Sozial- und Jugendhilfe und der Anteil derer, welche die Einrichtungen der Sozial- und Jugendhilfe in Anspruch nehmen, an der Zahl der fort- bzw. der zugezogenen Personen gerade für Wanderungen der untersuchten Art ausserordentlich gering ist.

Das berechtigt zu der Aussage, dass es im Abwanderungsland Hamburg nicht zu einer nennenswerten Senkung der in diesem Teilbereich erforderlichen Leistungen und damit der entsprechenden Ausgaben und dass es umgekehrt im Zuwanderungsland Schleswig-Holstein nicht zu einer nennenswerten Steigerung der Ausgaben kommen wird.

2.e. Ausgaben für den Aufgabenbereich Gesundheit, Sport und Leibesübungen

Die Ausgaben für Krankenhäuser und Anstalten für Nerven- und Geisteskranke hatten im Jahr 1968 einen Anteil von mehr als 80 v.H. an den Gesamtausgaben für diesen Aufgabenbereich. Es muss berücksichtigt werden, dass jedenfalls der Einzugsbereich der in Hamburg vorhandenen Grosskrankenhäuser weit über die Landesgrenzen hinausgeht. Dagegen ist gerade die Ausstattung der Hamburg benachbarten Landkreise Schleswig-Holsteins mit Krankenhausbetten nur gering (S.243ff). Die Wanderung innerhalb des Einzugsbereiches der vorhandenen Großkrankenhäuser wird eine Steigerung des Leistungsangebots der Allgemeinen Krankenhäuser im Zuwanderungsland Schleswig-Holstein erforderlich machen und gegebenenfalls eine Verminderung des Angebots bestimmter Krankenhausleistungen vor allen Dingen auch im pflegerischen Bereich in Hamburg ermöglichen. Die damit verbundene Erhöhung oder Senkung der Ausgaben für den Teilbereich Krankenhäuser wird aber wegen der unveränderten Bedeutung der grossen Krankenhäuser in Hamburg für einen grösseren Einzugsbereich relativ sehr viel geringer sein als die Änderung der Wohnbevölkerung. Das berechtigt zu der Aussage, dass es im Abwanderungsland aufgrund allein der Änderung der Einwohnerzahl zu einer geringfügigen, der Ände=rung der Bevölkerung keineswegs proportionalen Abnahme der Ausgaben für den Aufgabenbereich Gesundheit, Sport und Leibesübungen kommen kann. Auf der anderen Seite wird es im Zuwanderungsland Schleswig-Holstein zu einem geringfügigen, der Zunahme der Bevölkerung keineswegs proportionalen Anstieg der Ausgaben für diesen Aufgabenbereich kommen.

2.f. Ausgaben für den Aufgabenbereich Gemeindliche Anstalten und Einrichtungen

Die Ausgaben für den Aufgabenbereich Gemeindliche Anstalten und Einrichtungen bestehen vor allen Dingen aus den Ausgaben für Beleuchtung und Reinigung. Sie machten im Jahr 1968 gemeinsam etwa zwei Drittel der gesamten Ausgaben für diesen Aufgabenbereich aus. Wie bereits im Fall der Ausgaben für Öffentliche Sicherheit und Ordnung erscheint auch in diesem Fall die Überlegung angebracht, dass es zwar im Abwanderungsland Hamburg nicht zu einer Senkung der Ausgaben für diesen Aufgabenbereich, dass es jedoch im Zuwanderungsland zu einem Anstieg dieser Ausgaben kommen wird. Es erscheint gerechtfertigt anzunehmen, dass die Höhe dieser Ausgaben nicht so sehr von der Einwohnerzahl als vielmehr von dem Anteil der bebauten Fläche an der Fläche der Gemeinde abhängen wird. Dieser Anteil wird zweifellos im Zuwanderungsland steigen, er wird aber im Abwanderungsland nicht geringer werden.

Das berechtigt zu der Feststellung, dass es im Abwanderungsland nicht zu einer nennenswerten Minderung der Höhe dieser Ausgaben, dass es im Zuwanderungsland dagegen zu einem Anstieg der Ausgaben für diesen Aufgabenbereich kommen wird.

2.g. Ausgaben für den Aufgabenbereich Verkehr

Relativ am schwierigsten dürfte der Versuch einer Aussage über den Einfluss der Binnenwanderung auf die Höhe der Ausgaben für den Aufgabenbereich Verkehr sein. Es erscheint durchaus denkbar, dass die Binnenwanderung und die mit ihr verbundene Abnahme der Zahl der Einwohner pro Quadratkilometer sowohl das Abwanderungs- als auch das Zuwanderungsland zu zusätzlichen Ausgaben für den Aufgabenbereich Verkehr zwingen wird. Das wird insbesondere dann der Fall sein, wenn die Wanderungsbewegung mit einem Anstieg der Pendlerzahlen und mit einem Anstieg der durchschnittlichen Entfernung von Arbeits- und Wohnort verbunden ist. Die dadurch notwendige Verbesserung der Verkehrserschliessung des Gesamtgebiets wird auch eine Verbesserung der Verkehrsverhältnisse in den peripheren Gebieten des Abwanderungslandes erforderlich machen.

Die Höhe der für Hamburg wichtigen Ausgaben für Wasserstrassen und Wasserstrassenbehörden wird dagegen durch die Binnenwanderung und damit durch die Änderung der Verteilung der Wohnbevölkerung innerhalb des grösseren Wirtschaftsraumes nicht berührt.

Insgesamt wird man mithin sagen können, dass die Binnenwanderung zu einem Anstieg der erforderlichen Ausgaben für den Aufgabenbereich im Zuwanderungsland führt und dass sie die Höhe der erforderlichen Ausgaben für diesen Aufgabenbereich im Abwanderungsland vielleicht unverändert lassen wird, wenn sie nicht auch für das Abwanderungsland eine Steigerung dieser Ausgaben erforderlich macht.

3. Zusammenfassung

Die Darstellung des Einflusses der Binnenwanderung auf die Höhe der Ausgaben der öffentlichen Haushalte für bestimmte Aufgabenbereiche hat deutlich gemacht, dass es - u.U. mit Ausnahme der Ausgaben für Teilbereiche des Aufgabenbereichs Unterricht - im Abwanderungsland unter den dargestellten Voraussetzungen in keinem Fall zu einer der relativen Abnahme der Einwohnerzahl auch nur annähernd entsprechenden relativen Minderung der Ausgaben kommen wird. Dagegen wird es im Zuwanderungsland in einer grösseren Zahl von Fällen zu einem dem Anstieg der Einwohnerzahl u.U. annähernd proportionalen Anstieg der erforderlichen Ausgaben kommen, insbesondere im Bereich der öffentlichen Investitionen.

Die folgende Darstellung fasst die Überlegungen zusammen:

VI. 31. Der Einfluss der Wanderung von Hamburg nach Schleswig-Holstein auf die Höhe der Ausgaben für verschiedene Aufgabenbereiche

Aufgabenbereich	Änderung der erforderlichen Ausgaben (0 keine Änderung, + Anstieg, - Abnahme ⊕ geringfügiger Anstieg, ⊖ geringfügige Abnahme)	
	Schleswig-Holstein	Hamburg
Öffentliche Sicherheit und Ordnung	+	0 bis ⊖

Unterricht
  Volks-, Realschulen,
  Gymnasien, Berufs-
  schulen
	+	−

Fachschulen, Höhere Fachschulen usw.	0 bis ⊕	0 bis ⊖
Wissenschaft	0	0
Soziale Sicherung	⊕	⊖
Gesundheit, Sport und Leibesübungen	⊕ bis +	⊖
Gemeindliche Anstalten und Einrichtungen	+	0 bis ⊖
Verkehr	+	0 bis ⊕

Die dargestellten Überlegungen lassen keine eindeutige Antwort auf
die Frage zu, ob die Mehreinnahmen der verschiedenen öffentlichen
Haushalte im Zuwanderungsland, gegebenenfalls einschliesslich der
für zulässig erklärten speziellen Ansiedlungsbeiträge an die Gemeinden, den durch die Wanderung erforderlich gemachten zusätzlichen Ausgaben entsprechen. Nur wenn das der Fall ist, kommt es
im Zuwanderungsland nicht zu einer Mehrbelastung der öffentlichen
Haushalte.

Dagegen lassen die dargestellten Überlegungen die Aussage zu, dass
die mit der Abwanderung verbundene Einnahmeminderung im Abwanderungsland zu einer relativen Mehrbelastung und damit zu einer Verschlechterung der Situation der öffentlichen Haushalte im Abwanderungsland führen muss. Dem Rückgang der Einnahmen steht keine entsprechende Verminderung der für die Aufrechterhaltung der Leistungen des Staates erforderlichen Ausgaben gegenüber.

Diese asymmetrischen Wirkungen einer Wanderung aus dem Stadtstaat
in ein Flächenland sind, wie wir gesehen haben, das Ergebnis unterschiedlicher Faktoren. Am wichtigsten ist der Umstand, dass sich
bei Aufrechterhaltung eines einmal erreichten Leistungsstandes
bestenfalls ein kleiner Teil der dafür erforderlichen Ausgaben
der öffentlichen Haushalte in gleicher Richtung und Proportion
ändern wird wie die Zahl der Einwohner.

Für zahlreiche Arten öffentlicher Ausgaben wird ein sog. "ratchet"-
Effekt in der Weise bestehen, dass zwar eine Minderung der Einwohnerzahl unter eine einmal erreichte Höhe nicht zu einer Minderung
der Höhe der erforderlichen öffentlichen Ausgaben, dass aber eine
Erhöhung der Einwohnerzahl über das erreichte Niveau zu einer Steigerung der erforderlichen öffentlichen Ausgaben führen wird.

Andere, insbesondere durch die Wahrnehmung zentralörtlicher Funktionen durch das Abwanderungsland bedingte öffentliche Ausgaben
werden in ihrer Höhe ausschliesslich oder vornehmlich durch die
Zahl der Einwohner in den die Landesgrenzen überschreitenden Einzugsbereichen verschiedener Einrichtungen bestimmt. Für ihre Höhe
ist m.a.W. nicht die Einwohnerzahl der einzelnen, diesen Einzugsbereichen ganz oder teilweise zugehörenden Länder, sondern ausschliesslich die Einwohnerzahl in den Einzugsbereichen der ver-

schiedenen zentralörtlichen Einrichtungen massgebend. Sie wird also durch Wanderungen innerhalb der Einzugsbereiche auch dann nicht berührt, wenn diese Wanderungen die bestehenden politischen Grenzen überschreiten.

Weitere öffentliche Ausgaben werden ausser durch die Höhe auch durch die Struktur der Bevölkerung bestimmt. Wenn die Angehörigen solcher Gruppen nicht oder nur unterproportional an der Wanderung beteiligt sind, die besondere öffentliche Ausgaben erforderlich machen, so wird es im Abwanderungsland zu einem Anstieg der im Durchschnitt erforderlichen öffentlichen Ausgaben je Einwohner und im Zuwanderungsland zu einem Rückgang der im Durchschnitt erforderlichen öffentlichen Ausgaben je Einwohner kommen. Abweichungen zwischen der Struktur der Wohnbevölkerung und der Struktur der Wandernden können m.a.W. unter Umständen von erheblicher Bedeutung für die Ausgabenwirkungen der Wanderung in den beteiligten Ländern sein.

Schliesslich kann die Höhe der für die Erhaltung eines bestehenden Niveaus der öffentlichen Leistungen erforderlichen Ausgaben ausser durch die Höhe auch durch die räumliche Verteilung der Bevölkerung in einem Wirtschaftsraum mit stark integrierten Arbeitsmärkten bestimmt sein. In diesem Fall, d.h. vor allen Dingen bei den Ausgaben für den Verkehr kann es zu einem Anstieg der für die Aufrechterhaltung eines bestimmten Versorgungsniveaus erforderlichen Ausgaben aller öffentlichen Haushalte in dem Wirtschaftsraum kommen, d.h. sowohl der öffentlichen Haushalte im Abwanderungsland als auch der im Zuwanderungsland.

Dabei ist der Umstand noch nicht berücksichtigt, dass sich zahlreiche öffentliche Ausgaben aus unterschiedlichen Gründen wenigstens kurzfristig nicht reduzieren lassen. Das wird insbesondere, aber keineswegs ausschliesslich für den grösseren Teil der Personalausgaben der öffentlichen Haushalte gelten. Arbeitsrechtliche und andere Gründe stehen einer kurzfristigen Verminderung der Personalausgaben durch Einschränkung der Stellenzahl entgegen. Das bedeutet, dass es hier zu einem zusätzlichen "ratchet"-Effekt deswegen kommen wird, weil im Zuwanderungsland der erforderliche Stellenausbau und die damit verbundene Steigerung der Personalausgaben vorgenommen werden muss, dagegen im Abwanderungsland der mögliche Stellenabbau und die damit verbundene mögliche Senkung der Personalausgaben nicht realisierbar ist.

Die dargestellten Überlegungen gelten im norddeutschen Bereich insbesondere für das Verhältnis des Abwanderungslandes Hamburg zu den Zuwanderungsländern Schleswig-Holstein und - wenn auch in geringerem Mass - Niedersachsen. Neben den generellen Problemen der Abwanderung ist in diesem Fall die Tatsache zu berücksichtigen, dass Hamburg in zahlreichen Bereichen wichtige zentralörtliche Funktionen erfüllt. Diese Umstände führen dazu, dass es im Abwanderungsland Hamburg aufgrund der Einnahme-Ausgaben-Wirkungen der Wanderung zu Problemen bei der Aufrechterhaltung des einmal erreichten Niveaus der Versorgung seiner Einwohner mit öffentlichen Leistungen kommen muss.

Die mit der Wanderung aus Hamburg nach Schleswig-Holstein verbundenen Probleme für die Situation des öffentlichen Haushalts in Hamburg erfahren dadurch eine Verschärfung, dass aufgrund des bestehenden Finanzausgleichssystems in der Bundesrepublik der Rückgang der Einnahmen des Hamburger Haushalts absolut grösser ist als der Anstieg der Einnahmen der öffentlichen Haushalte in Schleswig-Holstein.

VII. Über einige ausgewählte Probleme der Infrastruktur in den norddeutschen Ländern

A. Allgemeine Vorbemerkungen

Bei der Darstellung der Ausgaben der öffentlichen Haushalte im vorausgehenden Abschnitt sind bereits die Ausgaben für die Lösung der im Bereich der Infrastruktur bestehenden Probleme aufgeführt worden. Allerdings stand dabei die Frage nach der aus der Durchführung solcher Massnahmen erwachsenden finanziellen Belastung der öffentlichen Haushalte im Vordergrund. Die Antwort auf diese Frage ist aus einer Reihe von Gründen nicht identisch mit der Antwort auf die Frage nach dem Umfang der in den verschiedenen Ländern zur Verfügung stehenden Einrichtungen der Infrastruktur. Einmal werden die zu einem Zeitpunkt oder in einer Periode in einem Land oder einer Stadt zur Verfügung stehenden Einrichtungen der Infrastruktur sicherlich nicht oder nicht ausschliesslich durch die Höhe der laufenden Ausgaben für ihre Unterhaltung und ihre Nutzung bestimmt, sondern auch durch den Umfang der am Beginn der Beobachtungsperiode vorhandenen, d.h. aus früheren Perioden in die Gegenwart übernommenen Einrichtungen des Infrastrukturbereichs. Zum anderen kann, abhängig von der Höhe der Preise, Gehälter und Löhne in den verschiedenen Ländern der gleichen Ausgaben entsprechende "reale Effekt" der Ausgaben ausserordentlich unterschiedlich sein. Schliesslich kann - das ist gerade für das Verhältnis zwischen den Stadtstaaten und den Flächenländern in der Region Nord im Bereich der Infrastruktur ausserordentlich wichtig - der Kreis der durch die Existenz bestimmter Einrichtungen der Infrastruktur in einem Land Begünstigten mehr oder weniger stark von der Wohnbevölkerung des betreffenden Landes abweichen. Auf diese Probleme wird an einigen ausgewählten Beispielen in diesem Abschnitt einzugehen sein.

Es erscheint zweckmässig, die Darstellung der Probleme im Bereich der Infrastruktur auf die Darstellung der in den Teilbereichen "Gesundheitswesen", "Unterricht und Bildung", "Wohnungswesen" und "Verkehr" zu beschränken. Dabei mag die Zurechnung des Bereichs "Wohnungswesen" zum Bereich der Infrastruktur begrifflich strittig sein. Wir sind jedoch der Ansicht, dass den in diesem Bereich bestehenden Problemen eine entscheidende Bedeutung für Aussagen über die "Lebensqualität" in einem Lande zukommt - eine grössere Rolle als den meisten der üblicherweise dem Bereich der Infrastruktur zugerechneten Teilbereiche.

Aus diesem Grund halten wir die Behandlung der Fragen des Wohnungswesens in diesem Zusammenhang für angebracht, obwohl die Masse der für die Lösung der Probleme in diesem Teilbereich getätigten Ausgaben nicht von den öffentlichen Haushalten erfolgen.

B. Einige Probleme aus dem Bereich des Gesundheitswesens

Im Rahmen dieses Abschnitts soll der Versuch unternommen werden, mit Hilfe einiger ausgewählter Strukturdaten einen Überblick über den Stand der medizinischen Versorgung in den norddeutschen Ländern zu geben. Da eine nach Bundesländern differenzierte Morbiditäts- und Mortalitätsstatistik nicht vorliegt und da dem Verfasser überdies die Kenntnisse fehlen, welche Voraussetzung für eine kritische Analyse solcher statistischer Daten bilden, ist eine Aussage über die Wirkungen eines unterschiedlichen Standes der medizinischen Versorgung in den verschiedenen Ländern nicht möglich.

1. Die Versorgung mit ärztlichen Leistungen in den norddeutschen Ländern

Es ist zweckmässig, die Gesamtzahl der in den einzelnen Ländern und in der Region Nord tätigen Ärzte unter dem Gesichtspunkt aufzuteilen, ob sie hauptamtlich an Krankenhäusern oder ausserhalb der Krankenhäuser tätig sind. Hier sind vorerst nur die ausserhalb der Krankenhäuser tätigen Ärzte von Interesse.

VII. 1. Nicht hauptamtlich in Krankenanstalten berufstätige Ärzte je 100.000 Einwohner in den norddeutschen Ländern

	Ärzte ohne Facharztausbildung		Fachärzte		Zahnärzte u. Dentisten	
	1961	1969	1961	1969	1961	1969
Schleswig-Holst.	63,8	57,4	33,0	35,6	56,8	50,9
Hamburg	60,6	65,9	62,6	72,9	84,3	78,0
Niedersachsen	60,0	54,3	31,8	34,1	53,5	46,5
Bremen	52,5	43,8	44,9	58,6	62,6	56,3
Region Nord	60,4	56,0	37,8	41,7	59,6	52,8
Bundesgebiet	62,5	56,3	39,8	42,0	58,3	50,9

Quellen: Statistisches Jahrbuch ... 1963 a.a.O. S. 81
Statistisches Jahrbuch ... 1971 a.a.O. S. 66 u. S. 25
Eigene Rechnungen

Die Darstellung lässt einige Entwicklungen im Bereich der Versorgung der Bevölkerung mit ärztlichen Leistungen von nicht hauptberuflich in den Krankenhäusern tätigen Ärzten deutlich werden:

i . Mit Ausnahme Bremens ist die "Arztdichte" für Ärzte ohne Fachausbildung in den Flächenländern niedriger als in den Stadtstaaten. Das gilt in allen Fällen für die "Arztdichte" für Ärzte mitFachausbildung.

ii . Ausser in Hamburg ist es in der Periode von 1961 bis 1969 in allen norddeutschen Ländern und in der Bundesrepublik zu einem Sinken der Zahl der nicht hauptberuflich in den Krankenanstalten tätigen Ärzte ohne Fachausbildung je 100.000 Einwohner gekommen.

iii . In sämtlichen norddeutschen Ländern und in der Bundesrepublik ist es zu einem Anstieg der Zahl der Fachärzte je 100.000 Einwohner gekommen.

iv . Auch der Anstieg des Anteils der in verwaltender Tätigkeit tätigen Ärzte (Gesundheitsämter usw.) in der Bundesrepublik von 13,6 Ärzten auf 100.000 Einwohner im Jahr 1961 auf 16,0 Ärzte auf 100.000 Einwohner im Jahr 1969 kann diese Ergebnisse nicht ändern. Selbst wenn angenommen wird, dass ausschliesslich Ärzte ohne Fachausbildung eine verwaltende Tätigkeit ausüben, entspricht der Anstieg in der Zahl der in der Verwaltung tätigen Ärzte um 2,4 je 100.000 Einwohnern nicht dem Rückgang der Zahl der ausserhalb der Krankenhäuser tätigen Ärzte ohne Fachausbildung um 6,2 je 100.000 Einwohner. Tatsächlich ist kein Grund für eine solche vereinfachende Annahme erkennbar.

v . Nur in Hamburg ist es in der Periode von 1961 bis 1969 zu einem Anstieg der allgemeinen Arztdichte, d.h. der nicht hauptamtlich in den Krankenanstalten tätigen Ärzte ohne und mit Fachausbildung gekommen. In allen anderen Ländern, in der gesamten Region Nord und in der Bundesrepublik war der Rückgang der Zahl der nicht hauptamtlich in Krankenanstalten tätigen Ärzte ohne Fachausbildung je 100.000 Einwohner absolut grösser als der Anstieg der Zahl der nicht hauptamtlich in den Krankenanstalten tätigen Ärzte mit Fachausbildung.

vi. Entsprechendes gilt für die Zahnärzte und Dentisten. Auch die Zahnarztdichte, d.h. die Zahl der Zahnärzte je 100.000 Einwohner ist in sämtlichen norddeutschen Ländern und in der Bundesrepublik von 1961 auf 1969 zurückgegangen. Auch für die Zahnärzte gilt, dass die Zahl je 100.000 Einwohner in den Stadtstaaten beträchtlich höher als in den Flächenländern liegt.

vii. Diese Zahlen machen die Aussage verständlich, dass in Teilgebieten der Flächenländer schon jetzt Schwierigkeiten in der Versorgung der Bevölkerung mit ärztlichen Leistungen zu beobachten sind, und dass sich die Verschlechterung der Versorgung mit ärztlichen Leistungen speziell in diesen Teilgebieten akzeleriert.

2. Die Versorgung mit Krankenhausleistungen in den norddeutschen Ländern

Für eine Aussage über die im Bereich des Gesundheitswesens bestehende Situation in den verschiedenen Ländern ist die Kenntnis des vorhandenen Angebots an Leistungen der Krankenhäuser und die Kenntnis der Struktur dieses Angebots im Hinblick auf die Qualität ebenfalls von erheblicher Bedeutung. Dabei muss jedoch beachtet werden, dass, von Ausnahmen abgesehen, üblicherweise die Einzugsbereiche der Krankenhäuser sehr viel grösser als die Einzugsbereiche freier ärztlicher Praxen sind. Das bedeutet vor allen Dingen für die Stadtstaaten des norddeutschen Bereichs, dass die Einzugsbereiche der in den Stadtstaaten gelegenen und weitgehend von diesen getragenen Krankenhäuser beträchtlich über die bestehenden Landesgrenzen hinausgehen. Man kann das anders ausdrücken, indem man sagt, dass wenigstens ein Teil der Nutzer der in den Stadtstaaten vorhandenen Krankenhauskapazität aus den angrenzenden Flächenländern kommt. Das bedeutet, dass Unterschiede in der Zahl der Krankenhausbetten pro 10.000 Einwohner in den verschiedenen norddeutschen Ländern nicht oder nicht unbedingt als Ausdruck für die Existenz entsprechender Unterschiede in der Versorgung der Bevölkerung der einzelnen Länder mit Krankenhausleistungen angesehen werden können, da wenigstens ein Teil der Bewohner eines Landes üblicherweise die auf diesem Sektor bestehenden Versorgungseinrichtungen eines anderen Landes nutzt.

VII. 2. Zahl der Krankenhäuser und Zahl der planmässigen Krankenhausbetten absolut, je Krankenhaus und je 10.000 Einwohner in den norddeutschen Ländern in den Jahren 1961 und 1969

	Zahl der Krankenhäuser		Zahl der planmässigen Krankenhausbetten					
			absolut		je 10.000 Einwohner		je Krankenhaus	
	1961	1969	1961	1969	1961	1969	1961	1969
Schleswig-Holstein	130	123	25.438	26.226	109,2	102,6	195,7	213,2
Hamburg	63	58	20.119	19.675	109,3	108,3	319,3	339,2
Niedersachsen	444	406	65.129	69.477	97,6	97,9	146,7	171,2
Bremen	17	21	6.445	8.289	90,5	109,6	379,1	394,7
Region Nord	654	608	117.131	123.667	101,4	101,1	179,1	203,4
Bundesgebiet	3.627	3.601	594.642	677.695	105,1	110,7	163,9	188,2

Quellen: Statistisches Jahrbuch ... 1963 a.a.O. S. 82
Statistisches Jahrbuch ... 1971 a.a.O. S. 67 u. S. 25
Eigene Rechnungen

Die in dieser Darstellung enthaltenen Zahlenangaben vermitteln eine erste Vorstellung von dem quantitativen Angebot an Krankenhausbetten in den verschiedenen Ländern und seiner Entwicklung von 1961 bis 1969. Vor einer Überbewertung dieser Angaben muss jedoch nachdrücklichst gewarnt werden. Der Begriff des "planmässigen Bettes" sagt nichts über die Gleichwertigkeit der Betten in Krankenhäusern unterschiedlicher Art aus, sondern nur etwas darüber, dass diese Bettenzahl bestimmten administrativen Richtlinien entspricht. Die Struktur dieses quantitativen Gesamtangebots muss aus diesen Gründen gesondert untersucht werden.

Die folgenden Aussagen über das quantitative Angebot und seine Entwicklung erscheinen aufgrund der vorliegenden Angaben möglich:

vii. Die Bettendichte ist zu beiden Zeitpunkten in Niedersachsen erkennbar niedriger als in Hamburg und Schleswig-Holstein und 1969 niedriger als in Bremen.

viii. Die Bettendichte ist von 1961 bis 1969 in Bremen ganz beträchtlich und in Niedersachsen geringfügig angestiegen. In Hamburg ist sie dagegen geringfügig und in Schleswig-Holstein beträchtlich gesunken.

ix. Die Änderungen der Bettendichte waren in allen Ländern und in der Bundesrepublik mit einer "Konzentrationsbewegung" in der Weise verbunden, dass es zu einem deutlich erkennbaren An stieg der durchschnittlichen Zahl der planmässigen Betten je Krankenhaus gekommen ist.

x . Die gesamte Region Nord liegt zu beiden Zeitpunkten im Hinblick auf das Merkmal der Bettendichte unter dem Bundesdurchschnitt. Während im Jahr 1961 die beiden Länder Schleswig-Holstein und Hamburg über dem Bundesdurchschnitt liegen, liegen im Jahr 1969 die gesamte Region und sämtliche Einzelländer unter dem Bundesdurchschnitt.

xi . Die Zahl der Betten je Krankenhaus liegt zu beiden Zeitpunkten in der Region Nord über dem Bundesdurchschnitt. Es lässt sich zeigen, dass die Struktur des gesamten Angebots an Krankenhausbetten dafür von massgeblicher Bedeutung ist.

VII. 3. Anteil der planmässigen Betten in den öffentlichen, den freien gemeinnützigen und den privaten Krankenhäusern an der Gesamtzahl der planmässigen Betten und Durchschnittsgrösse der verschiedenen Krankenhäuser in den norddeutschen Ländern in den Jahren 1961 und 1969

	Anteil an der Gesamtzahl der Betten						Durchschnittliche Bettenzahl je Krankenhaus					
	Öffentliche Krankenhäuser		Freie gemein.		Private		Öffentl. Krankenhäuser		Freie gemeinn.		Private	
	1961	1969	1961	1969	1961	1969	1961	1969	1961	1969	1961	1969
Schleswig-Holstein	71,7	72,0	23,3	23,0	5,0	5,0	289	331	238	223	30	34
Hamburg	67,5	66,9	29,7	29,7	2,8	3,4	970	823	206	244	29	36
Niedersachsen	55,3	57,6	33,2	31,8	11,5	10,6	245	278	148	160	50	59
Bremen	68,9	74,1	25,1	20,3	6,0	5,6	635	615	405	420	64	67
Region Nord	61,7	63,3	30,0	28,8	8,3	7,9	313	345	172	185	44	52
Bundesgebiet	55,6	54,7	37,0	36,7	7,4	8,6	238	275	168	194	47	60

Quellen: wie unter VII. 2
Eigene Rechnungen

Diese Angaben geben einen ersten Einblick in die Struktur des Angebots von Krankenhausbetten in den einzelnen Bundesländern nach dem Merkmal der Trägerschaft, in den Zusammenhang zwischen Trägerschaft und Größe und in die Änderungen der Struktur des Angebots an Krankenhausbetten.

> Es muss beachtet werden, dass es sich bei den öffentlichen Krankenhäusern um Krankenhäuser handelt, welche von den Gebietskörperschaften oder der Sozialversicherung betrieben oder nur von ihnen durch Geldmittel unterhalten werden. Dagegen sind die freien und gemeinnützigen Krankenhäuser solche, die von Stiftungen bzw. kirchlichen oder weltlichen Vereinigungen betrieben werden, und private Krankenhäuser solche, welche von Seiten der zuständigen höheren Verwaltungsbehörde konzessioniert sind.
>
> vg. Statistisches Jahrbuch .... 1971 a.a.O. S. 60

xii. Der Anteil der planmässigen Betten in öffentlichen Krankenhäusern an der Gesamtzahl der planmässigen Krankenhausbetten liegt zu beiden Zeitpunkten in der Region Nord beträchtlich über dem Bundesdurchschnitt. Ausser in Hamburg ist dieser Anteil in den norddeutschen Ländern und in der Region Nord im Verlauf der 60er Jahre geringfügig gestiegen. Nur in Hamburg ist dieser Anteil während des Zeitraumes, wie auch in der gesamten Bundesrepublik, gesunken.

xiii. Die zwischen den Stadtstaaten und den Flächenländern bestehenden Unterschiede im Hinblick auf die durchschnittliche Bettenzahl der Krankenhäuser kommen vor allen Dingen in der unterschiedlichen Größe der öffentlichen Krankenhäuser zum Ausdruck. Die durchschnittliche Bettenzahl je Krankenhaus ist im Bereich der öffentlichen Krankenhäuser in den beiden Stadtstaaten beträchtlich höher als in den Flächenländern. Die Gründe dafür sind evident und dürften vor allen Dingen in der unterschiedlichen Ausdehnung der geographischen Versorgungsbereiche zu suchen sein, welche einer Zentralisierung des Bettenangebots in den Flächenländern engere Grenzen setzen als in den Stadtstaaten.

xiv. Während die durchschnittliche Bettenzahl je öffentliches Krankenhaus in den beiden Stadtstaaten im Verlauf der 60er Jahre zurückgegangen ist, ist sie in den beiden Flächenländern und in der Bundesrepublik gestiegen. Dafür dürften vor allen Dingen in den beiden Stadtstaaten die einer weiteren Zentralisierung des Bettenangebots entgegenwirkenden Renovierungs- und Modernisierungsmassnahmen im Rahmen vorhandener Baukomplexe eine Rolle gespielt haben.

xv . Die durchschnittliche Bettenzahl je Krankenhaus ist im Bereich der freien und gemeinnützigen und im Bereich der privaten Krankenhäuser in allen Ländern und in der Bundesrepublik beträchtlich niedriger als in den öffentlichen Krankenhäusern. Die zwischen den Stadtstaaten und den Flächenländern im Hinblick auf die Größe der Krankenhäuser in diesen Bereichen bestehenden Unterschiede lassen keine eindeutige Erklärung zu. Nur Bremen ragt im Hinblick auf dieses Merkmal zu beiden Zeitpunkten deutlich aus dem Kreis der Länder der Region Nord heraus.

xvi . Die zwischen der Region Nord insgesamt und der Bundesrepublik im Hinblick auf das Merkmal der Krankenhausgrösse bestehenden Unterschiede sind also ausschliesslich durch die vergleichsweise höhere Bettenzahl je öffentlichem Krankenhaus und den höheren Anteil der öffentlichen Krankenhäuser an der gesamten Bettenzahl erklärbar. Diese beiden Einflüsse kumulieren sich und werden in ihrer Gesamtwirkung auch durch grössere Bettenzahl je Krankenhaus im Bereich der freien gemeinnützigen und im Bereich der privaten Krankenhäuser in der gesamten Bundesrepublik nicht ausgeglichen.

xvii. Der vergleichsweise höhere Anteil der freien und gemeinnützigen Krankenhäuser an der Gesamtbettenzahl im Bundesdurchschnitt dürfte weitgehend durch das relativ stärkere Gewicht der konfessionellen Krankenhäuser im Bundesgebiet ausserhalb der Region Nord bedingt sein. Das wird ganz deutlich, wenn wir die Anteile der öffentlichen Krankenhäuser und der freien gemeinnützigen Krankenhäuser an der Gesamtbettenzahl in der Region Nord und in der restlichen Bundesrepublik miteinander vergleichen.

VII. 4. Anteil der öffentlichen Krankenhäuser und der freien gemeinnützigen Krankenhäuser an der Gesamtzahl der planmässigen Krankenhausbetten in der Region Nord und in der restlichen Bundesrepublik in den Jahren 1961 und 1969 in v.H.

	Anteil an der Gesamtzahl der planmässigen Betten			
	Öffentliche Krankenhäuser		Freie gemeinnützige Krankenhäuser	
	1961	1969	1961	1969
Region Nord	61,7	63,3	30,0	28,8
Bundesgebiet ohne Region Nord	54,1	52,8	38,7	38,5

Quellen: wie unter VII. 2.
Eigene Rechnungen

xviii. Zu einer deutlich erkennbaren Konzentrationsbewegung ist es im Bereich der privaten Krankenhäuser gekommen. Ihr Anteil an der Gesamtbettenzahl entwickelt sich in der Bundesrepublik und in der Region Nord in entgegengesetzten Richtungen. Sowohl in der Region Nord als auch in der restlichen Bundesrepublik kommt es zu einem erkennbaren Anstieg der Durchschnittsgrösse dieser Krankenhäuser

Wenn man nicht von der Annahme ausgeht, dass ein bestimmter Zusammenhang zwischen der Grösse der Krankenhäuser und der Qualität des Bettenangebots besteht, ist bisher lediglich etwas über das quantitative Angebot gesagt worden. Eine solche Annahme erscheint jedenfalls dann problematisch, wenn die Analyse ausschliesslich Durchschnittszahlen verwenden kann. Im Hinblick auf ansonsten gleichartige Krankenhäuser, d.h. etwa Krankenhäuser mit gleichen Fachabteilungen mag ein Zusammenhang zwischen Grösse und Qualität bzw. zwischen Grösse und den vorhandenen diagnostischen und therapeutischen Möglichkeiten gegeben sein. Das gilt jedoch ganz sicher nicht im Hinblick auf Durchschnittszahlen, in denen die Zahlen für kleine, aber hochspezialisierte und innerhalb des Spezialbereichs mit allen Möglichkeiten ausgestattete Krankenhäuser und die Zahlen für grosse Krankenhäuser mit vergleichsweise niederer Qualität des Angebots enthalten sind.
Wenn wir uns aufgrund der vorliegenden statistischen Daten auf die Verwendung solcher Duchschnittszahlen beschränken müssen, so er-

scheint die Berücksichtigung der Ausstattung der Krankenhäuser mit
ärztlichem und pflegerischem Personal besser geeignet, eine Vorstellung von der Qualität des Angebots zu vermitteln.

VII. 5. Zahl der Krankenschwestern und der Krankenpfleger und der
hauptamtlich in den Krankenhäusern tätigen Ärzte ohne und
mit Facharztausbildung je 100 planmässige Krankenhausbetten
in den norddeutschen Ländern in den Jahren 1961 und 1969

	Zahl der Krankenschwestern je 100 betten		Zahl der Krankenpfleger und Krankenpflegehelfer je 100 Betten		Zahl der Ärze in Krankenhäusern je 100 Betten			
					mit		ohne	
					Facharztausbildung			
	1960	1969	1960	1969	1961	1969	1961	1969
Schleswig-Holstein	14,2	14,3	1,8	6,5	2,7	2,2	0,9	2,1
Hamburg	21,7	23,6	2,8	5,5	2,7	3,2	3,2	5,3
Niedersachsen	15,1	14,2	1,9	5,5	1,8	2,1	1,4	2,0
Bremen	25,0	19,9	2,2	5,5	2,8	2,5	2,7	3,7
Region Nord	16,6	16,1	2,1	5,7	2,2	2,3	1,7	2,7
Bundesgebiet	16,2	15,4	1,9	4,6	1,9	2,2	1,9	2,8

Quellen: Bevölkerungsstruktur und ... 1971 a.a.O. S. 55
Statistisches Jahrbuch ... 1963 a.a.O. S. 81
Statistisches Jahrbuch ... 1971 a.a.O. S. 67

Diese Angaben lassen einige vorsichtige Rückschlüsse auf die Qualität
des Angebots an Krankenhausleistungen in den einzelnen Ländern und
auf seine Entwicklung in den 60er Jahren zu.

xix . Bei der Bestimmung der Zahl der Krankenschwestern sind auch die
nicht in den Krankenhäusern tätigen Krankenschwestern berücksichtigt. Dafür ist allein der Umstand massgebend, dass sich
eine Untergliederung der Angehörigen dieser Berufsgruppe aufgrund der vorliegenden statistischen Angaben nur für die Bundesrepublik insgesamt, nicht aber für die einzelnen Länder durchführen lässt. Entsprechendes gilt für die Krankenpfleger, denen
im Jahr 1969 die Angehörigen des Krankenpflegehilfspersonals
zugeordnet sind.

Aus den Angaben für die gesamte Bundesrepublik lässt sich entnehmen, dass dieses Verfahren zwar zu einer Überschätzung der Zahl der in den Krankenhäusern besc-häftigten Krankenschwestern und -pfleger führt, dass diese Überschätzung jedoch nur gering ist und daher für vergleichende Aussagen vernachlässigt werden kann.

xx . Sowohl die Zahl der Krankenschwestern als auch die Zahl der Ärzte mit und ohne Facharztausbildung sind in den beiden Stadtstaaten je 100 Krankenhausbetten erkennbar **höher** als in den beiden Flächenländern. Vernachlässigen wir die Möglichkeit unterschiedlich langer und nach Stadtstaaten und Flächenländern differenzierter Arbeitszeiten, so folgt daraus, dass im Durchschnitt die Krankenhäuser der beiden Stadtstaaten pflege- und personalintensiver sind als die Krankenhäuser der beiden Flächenländer. Die Personalausstattung je 100 planmässigen Krankenhausbetten liegt in den beiden Flächenländern nicht nur unter der Personalausstattung in den Stadtstaaten, sondern auch unter der Personalausstattung im Bundesdurchschnitt.

xxi . Im Bundesdurchschnitt, in der gesamten Region Nord und den beiden Ländern Niedersachsen und Bremen ist es im Verlauf der 60er Jahre zu einem Rückgang der Zahl der Krankenschwestern je 100 Krankenhausbetten gekommen. Berücksichtigt man, dass es im Verlauf des gleichen Zeitraumes zu einem Rückgang der tariflichen Arbeitszeit im öffentlichen Dienst gekommen ist, so macht diese Entwicklung den Rückgang der Pflegeintensität der Krankenhäuser und die im Bereich der Patientenversorgung in den Krankenhäusern der Bundesrepublik bestehenden Schwierigkeiten deutlich. Es kann bezweifelt werden, ob der Anstieg der Zahl der Krankenpfleger und insbesondere der Zahl der Krankenpflegehelfer die Wirkungen dieses Rückganges voll hat ausgleichen können.

xxii. Dagegen entwickelt sich die Zahl der hauptamtlich in den Krankenhäusern tätigen Ärzte in den verschiedenen Ländern unterschiedlich.

In allen Ländern der Region Nord und im Bundesdurchschnitt steigt die Zahl der Ärzte ohne Facharztausbildung je 100 Krankenhausbetten. Diese Zahl ist deswegen nicht sonderlich aussagefähig, weil zu dieser Gruppe die in der Facharztausbildung befindlichen Ärzte gehören und weil der Anteil der Fachärzte an der Gesamtzahl der Ärzte tendenziell steigt.

Die Zahl der Fachärzte je 100 Krankenhausbetten entwickelt sich in den verschiedenen Ländern jedoch in unterschiedlicher Weise. Dabei dürften von der dargestellten Konzentrationsbewegung im Krankenhauswesen und von der Steigerung des Niveaus der ärztlichen Versorgung entgegengesetzte Einflüsse ausgehen. Nur in Hamburg kommt es zu einem erkennbaren Anstieg der Zahl der Fachärzte je 100 Krankenhausbetten. In Hamburg ist auch die Konzentrationsbewegung im Bereich der öffentlichen Krankenhäuser am wenigstens ausgeprägt.

Es erscheint zweifelhaft, ob aus diesen Angaben irgendwelche Rückschlüsse auf das Niveau der medizinischen Versorgung in den verschiedenen Ländern gezogen werden können. Als ein denkbarer unter vielen möglichen Indikatoren für den Stand der medizinischen Versorgung in einem Land können die Angaben über die Säuglingssterblichkeit in den verschiedenen Ländern angesehen werden.

VII. 6. Zahl der im 1. Lebensjahr Gestorbenen auf Tausend Lebendgeborene (Säuglingssterblichkeit) in den norddeutschen Ländern und in der Bundesrepublik Deutschland in den Jahren 1961, 1962, 1967, 1968 und 1969

	1961	1962	1967	1968	1969
Schleswig-Holstein	28,7	24,1	18,7	20,0	22,0
Hamburg	23,6	24,5	17,2	19,9	20,7
Niedersachsen	29,5	26,7	21,1	21,4	20,7
Bremen	26,3	23,7	17,5	17,9	21,8
Bundesgebiet	31,9	29,2	22,8	22,6	23,2

Quellen: Statistisches Jahrbuch ... 1963 a.a.O. S. 51
Bundeskanzler (Hrsg.) Gesundheitsbericht Bonn 1970 S. 189

Die Angaben machen deutlich, dass es keinen systematischen und im Zeitablauf gleichbleibenden Zusammenhang zwischen Bettendichte, Pflegeintensität und Höhe der Säuglingssterblichkeit gibt. Trotz der bestehenden Unterschiede ist die Säuglingssterblichkeit in sämt-

lichen Beobachtungsjahren in der gesamten Bundesrepublik höher
als in sämtlichen einzelnen Ländern der Region Nord. Nur innerhalb der Region Nord ist in der Mehrzahl der Beobachtungsjahre die
Säuglingssterblichkeit in den Flächenländern höher als in den
Stadtstaaten.

3. Über einige spezielle Probleme der Versorgung mit Krankenhausleistungen in den norddeutschen Ländern

Drei Fragen sollten als Grundlage für eine Aussage über die Merkmale der bestehenden Situation und für eine vorsichtige Aussage
über die zu erwartende zukünftige Entwicklung im Bereich der Versorgung mit Krankenhausleistungen etwas ausführlicher dargestellt
werden. Diese drei Fragen sind nicht völlig voneinander unabhängig.
Das ist einmal die Frage nach dem Verhältnis zwischen den politischen Grenzen der einzelnen Länder und den Grenzen des Einzugsbereichs der Krankenhäuser in den einzelnen norddeutschen Ländern.
Das ist zum anderen die Frage nach dem Verhältnis zwischen dem
quantitativen Angebot von Krankenhausbetten in den beiden norddeutschen Stadtstaaten und in vergleichbaren anderen Großstädten der
Bundesrepublik. Das ist schliesslich die Frage nach der Bedeutung
der Bestimmungen des Krankenhausfinanzierungsgesetzes für den zukünftigen Ausbau des Angebots an Krankenhausleistungen.

a. Das Verhältnis zwischen den politischen Grenzen und den Grenzen
des Einzugsbereichs der Krankenhäuser

Am Beispiel Hamburgs lässt sich die besondere Rolle des in den
beiden norddeutschen Stadtstaaten vorhandenen Angebots von Krankenhausbetten für die gesamte Region Nord aufgrund der im "Bericht über
das Gesundheitswesen der Freien und Hansestadt Hamburg im Jahr 1972"
veröffentlichten Angaben deutlich machen.

VII. 7. In Hamburger Krankenhäusern im Jahr 1968 aufgenommene
Patienten nach Alter und Herkunftsgebiet in absoluten
Zahlen und v.H.

Altersgruppe	Hamburg	Patienten aus Einzugsbereich in Schleswig-Holstein und Niedersachsen	Sonstigen Gebieten	Gesamtzahl der Patienten
	in v.H. der Gesamtzahl der Patienten			
bis 14 Jahre	73,3	18,9	7,8	30.167
14 bis 65 Jahre	83,6	7,9	8,5	157.716
über 65 Jahre	91,2	5,5	3,3	76.741
Insgesamt	84,6	8,5	6,9	264.624

Quelle: Bericht über das Gesundheitswesen der Freien und Hansestadt
Hamburg   Hamburg 1972   S. 19

Dem entspricht eine Verteilung der Gesamtbevölkerung des sogenannten
Einzugsbereichs, d.h. des Landes Hamburg und der angrenzenden Landkreise der Länder Schleswig-Holstein und Niedersachsen von 38 v.H.
auf den ausserhamburgischen Einzugsbereich und 62 v.H. auf Hamburg.
Die starke Ausrichtung des ausserhamburgischen Einzugsbereichs auf
das in Hamburg vorhandene Angebot an Krankenhausbetten lässt sich
für Schleswig-Holstein zeigen.

VII. 8. Zahl der planmässigen Krankenhausbetten im Pl-anungsraum I
des Landes Schleswig-Holstein und in den restlichen
Planungsräumen des Landes je 10.000 Einwohner am 31.12.1970

Planungsraum I des Landes Schleswig-Holstein	85,4
Planungsräume II bis V des Landes Schleswig-Holstein	112,1
Schleswig-Holstein insgesamt	104,6

Quelle: Statistisches Jahrbuch Schleswig-Holstein 1971
Kiel 1972   S. 201
Eigene Rechnungen

Ähnliches gilt für die dem Hamburger Einzugsbereich zugehörigen Landkreise in Niedersachsen.
Das bestätigt die Aussage :
> Die Freie und Hansestadt Hamburg erfüllt wichtige Metropolfunktionen auf den Gebieten des Handels und der Wirtschaft, der Kultur und der Dienstleistungen, darunter auch in der Krankenversorgung im norddeutschen Raum.
> .....
> Für diesen Einzugsbereich hält Hamburg in erheblichem Umfang seine Einrichtungen des Gesundheitswesens vor.
>
> Bericht über das Gesundheitswesen a.a.O. S. 8

Zwar ist der Anteil der Patienten aus dem ausserhamburgischen Einzugsbereich an der Gesamtzahl der Patienten nicht so hoch wie der Anteil der Bevölkerung dieses Bereichs an der Gesamtbevölkerung - er ist aber erheblich. Damit erfüllt Hamburg und - wenn auch in geringerem Masse - sicherlich auch Bremen gegenüber den umliegenden Ländern ganz einfach die Funktionen einer großstädtischen Metropole - eine Funktion, welche mit der Existenz von Landesgrenzen nichts zu tun hat.

b. Die Krankenhausbettendichte in verschiedenen Großstädten der Bundesrepublik am 31. Dezember 1969

Dass die beiden Stadtstaaten sich im Hinblick auf das Merkmal der Bettendichte, d.h. der Zahl der planmässigen Krankenhausbetten pro 10.000 Einwohner zwar erkennbar von den norddeutschen Flächenländern, nicht aber von den anderen Großstädten der Bundesrepublik abheben, geht aus dem folgenden Überblick hervor.

VII. 9. Zahl der planmässigen Krankenhausbetten je 10.000 Einwohner in verschiedenen Großstädten am 31. XII. 1969

Hamburg	108,3	Essen	95,8	Hannover	109,2
Bremen	116,0	Düsseldorf	131,2	Kiel	108,4
Köln	105,2	Frankfurt	86,1	Lübeck	74,3
München	104,7	Dortmund	86,1	Braunschweig	112,7
Nürnberg	81,7	Stuttgart	118,1	Karlsruhe	124,3

Quellen: Statistisches Jahrbuch Deutscher Gemeinden 58.Jg. 1971 Braunschweig 1971 S. 8 ff.

Es zeigt sich, dass die beiden norddeutschen Stadtstaaten keineswegs eine Sonderstellung unter den Großstädten der Bundesrepublik im Hinblick auf das Merkmal der Bettendichte einnehmen.

Auch wenn keine Angaben über die Verteilung der in den verschiedenen Großstädten vorhandenen planmässigen Krankenhausbetten auf unterschiedliche Krankenhausträger vorliegen, erscheinen zwei grundlegende Aussagen gerechtfertigt:

i . Der normale Einzugsbereich großstädtischer Krankenhäuser in Flächenländern geht nicht in gleichem Masse über die Landesgrenzen hinaus wie das bei den norddeutschen Stadtstaaten der Fall ist.

ii . Auf unterschiedliche Weise werden die öffentlichen Haushalte im gesamten Einzugsbereich zur Deckung der aus der Unterhaltung der Krankenhäuser erwachsenden Belastungen herangezogen. Das kann dadurch geschehen, dass das Land, innerhalb dessen Grenzen der Einzugsbereich der Krankenhäuser liegt, Träger der Krankenhäuser ist (Universitätskliniken). Das kann alternativ dadurch geschehen, dass es zu einem interkommunalen Finanzausgleich zwischen den Gemeinden innerhalb des Einzugsbereiches kommt. Im Zusammenhang mit der Darstellung des interkommunalen Finanzausgleichs in Schleswig-Holstein und in Niedersachsen haben wir bereits gesehen, dass die Höhe der aus der Unterhaltung der Krankenhäuser erwachsenden Lasten ein für die Bestimmung der Ausgleichsströme wichtiger Faktor ist. Das kann schliesslich dadurch geschehen, dass die innerhalb der Einzugsbereiche gelegenen Kommunen über die Kreise (Kreiskrankenhäuser) oder über eigens zu diesem Zweck geschaffene Zweckverbände eine Lastenverteilung vornehmen. Mit Ausnahme der letzten Möglichkeit sind diese Wege den beiden Stadtstaaten verschlossen. Eine angemessene Heranziehung der öffentlichen Haushalte in dem ausserhalb der Landesgrenzen liegenden Teilen des gesamten Einzugsbereichs ist nicht möglich. Vielmehr müssen die öffentlichen Haushalte in den beiden Stadtstaaten Vorleistungen erbringen, für welche sie auch im Rahmen des Finanzausgleichs unter den Ländern keine angemessene und spezifische Entschädigung erhalten.

c. Die Bedeutung des Krankenhaussicherungsgesetzes

Durch die Erweiterung des Artikel 74 des Grundgesetzes um die Bestimmung

Art. 74 Die konkurrierende Gesetzgebung erstreckt sich auf folgende Gebiete:
......
19a. die wirtschaftliche Sicherung der Krankenhäuser und die Regelung der Krankenhauspflegesätze
......

ist dem Bund die Möglichkeit einer Einflussnahme auf das Krankenhauswesen übertragen worden. In Ausübung dieser dem Bund durch das Zweiundzwanzigste Gesetz zur Änderung des Grundgesetzes vom 12.Mai 1969 übertragenen Zuständigkeit ist es am 10. Mai 1972 zur Verabschiedung des "Gesetz zur wirtschaftlichen Sicherung der Krankenhäuser und zur Regelung der Krankenhauspflegesätze" gekommen. Einer der Grundgedanken dieses Gesetzes besteht darin, dass die Finanzierung der Bereithaltung von Krankenhäusern eine öffentliche Aufgabe ist. Das äussert sich darin, dass die Investitionskosten der Krankenhäuser aus öffentlichen Mitteln getragen werden, und dass der Bund dazu einen Beitrag leistet, der seiner Gesamthöhe nach bestimmt ist
(1972: DM 636 Millionen; 1973: DM 890 Millionen). Dabei gilt:
§ 22 (1) Die Finanzhilfen des Bundes sind in Höhe von 80 vom Hundert den Ländern nach ihrer Einwohnerzahl zuzuweisen.

(2) Die übrigen Finanzhilfen des Bundes sind durch den Bundesminister für Jugend, Familie und Gesundheit nach Schwerpunkten zur Befriedigung eines überregionalen Bettenbedarfs ... im Benehmen mit dem Ausschuss für Fragen der wirtschaftlichen Sicherung der Krankenhäuser zu verteilen.

Durch die Festlegung des Verteilungsschlüssels "Einwohnerzahl" für die Finanzhilfen des Bundes muss es notwendigerweise zu einer Benachteiligung der Länder mit einem weit über die Landesgrenzen hinausgehenden Einzugsbereich der Krankenhäuser kommen. Es erscheint zweifelhaft, ob die Bestimmung des § 22 (2) in einer Weise ausgelegt werden kann, durch welche eine solche Benachteiligung aufgehoben wird, da ein "überregionaler Bettenbedarf" nicht als der aus einem über die Landesgrenzen hinausgehenden Einzugsbereich resultierende Bettenbedarf angesehen werden kann.
Somit wird entweder die Gefahr heraufbeschworen, dass es in den Stadtstaaten zu einer relativen Verlangsamung des Ausbaus der Krankenhäuser oder dazu kommt, dass die Landeshaushalte einen überproportional hohen Anteil der für die Finanzierung des Ausbaus der Krankenhäuser erforderlichen Mittel aufbringen müssen. Viele und bereits ausführlich dargestellte Gründe sprechen für die Annahme, daß dadurch die öffentlichen Haushalte in den beiden Stadtstaaten erheblich belastet würden.

C. Einige Probleme des Aufgabenbereichs Unterricht in den norddeutschen Ländern

Im Rahmen dieses Abschnitts soll versucht werden, mit Hilfe einiger ausgewählter Strukturdaten einen Vergleich der Entwicklung und der bestehenden Situation im Bereich des Schulwesens in den norddeutschen Ländern durchzuführen. In der amtlichen Statistik umfasst der Aufgabenbereich Unterricht die "Allgemeinbildenden Schulen" (Volks-, Sonder- und Realschulen, die Gymnasien und die "Schulen mit neu organisiertem Schulaufbau" - in den Berichtsjahren vornehmlich in Hamburg und Bremen) und die "Berufsbildenden Schulen" (Berufsschulen, Berufsaufbauschulen, Berufsfachschulen, Fachschulen und Ingenieurschulen). Die Hochschulen werden nicht diesem Bereich, sondern dem Bereich "Wissenschaft" zugeordnet, da wenigstens unter den mit der Erstellung der amtlichen Statistik Betrauten die Vorstellung besteht, dass sie "... sowohl der hochschulmässigen Berufsausbildung dienen als auch den Auftrag haben, im Bereich der wissenschaftlichen Forschung tätig zu werden." (Bevölkerungsstruktur und ... 1970 a.a.O. S. 9).

Die Darstellung der Zahl der Schüler und der Struktur der Schülerschaft nach dem Merkmal der besuchten Schulen ist geeignet, eine erste Vorstellung von der Entwicklung und von der bestehenden Situation in diesem Bereich zu geben. Wegen des unterschiedlichen Altersaufbaus der Bevölkerung in den norddeutschen Ländern (s.S. 14) erscheint es zweckmässig, das Verhältnis zwischen der Zahl der Schüler verschiedener Schularten und der Zahl der Angehörigen der jeweiligen Altersgruppe darzustellen.

VII.10. Die Zahl der Schüler verschiedener Schulen in Tsd. in den norddeutschen Ländern und in der Bundesrepublik in verschiedenen Jahren

	Volksschulen einschl. Sonderschul- und Aufbauklassen und Sonderschulen					Real- (Mittel-) schulen				
	1950	1955	1960	1965	1969	1950	1955	1960	1965	1969
	Schülerzahl in Tsd.									
Schlesw.-Holst.	436,7	268,0	231,0	233,4	245,0	20,2	44,3	35,3	36,6	45,4
Hamburg	186,6	171,2	146,9	140,3	159,0	9,7	18,3	13,9	12,5	16,8
Niedersachsen	1014,1	684,5	658,0	742,8	798,1	64,5	81,6	72,6	91,9	125,2
Bremen	64,3	64,9	65,3	67,1	69,2	3,6	7,6	7,5	7,8	9,2
Region Nord	1701,7	1188,6	1102,2	1183,6	1271,3	98,0	151,8	129,3	148,8	196,6
Bundesgebiet	6734,4	5130,2	5290,9	5607,4	6112,3	218,4	383,2	368,9	539,2	826,2

	Gymnasien					Regelschüler der Berufsschulen				
	1950	1955	1960	1965	1969	1950	1955	1960	1965	1969
Schlesw.-Holst.	23,5	40,9	35,6	35,7	50,2	70,3	84,1	75,7	68,6	71,8
Hamburg	16,0	27,0	25,1	24,9	37,9	53,9	62,2	68,1	54,3	44,7
Niedersachsen	75,0	100,0	95,9	101,4	141,9	189,9	285,6	202,2	194,2	198,2
Bremen	8,5	9,1	11,6	12,6	18,1	23,9	30,5	26,0	25,9	26,7
Region Nord	123,0	177,0	168,2	174,6	248,1	338,0	462,4	372,0	343,0	341,4
Bundesgebiet	666,5	870,9	853,4	957,9	1352,1	1733,2	2340,8	1661,9	1780,0	1631,9

Weiter zu VII.10. Die Zahl der Schüler verschiedener Schulen in Tsd. in den norddeutschen Ländern und in der Bundesrepublik in verschiedenen Jahren

	Berufsfachschulen				Fachschulen und Höhere Fachschulen			
	1950	1955	1960	1965	1969	1950	1955	1960	1965	1969
Schlesw.-Holst.	2,5	3,7	3,4	3,1	4,7	5,5	6,6	6,0	5,2	4,4
Hamburg	3,2	8,1	8,4	7,2	8,4	3,8	4,2	3,8	4,7	3,7
Niedersachsen	10,7	20,6	19,1	16,7	21,1	15,5	17,2	12,6	12,1	9,5
Bremen	1,7	2,1	1,7	2,0	2,9	1,7	2,0	2,2	2,7	2,4
Region Nord	18,1	34,5	32,6	29,0	37,1	26,5	30,0	24,6	24,7	20,0
Bundesgebiet	89,2	156,8	139,2	167,5	203,6	113,0	146,6	120,1	120,0	90,0

Quellen : Bevölkerungsstruktur und ... 1971 a.a.O. S.68 f.

Schon die in dieser Darstellung enthaltenen Angaben machen die außerordentlich starken Schwankungen der Zahl der Schüler verschiedener Schularten und die daraus resultierenden Schwierigkeiten einer vorausschauenden Planung für diesen Aufgabenbereich ganz deutlich. Wenn in Zeiten des Spitzenbedarfs hinreichende Unterrichtskapazitäten bestehen sollen, so ist das gleichbedeutend mit der bewussten Inkaufnahme eines Überschusses in anderen Zeiten.

VII. 1 1. Anteil der Schüler unterschiedlicher Schulen an der Zahl der Angehörigen der entsprechenden Altersgruppe in den norddeutschen Ländern und der Bundesrepublik

	Anteil der Schüler in Volksschulen an der Gesamtzahl der 6-15jährigen Einwohner in v.H.			Anteil der Schüler in Realschulen an der Gesamtzahl der Einwohner im Alter von 6 bis unter 18 Jahren		
	1960	1965	1969	1960	1965	1969
Schlesw.-Holstein	80,8	80,5	73,1	9,2	9,4	10,6
Hamburg	84,4	84,0	84,6	5,7	5,5	7,0
Niedersachsen	77,0	82,6	80,1	6,5	7,7	9,7
Bremen	77,4	83,9	76,0	6,9	7,3	7,9
Region Nord	79,1	82,4	78,9	7,0	7,8	9,5
Bundesgebiet	77,4	75,6	73,7	4,1	5,5	7,7

	Verhältnis zwischen der Zahl der Schüler in Gymnasien und der Gesamtzahl der Einwohner im Alter v.6 bis unter 18 Jahren			Verhältnis zwischen d.Zahl der Regelschüler in d.Berufsschulen und d.Gesamtzahl der Einwohner im Alter v.15 bis unter 18 Jahren		
	1960	1965	1969	1960	1965	1969
Schlesw.-Holstein	9,3	9,2	11,7	78,9	69,3	76,4
Hamburg	10,2	11,1	15,8	95,9	92,0	86,0
Niedersachsen	8,6	8,0	11,0	78,4	66,1	68,8
Bremen	10,7	10,8	12,6	89,7	95,2	106,8
Region Nord	9,1	8,8	12,0	81,9	71,6	74,4
Bundesgebiet	9,5	8,7	12,7	78,5	75,2	68,3

	Verhältnis zwischen d.Zahl der Schüler in Berufsfachschulen u.d.Gesamtzahl der Einwohner v.15 bis unter 21 Jahren			Verhältnis zwischen d.Zahl der Schüler in Fachschulen u.Höheren Fachschulen und der Gesamtzahl d.Einwohner von 18 bis unter 30 Jahren		
	1960	1965	1969	1960	1965	1969
Schlesw.-Holstein	1,5	1,6	2,4	1,4	1,1	1,0
Hamburg	5,1	5,9	7,4	1,1	1,3	1,2
Niedersachsen	3,2	3,1	3,6	1,0	1,0	0,8
Bremen	2,6	2,7	2,5	1,7	1,9	1,8
Region Nord	3,1	3,2	3,9	1,2	1,2	1,0
Bundesgebiet	2,8	3,8	4,2	1,2	1,1	0,9

Quellen: Bevölkerungsstruktur und ... 1962 a.a.0. S.19
Bevölkerungsstruktur und ... 1965 a.a.0. S.38 und 1971 S.40

Schon aus dieser Darstellung lassen sich eine Reihe interessanter Schlussfolgerungen ziehen:

i . Das Verhältnis zwischen der Zahl der Schüler in den beiden Arten der weiterführenden allgemeinbildenden Schulen, d.h. den Realschulen und den Gymnasien und der Zahl der Angehörigen der jeweiligen Altersgruppe ist im Verlauf der 60er Jahre kontinuierlich angestiegen. Leider liessen sich die den einzelnen Schularten zugeordneten Altersgruppen wegen der in der amtlichen Statistik verwandten Altersgruppenbildung nicht erfassen. Die Angaben können also nicht als "Quoten" in der Weise verstanden werden, dass sie den Anteil der Schüler bestimmter Schularten an der entsprechenden Altersgruppe bezeichnen.

ii . In den beiden Flächenländern, bes-onders in Schleswig-Holstein, haben die Realschulen und in den beiden Stadtstaaten haben die Gymnasien eine vergleichsweise grössere relative Bedeutung. Das Verhältnis zwischen der Zahl der Schüler der Realschulen und der Gesamtzahl der Einwohner der Altersgruppe von 6 bis 18 Jahren liegt m.a.W. in den beiden norddeutschen Flächenländern in allen Jahren über dem Durchschnitt der Region Nord und dem entsprechenden Bundesdurchschnitt. Umgekehrt liegt der Wert des Verhältnisses zwischen Schülern und Gymnasien und der Gesamtzahl der Einwohner der Altersgruppe 6 bis 18 Jahren in den beiden Stadtstaaten über dem Durchschnitt der Region Nord und dem entsprechenden Bundesdurchschnitt.

iii. Die zwischen den Stadtstaaten und den Flächenländern bestehenden Abweichungen zwischen der Höhe des Anteils der Schüler in Realschulen und Gymnasien an der Gesamtzahl der Einwohner der Altersgruppe von 6 bis unter 18 sind gering.

VII. 12. Anteil der Schüler in den weiterführenden allgemeinbildenden Schulen (Realschulen und Gymnasien) an der
Gesamtzahl der Einwohner im Alter von 6 bis unter
18 Jahren

	1960	1965	1969
Schleswig-Holstein	18,5	18,6	22,3
Hamburg	15,9	16,6	22,8
Niedersachsen	15,1	15,7	20,7
Bremen	17,6	18,1	23,5
Region Nord	16,1	16,6	21,5
Bundesgebiet	13,6	14,2	20,4

Quellen: wie unter VII. 10.

Wegen der unterschiedlichen Länge der Schulzeit in den Realschulen und den Gymnasien lassen diese Angaben keine Aussage darüber zu, wie gross der Anteil der Angehörigen eines Jahrgangs ist, welche Gelegenheit zum Besuch einer weiterführenden allgemeinbildenden Schule sie erhalten - sei es eine Realschule oder ein Gymnasium. Eine diesem Umstand Rechnung tragende Korrektur wird zu einer relativen Verbesserung der Angaben für die Länder mit vergleichsweise hohem Realschüleranteil führen und damit zu der Aussage, dass der Anteil der Angehörigen eines Altersjahrgangs, welche eine weiterführende allgemeinbildende Schule besuchen, in Schleswig-Holstein höher als in allen anderen norddeutschen Ländern und im Bundesdurchschnitt ist.

Das wird noch weiter verstärkt, wenn nach dem Anteil der Angehörigen eines Jahrgangs gefragt wird, welche eine weiterführende allgemeinbildende Schule mit Erfolg abschliessen, und dabei berücksichtigt wird, dass die "Erfolgsquote", d.h. die Wahrscheinlichkeit eines erfolgreichen Schulabschlusses für Anfänger vermutlich in den Realschulen höher sein wird als in den Gymnasien.

Die Berücksichtigung dieser beiden Faktoren, d.h. unterschiedliche Schuldauer und unterschiedliche Erfolgsquote, wird also zu der Aussage führen, dass der Anteil derer, welche eine weiterführende allgemeinbildende Schule mit Erfolg abgeschlossen haben, an der Gesamtzahl der Angehörigen eines Jahrganges in Schleswig-Holstein beträchtlich höher als in den anderen norddeutschen Ländern und im Bundesdurchschnitt liegt.

iv . Bei allen anderen Schulen, d.h. bei den Berufsschulen, den Berufsfachschulen und bei den Fachschulen und Höheren Fachschulen liegt das Verhältnis zwischen der jeweiligen Zahl der Schüler und der Zahl der Einwohner der entsprechenden Altersgruppe in den beiden Stadtstaaten höher als in den beiden Flächenländern. Allerdings ist diese Aussage im Hinblick auf die Berufsfachschulen und im Hinblick auf die Fachschulen und die Höheren Fachschulen deswegen nicht eindeutig interpretierbar, weil ein Teil solcher Ausbildungsmöglichkeiten nur in den beiden Stadtstaaten gegeben ist und auch von Schülern aus den Flächenländern genutzt werden. Im Hinblick auf diese Schularten und die Bereitstellung von Ausbildungsmöglichkeiten an solchen Schulen haben zweifellos die beiden Stadtstaaten Metropolfunktionen für den gesamten norddeutschen Raum, d.h. stellen spezielle Ausbildungsmöglichkeiten für die Bevölkerung eines grösseren Raumes als ihres eigenen Staatsgebiets zur Verfügung.

Eine von den bisher untersuchten Fragen nach der Bedeutung der Anstrengungen im Aufgabenbereich Unterricht für seine tatsächlichen oder potentiellen Nutzer zu unterscheidende Frage ist die nach der Bedeutung dieser Anstrengungen für die Gesamtbevölkerung der einzelnen Länder. Die Beantwortung dieser Frage vermittelt eine erste Vorstellung von der mit der Wahrnehmung dieser Aufgaben des Aufgabenbereichs Unterricht verbundenen durchschnittlichen Belastung für die Bewohner der einzelnen Länder.

Grundlage für die Beantwortung dieser Frage muss die Kenntnis des Anteils der Angehörigen der verschiedenen, in der vorausgehenden Darstellung voneinander unterschiedenen Altersgruppen an der Gesamtbevölkerung in den einzelnen Ländern sein.

VII. 13. Anteil der Angehörigen verschiedener Altersgruppen an der Gesamtbevölkerung der norddeutschen Länder in verschiedenen Jahren

	Anteil der Angehörigen der Altersgruppe von ... bis unter ... Jahren an der Gesamtbevölkerung in v.H.								
	6 bis unter 15			15 bis unter 18			18 bis unter 21		
	1960	1965	1969	1960	1965	1969	1960	1965	1969
Schleswig-Holstein	12,4	11,9	13,1	4,2	4,1	3,7	5,5	3,8	4,0
Hamburg	9,5	9,0	10,4	3,9	3,2	2,8	5,1	3,4	3,4
Niedersachsen	13,0	13,0	14,1	3,9	4,2	4,1	5,1	3,5	4,2
Bremen	11,2	10,8	12,0	4,1	3,7	3,3	5,3	3,7	3,7
Region Nord	12,1	12,0	13,2	4,0	4,0	3,8	5,2	3,5	4,0
Bundesgebiet	12,2	12,5	13,5	3,8	4,0	3,9	5,0	3,4	4,0

Quellen: Bevölkerungsstruktur ... 1962 a.a.O. S. 19
            "   ... 1967 a.a.O. S. 38
            "   ... 1971 a.a.O. S. 40
Eigene Rechnungen

Es ist auf diesen unterschiedlichen Altersaufbau der Bevölkerung in den einzelnen Ländern zurückzuführen, dass die dargestellte Struktur der Zahlen, welche das Verhältnis zwischen der Zahl der Schüler verschiedener Schularten und der Zahl der Einwohner der zugeordneten Altersgruppe angeben, teilweise erheblich von der Struktur der Zahlen abweicht, welche das Verhältnis zwischen der Zahl der Schüler unterschiedlicher Schularten und der Zahl der Einwohner insgesamt angeben. Das ist an den Beispielen der Zahl der Schüler in den Volks- und Realschulen und in den Gymnasien darzustellen.

VII. 14. Schüler verschiedener Schularten je 1.000 Einwohner
in den norddeutschen Ländern und in der Bundesrepublik

	Schüler in Volksschulen je 1.000 Einwohner			Schüler in Realschulen je 1.000 Einwohner			Schüler in Gymnasien je 1.000 Einwohner		
	1960	1965	1969	1960	1965	1969	1960	1965	1969
Schleswig-Holstein	100,7	96,3	96,3	15,4	15,1	17,8	15,5	14,7	19,7
Hamburg	80,6	75,6	87,4	7,6	6,7	9,2	13,8	13,4	20,8
Niedersachsen	99,9	107,8	112,9	11,0	13,3	17,7	14,6	14,7	20,0
Bremen	94,0	90,9	91,7	10,7	10,5	12,2	16,8	17,0	23,9
Region Nord	96,6	99,4	104,3	11,3	12,5	16,1	14,8	14,7	20,4
Bundesgebiet	97,8	98,1	105,2	6,7	9,1	13,5	15,4	16,2	22,1

Quellen: Bevölkerungsstruktur und ... 1971 S. 60 ff.
Statistisches Jahrbuch ..... 1971 a.a.O. S. 25
Eigene Rechnungen

Diese Darstellung zeigt den Einfluss der Altersstruktur der Bevölkerung für den Übergang von der Darstellung der Ausbildungsmöglichkeiten zur Darstellung der Ausbildungsbelastung.

v . In sämtlichen Jahren liegt die Zahl der Schüler in Volks- und Realschulen auf 1.000 Einwohner in den beiden Stadtstaaten beträchtlich unter den Werten der entsprechenden Zahlen für die beiden Flächenländer.

vi . Nur in Bremen liegt die Zahl der Schüler in Gymnasien in sämtlichen berücksichtigten Jahren höher als in den beiden Flächenländern und höher als im Bundesdurchschnitt. Der Anteil der Schüler in Gymnasien liegt im Durchschnitt der Region Nord unter dem Bundesdurchschnitt.

vii. Der Anteil der Schüler in allgemeinbildenden weiterführenden Schulen, d.h. Realschulen und Gymnasien, an der gesamten Bevölkerung liegt in den beiden Flächenländern höher als in den Stadtstaaten.

VII. 15. Schüler in allgemeinbildenden weiterführenden Schulen auf 1.000 Einwohner in den norddeutschen Ländern

	1960	1965	1969
Schleswig-Holstein	30,9	29,8	37,5
Hamburg	21,4	20,1	30,0
Niedersachsen	25,6	28,0	37,7
Bremen	27,5	27,5	36,1
Region Nord	26,1	27,2	36,5
Bundesgebiet	22,1	25,3	35,6

Quellen: Wie unter VII. 13.

viii. Der Vergleich dieser Zahlen lässt deutlich erkennen, dass die Flächenländer im Bereich der allgemeinbildenden Schulen, d.h. der Volksschulen, Realschulen und Gymnasien beträchtliche Vorleistungen für die Stadtstaaten erbringen. Vermutlich dürfte dieser aus den vorliegenden Angaben gewonnene Eindruck noch verstärkt werden, wenn man die Anteile der Absolventen allgemeinbildender weiterführ-ender Schulen an der Gesamtbevölkerung in den Stadtstaaten und in den Flächenländern miteinander vergleicht.

ix. Diesen Vorleistungen der Flächenländer im Bereich des allgemeinbildenden Schulwesens stehen die - quantitativ allerdings weit weniger bedeutsamen - Vorleistungen der Stadtstaaten im Bereich der Fachschulen, Berufsfachschulen und Höheren Fachschulen gegenüber.

D. Einige Probleme des Aufgabenbereichs Wissenschaft in den norddeutschen Ländern

Der Versuch von Aussagen über Entwicklung und Situation im Aufgabenbereich Wissenschaft wird sich vor allen Dingen auf die Darstellung der Entwicklung und Situation im Infrastrukturbereich der Hochschulen beziehen müssen. Die Hochschulen gliedern sich in wissenschaftliche Hochschulen und Hochschulen für Kunst und Sport. Zu den wissenschaftlichen Hochschulen werden in der amtlichen Statistik die Universitäten, die Technischen Hochschulen bzw. Universitäten, Wissenschaftliche Hochschulen mit Universitätsrang, Pädagogische Hochschulen usw. gerechnet.

Aus naheliegenden Gründen lässt, im Gegensatz zu den Angaben für
den Bereich des Unterrichts und der allgemeinbildenden Schulen,
die Kenntnis der Zahl der Studierenden an den Hochschulen eines
Landes keine Aussage oder keinen Rückschluss darauf zu, wie groß
der Anteil der Studierenden an der Gesamtzahl der Angehörigen
eines Altersjahrganges der Bevölkerung des betreffenden Landes
ist. Die Freiheit in der Wahl des Studienortes und der Umstand,
dass kein Anlass zu der Annahme eines bestimmten Zusammenhanges
zwischen der Zahl der studierenden Bewohner eines Landes und der
Zahl der an den Hochschulen dieses Landes Studierenden besteht,
macht eine solche Aussage unmöglich.

a. Berechnung des hypothetischen Studienplatzbedarfes auf der
Grundlage der Abiturientenzahl

Der nachfolgende Versuch, eine Schätzung des Bedarfs an Studienplätzen für die Bewohner eines Landes zu machen, und der geschätzen Zahl die tatsächlich in dem Land vorhandene Zahl von
Studienplätzen gegenüberzustellen, kann nur als grobe Approximation angesehen werden. Sie sagt nichts darüber aus, wie groß
der Bedarf des Landes an Hochschulabsolventen ist. Grundlage
dieser Schätzung ist die Annahme, dass eine für alle Länder gleiche Beziehung zwischen der erforderlichen Zahl von Studienplätzen
in einem Jahr und der Zahl der in diesem Land in den vorausgehenden fünf Jahren ausgegebenen Zahl von Reifezeugnissen besteht. Dabei sind die besonderen Probleme unberücksichtigt geblieben, welche aus der Existenz von Einrichtungen des zweiten Bildungsweges,
aus dem verzögerten Studienbeginn infolge Wehr- oder Ersatzdienst
und aus dem Studium ausländischer Studierender resultieren.

VII. 16. Das Verhältnis zwischen der Zahl der Studierenden an verschiedenen Arten von Hochschulen und der Zahl der in den vorausgehenden fünf Jahren ausgegebenen Reifezeugnisse in der Bundesrepublik

	1960	1965	1969
Zahl der in den fünf vorausgehenden Jahren in der Bundesrepublik ausgegebenen Reifezeugnisse	218.060	286.656	292.133
Zahl der Studierenden an den Universitäten, Medizinischen Universitäten (Hannover) und Pädagogischen Hochschulen - jeweils Wintersemester	192.162	251.046	322.554
Zahl der Studierenden an Technischen Hochschulen bzw. Universitäten	50.846	56.240	63.908
Zahl der Studierenden an den Universitäten, Medizinischen Universitäten und Pädagogischen Hochschulen in v.H. der Zahl der Reifezeugnisse der letzten fünf Jahre	88,1	87,6	110,4
Zahl der Studierenden an Technischen Hochschulen bzw. Universitäten in v.H. der Zahl der Reifezeugnisse aus den letzten fünf Jahren	23,3	19,6	21,9

Quellen: Bevölkerungsstruktur und ... 1971 a.a.O. S. 64 f u. S.74 f
Eigene Rechnungen

Die Werte machen deutlich, dass die Zahlenangaben für sich gesehen ohne sonderlichen Aussagewert sind. Sie lassen keinen Rückschluss auf den Anteil der Studierenden an den Empfängern von Reifezeugnissen zu. Statt den Versuch einer "Verbesserung" dieser Zahlen durch Berücksichtigung von Komplikationen zu machen, soll angenommen werden, dass die berechneten v.H.-Sätze für alle Länder der Bundesrepublik die gleiche Höhe haben. Dann können wir einen hypothetischen Studienplatzbedarf für die einzelnen Bundesländer auf der Grundlage der vorliegenden Angaben über die Zahl der in diesen Ländern im Verlauf der dem Messzeitpunkt vorausgehenden fünf Jahre ausgegebenen Reifezeugnisse bestimmen.

Wir erhalten dann die folgenden Ergebnisse:

VII. 17. Hypothetischer Studienplatzbedarf und tatsächlich vorhandene Zahl von Studienplätzen in den norddeutschen Ländern

	1960	1965	1969
Hypothetische Zahl der an Universitäten, Medizinischen Universitäten und Pädagogischen Hochschulen studierenden Bewohner des Landes = Hypothetischer Studienplatzbedarf			
Schleswig-Holstein	9.843	11.585	13.480
Hamburg	6.001	7.507	9.144
Niedersachsen	22.608	31.469	38.666
Bremen	3.349	4.302	5.454
Region Nord	41.802	54.863	66.744
Tatsächlich vorhandene Zahl von Studienplätzen in den genannten Institutionen			
Schleswig-Holstein	6.257	7.965	9.832
Hamburg	13.463	17.747	20.769
Niedersachsen	15.137	17.762	22.194
Bremen	371	689	945
Region Nord	35.228	44.163	53.740
Hypothetische Zahl der an Technischen Universitäten bzw. Hochschulen studierenden Bewohner des Landes = Hypothetischer Studienplatzbedarf			
Schleswig-Holstein	2.603	2.592	2.674
Hamburg	1.587	1.680	1.814
Niedersachsen	5.979	7.041	7.670
Bremen	886	963	1.082
Region Nord	11.055	12.276	13.240
Tatsächlich vorhandene Zahl von Studienplätzen in den genannten Institutionen			
Schleswig-Holstein	-	-	-
Hamburg	-	-	-
Niedersachsen	9.278	10.872	13.690
Bremen	-	-	-
Region Nord	9.278	10.872	13.690

Quellen: wie unter VII. 15. Eigene Rechnungen

Es muss beachtet werden, dass der Bedarf an Studienplätzen bei dieser Berechnung nicht durch einen hypothetischen Arbeitsmarktbedarf, d.h. durch den hypothetischen Bedarf der Wirtschaft und der öffentlichen Hand nach Absolventen einer akademischen Ausbildung, sondern ausschliesslich durch den hypothetischen Bedarf der Bevölkerung nach Bildungs- und Ausbildungsmöglichkeiten bestimmt wird. Die Berücksichtigung des Arbeitsmarktbedarfs dürfte wenigstens im Fall der beiden Stadtstaaten zu einem stark abweichenden Ergebnis führen.

Mit aller gebotenen Vorsicht lassen sich dieser Darstellung die folgenden Aussagen entnehmen:

i. Bis auf Hamburg haben alle Länder der Region Nord und die gesamte Region Nord ein beträchtliches Studienplatzdefizit im Bereich der Universitäten, der Medizinischen Universitäten und der Pädagogischen Hochschulen, d.h. dass die hypothetische Zahl der erforderlichen Studienplätze beachtlich grösser als die tatsächliche Zahl der Studierenden in diesen Ländern ist. Der Studienplatzüberschuss Hamburgs in diesem Bereich ist nicht gross genug, um für die Region Nord insgesamt das Defizit der drei anderen Länder auszugleichen.

Es muss angenommen werden, dass der Studienplatzüberschuss Hamburgs dann verschwinden würde, wenn man einen hypothetischen Studienplatzbedarf als Bedarf des Arbeitsmarktes in Hamburg berechnen könnte, da vermutlich der Anteil der Erwerbstätigen mit abgeschlossener akademischer Ausbildung in Hamburg sehr viel höher ist als in den anderen Ländern.

ii. Bis auf Niedersachsen haben alle Länder der Region Nord ein beachtliches Studienplatzdefizit im Bereich der Technischen Hochschulen und Universitäten. Der Studienplatzüberschuss in diesem Bereich in Niedersachsen ist so gross, dass die Region Nord insgesamt im Jahr 1969 einen geringfügigen Studienplatzüberschuss und in den Vorjahren nur ein geringes Studienplatzdefizit ausweist.

iii. Es bedarf nicht des Hinweises, dass es sich hier nur um ausserordentlich globales und nicht in der wünschenswerten Weise nach unterschiedlichen Hochschulen bzw. Fachrichtungen differenziertes Mass handelt. Immerhin kann damit ein erster grober Eindruck von der in dem Bereich der Hochschulen bestehenden Situation in den norddeutschen Ländern vermittelt werden, nämlich einem beträchtlichen Gesamtdefizit an Studienplätzen im Bereich der Hochschulen mit Ausnahme der Technischen Hochschulen und Universitäten und eine annähernd ausgeglichene Situation im Bereich der Technischen Hochschulen und Universitäten. Unter allen Umständen erbringt Niedersachsen für die gesamte Region Nord beträchtliche Vorleistungen im Bereich der Technischen Universitäten. Gehen wir ausschliesslich von dem Bildungs- und Fortbildungsbedürfnis der Einwohner aus, so erbringt Hamburg für die gesamte Region Nord Vorleistungen für die restlichen Teilbereiche des Hochschulsystems. Allerdings ist keine Aussage darüber möglich, ob diese Aussage auch dann gerechtfertigt wäre, wenn wir von einem hypothetischen Arbeitsmarktbedarf ausgehen.

b. Modifikation der Berechnung durch Berücksichtigung der Arbeitsmarktstruktur

Die mit dem Übergang vom hypothetischen Studienplatzbedarf auf der Grundlage der Aus- und Fortbildungswünsche der vorhandenen Wohnbevölkerung bzw. bestimmter Altersgruppen der Wohnbevölkerung zur Bestimmung eines hypothetischen Studienplatzbedarfs auf der Grundlage des regionalen Arbeitsmarktes verbundenen Probleme lassen sich an einem Beispiel darstellen.

Wenn wir davon ausgehen, dass die Quoten der Studenten der Allgemeinen Medizin, der Zahnmedizin und der Pharmazie an der Gesamtzahl der Studierenden aus einem Land gleich sind, so müsste die Verteilung des hypothetischen Studienplatzbedarfs auf diesen Gebieten in der Region Nord im Jahr 1969 folgender Art sein:

Schleswig-Holstein	20,2 %
Hamburg	13,7 %
Niedersachsen	57,9 %
Bremen	8,2 %

Gehen wir dagegen von der Annahme aus, dass die Verteilung des Studienplatzbedarfs der Verteilung der berufstätigen Ärzte, Zahnärzte und Dentisten und Apotheker auf die vier Länder entspricht, bekommen wir das folgende Bild:

VII. 18. Anteile der in den einzelnen Ländern der Region Nord
im Jahr 1969 berufstätigen Ärzte, Zahnärzte und Dentisten und Apotheker an der Gesamtzahl der in der
Region Nord berufstätigen Angehörigen dieser Gruppen

	Ärzte	Zahnärzte u. Dentisten	Apotheker	Abiturientenverteilung
Schleswig-Holstein	19,4	20,2	17,7	20,2
Hamburg	23,1	22,0	24,2	13,7
Niedersachsen	50,4	51,2	51,1	57,9
Bremen	7,1	6,6	7,0	8,2

Quellen: Bevölkerungsstruktur und ... 1971 a.a.O. S. 56 ff.

Wir sehen daraus, dass sich wenigstens der hypothetische Studienplatzbedarf für Hamburg dann erheblich erhöhen würde, wenn nicht die Zahl der Abiturienten, sondern die Verteilung der in diesen Bereichen Berufstätigen auf die einzelnen Länder als Aufteilungsschlüssel Verwendung finden würde. Die Verwendung eines solchen Schlüssels würde im vorliegenden Fall zu einer Senkung der absoluten Höhe des Studienplatzdefizits in Schleswig-Holstein und Niedersachsen und des Studienplatzüberschusses in Hamburg führen. Die relative Höhe des Bedarfs an Absolventen eines Studiums würde m.a.W. in Hamburg sehr viel höher und in den Flächenländern niedriger sein als sich bei Verwendung der Abiturientenzahl als Verteilungsschlüssel ergibt.

Wenn wir jetzt eine zusätzliche Annahme einführen, nämlich die Annahme, dass die Gesamtzahl der Erwerbstätigen mit Universitäts- oder Hochschulabschluss in relativ gleicher Weise auf die verschiedenen Bundesländer verteilt ist wie die Gesamtzahl der Ärzte, der Zahnärzte und Dentisten und der Apotheker, so bekommen wir ein neues Maß zur Bestimmung der Verteilung des hypothetischen Studienplatzbedarfes auf die Bundesländer. Der Realismus einer solchen Annahme kann nicht im einzelnen untersucht werden. Viele Gründe sprechen aber für die Annahme, dass die Abweichungen von einer völlig gleichmässigen Verteilung der Angehörigen solcher Berufsgruppen für die einzelnen Länder in gleiche Richtung gehen, und dass die Abweichungen von der gleichmässigen Verteilung für viele Berufsgruppen eher stärker denn schwächer als die Abweichungen im Bereich der medizinischen Versorgung sein werden. Auf dieser Grundlage können wir jetzt einen arbeitsmarktbestimmten hypothetischen Studienplatzbedarf der einzelnen Länder bestimmen, dem die Vorstellung zugrundeliegt, dass der Bruttozugang zu den einzelnen Berufsgruppen genau so verteilt wird wie der vorhandene Bestand an Angehörigen dieser Berufsgruppen. Grundlage der in dieser Weise gemessenen, d.h. der arbeitsmarktbestimmten Verteilung des hypothetischen Studienplatzbedarfs auf die verschiedenen Regionen bilden dann die in der folgenden Darstellung enthaltenen Angaben:

VII. 19. Verteilung der in der Bundesrepublik berufstätigen Ärzte, Zahnärzte und Apotheker auf die Länder der Bundesrepublik im Jahr 1969 und hypothetische Verteilung der Angehörigen von Berufstätigen mit Universitäts- oder Hochschulabschluss im gleichen Jahr

	Ärzte	Zahnärzte	Apotheker	Hypothetische Verteilung
Schleswig-Holstein	3,74	4,19	3,51	3,80
Hamburg	4,48	4,55	4,80	4,60
Niedersachsen	9,75	10,62	10,16	10,30
Bremen	1,37	1,37	1,39	1,37
Region Nord	19,34	20,73	19,86	20,07
Restliche Bundesrepublik	80,66	79,27	80,14	79,93

Quellen: Bevölkerungsstruktur und ... 1971 a.a.O. S. 56 ff.
Eigene Rechnungen

Unter den dargestellten Annahmen können wir jetzt die Gesamtzahl der in der Bundesrepublik vorhandenen Studienplätze in einer hypothetischen Verteilung der oben dargestellten Tabelle in der entsprechenden Weise auf die einzelnen Bundesländer verteilen, um den hypothetischen arbeitsmarktbestimmten Studienplatzbedarf der einzelnen Länder und Regionen zu bestimmen.

VII. 20. Verteilung der tatsächlichen und der hypothetischen arbeitsmarktbestimmten Studienplatzzahl auf die Länder bzw. Regionen der Bundesrepublik im Jahr 1969

	Universitäten, Wissenschaftliche Hochschulen mit Universitätsrang und pädagogische Hochschulen			Technische Hochschulen und Universitäten		
	Tatsächliche	Hypothetische arbeitsmarktbestimmte Studienplatzzahl	Differenz	Tatsächliche	Hypothetische arbeitsmarktbestimmte Studienplatzzahl	Differenz
Schleswig-Holstein	9.832	12.325	- 2.493	-	2.428	- 2.428
Hamburg	20.769	14.920	+ 5.849	-	2.940	- 2.940
Niedersachsen	42.963	33.407	+ 9.556	13.690	6.583	+ 7.107
Bremen	945	4.443	- 3.498	-	876	- 876
Region Nord	74.509	65.095	+ 9.414	13.690	12.827	+ 863
Restl. Bundesrepublik	324.340	324.340	0	63.908	63.908	0

Quellen: wie unter VII. 18.
Eigene Rechnungen

Es zeigt sich, dass die Bestimmung des hypothetischen Studienplatzbedarfs auf der Grundlage der Verteilung der Absolventen eines Studiums an einer wissenschaftlichen Hochschule auf die verschiedenen Bundesländer nur im Hinblick auf den hypothetischen Studienplatzbedarf für Technische Hochschulen und Universitäten nicht zu einem grundsätzlich anderen Ergebnis kommt als die Schätzung des hypothetischen Studienplatzbedarfs auf der Grundlage der kumulierten Abiturientenzahlen.

iv. Für den Studienplatzbedarf im Bereich der Technischen Hochschulen und Universitäten gilt auch jetzt, dass das Land Niedersachsen beträchtliche Vorleistungen für die gesamte Region Nord erbringt. Die absolute Höhe des Überschusses der Zahl der tatsächlichen über die Zahl der hypothetisch erforderlichen Studienplätze in Niedersachsen ist so gross, dass es trotz der beträchtlichen Defizite für alle anderen Länder der Region Nord für diese insgesamt noch zu einem Überschuss kommt.

v. Im Gegensatz zu der anderen Darstellung weist jetzt Niedersachsen auch im Bereich der Universitäten, Pädagogischen Hochschulen usw. einen beträchtlichen Überschuss aus. Nur Schleswig-Holstein und Bremen weisen für das Jahr 1969 auch jetzt ein Studienplatzdefizit aus, dessen absolute Höhe jedoch niedriger ist als bei Verwendung der anderen Berechnungsmethode. Hamburg weist unverändert einen Überschuss aus, der jedoch niedriger ist als im anderen Fall. Allerdings scheint im Hinblick auf Hamburg die Annahme gerechtfertigt, dass der Anteil der in Hamburg berufstätigen Hochschulabsolventen insgesamt noch höher ist als der Anteil der in Hamburg berufstätigen Ärzte, Zahnärzte und Apotheker an der Gesamtzahl der Angehörigen dieser Gruppen in der Bundesrepublik. Das würde eine weitere Verminderung der Höhe des in Hamburg bestehenden Studienplatzüberschusses bedeuten.

Zusammenfassend lässt sich sagen, dass sowohl bei der Verwendung eines auf die Zahl der Abiturienten bezogenen Masses zur Bestimmung des hypothetischen Studienplatzbedarfs als auch bei der Verwendung eines auf die Struktur der Berufstätigen bezogenen Masses zur Bestimmung des hypothetischen Studienplatzbedarfs Schleswig-Holstein und Bremen ein Studienplatzdefizit in beiden Zweigen haben, Hamburg einen Überschuss für Studienplätze in der allgemeinen Universität und ein Defizit für Studienplätze im Bereich der Technischen Universitäten und Niedersachsen einen Überschuss im Bereich der Technischen Universitäten hat. Nur für die Studienplätze in den allgemeinen Universitäten usw. in Niedersachsen führt d.Verwendung verschiedener Masse zu unterschiedlichen Aussagen. Für die Region Nord insgesamt gilt, dass bei Verwendung des einen oder des anderen Masses die Zahl der tatsächlich vorhandenen Studienplätze im Bereich der Technischen Universitäten etwa gleich der Zahl der in diesem Bereich hypothetisch erforderlichen Studienplätze ist. Dagegen weist die Region Nord bei Verwendung des auf die Abiturientenzahl bezogenen Ansatzes zur Bestimmung des hypothetischen Studienplatzbedarfs ein leichtes Defizit und bei Verwendung des arbeitsmarktbezogenen Ansatzes zur Bestimmung dieser Größe einen Überschuss an Studienplätzen im Bereich der Universitäten, Pädagogischen Hochschulen usw. aus.

Die vorliegenden Angaben können nicht die gelegentlich geäusserten Vermutungen stützen, dass die Region Nord im Hinblick auf die Hochschulpolitik im Jahr 1969 oder in den vorausgehenden Jahren "Kostgänger" der restlichen Bundesrepublik gewesen sei.

Es ist für die Beurteilung der Situation der einzelnen Länder auf diesem Gebiet zweifelhaft, ob die Entwicklung der bildungspolitischen Infrastruktur im Hochschulbereich isoliert betrachtet werden kann. Betrachten wir die in diesem und im vorausgehenden Abschnitt diskutierten bildungspolitischen Infrastrukturmassnahmen gemeinsam, so kommen wir zu anderen Aussagen über das Verhältnis zwischen den Stadtstaaten und den Flächenländern.

vi . Zwischen Schleswig-Holstein und Hamburg besteht eine "bildungspolitische Arbeitsteilung" in der Weise, dass Schleswig-Holstein einen erheblich über den Bedarf des eigenen Arbeitsmarktes hinausgehenden Ausbau im Bereich der allgemeinbildenden weiterführenden Schulen und Hamburg einen über den Bedarf des eigenen Arbeitsmarktes hinausgehenden Ausbau im Bereich der Universität vorgenommen hat. Schleswig-Holstein wird m.a.W. Absolventen allgemeinbildender weiterführender Schulen an andere Bundesländer, darunter auch und vor allen Dingen Hamburg, und Hamburg wird vermutlich Absolventen der Universität an andere Bundesländer abgeben.

vii . Nur Niedersachsen hat einen "Aktivsaldo" sowohl im Hinblick auf die Absolventen allgemeinbildender weiterführender Schulen als auch im Hinblick auf die Absolventen der allgemeinen Universitäten, Pädagogischen Hochschulen usw. und im Hinblick auf die Absolventen Technischer Universitäten. Das Land Niedersachsen erbringt m.a.W. in sämtlichen bildungspolitischen Teilbereichen beträchtliche Vorleistungen für die anderen Bundesländer, unter ihnen auch die übrigen Länder der Region Nord.

viii. Nur Bremen hatte im Jahr 1969 einen "Passivsaldo" in sämtlichen Teilbereichen der Bildungspolitik. Es lag auch im Hinblick auf den Anteil der Schüler in allgemeinbildenden weiterführenden Schulen an der Gesamtbevölkerung unter dem Durchschnitt der Region Nord. Welchen Einfluss die Gründung der Universität Bremen auf diese Situation gehabt hat, lässt sich nicht übersehen. Vernachlässigen wir die Frage nach der Bedeutung dieser Universität für die Befriedigung des Bedarfs von Wirtschaft und Verwaltung an Personal mit entsprechenden Qualifikationen, so bleibt doch die Feststellung, dass ihre Gründung sich bis zum Jahr 1972 deswegen noch nicht ausgewirkt hat, weil aus ihr noch keine Absolventen hervorgegangen sind.

E. Einige Probleme im Bereich des Wohnungsangebots in den norddeutschen Ländern

Es mag grundsätzlich zweifelhaft erscheinen, ob man das Wohnraumangebot als einen Infrastrukturbereich erfassen und behandeln kann. Wenn man den Begriff der Infrastruktur in der Weise abgrenzt, dass ihm nur Leistungen zugerechnet werden, welche von der öffentlichen Hand erstellt und vorgehalten werden, so wird man die Behandlung der in diesem Bereich bestehenden Situation unter der Überschrift "Infrastrukturprobleme" ablehnen müssen. Wenn man dagegen unter Infrastruktur auch solche Leistungen versteht, welche unter starkem Einfluss der öffentlichen Hand von privater oder quasi-privater Seite (öffentliche Wohnungsbaugesellschaften usw.) bereitgestellt werden und welche die Entscheidungen der Bewohner in vielen Teilbereichen in gleicher Weise beeinflussen wie die ausschliesslich von den öffentlichen Händen vorgehaltenen Leistungen, so wird man die Probleme der Wohnungswirtschaft als Probleme der Infrastruktur im weiteren Sinne verstehen müssen. Aus diesem Grunde erscheint es zweckmässig, wenigstens auf einige der Probleme in diesem Zusammenhang einzugehen. Um die Vergleichbarkeit der Zahlenangaben sicherzustellen, wird der Vergleich der Situation in den verschiedenen Ländern durch einen Vergleich der Situation in den Stadtstaaten der Region Nord mit der Situation in anderen Großstädten der Bundesrepublik ergänzt werden.

1. Höhe und Struktur des Wohnungsangebots in den norddeutschen Ländern

Es erscheint angebracht, das Wohnungsangebot in den einzelnen Ländern im Hinblick auf quantitative (Zahl der Wohnungen, Wohnfläche usw.) und im Hinblick auf qualitative (Alter, Ausstattung usw.) Merkmale zu untersuchen und zu vergleichen.

a. Quantitative Merkmale des Wohnungsangebots in den norddeutschen Ländern

Die folgende Darstellung gibt einen Überblick über die wichtigsten quantitativen Merkmale des Bestandes an Wohngebäuden und an Wohnungen in den verschiedenen norddeutschen Ländern.

VII. 21. Zahl der Wohngebäude, Zahl der Wohnungen absolut und je
Tausend Einwohner in verschiedenen Jahren und Wohnfläche
je Wohnung im Jahr 1968 in den norddeutschen Ländern und
verschiedenen Teilregionen der Bundesrepublik

	Zahl der Wohngebäude in Tsd.		Zahl der Wohnungen in Tsd.		Zahl der Wohnungen je Wohngebäude		Zahl der Wohnungen je 1.000 Einwohner		Wohnfläche je Wohnung
	1961	1968	1961	1968	1961	1968	1961	1968	1968
Schleswig-Holstein	345,7	426,4	661,6	845,4	1,91	1,98	29,7	33,4	68
Hamburg	152,2	180,3	544,4	675,1	3,58	3,74	30,8	37,0	62
Niedersachsen	923,8	1.143,6	1.770,9	2.235,2	1,92	1,95	27,6	31,8	74
Bremen	86,5	102,8	218,9	272,9	2,53	2,65	31,9	36,2	64
Region Nord	1.508,3	1.853,1	3.195,8	4.028,6	2,12	2,17	27,7	33,2	
Bundesgebiet	7.377,5	8.878,4	16.146,5	19.882,3	2,19	2,24	29,7	32,9	71
Flächenländer d. BRD	7.008,9	8.442,2	14.545,6	17.963,7	2,08	2,13	29,2	32,2	72

Quellen: Bevölkerungsstruktur und ... 1965 a.a.O. S. 105
Bevölkerungsstruktur und ... 1971 a.a.O. S. 145
Statistisches Jahrbuch ..... 1971 a.a.O. S. 25

Die in dieser Darstellung enthaltenen Zahlenangaben lassen deutlich eine Reihe von Unterschieden zwischen den Stadtstaaten und den Flächenländern der Region Nord erkennen:

1. Es ist deutlich zu erkennen, dass in beiden Beobachtungsjahren die Zahl der Wohnungen pro 100 Einwohnern in den beiden Stadtstaaten erheblich höher war als in den Flächenländern und als im Bundesdurchschnitt. Das dürfte durch die unterschiedliche Durchschnittsgröße der privaten Haushalte in den verschiedenen Ländern bestimmt sein.

VII. 22. Durchschnittliche Personenzahl je Privathaushalt und Anteil der in Privathaushalten mit 1 Person lebenden Bewohner an der Gesamtbevölkerung in den norddeutschen Ländern, in der Bundesrepublik und in den Flächenländern der Bundesrepublik zu verschiedenen Zeitpunkten

	Bevölkerung in Privathaushalten		Zahl der Einpersonenhaushalte	
	Zahl der Privathaushalte		Bevölkerung in Privathaushalte	
	1961	1968	1961	1968
Schleswig-Holstein	2,79	2,64	7,82 v.H.	9,83 v.H.
Hamburg	2,39	2,24	12,29 v.H.	15,54 v.H.
Niedersachsen	2,94	2,82	6,74 v.H.	8,10 v.H.
Bremen	2,59	2,48	9,30 v.H.	10,63 v.H.
Region Nord	2,78	2,66	8,00 v.H.	9,74 v.H.
Bundesgebiet	2,82	2,67	7,54 v.H.	9,56 v.H.
Flächenländer d. Bundesrep.	2,89	2,72	6,89 v.H.	8,94 v.H.

Quellen: Bevölkerungsstruktur und ... 1969 a.a.O. S. 42
Eigene Rechnungen

Aus dieser Darstellung sehen wir, dass die durchschnittliche Haushaltsgröße in den beiden norddeutschen Stadtstaaten beträchtlich unter der durchschnittlichen Haushaltsgröße in den beiden Flächenländern und im Bundesdurchschnitt liegt. Wir sehen ferner, dass der Anteil der in Einpersonenhaushalten lebenden Menschen an der gesamten in privaten Haushalten lebenden Wohnbevölkerung in den beiden Stadtstaaten erheblich höher als in den beiden Flächenländern ist. Selbstverständlich sind diese beiden Beobachtungen nicht voneinander unabhängig. Ein paar interessante Fragen bleiben, nämlich die Frage nach der Durchschnittsgrösse der Mehrpersonenhaushalte und die Frage nach dem Verhältnis zwischen der Zahl der Wohnungen und der Zahl der Haushalte:

VII. 23. Die durchschnittliche Größe der privaten Mehrpersonenhaushalte, die Zahl der Wohnungen je 100 Haushalte und die Zahl der Wohnungen pro 100 Mehrpersonenhaushalten in den norddeutschen Ländern

	Wohnbevölkerung in privaten Mehrpersonenhaushalten / Zahl der Mehrpersonenhaushalte		Zahl der Wohnungen je			
			100 private Haushalte		100 private Mehrpersonenhaushalte	
	1961	1968	1961	1968	1961	1968
Schleswig-Holstein	3,29	3,22	82,1	90,8	105,0	122,7
Hamburg	2,96	2,91	72,5	84,7	102,5	130,1
Niedersachsen	3,41	3,37	80,1	91,8	99,9	119,0
Bremen	3,10	3,00	81,8	91,0	107,8	123,5
Region Nord	3,29	3,24	79,2	90,2	101,9	121,8
Bundesgebiet	3,31	3,24	83,2	90,5	105,7	121,5
Flächenländer der Bundesrepublik	3,36	3,36	83,8	90,5	104,7	119,7

Quellen: wie unter VII. 21.
Eigene Rechnungen

In den Unterschieden der für die einzelnen Länder geltenden Zahlen drücken sich keineswegs allein und vermutlich nicht einmal vorrangig die Unterschiede in der Versorgung der Wohnbevölkerung mit Wohnraum aus. Vielmehr sind die Unterschiede weitgehend auf die Besonderheiten der Definition des Haushalts und der Definition der Wohnung im Rahmen der amtlichen Statistik und auf Unterschiede in der Struktur der Wohnbevölkerung zurückzuführen. Wichtig an diesen Definitionen ist:

> Auch Personen, die für sich allein wohnen und wirtschaften, wie z.B. Einzeluntermieter, zählen als Haushalt
> Statistisches Jahrbuch ... 1971 a.a.O. S. 24

und

> (Für die Definition der Wohnung)... ist es gleichgültig, ob darin (in der einzelnen Wohnung) zum Zeitpunkt der Zählung ein oder mehrere Haushalte untergebracht waren ...
> Statistisches Jahrbuch ... 1971 a.a.O. S. 239

Die Zahlen lassen dann den Schluss zu, dass der Anteil der von den Angehörigen mehrerer Haushalte bewohnten Wohnungen an der

Gesamtzahl der privaten Wohnungen in beiden Beobachtungsjahren in Hamburg höher war als in den weitgehend in bezug auf dieses Merkmal einheitlichen norddeutschen Ländern. In den anderen norddeutschen Ländern entsprach im Jahr 1968 die Situation etwa der im restlichen Bundesgebiet bestehenden Situation. Die im Vergleich zur Entwicklung der Zahl der Wohnungen pro 100 private Haushalte überproportionale Entwicklung der Zahl der Wohnungen pro 100 Mehrpersonenhaushalten reflektiert allein eine Änderung der Struktur der Wohnbevölkerung, d.h. einen steigenden Anteil der Einepersonhaushalte an der Gesamtzahl der Haushalte. Da in beiden Fällen die gleiche Zahl von Wohnungen auf unterschiedliche Zahlen von Haushalten bezogen werden, lässt diese Änderung keinen Schluss auf die Struktur des Nettozugangs von Wohnungen zu.

ii . Die Angaben über die Zahl der Wohnungen, die durchschnittliche Wohnfläche je Wohnung, die durchschnittliche Zahl von Haushalten je Wohnung und den Umfang der in Privathaushalten lebenden Bevölkerung lassen eine Bestimmung der Wohnfläche pro Haushalt und der Wohnfläche pro Einwohner für das Jahr 1968 zu.

VII. 24. Gesamte Wohnfläche, Wohnfläche je Haushalt und Wohnfläche je Einwohner in privaten Haushalten im Jahr 1968

	Gesamte Wohnfläche = Zahl der Wohnungen x durchschnittliche Wohnfläche je Wohnung	Durchschnittliche Wohnfläche	
		je Haushalt	je Einwohner in priv. Haushalt.
Schleswig-Holstein	56.671,2 Tsd. m^2	60,9 m^2	23,0 m^2
Hamburg	41.533,8 Tsd. m^2	52,1 m^2	23,2 m^2
Niedersachsen	163.443,8 Tsd. m^2	67,1 m^2	23,8 m^2
Bremen	17.363,2 Tsd. m^2	57,9 m^2	23,4 m^2
Region Nord	279.012,0 Tsd. m^2	62,5 m^2	23,5 m^2
Bundesgebiet	1.394.454,2 Tsd. m^2	63,5 m^2	23,8 m^2
Flächenländer d. Bundesrep.	1.277.035,2 Tsd. m^2	64,4 m^2	23,6 m^2

Quellen: Bevölkerungsstruktur und ... 1969 a.a.O. S. 42
Eigene Rechnungen

Es ist überraschend, dass es keine erheblichen und systematischen Abweichungen zwischen der durchschnittlichen Wohnfläche je Einwohner in den Stadtstaaten und in den Flächenländern gibt. Die Abweichungen zwischen der durchschnittlichen Wohnfläche je Haushalt in den Stadtstaaten und in den Flächenländern können ohne weiteres durch die geringere durchschnittliche Haushaltsgrösse bzw. durch den höheren Anteil von Einepersonhaushalten in den Stadtstaaten erklärt werden.

Es ist zu fragen, ob dieses Ergebnis durch höhere Anteile besonders grosser und besonders kleiner Wohnungen am gesamten Wohnungsbestand in den Stadtstaaten erklärt werden kann ?

VII. 25. Anteil der Wohnungen mit einer Wohnfläche von weniger als 40 bzw. von mehr als 100 Quadratmeter Wohnfläche an der Gesamtzahl der Wohnungen in den norddeutschen Länder 1968

	Anteil der Wohnungen mit		
	weniger als 40 m^2	mehr als 100 m^2	40 - 100 m^2
	Wohnfläche in v.H.		
Schleswig-Holstein	13,9	13,1	73,0
Hamburg	14,1	8,0	77,9
Niedersachsen	9,3	17,7	73,0
Bremen	11,9	8,9	79,2
Region Nord	11,3	14,5	74,2
Bundesgebiet	11,4	15,6	73,0
Flächenländer der Bundesrepublik	10,9	16,3	72,8

Quellen: Bevölkerungsstruktur und ... 1971 S. 142
Eigene Rechnungen

Diese Zahlen machen deutlich, dass der Anteil der Wohnungen mit mehr als 100 m^2 Wohnfläche am gesamten Wohnungsbestand in den Flächenländern beträchtlich höher ist als in den beiden norddeutschen Stadtstaaten. Im Fall Niedersachsens führt das, zumal der Anteil der Wohnungen mit weniger als 40 m^2 Wohnfläche dort besonders niedrig ist, zu einer überdurchschnittlich hohen durchschnittlichen Wohnfläche je Haushalt und je Einwohner. Im Fall Schleswig-Holstein steht dem ein überdurchschnittlich hoher Anteil der Wohnungen mit weniger als 40 m^2 Wohnfläche gegenüber, so dass die Wohnfläche je Einwohner unterdurchschnittlich gross ist.

Die Grössenstruktur des vorhandenen Wohnungsbestandes dürfte von seiner Altersstruktur nicht unabhängig sein, d.h. insbesondere von dem Anteil der Wohnungen in nach 1949 errichteten Gebäuden an der Gesamtzahl der Wohnungen. Das wird darzustellen sein.

iii. Wie nicht anders zu erwarten, liegt die durchschnittliche Zahl von Wohnungen je Wohngebäude in den Stadtstaaten erkennbar höher als in den Flächenländern. Dieser Umstand bedarf keiner näheren Erläuterung. Interessant ist in diesem Zusammenhang nur die Frage nach dem Verhältnis zwischen den beiden Stadtstaaten und anderen Großstädten der Bundesrepublik. Auf diese Frage wird einzugehen sein (s.S. 313 ff).

Über die erstaunliche Gleichartigkeit von Stadtstaaten und Flächenländern in Norddeutschland in bezug auf wichtige Merkmale des Wohnungswesens dürfen die Unterschiede nicht übersehen werden. Dabei handelt es sich vor allem um Unterschiede in der Höhe der Mieten und der Höhe der Baukosten. Aus offenkundigen Gründen liegen Angaben über die Höhe der reinen Baukosten und Angaben über die Höhe der Mieten nur für den aus öffentlichen Mitteln im Rahmen des sozialen Wohnungsbaus geförderten Wohnungsbau vor. Mit einigen Vorbehalten können die in diesem Teilbereich bestehenden Unterschiede zwischen den verschiedenen Ländern als repräsentativ angesehen werden.

VII. 26. Anteil der Wohnungen mit einer Durchschnittsmiete von
mehr als DM 3.50 je $_{m^2}$, Höhe der Durchschnittsmiete je
Quadratmeter in Wohnungen mit weniger als DM 3.50 je $_{m^2}$
Durchschnittsmiete und Höhe der veranschlagten reinen
Baukosten je Quadratmeter Bruttowohnfläche in den neu
errichteten und vollgeförderten Mehrfamilienhäusern in
den norddeutschen Ländern im Jahr 1969

	Anteil der Wohnungen mit mehr als DM 3,50 Miete je Quadratm.	Durchschnittsmiete für Wohnungen mit weniger als DM 3,50 Miete je $_{m^2}$	Durchschnittliche Baukosten je $_{m^2}$ in Ein- u. Zwei-	Mehrfamilienhäusern
Schleswig-Holstein	0	3,03	642	497
Hamburg	79,2	3,28	806	661
Niedersachsen	2,4	3,25	625	565
Bremen	0	3,39	614	480
Region Nord	31,6	3,22	641	571
Bundesgebiet	6,9	3,00	666	536
Flächenländer d. Bundesrep.	0,4	2,98	660	523

Quellen: Statistisches Jahrbuch ... 1971 a.a.O. S. 251
Eigene Rechnungen

Diese Darstellung lässt - wenn wir die in ihr enthaltenen Angaben
über Mieten und Kosten in den Sozialwohnungen in den neu errichteten und vollgeförderten Wohngebäuden als repräsentativ für die in den
einzelnen Ländern bestehende Situation ansehen - verschiedene Aussagen über die Situation auf dem Wohnungsmarkt bzw. auf dem Markt der
geförderten Wohnungen zu.

iv . Hamburg ragt sowohl im Hinblick auf die Höhe der Durchschnittsmieten je Quadratmeter Wohnfläche als auch im Hinblick auf die
reinen Baukosten je Quadratmeter Wohnfläche aus der Gruppe der
Länder der Region Nord als auch aus der Gruppe sämtlicher Bundesländer heraus. Mehr als 95 % der im Rahmen des vollgeförderten
reinen Wohnungsbaus neu geschaffenen Wohnungen mit einer Miete
von über DM 3,50 je Quadratmeter in der Bundesrepublik wurden
1969 in Hamburg geschaffen. Der Anteil Hamburgs am gesamten vollgeförderten sozialen Wohnungsbau betrug demgegenüber im Jahr
1969 nur 8,2 %. Das bedeutet, dass die Höhe der Mieten in diesem Bereich in Hamburg vermutlich um mehr als 20 % höher sind
als etwa in Schleswig-Holstein.

v . Die Höhe der Durchschnittsmieten je Quadratmeter Wohnfläche liegen in diesem Ausschnitt des gesamten Wohnungsmarktes in den beiden Stadtstaaten der Region Nord höher als in den beiden Flächenländern. Sie liegen in allen Ländern der Region über dem Bundesdurchschnitt und noch weiter über dem Durchschnitt für die Flächenländer der Bundesrepublik. Das ist dann erstaunlich, wenn man berücksichtigt, dass die Höhe der reinen Baukosten je Quadratmeter Bruttowohnfläche in zwei Ländern der Region Nord, nämlich in Schleswig-Holstein und Bremen unter dem Bundesdurchschnitt liegen. Die durchschnittlichen Baukosten für Ein- und Zweifamilienhäusern liegen bis auf Hamburg in allen Ländern der Region Nord unter dem Bundesdurchschnitt und unter dem Durchschnitt der Flächenländer.

vi . Bei Berücksichtigung der in VII. 23. enthaltenen Angaben kommen wir zu dem Ergebnis, dass in den beiden Stadtstaaten erheblich höhere Mietausgaben pro Person getätigt wurden als in den beiden Flächenländern. Das gilt auch gegenüber dem Bundesdurchschnitt insgesamt.

Zahlreiche Gründe sprechen für die Annahme, dass die im Hinblick auf den vollgeförderten Sozialen Wohnungsbau gemachten Aussagen über die zwischen den Ländern bestehenden Unterschiede in verstärktem Masse für den restlichen Wohnungsbau gelten, dass m.a.W. die beiden Stadtstaaten aussergewöhnlich "teure Wohnländer" sind.

b. Qualitative Merkmale des Wohnungsangebots in den norddeutschen Ländern

Als die beiden wichtigsten qualitativen Merkmale des gesamten Wohnungsangebots sollen die Altersstruktur der Wohnungen und die Struktur der Wohnungen im Hinblick auf ihre Ausstattung im Jahr 1968, d.h. dem Jahr der letzten Gebäude- und Wohnungszählung berücksichtigt werden.

VII. 27. Die Altersstruktur der Wohnungen in nichtlandwirtschaftlichen Wohngebäuden in den norddeutschen Ländern im Jahr 1968 in v.H.

	Anteil der Wohnungen in nichtlandwirtschaftlichen Wohngebäuden die errichtet wurden		
	bis 1918	1919 bis 1948	nach 1948
Schleswig-Holstein	31,2	16,0	52,8
Hamburg	23,0	18,4	58,6
Niedersachsen	28,4	17,6	54,0
Bremen	20,4	19,6	59,8
Region Nord	27,4	17,6	55,0
Bundesgebiet	29,0	17,3	53,7
Flächenländer der Bundesrepublik	28,3	17,1	54,6

Quellen: Bevölkerungsstruktur und ... 1971 a.a.O. S. 139
Eigene Rechnungen

Aus verschiedenen Gründen erscheint es zweckmässig, den Vergleich auf die Altersstruktur der nichtlandwirtschaftlichen Wohngebäude zu beschränken. Die Altersstruktur der landwirtschaftlichen Wohngebäude ist deswegen für Aussagen über die von der Qualität des Wohnraumangebots ausgehenden Wirkungen nicht von Bedeutung, da es keinen Zuzug in diese Wohngebäude gibt. Ihre Einbeziehung würde ausserdem in den Flächenländern zu einer Erhöhung des Durchschnittsalters der Wohngebäude führen, die einen Vergleich zwischen Stadtstaaten und Flächenländern erschweren würde.

Jetzt sind die folgenden Aussagen möglich:

vii . Das durchschnittliche Alter der Wohngebäude ist in den Stadtstaaten erkennbar niedriger als in den Flächenländern. Es wird allerdings darzustellen sein, dass es sich dabei mehr um einen Stadt-Land-Unterschied als um einen Unterschied zwischen den verschiedenen Ländern in der Weise handelt, dass der Anteil der Wohnungen in Wohngebäuden, die nach 1948 errichtet worden sind, in den Städten und Großstädten höher ist als auf dem Land. Dabei hat zweifellos einmal die überproportional grosse Zerstörung von Wohnraum in den Großstädten im Verlauf des 2. Weltkriegs und zum anderen das Ausmass der Wanderung aus der Beschäftigung in der Landwirtschaft in städtische Beschäftigungen eine Rolle gespielt.

viii. Das durchschnittliche Alter der Wohngebäude ist in den beiden Flächenländern der Region Nord höher als im Bundesdurchschnitt und höher als im Durchschnitt der Flächenländer der Bundesrepublik. Das kann nicht durch die Entwicklung der Wohnbevölkerung gegenüber der Vorkriegszeit erklärt werden.

VII. 28. Höhe und Entwicklung der Wohnbevölkerung in den Gebieten der norddeutschen Länder absolut und in v.H.

	Wohnbevölkerung in Tsd.			Wohnbevölkerung in v.H. der Wohnbevölkerung 1939	
	1939	1950	1970	1950	1970
Schleswig-Holstein	1.589	2.598	2.567	163,5	161,5
Hamburg	1.712	1.553	1.812	90,7	105,8
Niedersachsen	4.540	6.744	7.125	148,5	156,9
Bremen	563	542	757	96,3	134,5
Region Nord	8.404	11.437	12.261	136,1	145,9
Bundesgebiet	42.999	49.989	61.508	116,3	143,0
Flächenländer d. Bundesrepublik	37.973	45.755	56.809	120,5	149,6

Quellen: Statistisches Jahrbuch ... 1962 a.a.O. S. 34
Statistisches Jahrbuch ... 1971 a.a.O. S. 25
Eigene Rechnungen

Aus dieser Tabelle geht hervor, dass zwar die beiden norddeutschen Flächenländer den relativ stärksten Bevölkerungszuwachs gegenüber der Vorkriegszeit erfahren haben, dass der Bruttozugang an Wohnungen seit Einsetzen der Bautätigkeit nach dem Kriege jedoch relativ am geringsten war. Das deutet darauf hin, dass andere Faktoren als die Änderung der Bevölkerungszahl gegenüber der Vorkriegszeit der entscheidende Bestimmungsfaktor des Umfangs der Bautätigkeit war, wie z.B. das Ausmass der Kriegszerstörungen. Das gilt auch für den Vergleich der beiden norddeutschen Flächenländer mit den Durchschnittszahlen für sämtliche Flächenländer der Bundesrepublik.

Es bleibt die Frage nach der Ausstattung der in den verschiedenen Ländern vorhandenen Wohnungen.

VII. 29. Anteil der Wohnungen mit Bad, WC und Sammelheizung an der Gesamtzahl der Wohnungen im Jahr 1968 in v.H.

	Insgesamt	In nach 1949 geschaffenen Wohnungen
Schleswig-Holstein	36,4	52,4
Hamburg	47,0	59,7
Niedersachsen	31,3	45,1
Bremen	46,1	57,9
Region Nord	36,0	50,3
Bundesgebiet	29,8	44,2
Flächenländer der Bundesrepublik	28,5	42,3

Quellen: Bevölkerungsstruktur und ... 1971 a.a.O. S. 140
Eigene Rechnungen

Wenn wir den Anteil der Wohnungen mit Bad, WC und Sammelheizung als Ausdruck der durchschnittlichen Qualität der Ausstattung ansehen, so sind die folgenden Aussagen auf der Grundlage der in dieser Darstellung enthaltenen Angaben möglich:

ix . Die durchschnittliche Qualität der Wohnungsausstattung ist in den beiden norddeutschen Stadtstaaten höher als in den Flächenländern. Sie ist in allen Ländern der Region beachtlich höher als im Bundesdurchschnitt und vor allen Dingen als im Durchschnitt der Flächenländer der Bundesrepublik.
Diese Aussage wird bei Verwendung anderer Indikatoren zur Messung der Wohnungsausstattung (Anteil der Wohnungen ohne Bad und ohne WC, Anteil der Wohnungen mit Einzelofenheizung usw.) bestätigt.

x . Die durchschnittliche Qualität der Wohnungsausstattung ist in den seit 1949 neu geschaffenen Wohnungen höher als in den älteren Wohnungen. Auch dabei zeigt sich, dass die durchschnittliche Qualität der Ausstattung dieser neu geschaffenen Wohnungen in den Stadtstaaten grösser als in den Flächenländer und in sämtlichen norddeutschen Ländern höher als im Bundesdurchschnitt ist.

Es zeigt sich, dass insgesamt, d.h. bei Berücksichtigung der quantitativen und der qualitativen Aspekte in dem Infrastrukturbereich "Wohnungswesen" in den norddeutschen Ländern eine vergleichsweise günstige Situation besteht. Dabei ist die in diesem Zusammenhang entscheidende, aber schwer quantifizierbare Frage des Wohnwertes unberücksichtigt geblieben. Ohne dass eine generelle Beantwortung dieser Frage möglich ist, hat die Region Nord ohne Zweifel auch auf diesem wichtigen Teilgebiet nicht unbeträchtliche Vorzüge gegenüber anderen Teilgebieten der Bundesrepublik.

2. Qualitative und quantitative Merkmale des Wohnungsangebots in den norddeutschen Stadtstaaten im Vergleich zu anderen Großstädten der Bundesrepublik

Ein Vergleich der in den norddeutschen Flächenländern bestehenden Situation auf dem Wohnungsmarkt mit der Situation in den anderen Flächenländern erscheint sachlich gerechtfertigt. Dagegen bietet sich bei Festhalten an die Statistik und an die statistischen Angaben für die Länder der Bundesrepublik keine Möglichkeit des Vergleichs der in den Stadtstaaten bestehenden Situation. In diesem Zusammenhang erscheint von der Sache her ein Vergleich mit der Situation in anderen vergleichbaren Großstädten der Bundesrepublik angebrachter. Ein solcher Vergleich soll im Rahmen dieses Abschnitts durchgeführt werden.

VII. 30. Quantitative und qualitative Merkmale des Wohnungsangebots in verschiedenen Großstädten der Bundesrepublik im Jahr 1968

	Zahl der Wohnungen		Wohnfläche je Person in m^2	Anteil der Wohnungen in Gebäuden mit Baujahr			Anteil der Wohnungen m. Bad, WC u. Sammelheizung	Durchschnittsmiete je m^2		
	je Wohngebäude	je 100 Einw.		bis 1900	1948	nach 1949		Insges.	Altbauwohnungen	Neubauwohnungen
Hamburg	3,78	37,9	24,3	11,8	30,0	58,2	47,0	2,55	2,19	2,82
Bremen	2,52	36,9	24,1	10,5	29,9	59,6	46,9	2,40	2,15	2,53
München	4,98	35,1	25,2	11,9	27,3	60,8	45,1	2,94	2,15	3,55
Köln	4,32	35,5	23,8	9,2	30,6	60,2	32,6	2,62	2,29	2,85
Essen	3,75	35,7	22,6	9,8	31,5	57,7	23,3	2,39	2,06	2,61
Düsseldorf	4,68	39,1	24,2	7,7	31,5	60,8	41,0	2,84	2,46	3,08
Frankfurt	4,90	36,2	25,1	16,6	31,4	52,0	39,1	3,03	2,69	3,40
Dortmund	3,75	36,1	22,6	12,1	30,8	57,1	25,4	2,24	1,92	2,47
Stuttgart	3,67	34,3	25,0	12,7	40,4	46,9	23,1	2,83	2,56	3,16
Hannover	5,16	38,4	25,8	12,4	30,0	57,6	26,6	2,36	2,16	2,54
Nürnberg	4,38	37,7	25,3	11,4	28,6	60,0	27,0	2,30	1,87	2,62
Karlsruhe	4,06	36,5	27,1	17,9	29,2	52,9	31,4	2,42	2,06	2,79
Kiel	4,19	37,1	22,6	8,9	43,3	47,8	35,2	2,44	2,25	2,67
Lübeck	2,87	38,1	22,5	20,4	29,1	50,5	28,7	2,48	2,18	2,76
Braunschweig	4,33	37,8	25,3	17,6	34,3	48,1	26,8	2,13	1,89	2,45

Quellen: Statistisches Jahrbuch Deutscher Gemeinden
58. Jg. 1971 S. 450 f.
Eigene Rechnungen

Diese Darstellung lässt einige Aussagen über das Verhältnis der Situation auf dem Wohnraumgebiet in den beiden norddeutschen Stadtstaaten und in anderen Großstädten der Bundesrepublik zu.

x . In bezug auf die quantitativen Merkmale unterscheidet sich die auf dem Wohnungsmarkt der beiden Stadtstaaten bestehende Situation nicht erkennbar von der in den anderen Großstädten der Bundesrepublik bestehenden Situation. Im Hinblick auf keines der berücksichtigten quantitativen Merkmale nehmen Hamburg und Bremen eine Spitzenstellung unter den Großstädten der Bundesrepublik oder eine Schlußstellung ein. Die jeweiligen Werte für die beiden norddeutschen Stadtstaaten liegen

m.a.W. zwischen den Extremwerten, d.h. sie sind niedriger
als die Höchst- und höher als die Mindestwerte.

xi . Lediglich im Hinblick auf das durch den Anteil der Wohnungen
mit Bad , WC und Sammelheizung bestimmte Merkmal "Qualität der
Wohnungsausstattung" nehmen Hamburg und Bremen unter den Großstädten der Bundesrepublik eine Spitzenstellung ein. Der Anteil
der Wohnungen mit Bad, WC und Sammelheizung ist in den beiden
norddeutschen Stadtstaaten höher als in irgendeiner anderen
berücksichtigten Großstadt. Allerdings ist auf der anderen Seite der Anteil der Wohnungen ohne Bad in den beiden Stadtstaaten
höher als in zahlreichen anderen Großstädten.
Das macht es unmöglich, allein aus dem Anteil der Wohnungen
mit Bad, WC und Sammelheizung an der Gesamtzahl der Wohnungen
einen generellen Schluss auf die Qualität des Wohnraumangebots
zu ziehen.

xii . Auch die Höhe der Miete je Quadratmeter Wohnfläche lag im Jahr
1969 in den beiden norddeutschen Stadtstaaten sowohl für die
Altbau- als auch für die Neubauwohnungen zwischen den Extremwerten unter den erfassten Werten.
Dabei muss berücksichtigt werden, dass die Höhe der Mieten im
Jahr 1968 inzwischen fast nur noch für den Wirtschaftshistoriker interessant sind. Immerhin besteht kein erkennbarer Anlass zu der Vermutung, dass sich die regionale Struktur der
Mietsätze in der Zwischenzeit geändert haben sollte.

Es lässt sich zusammenfassend also sagen, dass sich die Werte der
quantitativen und qualitativen Merkmale des Wohnungsangebots in den
Stadtstaaten zwar erkennbar von den entsprechenden Durchschnittswerten für die Flächenländer, insbesondere auch für die norddeutschen Flächenländer unterscheiden. Das ist jedoch nicht das Ergebnis
der Existenz von Landesgrenzen, sondern ausschliesslich das Ergebnis
des großstädtischen Charakters der beiden Stadtstaaten. Die Situation
in den beiden Stadtstaaten entspricht der Situation in den anderen
Großstädten der Bundesrepublik.

F. Zusammenfassung

Der vorausgehende Abschnitt hat eine Darstellung der in einigen wichtigen Bereichen der Infrastruktur in den norddeutschen Ländern bestehenden Situation gegeben. Es hat sich gezeigt, dass in den meisten untersuchten Bereichen erhebliche Unterschiede in der Infrastruktur der beiden Stadtstaaten und der beiden norddeutschen Flächenländer bestehen. Es hat sich ausserdem gezeigt, dass die Unterschiede zwischen der Infrastrukturausstattung der beiden Stadtstaaten und der anderer Großstädte der Bundesrepublik und der Unterschiede zwischen der Infrastrukturausstattung der beiden norddeutschen Flächenländer und der anderer Flächenländer der Bundesrepublik weniger gross sind als die Unterschiede zwischen den norddeutschen Stadtstaaten und den norddeutschen Flächenländern. Das macht die besondere Stellung der beiden Stadtstaaten innerhalb der Region Nord deutlich. Deutlicher als in anderen Bereichen kommt im Bereich der Infrastruktur die zentralörtliche Stellung der beiden Stadtstaaten innerhalb der Gesamtregion zum Ausdruck.

Damit erhebt sich die im Rahmen dieser Arbeit nicht zu beantwortende Frage, ob diesem aus dem besonderen Verhältnis zwischen verschiedenen Ländern erwachsenden Problem bei der Regelung der Zuständigkeitsverteilung und bei der Regelung des Finanzausgleichs zwischen den Ländern in angemessener Weise Rechnung getragen wird. Wir haben gesehen (s.S.156), dass im Rahmen des Finanzausgleichs dieser Besonderheit durch die Bestimmungen über die Messung der fiktiven Einwohnerzahl der beiden Stadtstaaten Rechnung getragen wird. Es bedarf der eingehenden Untersuchung, ob eine solche Pauschalregelung die aus der unterschiedlichen Entwicklung in verschiedenen Teilbereichen der öffentlichen Haushaltswirtschaft resultierenden Probleme in befriedigender Weise zu lösen vermag.

Der im Vergleich zu dem Verhältnis der verschiedenen Flächenländer der Bundesrepublik zueinander ausserordentlich hohe Grad der Arbeitsteilung zwischen Stadtstaaten und angrenzenden Flächenländern gerade im Bereich der öffentlichen Infrastruktur lässt nach Auffassung mancher Beobachter auch ein besonderes Verhältnis bei der Planung und Koordinierung von Infrastrukturmassnahmen angezeigt erscheinen. Dazu gehört auch die Koordinierung bei der Bereitstellung der erforderlichen Finanzmittel. Die Minderung des bestehenden Grades der Arbeitsteilung im Bereich der Infrastruktur zwischen Stadtstaaten und

Flächenländern stellt sicherlich keine im Interesse der gesamten
Region liegende Lösung der Probleme dar. Es kann sogar als zweifelhaft
angesehen werden, ob sie - wenn auch nur kurzfristig -
zu einer Verbesserung der Situation auch nur in einem der Länder
der Region Nord führen würde. Das ergibt sich schon aus dem Umstand,
dass keineswegs sämtliche Vorleistungen im Bereich der
öffentlichen Infrastrukturmassnahmen ausschliesslich von den
Stadtstaaten oder ausschliesslich von den Flächenländern erbracht
werden. Wichtigen Vorleistungen der Stadtstaaten in einzelnen Bereichen
stehen wichtige Vorleistungen der Flächenländer für die
Gesamtregion in anderen Bereichen gegenüber. Eine in der Hoffnung
auf eigene Entlastung vorgenommene Einschränkung der Vorleistungen
in einem Bereich durch ein Land wird - das ist das Ergebnis der
bestehenden Arbeitsteilung - eine Einschränkung der von den anderen
Ländern in anderen Bereichen erbrachten Vorleistungen nach
sich ziehen müssen. Das würde noch deutlicher werden, wenn weitere
und wegen der fehlenden Möglichkeit einer exakten quantitativen
Erfassung hier nicht berücksichtigte Infrastrukturmassnahmen berücksichtigt
würden. Dazu gehören Massnahmen im Bereich des Umweltschutzes
genauso wie Massnahmen im Bereich des Verkehrs und im Bereich
der Bereitstellung von Naherholungsgebieten. Eine sukzessive,
d.h. in einem Bereich nach dem anderen vorgenommene Reduktion der
von jedem der Länder für die gesamte Region erbrachten Vorleistungen
würde die Lebensqualität für die gegenwärtigen und die Attraktivität
der Region für zukünftige Einwohner schmälern.

A n h ä n g e

Anlage II. 1.

Die nachfolgenden Darstellungen geben einen Überblick über den Umfang der Wanderungen zwischen den norddeutschen Ländern untereinander und zwischen den norddeutschen Ländern und den anderen Ländern der Bundesrepublik, der DDR und dem Ausland seit 1950. Die Zahlen sind zusammengestellt aufgrund der Angaben in den verschiedenen Jahrgängen des Statistischen Jahrbuchs für die Bundesrepublik Deutschland. Den Änderungen der Darstellung der Ergebnisse der amtlichen Statistik haben wir im Interesse der Angaben für die verschiedenen Jahre in bestmöglicher Weise Rechnung zu tragen versucht.

Wanderungen innerhalb der Region Nord, zwischen den Ländern der
Region Nord und dem Rest der Bundesrepublik einschl.Berlin(West)
und zwischen den Ländern der Region Nord und anderen Staaten seit
1950

		\multicolumn{7}{c}{ZIELLAND bzw. ZIELREGION}
		SH	HH	NS	HB	Rest d.BRD	DDR	Aus- land	Insges.
		\multicolumn{7}{c}{In den Jahren 1950, 1951 und 1952}
HERKUNFTSLAND	SH		84.342	32.556	3.573	289.119	4.550	25.697	439.837
	HH	34.138		19.538	1.972	38.735	2.297	10.868	107.548
	NS	26.409	57.907		54.692	523.581	17.143	50.173	729.905
	HB	1.391	2.279	17.207		15.712	804	5.101	42.494
	RdB	58.155	42.853	198.937	14.324				
	DDR	22.383	23.593	103.236	6.811				
	Ald	24.554	19.265	55.036	4.148				
	Insg.	167.030	230.239	426.510	85.520				
		\multicolumn{7}{c}{In den Jahren 1953, 1954 und 1955}
HERKUNFTSLAND	SH		67.748	26.258	3.220	219.314	3.027	18.509	338.076
	HH	37.418		24.268	2.923	62.465	3.159	18.962	149.195
	NS	26.518	51.908		52.820	451.683	9.427	33.109	625.465
	HB	1.725	3.305	20.545		19.350	1.270	9.548	55.743
	RdB	70.947	79.205	247.451	21.330				
	DDR	18.540	27.902	77.253	12.253				
	Ald	11.330	17.322	23.839	5.121				
	Insg.	166.478	247.390	419.614	97.667				
		\multicolumn{7}{c}{In den Jahren 1956, 1957 und 1958}
HERKUNFTSLAND	SH		62.885	34.225	4.428	109.301	2.674	17.715	231.228
	HH	48.822		31.284	4.088	70.858	3.896	21.681	180.629
	NS	39.274	51.819		56.081	391.028	13.129	40.084	591.415
	HB	3.895	4.020	24.989		26.802	1.304	8.009	69.019
	RdB	93.170	80.777	275.286	27.501				
	DDR	18.919	25.954	82.637	13.048				
	Ald	22.202	32.781	62.729	11.405				
	Insg.	226.282	258.236	511.150	116.551				

Wanderungen innerhalb der Region Nord, zwischen den Ländern der Region Nord und dem Rest der Bundesrepublik einschl. Berlin (West) und zwischen den Ländern der Region Nord und anderen Staaten seit 1950

		\multicolumn{7}{c}{ZIELLAND bzw. ZIELREGION}
		SH	HH	NS	HB	Rest d. BRD	DDR	Aus- land	Insges.

		\multicolumn{8}{c}{In den Jahren 1959, 1960 und 1961}
HERKUNFTSLAND	SH		58.002	40.053	8.993	90.638	1.719	17.315	216.720
	HH	62.869		38.833	4.561	66.085	2.076	21.752	196.176
	NS	44.560	45.422		50.494	333.767	7.208	40.498	521.949
	HB	8.282	4.845	32.146		26.775	771	9.650	82.469
	RdB	96.985	75.204	293.834	29.852				
	DDR	10.330	12.521	42.752	5.801				
	Ald	20.577	35.861	59.711	10.217				
	Insg.	243.603	231.855	507.329	109.918				

		\multicolumn{8}{c}{In den Jahren 1962, 1963 und 1964}
HERKUNFTSLAND	SH		55.482	40.747	5.657	95.704	463	22.940	220.993
	HH	69.014		42.085	4.552	72.052	527	22.871	211.101
	NS	43.192	42.006		40.671	321.004	1.695	74.576	523.144
	HB	5.903	4.571	34.998		29.072	156	9.857	84.557
	RdB	99.085	68.065	288.359	27.388				
	DDR	3.547	3.681	12.377	1.471				
	Ald	31.527	43.059	131.921	13.735				
	Insg.	252.268	216.864	550.487	93.474				

		\multicolumn{8}{c}{In den Jahren 1965 und 1966}
HERKUNFTSLAND	SH		37.319	26.120	4.393	61.648	221	18.945	148.646
	HH	56.909		29.979	2.930	47.653	167	22.773	160.411
	NS	28.046	26.345		29.200	208.344	827	71.326	364.088
	HB	4.661	2.759	25.396		19.046	101	8.794	60.757
	RdB	67.507	44.870	192.460	19.549				
	DDR	1.748	1.617	6.257	723				
	Ald	25.863	33.432	98.900	12.903				
	Insg.	184.734	146.342	379.112	69.698				

Wanderungen innerhalb der Region Nord, zwischen den Ländern der
Region Nord und dem Rest der Bundesrepublik einschl. Berlin(West)
und zwischen den Ländern der Region Nord und anderen Staaten seit
1950

		ZIELLAND bzw. ZIELREGION						
		SH	HH	NS	HB	Rest d.BRD	DDR	Aus-land	Insges.
HERKUNFTSLAND		In den Jahren 1967 und 1968							
	SH		40.014	27.847	4.607	59.687	203	19.438	151.796
	HH	58.139		29.784	2.820	43.399	156	28.714	163.012
	NS	30.209	26.798		29.248	196.341	554	61.331	344.481
	HB	5.408	3.105	29.114		18.144	51	8.786	64.608
	RdB	65.094	41.734	181.428	17.543				
	DDR	1.366	1.252	4.624	547				
	Ald	19.901	26.513	60.440	8.521				
	Insg.	180.117	139.416	333.237	63.286				
HERKUNFTSLAND		Im Jahre 1969							
	SH		20.246	13.755	2.122	31.571	87	8.796	76.577
	HH	30.631		14.893	1.359	22.353	36	11.711	80.983
	NS	14.215	13.371		14.503	98.485	143	26.434	167.151
	HB	2.651	1.433	16.411		9.789	19	3.069	33.372
	RdB	33.315	21.629	94.427	9.051				
	DDR	684	758	2.394	388				
	Ald	15.777	23.173	60.400	6.999				
	Insg.	97.273	80.610	202.280	34.422				

Wanderungssalden innerhalb der Region Nord und zwischen den Ländern der Region Nord und anderen Ländern in einzelnen Perioden

	\multicolumn{8}{c}{Überschuß der Zuzüge in die nebenstehenden norddeutschen Länder aus den untenstehenden Ländern und Regionen (+) bzw. der Fortzüge aus den nebenstehenden norddeutschen Ländern in die untenstehenden Länder (-)}
	SH	HH	NS	HB	RdB	DDR	AusLd.	Insges.
\multicolumn{9}{c}{In den Jahren 1950, 1951 und 1952}
SH		− 50.204	− 6.147	− 2.182	− 230.964	+ 17.833	− 1.143	− 272.807
HH	+50.204		+38.369	+ 307	+ 4.118	+ 21.296	+ 8.397	+ 122.691
NS	+ 6.147	−38.369		−37.485	−324.644	+ 86.093	+ 4.863	−303.395
HB	+ 2.182	− 307	+37.485		− 1.388	+ 6.007	− 953	+ 43.026
Nord	+58.533	−88.880	+69.707	−39.360	−552.878	+131.229	+ 11.164	−410.485
\multicolumn{9}{c}{In den Jahren 1953, 1954 und 1955}
SH		− 30.330	+ 260	− 1.495	−148.367	+ 15.513	− 7.179	−171.598
HH	+30.330		+27.640	+ 382	+ 16.740	+ 24.743	− 1.640	+ 98.195
NS	− 260	−27.640		−32.275	−204.232	+ 67.826	− 9.270	−205.851
HB	+ 1.495	− 382	+32.275		− 1.980	+ 10.983	− 4.427	+ 41.924
Nord	+31.565	−58.352	+60.175	−33.388	−333.879	+119.065	− 22.516	−237.330
\multicolumn{9}{c}{In den Jahren 1956, 1957 und 1958}
SH		− 14.063	+ 5.049	− 533	− 16.131	+ 16.245	+ 4.487	− 4.946
HH	+14.063		+20.535	+ 68	+ 9.919	+ 22.058	+ 11.100	+ 77.607
NS	− 5.049	−20.535		−31.092	−115.742	+ 69.508	+ 22.645	− 80.265
HB	+ 533	− 68	+31.092		+ 699	+ 11.744	+ 3.396	+ 47.522
Nord	+ 9.547	−34.530	+56.676	−31.693	−121.255	+119.555	+ 41.628	+ 39.928

Wanderungssalden innerhalb der Region Nord und zwischen den Ländern der Region Nord und anderen Ländern in einzelnen Perioden

	SH	HH	NS	HB	Überschuß der Zuzüge in die nebenstehenden Länder aus den untenstehenden Ländern und Regionen (+) bzw. der Fortzüge aus den nebenstehenden norddeutschen Ländern in die untenstehenden Länder (-)			
					RdB	DDR	Ausld.	Insges.
In den Jahren 1959, 1960 und 1961								
SH		+ 4.867	+ 4.507	+ 711	+ 6.347	+ 8.611	+ 3.262	+ 26.883
HH	- 4.867		+ 6.589	+ 284	+ 9.119	+ 10.445	+ 14.109	+ 35.679
NS	- 4.507	- 6.689		- 18.348	- 39.933	+ 35.544	+ 19.213	- 14.720
HB	+ 711	- 284	+ 18.348		+ 2.077	+ 5.020	+ 567	+ 27.449
Nord	- 8.663	- 2.106	+ 29.444	- 18.775	- 21.390	+ 59.630	+ 37.151	+ 75.291
In den Jahren 1962, 1963 und 1964								
SH		+ 13.532	+ 2.445	+ 246	+ 3.381	+ 3.084	+ 8.587	+ 31.275
HH	- 13.532		- 79	+ 19	- 3.987	+ 3.154	+ 20.188	+ 5.763
NS	- 2.445	+ 79		- 5.673	- 32.645	+ 10.682	+ 57.345	+ 27.343
HB	- 246	- 19	+ 5.673		- 1.684	+ 1.315	+ 2.878	+ 8.917
Nord	- 16.223	+ 13.592	+ 8.039	- 5.408	- 34.935	+ 18.235	+ 89.998	+ 73.298
In den Jahren 1965 und 1966								
SH		+ 19.590	+ 1.926	+ 268	+ 5.859	+ 1.527	+ 6.918	+ 36.088
HH	- 19.590		- 3.634	- 171	- 2.783	+ 1.450	+ 10.659	- 14.069
NS	- 1.926	+ 3.634		- 3.804	- 15.884	+ 5.430	+ 27.574	+ 15.024
HB	- 268	+ 171	+ 3.804		+ 503	+ 622	+ 4.109	+ 8.941
Nord	- 21.784	+ 23.395	+ 2.096	- 3.707	- 12.305	+ 9.029	+ 49.260	+ 45.984

Wanderungssalden innerhalb der Region Nord und zwischen den Ländern der Region Nord und anderen Ländern in einzelnen Perioden

Überschuß der Zuzüge in die nebenstehenden norddeutschen Länder aus den untenstehenden Ländern und Regionen (+) bzw. der Fortzüge aus den nebenstehenden norddeutschen Ländern in die untenstehenden Länder (-)

	SH	HH	NS	HB	RdB	DDR	Ausld.	Insges.
In den Jahren 1967 und 1968							
SH		+ 18.125	+ 2.362	+ 801	+ 5.407	+ 1.163	+ 463	+ 28.321
HH	- 18.125		- 2.986	+ 285	- 1.665	+ 1.096	- 2.201	- 23.596
NS	- 2.362	+ 2.986		- 134	- 14.913	+ 4.070	- 891	- 11.244
HB	- 801	- 285	+ 134		- 601	+ 496	- 265	- 1.322
Nord	- 21.288	+ 20.826	+ 490	+ 952	- 11.772	+ 6.825	- 2.894	- 7.841
Im Jahr 1969							
SH		+ 10.385	+ 460	+ 529	+ 1.744	+ 597	+ 6.981	+ 20.696
HH	- 10.385		- 1.522	+ 74	- 724	+ 722	+ 11.462	- 373
NS	- 460	+ 1.522		+ 1.908	- 4.058	+ 2.251	+ 33.966	+ 35.129
HB	- 529	- 74	- 1.908		- 738	+ 369	+ 3.930	+ 1.050
Nord	- 11.374	+ 11.833	- 2.970	+ 2.511	- 3.776	+ 3.939	+ 56.339	+ 56.502

Anlage II. 2.

Die nachfolgende Darstellung gibt einen Überblick über die Art und die Struktur der Abwanderung aus den norddeutschen Ländern und die Zuwanderung in die norddeutschen Länder in den Jahren 1968 und 1969. Sie bildet die Grundlage für die auf den Seiten 20 ff. vorgenommene Darstellung der verschiedenen Salden der Wanderungsbilanz der norddeutschen Länder untereinander und gegenüber den anderen Bundesländern, der DDR und dem Ausland.

II. 10. Zu- und Fortzüge in den norddeutschen Ländern gegenüber anderen norddeutschen Ländern, gegenüber der restlichen Bundesrepublik, gegenüber der DDR und gegenüber dem Ausland insgesamt und von Erwerbspersonen in den Jahren 1968 und 1969

	Schlesw.-Holstein	Hamburg	Nieder-sachsen	Bremen	Region Nord	Rest d. Bundesrepublik	DDR	Ausland	Insgesamt
Umfang der Wanderungen aus den obenstehenden in die nebenstehenden Länder u. Gebiete 1968									
Schlesw.-Holst.		29.772	14.924	2.603	47.299	32.364	652	10.932	91.247
Hamburg	20.317		13.215	1.533	35.065	20.584	601	15.512	71.762
Niedersachsen	13.529	14.203		14.900	42.632	90.434	2.699	38.170	173.935
Bremen	2.201	1.349	14.430		17.980	8.726	323	4.716	31.745
Region Nord	36.047	45.324	42.569	19.036	–	152.108	4.275	69.330	368.689
Rest der Bundesrepublik	29.765	21.737	97.725	9.222	158.449				
DDR	89	59	242	17	407				
Ausland	8.069	12.484	23.090	3.360	47.003				
Insgesamt	73.970	79.604	163.626	31.635	348.835				
Umfang der Wanderungen von Erwerbspersonen a.d.obenstehenden i.d.nebenstehenden Länder 1968									
Schlesw.-Holst.		17.904	9.651	1.933	29.488	20.257	105[1]	7.918[2]	57.768
Hamburg	12.801		8.080	906	21.787	13.642	97[1]	11.236[2]	46.762
Niedersachsen	8.872	8.227		8.059	25.158	51.917	438[1]	27.648[2]	105.161
Bremen	1.638	936	9.130		11.704	5.743	52[1]	2.416[2]	20.915
Region Nord	23.311	27.067	26.861	10.898	–	91.559	692[1]	50.218[2]	230.606
Rest der Bundesrepublik	19.349	14.387	58.991	5.734	98.461				
DDR	28[3]	19[3]	76[3]	5[3]	128[3]				
Ausland	5.664[4]	8.762[4]	16.207[4]	2.358[4]	32.991[4]				
Insgesamt	48.352	50.235	102.135	18.995	131.580				

1), 2), 3) und 4) Da keine entsprechenden Angaben für die einzelnen Zielländer bzw. Herkunftsländer vorlagen, sind diese Zahlen unter der Annahme bestimmt, daß der Anteil der Erwerbspersonen an dem einzelnen Zu- oder Abwanderungsstrom gleich dem Anteil der Erwerbspersonen an dem entsprechenden Zu- oder Abwanderungsstrom für die gesamte Bundesrepublik gewesen ist.

Weiter zu II. 10.

	Schlesw. Holstein	Hamburg	Niedersachsen	Bremen	Region Nord	Rest d. Bundesrepublik	DDR	Ausland	Insges.
Umfang der Wanderungen aus den obenstehenden i.d. nebenstehenden Länder u. Gebiete 1969									
Schlesw.-Holst.		30.631	14.215	2.651	47.497	33.315	684	15.777	97.273
Hamburg	20.246		13.371	1.433	35.050	21.629	758	23.173	80.610
Niedersachsen	13.755	14.893		16.411	45.059	94.427	2.394	60.400	202.280
Bremen	2.122	1.359	14.503		17.984	9.051	388	6.999	34.422
Region Nord	36.123	46.883	42.089	20.495		158.422	4.224	106.349	414.585
Rest der Bundesrepublik	31.571	22.353	98.485	9.789	162.198				
DDR	87	36	143	19	285				
Ausland	8.796	11.711	26.434	3.069	50.010				
Insgesamt	76.577	80.983	167.151	33.372	358.083				
Umfang der Wanderungen v. Erwerbspersonen a.d. obenstehenden i.d. nebenstehenden Länder 1969									
Schlesw.-Holst.		17.908	9.004	1.964	28.876	20.628	114[1]	12.050[2]	61.668
Hamburg	12.532		8.121	823	21.476	14.378	126[1]	17.699[2]	53.679
Niedersachsen	8.672	8.484		8.830	25.986	54.285	398[1]	46.132[2]	126.801
Bremen	1.619	898	9.112		11.629	5.783	64[1]	5.346[2]	22.822
Region Nord	22.823	27.290	26.237	11.617		95.074	702[1]	81.227[2]	264.970
Rest der Bundesrepublik	20.149	14.765	59.582	6.243	100.739				
DDR	28[3]	11[3]	45[3]	6[3]	90[3]				
Ausland	6.268[4]	8.345[4]	18.837[4]	2.187[4]	35.637[4]				
Insgesamt	49.268	50.411	104.701	20.053	224.433				

1), 2), 3) und 4) S. Anmerkungen auf der Vorseite. Jetzt sind die Durchschnittszahlen für die Bundesrepublik für das Jahr 1969 verwandt.

Quellen: Statistisches Jahrbuch ... 1970 a.a.O. S. 54 f.
Statistisches Jahrbuch ... 1971 a.a.O. S. 54 f.
Eigene Rechnungen

Anlage IV a Die Zahl der Beschäftigten (Arbeiter, Angestellte und Beamte) in verschiedenen Wirtschaftsbereichen der norddeutschen Länder und in der Bundesrepublik in verschiedenen Jahren in Tsd.

	1950	1956	1957	1960	1961	1966	1969	1970
I. Landwirtschaft und Tierzucht, Forst- und Jagdwirtschaft, Gärtnerei, Fischerei								
Schlesw.-Holstein	104,4	81,4	77,8	53,6	52,5	31	31	31
Hamburg	10,8	10,3	10,0	9,4	9,3	4	-	-
Niedersachsen	299,4	254,1	239,1	159,5	139,6	72	58	47
Bremen	6,2	5,4	5,3	5,6	5,2	1	-	-
Region Nord	420,8	351,2	332,2	228,1	206,6	108	89	78
Bundesgebiet	1.134,0	935,8	885,6	631,6	588,2	346	321	309
II. Produzierendes Gewerbe								
Schlesw.-Holstein	259,8	337,4	350,4	377,6	390,9	360	346	360
Hamburg	254,9	325,6	334,8	358,6	369,6	318	292	275
Niedersachsen	838,5	1.165,1	1.190,3	1.267,1	1.293,0	1.214	1.143	1.177
Bremen	88,3	112,9	118,4	129,2	124,2	120	123	117
Region Nord	1.441,5	1.941,0	1.993,9	2.132,5	2.177,7	2.012	1.904	1.929
Bundesgebiet	8.138,7[2])	11.555,9	11.819,4	12.545,2	12.906,7	12.177	11.889	12.171
III. Handel, Geld- und Versicherungswesen, Verkehrswesen, öffentlicher Dienst und Dienstleistungen im öffentlichen Interesse								
Schlesw.-Holstein	286,2	322,0	328,5	359,3	369,8	414	433	435
Hamburg	327,3	408,8	413,0	451,9	464,1	457	428	430
Niedersachsen	714,0	883,9	903,4	944,3	967,9	1.059	1.069	1.076
Bremen	98,9	139,2	143,4	162,7	168,9	184	165	176
Region Nord	1.426,4	1.753,9	1.788,3	1.918,2	1.970,7	2.114	2.095	2.117
Bundesgebiet	5.302,3	7.307,9	7.465,5	8.090,3	8.329,7	8.972	9.160	9.243
Berlin I		7,9	6,8	5,0	8,4	3	-	17
II		430,8	439,0	450,0	451,5	436	402	393
III		421,1	416,1	435,3	431,2	466	453	471

Quellen: Bevölkerungsstruktur und Wirtschaftskraft ... 1962 a.a.O. S. 45 f.
" " " " " ... 1967 a.a.O. S. 77 f.
" " " " " ... 1970 a.a.O. S. 84 f.
Statistisches Jahrbuch 1971 a.a.O. S. 126

Anlage IV b   Der Anteil der Beschäftigten (Arbeiter, Angestellte und Beamte) in verschiedenen Wirtschaftsbereichen in den norddeutschen Ländern und in der Bundesrepublik in verschiedenen Jahren in v.H.

	1950	1956	1957	1960	1961	1966	1969	1970
I. Landwirtschaft und Tierzucht, Forst- und Jagdwirtschaft, Gärtnerei und Fischerei								
Schlesw.-Holstein	16,0	11,0	10,3	6,8	6,5	3,9	3,8	3,7
Hamburg	1,8	1,4	1,3	1,1	1,1	0,6	–	–
Niedersachsen	16,2	11,0	10,3	6,7	5,8	3,1	2,6	2,3
Bremen	3,2	2,1	2,0	1,9	1,7	0,4	–	–
Region Nord	12,8	8,7	8,1	5,3	4,7	2,6	2,2	1,9
Bundesgebiet	7,8	4,7	4,4	3,0	2,7	1,6	1,5	1,4
II. Produzierendes Gewerbe								
Schlesw.-Holstein	39,9	45,5	46,2	47,8	48,1	44,7	42,6	43,5
Hamburg	42,9	43,8	44,3	43,7	44,0	40,8	40,3	38,8
Niedersachsen	45,2	50,6	50,9	53,5	53,8	51,8	50,4	51,1
Bremen	45,7	42,7	44,3	42,4	41,5	37,2	42,2	41,2
Region Nord	43,9	48,0	48,5	49,8	50,0	47,6	46,5	46,8
Bundesgebiet	55,9 [1]	58,4	58,5	58,9	59,0	56,7	55,6	56,0
III. Handel, Geld-u.Versicherungswesen,Verkehrswesen,öffentlicher Dienst und Dienstleistungen im öffentlichen Interesse								
Schlesw.-Holstein	44,0	43,5	43,4	45,4	45,5	51,4	53,3	52,6
Hamburg	55,2	54,9	54,5	55,1	55,1	58,7	59,0	60,7
Niedersachsen	38,6	38,4	38,7	39,8	40,3	45,2	47,1	46,7
Bremen	51,1	54,1	53,7	54,7	56,2	62,4	56,7	58,5
Region Nord	43,4	43,5	43,5	44,8	45,3	50,1	51,1	51,3
Bundesgebiet	36,6	36,9	37,0	38,0	38,2	41,7	42,9	42,5
Berlin I		0,9	0,8	0,6	0,9			
II		50,0	47,6	50,6	50,8			
III		49,0	48,9	48,9	48,4			
Zahl der Beschäftigten – Region Nord								
Region Nord	3.288,5	4.045,7	4.114,2	4.278,8	4.354,9	4.223,0	4.098,0	4.123,0

Quellen: Wie in der Tabelle "Die Zahl der Beschäftigten"
Eigene Rechnungen

Anlage IV c Entwicklung der Beschäftigung in der gesamten Industrie und in verschiedenen Industriegruppen in den norddeutschen Ländern, der Region Nord und der Bundesrepublik

Zahl der Beschäftigten in Tsd.

	1952	1955	1958	1962	1964	1966	1968	1969	1970
Industrie insg.									
Schlesw.-Holstein	116,4	147,6	163,6	176,1	173,5	178,2	175,1	184,4	191,3
Hamburg	157,5	194,7	223,5	231,8	219,8	216,8	203,2	209,2	211,4
Niedersachsen	469,8	580,9	644,8	736,3	745,6	755,4	726,1	767,3	798,8
Bremen	65,9	90,1	105,3	95,4	97,4	99,4	94,0	97,8	101,6
Nord	809,6	1.013,3	1.137,2	1.239,6	1.236,3	1.249,8	1.198,4	1.258,7	1.303,1
Bundesrepublik	5.467,0	6.771,5	7.733,9	8.339,2	8.301,2	8.384,8	7.899,3	8.308,3	8.603,0
Maschinenbau									
Schlesw.-Holstein	14,1	18,0	20,6	20,5	20,0	24,5	23,8	26,1	26,3
Hamburg	21,2	25,0	28,3	27,9	28,0	27,6	26,2	27,7	27,8
Niedersachsen	44,1	61,4	69,8	77,6	77,6	81,4	80,5	84,3	71,1
Bremen	7,4	10,8	12,0	9,6	10,0	9,6	8,4	8,7	-
Nord	86,8	115,2	130,7	135,6	135,6	143,1	138,9	146,8	125,2
Bundesrepublik	569,3	731,7	838,6	1.020,5	1.062,0	1.116,0	1.052,2	1.127,4	1.120,0
Elektrotechn.I									
Schlesw.-Holstein	4,3	6,9	9,7	13,0	13,3	13,4	14,5	17,0	19,4
Hamburg	13,9	19,2	23,4	-	28,9	29,7	25,0	25,2	26,9
Niedersachsen	20,0	33,2	42,7	60,9	65,1	67,1	68,4	77,4	84,0
Bremen	3,1	5,0	7,1	-	11,3	11,0	10,5	11,5	12,3
Nord	41,3	64,3	82,9	73,9	118,6	121,2	118,4	131,1	142,6
Bundesrepublik	311,3	489,6	599,5	802,9	963,0	999,0	926,3	1.016,9	1.095,0

Zahl der Beschäftigten in Tsd.

	1952	1955	1958	1962	1964	1966	1968	1969	1970
Chemische Ind.									
Schlesw.-Holstein	4,1	5,1	5,5	6,2	6,5	7,3	7,2	7,9	8,4
Hamburg	11,3	14,0	15,9	16,8	16,5	16,1	19,9	16,2	18,2
Niedersachsen	18,4	22,3	23,2	29,4	30,0	30,9	30,7	32,1	32,9
Bremen	1,1	1,1	1,2	1,2	1,0	0,8	0,9	0,9	1,0
Nord	34,9	42,5	45,8	53,6	54,0	55,1	58,7	57,1	60,5
Bundesrepublik	311,7	371,3	415,4	484,4	513,0	538,5	535,1	566,7	596,0
Nahrungs-u.Genußm.									
Schlesw.-Holstein	17,3	24,0	–	–	–	–	–	26,2	26,2
Hamburg	24,0	30,4	33,6	34,1	32,5	31,4	30,1	30,3	31,5
Niedersachsen	41,9	55,9	57,4	65,2	64,4	68,1	66,9	69,1	71,2
Bremen	10,3	13,7	–	–	21,4	22,5	21,5	22,1	–
Nord	93,5	124,0	91,0	99,3	118,3	122,0	118,5	147,7	128,9
Bundesrepublik	359,3	441,0	465,5	497,8	547,0	549,0	505,2	510,1	515,0
Druckereien u. Vervielfältg.ind.									
Schlesw.-Holstein	3,9	4,8	6,1	7,1	7,8	8,8	11,4	11,7	12,1
Hamburg	7,5	9,6	10,9	12,6	12,9	13,1	10,7	10,8	11,8
Niedersachsen	11,8	13,6	15,6	16,8	16,9	17,4	16,8	17,3	17,8
Bremen	1,7	2,0	2,6	–	2,9	3,0	2,8	2,9	–
Nord	24,9	30,0	35,2	36,5	40,5	42,3	41,7	42,7	41,7
Bundesrepublik	118,6	145,0	169,6	189,1	225,0	218,0	211,8	217,5	224,0

Zahl der Beschäftigten in Tsd.

	1952	1955	1958	1962	1964	1966	1968	1969	1970
Textilindustrie									
Schlesw.-Holstein	8,0	11,4	10,3	9,5	8,3	7,1	6,4	6,8	6,2
Hamburg	5,0	5,6	4,7	–	2,7	2,3	1,4	1,4	1,3
Niedersachsen	39,5	44,7	42,0	40,4	37,6	35,6	31,9	33,4	33,1
Bremen	4,9	7,0	6,9	–	5,5	4,8	3,3	3,6	3,5
Nord	57,4	68,7	63,9	49,9	54,1	49,8	43,0	45,2	44,1
Bundesrepublik	562,5	632,2	617,8	584,8	552,0	535,0	489,1	508,2	501,0
Bekleidungsind.									
Schlesw.-Holstein	6,4	6,9	6,9	7,8	7,4	7,8	6,9	7,0	6,8
Hamburg	5,6	5,6	6,1	–	4,4	4,1	3,3	3,2	3,2
Niedersachsen	18,4	24,4	28,3	35,9	34,3	35,8	33,3	35,5	35,3
Bremen	1,4	1,7	1,9	–	2,3	2,4	2,0	2,0	1,8
Nord	31,8	38,6	43,2	43,7	48,4	50,1	45,5	47,7	47,1
Bundesrepublik	217,7	282,5	315,6	361,8	379,0	391,0	366,5	382,2	379,0
Straßenfahrzeugbau u. Luftfahrzeugbau									
Schlesw.-Holstein	1,4	2,4	1,2	0,9	–	1,0	1,1	1,4	1,6
Hamburg	3,6	3,5	5,4	–	5,1	5,1	4,9	5,1	5,1
Niedersachsen	27,8	50,5	–	94,5	98,4	106,9	109,9	120,8	132,5
Bremen	10,7	18,8	–	–	3,8	4,0	2,3	8,0	–
Nord	43,5	75,2	6,6	95,4	107,3	117,0	119,2	135,3	139,2
Bundesrepublik	215,4	300,5	337,0	472,5	569,0	538,0	507,0	600,0	647,0

Zahl der Beschäftigten in Tsd.

	1952	1955	1958	1962	1964	1966	1968	1969	1970
Schiffbau									
Schlesw.-Holstein	15,7	23,5	27,5	25,8	19,3	20,3	19,9	19,9	20,3
Hamburg	17,9	26,9	33,8	–	22,9	21,2	19,8	18,6	19,8
Niedersachsen	6,5	8,8	11,4	10,6	9,7	10,3	10,8	11,5	11,5
Bremen	12,8	17,5	19,3	20,4	14,2	15,5	15,8	16,3	19,6
Nord	52,9	76,7	92,0	56,8	66,1	67,3	66,3	66,3	71,2
Bundesrepublik	60,3	85,4	101,7	92,6	72,0	73,0	77,6	78,0	78,0
Steine und Erden									
Schlesw.-Holstein	6,6	8,6	7,9	8,3	7,9	7,5	7,0	6,9	7,1
Hamburg	2,1	3,1	2,7	3,1	3,3	3,2	2,7	2,6	2,6
Niedersachsen	28,3	36,9	29,6	30,7	31,6	29,7	26,4	26,1	26,7
Bremen	1,6	2,5	2,2	2,4	2,0	1,8	1,5	1,6	1,3
Nord	38,6	51,1	42,4	44,5	44,8	42,2	37,6	37,2	37,7
Bundesrepublik	225,5	271,4	242,7	259,5	245,0	237,0	229,3	229,1	231,9
Eisen-, Blech- u. Metallwarenind.									
Schlesw.-Holstein	5,0	5,4	5,2	7,1	7,3	6,9	7,2	6,8	7,9
Hamburg	6,7	7,3	7,8	7,9	6,8	6,3	5,8	5,8	6,0
Niedersachsen	17,1	18,3	19,6	24,1	25,6	25,0	23,5	25,3	26,8
Bremen	1,9	2,7	3,0	3,2	3,0	2,9	2,8	2,8	2,8
Nord	30,7	33,7	35,6	42,3	42,7	41,1	39,3	40,7	43,5
Bundesrepublik	350,3	340,0	366,7	383,2	392,0	392,0	391,1	411,6	418,2

Zahl der Beschäftigten in Tsd.

Feinmechanische sowie optische Industrie	1952	1955	1958	1962	1964	1966	1968	1969	1970
Schlesw.-Holstein	2,3	3,9	4,4	6,1	6,1	6,0	6,0	6,7	7,1
Hamburg	1,9	2,9	3,1	3,6	3,6	3,6	3,4	3,4	3,4
Niedersachsen	9,4	11,6	-	13,2	13,2	13,3	13,0	14,1	14,9
Bremen	-	1,0	-	-	-	0,1	-	-	-
Nord	13,6	19,4	7,5	22,9	22,9	23,0	22,4	24,2	25,4
Bundesrepublik	102,0	131,1	142,3	148,9	150,0	150,1	152,6	162,2	168,5

Quellen : Statistisches Jahrbuch für die Bundesrepublik Deutschland, 1953, 1956, 1959, 1963, 1970, 1971

Statistik des Hamburger Staates Heft 94 Hamburgs Industrie 1968/69

Bevölkerungsstruktur und Wirtschaftskraft der Bundesländer 1963 ff.

Statistisches Jahrbuch Schleswig-Holstein 1971

Statistisches Handbuch, Land Freie Hansestadt Bremen 1965 bis 1969

Statistisches Jahrbuch Freie und Hansestadt Hamburg 1970/71

Anlage V.a   Verteilung der Umsatzsteuer unter den Ländern

Grundlage der Darstellung der im Jahr 1970 geltenden Zusammenhänge ist das   Gesetz über den Finanzausgleich zwischen Bund und Ländern
vom 28. August 1969.

Dieses Gesetz bestimmt :

§ 1 Anteile von Bund und Ländern an der Umsatzsteuer

Vom Aufkommen der Umsatzsteuer stehen für die Jahre 1970 und 1971 dem Bund 70 vom Hundert und den Ländern 30 vom Hundert zu

Für das Jahr 1972 ist der Anteil der Länder auf 35 vom Hundert erhöht und der des Bundes auf 65 vom Hundert gesenkt worden

Gehen wir in Ermangelung anderer Angaben von den kassenmässigen Steuereinnahmen im Jahr 1970 aus, so gelten die folgenden Zahlen :

Gesamteinnahmen aus der Umsatzsteuer 1970	DM 26.791	Mill.
Gesamteinnahmen aus der Einfuhrumsatzsteuer 1970	DM 11.334	Mill.
	DM 38.125	Mill.
Länderanteil an den Gesamteinnahmen aus der Umsatzsteuer (= 30 %)	DM 11.438	Mill.

Weiter heisst es :

§ 2 Verteilung der Umsatzsteuer unter den Ländern
....

(4) Der Anteil des Landes Berlin an der Umsatzsteuer wird vor der Ermittlung der Anteile der anderen Länder im Verhältnis seiner Einwohnerzahl berechnet

Bekannt ist die Höhe der Einwohnerzahlen in Bund und Ländern am 26.5.1970 (das Gesetz sieht die Einwohnerzahl am 30.6. eines jeden Jahres als massgeblich an) :

Wohnbevölkerung in Berlin am 26.5.1970	2.130	Tsd.
Wohnbevölkerung des Bundesgebiets am 26.5.1970	61.508	Tsd.
Anteil Berlins an der Wohnbevölkerung des Bundesgebiets	3,46	v.H.
Anteil Berlins an der Umsatzsteuer (0,0346 . 11.438 Mill.)	DM 396	Mill.
Anteil der übrigen Länder an der Umsatzsteuer	DM 11.042	Mill.

Im Gesetz wird weiter bestimmt :

§ 2   Verteilung der Umsatzsteuer unter den Ländern

(1) Der Länderanteil an der Umsatzsteuer wird zu 75 vom Hundert im Verhältnis der Einwohnerzahl der Länder und zu 25 vom Hundert nach den Vorschriften der Absätze 2 bis 4 verteilt

	Anteil an der Einwohnerzahl der Bundesrepublik ohne Berlin in v.H.	Anteil an 75 v.H. des Länderanteils an der Umsatzsteuer in Mill. DM
Schleswig-Holstein	4,32	358
Hamburg	3,05	253
Niedersachsen	12,00	994
Bremen	1,27	105
Nordrhein-Westfalen	28,98	2.400
Hessen	9,20	762
Rheinland-Pfalz	6,20	513
Baden-Württemberg	15,15	1.255
Bayern	17,93	1.485
Saarland	1,90	157
Bundesgebiet ohne Berlin	100,00	8.282

Weiter gilt :

§ 2   Verteilung der Umsatzsteuer unter den Ländern

.....

(2) Die Länder, deren Einnahmen aus der Einkommensteuer, der Körperschaftsteuer, der Gewerbesteuerumlage und aus den nach § 7 Abs.1 und 2 ermittelten Landessteuern je Einwohner unter dem Länderdurchschnitt liegen, erhalten aus dem Länderanteil an der Umsatzsteuer Ergänzungsanteile in Höhe der Beträge, die an 92 vom Hundert des Länderdurchschnitts fehlen, jedoch mindestens den Betrag, der sich als Anteil nach der Einwohnerzahl ergeben würde. Wenn hiernach die Ergänzungsanteile insgesamt mehr als ein Viertel des Gesamtanteils an der Umsatzsteuer ergeben, so sind die Ergänzungsanteile, die den Mindestanteil nach der Einwohnerzahl übersteigen, entsprechend herabzusetzen.

(3) Die Länder, deren Einnahmen aus der Einkommensteuer, der Körperschaftsteuer, der Gewerbesteuerumlage und aus den nach § 7 Abs.1 und 2 ermittelten Landessteuern je Einwohner den Länderdurchschnitt erreichen oder übersteigen, werden an dem restlichen Länderanteil an der Umsatzsteuer im Verhältnis ihrer Einwohnerzahl beteiligt. Wenn hiernach die Einnahmen eines Landes aus der Einkommensteuer, der Körperschaftsteuer, der Umsatzsteuer, der Gewerbesteuerumlage und den Landessteuern unter dem Länderdurchschnitt liegen, so ist der Anteil dieses Landes an der Umsatzsteuer um den Fehlbetrag zu erhöhen und die Beteiligung der anderen unter Satz 1 fallenden Länder entsprechend herabzusetzen.

....

Gesamteinnahmen der Länder aus ... in Mill. DM

	Einkommen- u. Körperschaftsteuer	Gewerbesteuerumlage	Vermögen- u. Erbschaftsteuer	Kraftfahrzeugsteuer	Bier-, Rennwett- und Lotteriesteuer	Summe nach Abzügen gemäß §7 Abs.2	Höhe der Einnahmen pro Einwohner in DM
Schleswig-Holstein	838	58	80	158	31	1.110	432
Hamburg	1.432	126	245	122	77	1.937	1.069
Niedersachsen	2.557	205	280	429	121	3.420	480
Bremen	398	38	50	49	30	545	720
Nordrhein-Westfal.	8.282	686	1.032	1.064	518	10.999	639
Hessen	2.801	210	341	354	140	3.720	681
Rheinland-Pfalz	1.352	110	134	233	91	1.850	502
Baden-Württemberg	4.539	320	505	589	219	5.958	662
Bayern	4.272	323	564	664	402	5.993	563
Saarland	359	27	40	63	38	506	449
Bundesgebiet ohne Berlin	26.830	2.103	3.271	3.725	1.667	36.038	607

Bestimmung der Ergänzungsanteile gemäß § 2 Abs.2 :

	92 v.H. des Länderdurch- schnitts der Einnahmen je Einwohner -Tatsächliche Einnahmen je Einwohner	Differenz nach Spalte 1 x Zahl d.Einw.	Durch die Be- völkerungszahl bestimmter Anteil an 25% d.Länderant.	Tatsächli- cher Ergänzungs- anteil
Schlesw.-H.	126	323 Mill.	119 Mill.	323 Mill.
Niedersachsen	78	556 Mill.	331 Mill.	556 Mill.
Rheinland-Pf.	56	206 Mill.	171 Mill.	206 Mill.
Saarland	109	123 Mill.	52 Mill.	123 Mill.
Bayern			495 Mill.	495 Mill.
Summe der Ergänzungs- anteile				1.703 Mill.

Die Summe der Ergänzungsanteile ist niedriger als ein Viertel
des Gesamtanteils der Länder an der Umsatzsteuer (DM 2.760 Mill.),
so daß die in § 2 Abs.2 Satz 2 enthaltene Bestimmung nicht
angewandt werden muß. Es verbleibt für die Verteilung auf die
übrigen Länder ein Betrag von DM 1.057 Mill.

Verteilung des restlichen Länderanteils auf die übrigen Länder
gemäß § 2 Abs. 3

	Anteil an der Bevölkerung in den restlichen Ländern	Anteil an dem restlichen Länderanteil an der Umsatzsteuer in Mill. DM
Hamburg	5,3	56
Bremen	2,2	23
Nordrhein-Westfalen	50,3	532
Hessen	15,9	168
Baden-Württemberg	26,3	278
Insgesamt	100,0	1.057

Verteilung des Länderanteils an der Umsatzsteuer auf die Länder
der Bundesrepublik ohne Berlin im Jahr 1970 in Mill. DM

	Verteilung von 75 v.H. gemäß § 2 Abs. 1	Verteilung von 25 v.H. gemäß § 2 Abs. 2 und 3	Gesamtanteil an der Umsatzsteuer
Schleswig-Holstein	358	323	681
Hamburg	253	56	309
Niedersachsen	994	556	1.550
Bremen	105	23	128
Nordrhein-Westfalen	2.400	532	2.932
Hessen	762	168	930
Rheinland-Pfalz	513	206	719
Baden-Württemberg	1.255	278	1.533
Bayern	1.485	495	1.980
Saarland	157	123	280
Insgesamt	8.282	2.760	11.042

Revision der Verteilung auf die restlichen Länder gemäß § 2 Abs.3 S.2

	Einnahmen aus der Einkommensteuer, der Körperschaftsteuer, der Umsatzsteuer, der Gewerbesteuerumlage und der Landessteuern je Einwohner in DM		
Hamburg	2.348 :	1.812 =	1.295,8
Bremen	703 :	757 =	928,6
Nordrhein-Westfalen	14.639 :	17.207 =	850,7
Hessen	4.833 :	5.461 =	885,0
Baden-Württemberg	8.677 :	8.996 =	964,5
Länderdurchschnitt insgesamt (ohne Berlin)	49.159 :	59.378 =	827,8

Aus dieser Darstellung ersehen wir, daß keines der von § 2 Abs.3 des Gesetzes betroffenen Länder im Hinblick auf die Einnahmen pro Einwohner unter dem Länderdurchschnitt liegt. Damit wird die in § 2 Abs.3 Satz 2 enthaltene Bestimmung nicht wirksam. Es wird m.a.W. keine zusätzliche Umverteilung der Einnahmen aus der Umsatzsteuer zwischen diesen Ländern vorgenommen.

Anlage V. b Bestimmung der Höhe der Steuereinnahmen der Länder nach § 7 des Gesetzes über den Finanzausgleich im Jahr 1970

Das Gesetz bestimmt :

§ 7 Steuereinnahmen der Länder

(1) Als Steuereinnahmen eines Landes gelten die ihm im Ausgleichsjahr zugeflossenen Einnahmen

1. aus seinem Anteil an der Einkommensteuer und der Körperschaftsteuer

2. aus seinem Anteil an der Gewerbesteuerumlage nach § 6 des Gemeindefinanzreformgesetzes

3. aus der Vermögensteuer, der Erbschaftsteuer, der Kraftfahrzeugsteuer, der Biersteuer und der Rennwett- und Lotteriesteuer mit Ausnahme der Totalisatorsteuer.

Als Steuereinnahmen eines Landes gelten ferner die nach § 2 für das Ausgleichsjahr festgestellten Anteile an der Umsatzsteuer.

....

Die amtliche Statistik gibt für das Jahr 1970 die folgenden Zahlen :

	Anteile an der			Einnahmen aus der			
	Einkommen- u.Körper-schaftst.	Gewerbe-steuer-umlage	Umsatz-steuer	Vermögen- u. Erbschaft-steuer	Kraftfahr-zeug-steuer	Bier-, Rennwett- und Lotterie-steuer	Steuer-einnahmen gemäß § 7 Abs.1 insgesamt
Schleswig-Holstein	838	58	676	80	158	31	1.841
Hamburg	1.432	126	309	245	122	77	2.311
Niedersachsen	2.557	205	1.535	280	429	121	5.127
Bremen	398	38	129	50	49	30	694
Nordrhein-Westfalen	8.282	686	2.935	1.032	1.064	518	14.517
Hessen	2.801	210	931	341	354	140	4.777
Rheinland-Pfalz	1.352	110	728	134	233	91	2.648
Baden-Württemberg	4.539	320	1.534	505	589	219	7.706
Bayern	4.272	323	1.979	564	664	402	8.204
Saarland	359	27	284	40	63	38	811
Insgesamt	26.830	2.103	11.040	3.271	3.725	1.667	48.636

Es heisst weiter im Gesetz :

§ 7   Steuereinnahmen der Länder
....

(2) Von den Einnahmen eines Landes aus der Vermögensteuer werden die Beträge abgesetzt, die das Land als Zuschuß nach § 6 Abs.2 des Lastenausgleichsgesetzes in der Fassung des Achten Gesetzes zur Änderung des Lastenausgleichsgesetzes vom 26. Juli 1957 ... für das Ausgleichsjahr an den Ausgleichsfonds zu leisten hat. Von den Einnahmen des Saarlandes aus der Vermögensteuer wird der Hundertsatz abgesetzt, um den die Vermögensteuereinnahmen der anderen Länder nach Satz 1 gekürzt werden.

(3) Zur Abgeltung der Sonderbelastungen, die den Ländern Bremen, Hamburg und Niedersachsen aus der Unterhaltung und Erneuerung der Seehäfen Bremen, Bremerhaven, Hamburg und Emden erwachsen, werden von den Steuereinnahmen

des Landes Bremen	25 000 000 DM
des Landes Hamburg	55 000 000 DM
des Landes Niedersachsen	6 000 000 DM

abgesetzt. ......

(4) Zur Abgeltung übermäßiger Belastungen werden von den Steuereinnahmen

des Saarlandes	55 000 000 DM
des Landes Schleswig-Holstein	30 000 000 DM
des Landes Rheinland-Pfalz	20 000 000 DM

abgesetzt. ......

Bei Verwendung der Angaben aus der amtlichen Statistik erhalten wir :

	Steuereinnahmen gemäß § 7 Abs.1 insgesamt in Mill.DM	Absetzungen gemäß			Steuereinnahmen gemäß § 7 des Finanzausgleichs- gesetzes
		§ 7 Abs. 2	§ 7 Abs.3	§ 7 Abs.4	
Schleswig-Holstein	1.841	55		30	1.756
Hamburg	2.311	65	55		2.191
Niedersachsen	5.127	172	6		4.949
Bremen	694	20	25		649
Nordrhein-Westfalen	14.517	583			13.934
Hessen	4.777	126			4.651
Rheinland-Pfalz	2.648	70		20	2.558
Baden-Württemberg	7.706	214			7.492
Bayern	8.204	232			7.972
Saarland	811	21		55	735
Insgesamt	48.636	1.558	86	105	46.887

Diese Zahlen geben die Höhe der Steuereinnahmen der Länder gemäß § 7 des Gesetzes über den Finanzausgleich für das Jahr 1970 an.

Quellen : Statistisches Jahrbuch für die Bundesrepublik Deutschland 1971 a.a.O. S.404
Gesetz über den Finanzausgleich zwischen Bund und Ländern vom 28.August 1969

<u>Anlage V.c</u>   Bestimmung der Höhe der Steuereinnahmen der Gemeinden nach § 8 des Gesetzes über den Finanzausgleich im Jahr 1970

Das Gesetz sieht vor :

§ 8 Steuereinnahmen der Gemeinden

(1) Als Steuereinnahmen der Gemeinden eines Landes gelten unter Kürzung nach den Vorschriften des Absatzes 5
1. die Gemeindeanteile an der Einkommensteuer im Ausgleichsjahr
2. die Steuerkraftzahlen der Grundsteuer und der Gewerbesteuer vom Ertrag und Kapital, die für das Kalenderjahr ermittelt sind, das dem Ausgleichsjahr vorausgeht, vermindert um die im Ausgleichsjahr geleistete Gewerbesteuerumlage

. . . .

(2) Als Steuerkraftzahlen werden angesetzt

1. die Grundbeträge der Grundsteuer von den land- und forstwirtschaftlichen Betrieben
   mit 180 vom Hundert

2. von den Grundbeträgen der Grundsteuer von den Grundstücken die ersten 100 000 Deutsche Mark einer Gemeinde
   mit 180 vom Hundert

   die weiteren 200 000 Deutsche Mark einer Gemeinde
   mit 200 vom Hundert

   die weiteren 500 000 Deutsche Mark einer Gemeinde
   mit 225 vom Hundert

   die 800 000 Deutsche Mark übersteigenden Beträge einer Gemeinde
   mit 250 vom Hundert

3. die Grundbeträge der Gewerbesteuer vom Ertrag und Kapital
   mit 250 vom Hundert

Als Grundbetrag gilt das Aufkommen in dem Kalenderjahr, das dem Ausgleichsjahr vorausgeht, geteilt durch die in diesem Kalenderjahr in Geltung gewesenen Hebesätze.

. . . .

(4) Durch Rechtsverordnung des Bundesministers der Finanzen, die der Zustimmung des Bundesrates bedarf, können

. . . .

2. die in Absatz 2 genannten Hundertsätze geändert werden, soweit die Entwicklung der durchschnittlichen Realsteuererhebesätze eine Anpassung der Hundertsätze erforderlich macht.

Die für die Durchführung der verschiedenen Rechnungen erforderlichen Informationen werden vom Statistischen Bundesamt bereitgestellt.

Höhe der Realsteuergrundbeträge in DM je Einwohner im Jahr 1969

| | Grundsteuer | | Gewerbesteuer vom Ertrag und Kapital | | | Lohnsummen-steuer |
	A	B	zusammen	der Gemeinden die keine Lohnsummensteuer erheben	die zusätzlich erheben	
Schleswig-Holstein	5,65	12,59	51,04	43,75	70,93	1,67
Hamburg	0,44	17,86	125,17	–	125,17	10,02
Niedersachsen	5,58	12,39	66,45	64,49	78,35	1,08
Bremen	0,43	20,85	91,08	–	91,08	8,31
Nordrhein-Westfalen	1,84	15,04	84,77	84,40	85,04	4,20
Hessen	3,36	14,39	98,08	64,95	168,89	3,59
Rheinland-Pfalz	4,70	12,74	66,64	52,63	83,95	2,45
Baden-Württemberg	4,39	16,19	102,59	102,60	–	–
Bayern	4,41	13,03	78,04	77,91	125,98	0,03
Saarland	1,45	14,88	48,66	48,66	–	–
Berlin(West)	0,04	22,10	65,26	–	65,26	6,34
Insgesamt	3,42	14,65	82,67	77,63	93,32	2,47

Höhe der Realsteueraufbringungskraft[1] in DM je Einwohner im Jahr 1969

	Insgesamt	Grundsteuer A	Grundsteuer B	Gewerbesteuer vom Ertrag und Kapital
Schleswig-Holstein	185,48	12,16	28,96	144,36
Hamburg	403,45	0,95	48,51	353,99
Niedersachsen	228,61	12,03	28,66	187,93
Bremen	315,16	0,93	56,63	257,61
Nordrhein-Westfalen	280,83	3,96	37,13	239,73
Hessen	318,70	7,23	34,07	277,40
Rheinland-Pfalz	227,68	10,12	29,08	188,48
Baden-Württemberg	336,88	9,46	37,28	290,14
Bayern	260,33	9,49	30,14	220,17
Saarland	174,56	3,13	33,82	137,62
Berlin(West)	244,65	0,08	60,02	184,56
Insgesamt	276,37	7,37	35,19	233,80

[1] Grundbetragssumme je Land vervielfacht mit dem bundesdurchschnittlichen Hebesatz, und zwar Grundsteuer A: 215%, Grundsteuer B gestaffelt nach Größenklassen: 100 000 und mehr Einwohner 272%, 20 000 bis unter 100 000 Einw. 230%, 2 000 bis unter 20 000 Einw. 205%, weniger als 2 000 Einw. 217%; Gewerbesteuer nach Ertrag und Kapital: 283%.

Quelle für beide Darstellungen : Statistisches Jahrbuch ... 1971, a.a.O. S.419

Dabei gilt nach dem Gesetz :
 § 8   Steuereinnahmen der Gemeinden
   ......
   (3) Für die Errechnung der Realsteuerkraft eines Landes ist die Summe der Grundbeträge maßgebend, die das Statistische Bundesamt nach dem Ergebnis der Gemeindefinanzstatistik festgestellt hat. ......

Im Gesetz wird weiter bestimmt :
 § 8   Steuereinnahmen der Gemeinden
   .....
   (5) Die nach den Absätzen 2 bis 4 errechneten Steuerkraftzahlen der Grundsteuer von den land-und forstwirtschaftlichen Betrieben, der Grundsteuer von den Grundstücken und der Gewerbesteuer vom Ertrag und Kapital werden je für sich nach einem für alle Länder einheitlichen Hundertsatz auf die Hälfte des Betrages herabgesetzt, den die Gemeinden aus der Grundsteuer von den land- und forstwirtschaftlichen Betrieben, aus der Grundsteuer von den Grundstücken sowie aus der Gewerbesteuer vom Ertrag und Kapital einschließlich der Lohnsummensteuer im Ausgleichsjahr eingenommen haben.Der Gemeindeanteil an der Einkommensteuer und die Gewerbesteuerumlage werden auf die Hälfte der Beträge herabgesetzt,die für das Ausgleichsjahr festgestellt sind.

Realsteueraufbringungskraft in Mill.DM im Jahr 1969 mit Einwohnerstand vom 30.6.1969

	Insgesamt		Grundsteuer A	Grundsteuer B	Gewerbesteuer vom Ertrag und Kapital
Schleswig-Holstein	(185,48 ·	2546,5) = 472,3	31,0	73,7	367,6
Hamburg	(403,45 ·	1818,6) = 733,7	1,7	88,2	643,8
Niedersachsen	(228,61 ·	7067,2) = 1.615,6	85,0	202,5	1.328,1
Bremen	(315,16 ·	755,3) = 238,0	0,7	42,8	194,6
Nordrhein-Westfalen	(280,83 ·	17039,4) = 4.785,2	67,5	632,7	4.084,9
Hessen	(318,70 ·	5379,1) = 1.714,3	38,9	183,3	1.492,2
Rheinland-Pfalz	(227,68 ·	3659,5) = 833,2	37,0	106,4	689,7
Baden-Württemberg	(336,88 ·	8822,1) = 2.972,0	83,5	328,9	2.559,6
Bayern	(260,33 ·	10490,3) = 2.730,9	99,6	316,2	2.309,6
Saarland	(174,56 ·	1129,0) = 197,1	3,5	38,2	155,4
Berlin(West)	(244,65 ·	2135,1) = 522,4	0,2	128,1	394,1
Insgesamt	(276,37 ·	60842,1) = 16.814,9	448,6	2.141,0	14.219,6

Quelle: Statistisches Jahrbuch für die Bundesrepublik Deutschland 1971 a.a.O. S.34 u. S.419
Zusätzliche Rechnungen

Einnahmen der Gemeinden aus der ... im Jahr 1970

	Grundsteuer A	Grundsteuer B	Gewerbesteuer vom Ertrag und Kapital und Lohnsummensteuer	Gemeindeanteil an der Einkommensteuer	Gewerbesteuer-umlage
Schleswig-Holstein	29	84	342	179	90
Hamburg	1	83	625	370	252
Niedersachsen	87	240	1.118	628	409
Bremen	0	41	224	112	76
Nordrhein-Westfalen	36	614	3.879	2.142	1.372
Hessen	41	195	1.239	671	420
Rheinland-Pfalz	38	116	601	306	220
Baden-Württemberg	83	311	1.765	1.131	640
Bayern	127	375	1.702	1.135	648
Saarland	3	34	150	86	55
Berlin(West)	0	144	471	132	149
Insgesamt	445	2.237	12.116	6.892	4.331

Bestimmung des einheitlichen Hundertsatzes gemäß § 8 Abs. 5

	50 vom Hundert der Einnahmen der Gemeinden im Bundesgebiet 1970		Einheitlicher Hundertsatz	Realsteueraufbringungskraft der Gemeinden 1969
Grundsteuer A	223	=	49,8	448
Grundsteuer B	1.118	=	52,2	2.141
Gewerbesteuer vom Ertrag und Kapital und Lohnsummensteuer	6.058	=	42,6	14.225

Bestimmung der gemäß § 8 Abs.5 korrigierten Steuereinnahmen der Gemeinden im Jahr 1970 in Mill.DM

	Mit einheitlichen Hundertsätzen multiplizierte Realsteueraufbringungskraft der Gemeinden im Jahr 1969			50 vom Hundert		Steuereinnahmen der Gemeinden gemäß § 8
	Grundsteuer		Gewerbesteuer vom Ertrag und Kapital	Gemeindeanteil an der Einkommensteuer 1970	Gewerbesteuerumlage 1970	
	A	B				
Schleswig-Holstein	15	38	157	90	45	255
Hamburg	1	46	274	185	126	380
Niedersachsen	42	106	566	314	205	823
Bremen	0	22	83	56	38	123
Nordrhein-Westfalen	34	330	1.740	1.071	686	2.489
Hessen	19	96	636	336	210	877
Rheinland-Pfalz	18	59	294	153	110	414
Baden-Württemberg	42	172	1.090	566	320	1.550
Bayern	50	165	984	568	324	1.443
Saarland	2	20	66	43	28	103
Berlin(West)	0	67	168	66	75	226
Insgesamt	223	1.121	6.058	3.448	2.167	8.683

Für die Aussage über die Steuereinnahmen der Gemeinden spielt es keine Rolle, welche einheitlichen Werte des Multiplikators zur Ermittlung der Realsteuerkraft auf der Basis der Grundbeträge angesetzt werden.

Wenn die Realsteuerkraft von der Gewerbesteuer vom Ertrag und vom
Kapital als 250% der Grundbeträge, statt wie in der vorausgehenden
Rechnung als 283% der Grundbeträge angesetzt wird, so ändern sich
die verschiedenen Größen in der folgenden Weise :

	Realsteuerkraft d.Gewerbesteuer vom Ertrag u.Kapital in DM je Einwohner	Realsteuerkraft der Gewerbesteuer in Mill. DM	mit einem einheitlichen Hundertsatz multiplizierte Realsteuerkraft der Gewerbesteuer v.Ertr.u.Kapit.	Steuereinnahmen der Gemeinden gemäß § 8 des Gesetzes
Schlesw.-H.	127,6	325	157	
Hamburg	312,9	569	274	
Nieders.	166,1	1.174	566	
Bremen	227,1	172	83	ebenfalls
Nordrh.-W.	211,9	3.611	1.740	unver-
Hessen	245,2	1.319	636	ändert
Rheinld.-Pf.	166,6	610	294	
Baden-Württ.	256,5	2.263	1.090	
Bayern	195,1	2.047	984	
Saarland	121,7	137	66	
Berlin(West)	163,2	384	168	
Insgesamt	206,7	12.611	6.058	

Berechnung des neuen einheitlichen Hundertsatzes für die Gewerbesteuer

$$\frac{6.058}{12.576} = 48,2 \cdot 12.576$$

Diese Rechnung zeigt, daß eine für alle Länder einheitliche Änderung
des für die Bestimmung der Realsteuerkraft aufgrund der vorliegenden
Angaben über die Grundbeträge verwandten Multiplikators das Ergebnis
der Rechnung nicht beeinflusst. Der von dieser Änderung ausgehende
Einfluß auf die Höhe der Realsteuerkraft wird durch entsprechende
Änderungen des einheitlichen Hundertsatzes voll neutralisiert.

<u>Anlage V.d</u> Bestimmung der Ausgleichsmeßzahlen der Länder und Gemeinden gemäß § 9

Grundlage der nachfolgenden Rechnungen ist der § 9 des Gesetzes über den Finanzausgleich zwischen Bund und Ländern vom 28. August 1969.

In diesem Paragraphen heißt es :

Einwohnerzahl

(1) Der Ausgleichsmeßzahl eines Landes wird die Einwohnerzahl (Wohnbevölkerung) zugrunde gelegt, die das Statistische Bundesamt am 30. Juni des Ausgleichsjahres festgestellt hat.

(2) Bei der Ermittlung der Meßzahlen zum Ausgleich der Steuereinnahmen der Länder werden die Einwohnerzahlen der Länder Bremen und Hamburg mit 135 vom Hundert und die Einwohnerzahlen der übrigen Länder mit 100 vom Hundert gewertet.

(3) Bei der Ermittlung der Meßzahlen zum Ausgleich der Steuereinnahmen der Gemeinden werden die Einwohnerzahlen der Gemeinden eines Landes mit folgenden Ansätzen je Einwohner gewertet :

die ersten   5 000 Einwohner einer Gemeinde
                                       mit 100 v.H.,
die weiteren 15 000 Einwohner einer Gemeinde
                                       mit 110 v.H.,
die weiteren 80 000 Einwohner einer Gemeinde
                                       mit 115 v.H.,
die weiteren 400 000 Einwohner einer Gemeinde
                                       mit 120 v.H.,
die weiteren 500 000 Einwohner einer Gemeinde
                                       mit 125 v.H.,
die weiteren Einwohner einer Gemeinde
                                       mit 130 v.H.

Für Gemeinden mit mehr als 500 000 Einwohnern werden dem Land darüber hinaus

bei einer Dichte von 1 500 bis 2 000 Einwohnern je Quadratkilometer 2 vom Hundert der Einwohnerzahl,

bei einer Dichte von 2 000 bis 3 000 Einwohnern je Quadratkilometer 4 vom Hundert der Einwohnerzahl,

bei einer Dichte von mehr als 3 000 Einwohnern je Quadratkilometer 6 vom Hundert der Einwohnerzahl

hinzugerechnet.

Berechnung der gemäß § 9 Abs.3 des Finanzausgleichsgesetzes gewerteten Einwohnerzahl in den Ländern der Bundesrepublik mit Ausnahme von Berlin(West) im Jahr 1970 in Tsd.

Gewertete Einwohnerzahl in Gemeinden mit ... bis unter ... Einwohnern	Schleswig-Holstein		Niedersachsen	
unter 5.000	862,7·1	= 862,7	3.077,0·1	= 3.077,0
5.000 – 20.000	64·5·1 (614,5–320)·1,1	= 320,0 = 323,9	168·5·1 (1.609,6–840)·1,1	= 840,0 = 846,6
20.000 – 100.000	14·5·1 14·15·1,1 (571,3–280)·1,15	= 70,0 = 231,0 = 335,0	28·5·1 28·15·1,1 (1.082,0–560)·1,15	= 140,0 = 462,0 = 600,3
100.000 – 500.000	2·5·1 2·15·1,1 2·80·1,15 (518,5–200)·1,2	= 10,0 = 33,0 = 184,0 = 382,2	6·5·1 6·15·1,1 6·80·1,15 (839,7–600)·1,2	= 30,0 = 99,0 = 552,0 = 297,6
über 500.000	–		1·5·1 1·15·1,1 1·80·1,15 1·400·1,2 (516,7–500)·1,25	= 5,0 = 16,5 = 92,0 = 480,0 = 20,9
Hinzurechnung für Gemeinden mit über 500.000			0,06·516,7	= 31,0
Summe		2.751,8		7.589,9

weiter von Seite 353

Gewertete Einwohnerzahl in Gemeinden mit ... bis unter ... Einwohnern	Hessen		Nordrhein-Westfalen	
unter 5.000	2.187,7·1	= 2.187,7	1.225,1·1	= 1.225,1
5.000 – 20.000	135·5·1 (1.609,6–675)·1,1	675,0 = 1.028,1	307·5·1 (3.122,7–1.535)·1,1	= 1.535,0 = 1.746,5
20.000 – 100.000	17·5·1 17·15·1,1 (630,3–340)·1,15	85,0 = 280,5 = 333,8	140·5·1 140·15·1,1 (5.526,3–2.800)·1,15	= 700,0 = 2.310,0 = 3.134,9
100.000 – 500.000	4·5·1 4·15·1,1 4·80·1,15 (738,6–400)·1,2	20,0 = 66,0 = 368,0 = 406,3	21·5·1 21·15·1,10 21·80·1,15 (4.426,3–2.100)·1,2	= 105,0 = 346,5 = 1.932,0 = 2.791,6
über 500.000	1·5·1 1·15·1,1 1·80·1,15 1·400·1,2 (661,1–500)·1,25	5,0 = 16,5 = 92,0 = 480,0 = 201,4	4·5·1 4·15·1,1 4·80·1,15 4·400·1,2 (2.906,4–2.000)·1,25	= 20,0 = 66,0 = 368,0 = 1.920,0 = 1.133,0
Hinzurechnung für Gemeinden über 500.000	0,06·661,1	= 39,7	0,04·648,9 0,06·2.257,5	= 26,0 = 135,5
Summe		6.285,0		19.495,1

weiter von Seite 353

Gewertete Einwohnerzahl in Gemeinden mit ... bis unter ... Einwohnern	Hamburg		Bremen	
100.000 – 500.000	–		1·5·1 = 5,0 1·15·1,1 = 16,5 1·80·1,15 = 92,0 (148,9–100)·1,2 = 58,7	
500.000 – 1.000.000	–		1·5·1 = 5,0 1·15·1,1 = 16,5 1·80·1,15 = 92,0 1·400·1,2 = 480,0 (607,9–500)·1,25 = 134,9	
über 1.000.000	1·5·1 = 5,0 1·15·1,1 = 16,5 1·80·1,15 = 92,0 1·400·1,2 = 480,0 1·500·1,25 = 625,0 (1.811,6–1.000)·1,3 = 1.055,1			
Hinzurechnung für Gemeinden über 500.000	0,04·1.811,6 = 72,5		0,02·607,9 = 12,2	
Summe	2.346,1		912,8	

weiter von Seite 353

Gewertete Einwohnerzahl in Gemeinden mit ... bis unter ... Einwohnern	Rheinland-Pfalz		Saarland	
unter 5.000	1.778,4·1	= 1.778,4	415,7·1	= 415,7
5.000 - 20.000	88·5·1 (699,7-440)·1,1	440,0 285,7	41·5·1 (325,2-205)·1,1	205,0 132,2
20.000 - 100.000	14·5·1 14·15·1,1 (541,0-280)·1,15	70,0 231,0 300,2	8·5·1 8·15·1,1 (255,9-160)·1,15	40,0 132,0 110,3
über 100.000	5·5·1 5·15·1,1 5·80·1,15 (664,6-500)·1,2	25,0 82,5 460,0 197,5	1·5·1 1·15·1,1 1·80·1,15 (130,3-100)·1,2	5,0 16,5 92,0 36,4
Summe		3.870,3		1.185,1

weiter von Seite 353

Gewertete Einwohnerzahl in Gemeinden mit ... bis unter ... Einwohnern	Baden-Württemberg		Bayern	
unter 5.000	3.611,3·1	= 3.611,3	5.058,8·1	= 5.058,8
5.000 – 20.000	243·5·1 (2.114,4–1.215)·1,1	= 1.215,0 = 989,3	229·5·1 (2.040,6–1.145)·1,1	= 1.145,0 = 985,2
20.000 – 100.000	43·5·1 43·15·1,1 (1.655,8–860)·1,15	= 215,0 = 709,5 = 915,2	29·5·1 29·15·1,1 (1.253,4–580)·1,15	= 145,0 = 478,5 = 774,4
100.000 – 500.000	5·5·1 5·15·1,1 5·80·1,15 (983,2–500)·1,2	= 25,0 = 82,5 = 460,0 = 579,8	4·5·1 4·15·1,1 4·80·1,15 (944,6–400)·1,2	= 20,0 = 66,0 = 368,0 = 653,5
500.000 – 1.000.000	1·5·1 + 1·15·1,1 1·80·1,15+1·400·1,2 (631,4–500)·1,25	= 21,5 = 572,0 = 164,3		
über 1.000.000			1·5·1 + 1·15·1,1 1·80·1,15+1·400·1,2 1·500·1,25 (1.326,3–1.000)·1,3	= 21,5 = 572,0 = 625,0 = 424,2
Hinzurechnung für Gemeinden über 500.000	0,06·631,4	= 37,9	0,06·1.326,3	= 79,0
Summe		9.598,3		11.416,1

weiter von Seite 353

Bundesrepublik ohne Berlin (West)

unter 5.000	18.216,5 x 1	= 18.216,5
5.000 - 20.000	1.275 x 5 x 1 (11.770,0 - 6.375,0) x 1,1	= 6.375,0 = 5.934,5
20.000 - 100.000	293 x 5 x 1 293 x 15 x 1,1 (11.515,9 - 5.860) x 1,15	= 1.465,0 = 4.395,0 = 6.504,3
100.000 - 500.000	49 x 5 x 1 49 x 15 x 1,1 49 x 80 x 1,15 (9.394,9 - 4.900) x 1,2	= 245,0 = 808,5 = 4.508,0 = 5.393,9
500.000 - 1.000.000	8 x 5 x 1 8 x 15 x 1,15 8 x 80 x 1,15 8 x 400 x 1,2 (5.337,7 - 4.000) x 1,25	= 40,0 = 132,0 = 736,0 = 3.840,0 = 1.672,1
über 1.000.000	2 x 5 x 1 2 x 15 x 1,1 2 x 80 x 1,15 2 x 400 x 1,2 2 x 500 x 1,25 (3.143,4 - 2.000) x 1,3	= 10,0 = 33,0 = 184,0 = 960,0 = 1.250,0 = 1.486,4
Zurechnungen für die Gemeinden über 500.000	5.393,0 x 0,06 2.460,5 x 0,04 607,2 x 0,02	= 323,6 = 98,4 = 12,2
Summe = Gemäß § 9 Abs.3 gewertete Einwohnerzahl der Gemeinden in der Bundesrepublik ohne Berlin		= 64.623,4

358

Die gewertete Einwohnerzahl in den Ländern der Bundesrepublik ohne Berlin

	tatsächlich	gewertet		tatsächlich	gewertet
Schleswig-Holstein	2.567	2.567	Nordrhein-Westfalen	17.207	17.207
Hamburg	1.812	2.446	Rheinland-Pfalz	3.684	3.684
Niedersachsen	7.125	7.125	Saarland	1.127	1.127
Bremen	757	1.022	Baden-Württemberg	8.996	8.996
Hessen	5.461	5.461	Bayern	10.644	10.644

Summe = Gemäß § 9 Abs.2 gewertete Einwohnerzahl der Länder (59.380) 60.379
der Bundesrepublik ohne Berlin